L'enseignement traditionnel se transmet essentiellement au travers d'une relation, celle du maître et du disciple.
Le livre, comme expression écrite de cet enseignement, devient alors ce qui relie l'instructeur et le lecteur, ou plus précisément le Réel et le lecteur.
La lecture peut ainsi être l'occasion d'une pratique, celle de la relation consciente.

Lege, lege, relege... et religa.
Lis, lis et relis... et relie.

CRÉER LA CONSCIENCE

DU MÊME AUTEUR

La Pratique du zen, Dangles, 1999.
Se connaître, c'est s'oublier, Le Relié, 1998.
Je ne suis pas un être humain, Mortagne, 1996.
Le Rêve du papillon, Libre Expression, 1992.
Invitation à la pratique du zen, Libre Expression, 1991.

ALBERT LOW

CRÉER LA CONSCIENCE

Préface de Marc de Smedt

Traduit de l'anglais par Monique Dumond

Les Éditions du Relié

Collection « Prétextes »

Fondée par Yvan Amar

En couverture :
A Boundless Sea of clouds
and mountains
Wu ZUOREN

Titre original :
Wounded Surgeon

ISSN : 1242-6563
ISBN : 2909698-50-5

Préface

La métamorphose explosive de l'humanité annoncée il y a plus de vingt ans s'accélère en ce début de millénaire : nous savons à présent que nous sommes en train de changer de civilisation, et que ni nos structures mentales ni celles qui régissent la société ne sont prêtes pour cette mutation radicale. Il nous faut donc être armés culturellement pour comprendre ce qui se passe et savoir agir, voire réagir.

C'est bien là le grand mérite d'Albert Low – que je qualifierai volontiers de philosophe zen tant il emploie, pour exprimer sa réflexion, un langage de sagesse méditative – que de proposer dans cet ouvrage de fond de vrais outils conceptuels. Il est l'un de ceux, encore trop rares, qui savent jeter des ponts entre les pensées d'Orient et d'Occident, entre les sciences et les philosophies, entre l'histoire du passé et celle qui s'écrit aujourd'hui.

Il nous extrait de tout ce monde binaire qui est le nôtre, tout d'oppositions et de vérités apparemment contradictoires, symbolisées entre autres par la séparation de la matière et de l'esprit, pour nous aider à savourer la richesse bigarrée du multiple, la complémentarité des choses et des êtres, des théories et des preuves ainsi que la simplicité essentielle à l'œuvre dans la complexité. Il nous dévoile l'ambiguïté fondamentale de l'être et du savoir tout en les réconciliant avec eux-mêmes : être et connaître, existence et savoir, pensée et non-pensée sont unité, esprit et matière forment un tout, dehors et dedans sont indissociables. Et, dit-il, « le sens n'est pas quelque chose d'ajouté à l'univers, ce n'est pas une propriété de l'univers, c'est le dynamisme même de l'univers ».

C'est en cela que le livre que vous avez entre les mains s'avère important, car il nous rappelle avec force que chacun d'entre nous est la création en train de se faire. Nous devons donc gérer et ordonner le chaos en commençant par éclaircir notre propre tohu-bohu intérieur. La genèse se déroule, *hic et nunc*, dans l'ici et maintenant de nos consciences et de nos vies.

Marc de Smedt

Première partie

Je crois que les gens se méprennent en disant que le non-ambigu est la réalité et que l'ambigu n'est qu'une incertitude à propos de ce qui est fondamentalement non ambigu. Renversons plutôt la proposition : l'ambigu est la réalité et le non-ambigu n'en constitue qu'un cas particulier, lorsqu'on réussit finalement à préciser certains aspects bien définis *.

David Bohm

* Paul BUCKLEY et David PEAT, *A Question of Physics : Conversations in Physics and Biology*, University of Toronto Press, 1979, p. 128.

I

INTRODUCTION

> Lorsque les mythes dominants d'une culture sont fragmentés par des contradictions impossibles à camoufler plus longtemps et lorsque aucun nouveau mythe ne les a encore remplacés, un nombre de plus en plus grand d'individus découvre avec horreur l'absence de structure de la conscience humaine et sa liberté toute nue *.
>
> Michael Novak

Le sujet du présent ouvrage est la conscience : pourquoi et comment a-t-elle évolué ? John Hogan, rédacteur principal de la revue *Scientific American*, disait que de tous les phénomènes la conscience était le plus insaisissable et le plus incontournable, mais que la question la plus difficile restait sans aucun doute celle de la relation entre « l'esprit et la matière ». Jusqu'à présent, selon lui, la plupart des scientifiques semblent avoir escamoté le problème en se contentant de poser l'esprit en tant que produit de la complexité. L'autre partie de cette alternative semble résider dans un dualisme inacceptable où l'esprit et la matière, envisagés comme deux « substances » différentes, doivent forcément suivre à jamais des trajectoires parallèles. Ce problème de la relation entre

* Michael NOVAK, *The Experience of Nothingness*, Harper and Row, New York, 1970, p. 30.

l'esprit et la matière est l'un de ceux que nous aborderons dans cet ouvrage. Mais pour le faire correctement, nous devrons également tenir compte de la créativité, de la spiritualité, de l'évolution et aussi de la violence. Tous ces phénomènes, nous espérons le démontrer, proviennent d'une source commune, d'une profonde contradiction, d'une blessure « auto-infligée ». La conscience agit comme un baume et un tampon sur cette blessure et, pour ce faire, elle évolue au moyen d'une continuelle créativité. Lorsque la douleur de la blessure est trop grande, la créativité échoue et la violence éclate. La spiritualité, l'Unité toute pénétrante, est le médium dans lequel ce drame se joue.

Tels sont les thèmes majeurs de cet ouvrage. Au fur et à mesure de leur développement, nous aborderons des problèmes séculaires qui se sont révélés jusqu'à présent insolubles : la nature et l'origine de la conscience, le rôle joué par le langage dans ses débuts et dans son évolution ultérieure, la relation entre le corps et l'esprit, le rôle joué par l'esprit dans l'évolution, la nature de la force vitale. Ces thèmes et leurs variations seront explorés. Chemin faisant, nous devrons également nous confronter à certaines questions difficiles telles que la fonction de la métaphore, le lien entre la musique et les émotions, le rôle de la religion dans l'évolution de la conscience et autres phénomènes énigmatiques. L'une des contributions de notre étude sera peut-être de fournir à la psychologie moderne un cadre dans lequel elle pourrait trouver un nouveau fondement reconnaissant la place légitime qui revient à l'activité spirituelle dans l'écologie de l'être.

Mythe et science

De quel type d'ouvrage s'agit-il ? Souvent, lorsque nous rencontrons une personne pour la première fois, nous lui demandons ce qu'elle fait dans la vie : cela nous permet de la situer dans un contexte social et d'établir plus facilement une relation avec elle. De même, quand nous ouvrons un livre, nous aimons savoir si nous allons nous plonger dans un essai de philosophie ou de science, dans un roman ou tout autre chose. En vous présentant ce livre je me trouve hélas bien en peine de le classer dans une catégorie. Je ne puis vraiment prétendre qu'il s'agit d'un livre de science ou de philosophie ; il se rapprocherait davantage du mythe, bien qu'il avance une théorie. Je m'empresse cependant d'ajouter que je ne dis pas cela pour m'excuser. Selon la définition donnée par le Webster, un mythe « sert à révéler un aspect de la vision du monde d'un peuple ou à expliquer une pratique, une croyance ou un phénomène naturel ». Il est vrai que le Webster définit également le mythe comme « une croyance non fondée acceptée sans esprit critique ». Cette dernière acception est aujourd'hui la plus courante, et cela parce que la science a entrepris de déloger la plupart des mythes dont la civilisation occidentale s'est nourrie dans son enfance même si, pour ce faire, elle a dû à son tour créer ses propres mythes. En tant que mythe, notre étude n'appellera pas à l'action et ne mettra en avant aucun programme. Elle n'aura aucun CQFD comme on en trouve dans les théorèmes de la géométrie euclidienne. Ce qu'elle se propose avant tout, c'est un cadre permettant une liberté intellectuelle et une flexibilité de pensée plus grandes que celles qui étaient possibles jusqu'à présent.

En citant cette définition du Webster, j'ai omis la partie qui décrit le mythe comme « un récit traditionnel d'événements en apparence historiques ». Avec son mythe de l'évolution des espèces, Darwin a repoussé un peu plus loin dans le temps la définition des « événements en apparence historiques », de façon à y inclure non seulement l'histoire de l'humanité mais aussi l'histoire de toute la vie sur terre. Dans son livre célèbre, *Le Phénomène humain*, le jésuite et homme de science Teilhard de Chardin a élargi la définition de l'histoire jusqu'à embrasser l'histoire de la terre elle-même, et Stephen Hawking essaie lui aussi de remonter encore plus loin afin d'inclure l'histoire de l'univers. Dans cet ouvrage, nous regarderons l'origine de l'évolution elle-même.

De nombreux mythes ne font pas la distinction entre l'origine-temps et l'origine-source. Pour opérer ce retour à l'origine de la conscience, de la vie et même de l'existence, nous n'avons donc pas besoin de retourner dans le passé. Si c'était nécessaire, la seule solution serait d'emprunter le même chemin que la physique théorique actuelle, dont les inférences et les hypothèses reposent de moins en moins sur des preuves solides. La source originelle n'est pas seulement dans le passé, elle est également « maintenant » et, dans cette optique, pour comprendre « autrefois » nous devons comprendre « maintenant », de la même façon que dans l'optique scientifique, pour comprendre « maintenant » nous devons comprendre « autrefois ». Cela signifie que la méditation est, tout autant que les mathématiques, un moyen d'explorer la source.

En empruntant la voie de la méditation, nous devons avancer par approximation progressive, c'est-à-dire que la connaissance, au lieu d'apparaître claire et distincte – comme un train sortant wagon par wagon d'un tunnel obscur –, serait comparable à un port émergeant peu à peu de la brume matinale, nous apparaissant au fur et à mesure que le bateau s'approche. Tout est là dès le premier regard, mais ce n'est que graduellement que les contours deviennent clairs, que les distances et les relations entre les différents édifices et installations se précisent et que les détails apparaissent nettement. Dans ce livre, nous adopterons l'approche de « l'approximation progressive », ce qui entraînera un nombre considérable de répétitions et de retours sur le champ déjà couvert. Ces retours sont indispensables si nous voulons faire apparaître le champ dans une perspective nouvelle, plus globalisante, et nous donner une base plus solide pour l'intégration des détails. Malheureusement, cela signifie aussi que nous ne pouvons pas toujours donner des définitions claires et précises de tous nos termes ; ici et là, nous demanderons donc à nos lectrices et lecteurs d'utiliser leur intuition pour suivre notre argumentation. Il se peut que cela soit parfois pénible. Chaque fois que c'était possible, nous avons utilisé des illustrations et des exemples afin de rendre accessibles les questions les plus difficiles. Nous avons également tenté d'illustrer les idées les plus importantes en faisant appel à beaucoup d'autres penseurs et écrivains. Pour cette raison donc, nous suggérons au lecteur qui trébuche à un endroit ou un autre de simplement sauter ce passage et de continuer. L'endroit où il a trébuché sera probablement revu plus tard sous un autre angle.

Le grain de conscience

Une phrase revient souvent dans le livre de Teilhard de Chardin, *Le Phénomène humain* : « D'abord le grain de matière, ensuite le grain de vie et enfin le grain de conscience ».

L'atome peut être vu comme un grain de matière et la cellule comme un grain de vie. De même qu'un individu pourrait difficilement proposer une nouvelle théorie de la matière sans au moins tenir compte de la théorie atomique, et de même que la théorie atomique rassemble en un seul domaine de connaissances appelé physique-chimie un grand nombre de faits qui, autrement, sembleraient disparates, de même je soutiens que nous pouvons difficilement comprendre la spiritualité humaine, la créativité, la conscience, la religion, les notions de finalité et de valeur si nous ne tenons pas compte du grain de conscience et de ce qui a entraîné son évolution. En prenant ce grain de conscience en considération, toute une série de domaines, qui autrement paraissent disparates, se révèlent comme un seul ensemble organisé. Pour pouvoir accomplir cela et prendre en compte le grain de conscience, nous devons réexaminer nos mythes fondamentaux de l'origine et de la destinée. Mais ni la théorie de l'atome ni celle de la cellule ne sont des théories qui prétendent tout expliquer. Ainsi, même si manifestement nous proposons une théorie globalisante, ce que nous entendons ici par « théorie » est ce que ce mot devait signifier à l'origine, c'est-à-dire une façon de voir le monde, une perspective.

Un vieil adage zen dit : « Si vous désirez aller vers le nord, ne faite pas route vers le sud ». La raison pour laquelle on n'a pas encore fait la lumière sur les problèmes difficiles dont il sera question dans ce livre est que nous avons fait route vers le sud alors que la lumière se trouve au nord. En d'autres termes, nous avons regardé dans la mauvaise direction. Bien peu de ce que j'ai à dire est vraiment original ; je me suis en grande partie contenté de rassembler les recherches et les écrits d'autres personnes et de les observer d'un point de vue différent. Si j'ai écrit sur la musique, la poésie, l'évolution, la créativité et ainsi de suite, ce n'est pas pour aboutir à une nouvelle théorie sur la musique ou la poésie, mais plutôt pour montrer l'intérêt de les regarder dans cette nouvelle perspective. Il pourrait fort bien arriver que des lecteurs, se méprenant sur mon intention, trouvent que mes propos manquent parfois de profondeur ou sont incomplets. Tout ce que je veux dire est simplement ceci : si vous regardez ces choses dans cette perspective, vous y trouverez place pour toute entreprise humaine. Il n'est pas nécessaire d'exclure quoi que ce soit, rien n'est « faux », il n'y a rien à rejeter ou à réfuter. Comme le disait sainte Thérèse : « Dans la demeure de mon Père, il y a place pour chacun. »

Une nouvelle façon de penser

Une façon radicalement nouvelle de penser est en train de naître. La théorie holographique du cerveau de Pibram, la notion d'ordre impliqué de Bohm, les champs morphiques de Sheldrake, la logique de la simplicité de Lamouche et la logique du tiers inclus de Lupasco, tout cela découle, à des degrés divers, de cette nouvelle façon de penser. Un ordre ancien se meurt et un autre prend sa place. Cette nouvelle façon de penser se nourrit également des enseignements et des pratiques du bouddhisme, du taoïsme, du soufisme et de l'hindouisme, qui nous permettent de voir les limites et les faiblesses de la vieille façon de penser, linéaire et réductionniste.

Introduite par Descartes, entre autres penseurs, l'ancienne façon de voir a donné naissance à la croyance que les concepts peuvent être définis de manière claire et uniforme, que le monde peut être considéré comme un système clos et compris à la manière d'une machine. Un point de vue unique et unifié sous-tendait cette ancienne vision : d'abord attribué à Dieu, il fut ensuite adopté par la science en tant que regard objectif. La nouvelle façon de voir sera quant à elle fondée sur l'ambiguïté, sur les réalités alternatives, ainsi que sur les multiples points de vue d'observateurs qui ne peuvent être séparés de ce qu'ils observent.

Nous sommes à la croisée des chemins. C'est ce qu'affirment déjà un grand nombre d'individus différents. Notre façon de penser et ce que nous ferons au cours des prochaines décennies vont imprimer une direction à la nature humaine, sans possibilité de retour en arrière. L'ancienne façon de penser a produit la science, la technologie, l'industrie et le commerce, reposant sur de nouvelles puissances motrices : la vapeur, le gaz, l'électricité. Elle a donné l'habitat urbain, les villes immenses et les grandes unités économiques. À ses débuts, pendant la période que nous appelons la Renaissance, l'art et la culture florissaient, de même qu'une liberté toute neuve rendant l'être humain juge et maître de sa destinée.

Cette vision nous apporte déjà une technologie radicalement nouvelle, reposant sur l'information, et nous en sommes encore à nous demander ce que nous allons faire de ces possibilités qui s'ouvrent à nous. La théorie du chaos, celle des systèmes complexes, la simulation par ordinateur sont très récentes dans le champ de l'expérience humaine et nous offrent des façons complètement inhabituelles de regarder l'univers. Nous pénétrons en outre dans un monde où il sera possible non seulement de changer, de façonner et d'adapter la réalité à nos besoins, mais aussi de créer la réalité : pas simplement de nouvelles formes de vie ou de nouveaux matériaux, mais des univers entiers – je veux dire de nouvelles expériences globales, intégrées à partir de sensations créées artificiellement. Cela représente un terrible danger, car l'humain n'est pas uniquement un observateur du monde ; il est aussi un participant. Comme nous le montrerons dans ce livre, être à la fois observateur et participant est une malédiction, mais aussi la porte du paradis. Grâce à cette nouvelle technologie, un grand nombre de gens – et ce pendant de plus longues périodes de temps – ne seront que les simples observateurs d'une réalité virtuelle.

Nous trouvant à la croisée des chemins, il nous faut faire face à des dangers, mais aussi à de merveilleuses possibilités. L'une des conséquences de l'ancienne perspective a été de bannir l'âme en même temps que ce qui l'accompagne, comme la conscience, l'intentionnalité, la créativité et les valeurs : aucune ne peut être réduite à des pensées claires et distinctes, toutes supposent l'engagement et la participation. La vogue de la « réalité virtuelle » et tous les dangers qu'elle comporte ne sont que le prolongement de cette vision selon laquelle il est possible à l'humain de n'être qu'un simple observateur. Ce qui sous-tend la nouvelle vision, c'est au contraire l'acceptation de l'ambiguïté, et avec elle la possibilité de redécouvrir la conscience, l'intentionnalité, la valeur et le sens comme partie intégrante et nécessaire d'une compréhension du monde. Nous verrons alors que, loin d'être des observateurs passifs du cosmos, nous y sommes immédiatement et directement engagés. Autrement dit, nous verrons la spiritualité et la science comme deux aspects d'un même ensemble tissé d'une seule pièce.

Vision du grain de conscience

Il serait peut-être utile de raconter comment m'est venue cette vision de ce que j'appelle le « grain de conscience » et de l'importance de l'ambiguïté qui l'accompagne car, comme vous le verrez, il n'a pas de fondement logique. L'intuition sur laquelle repose tout ce livre, et qui dans une certaine mesure a été le pivot de ma vie, s'est produite au cours d'un séjour que j'ai fait avec ma femme, en 1957, dans le Nord du Transvaal. Nous vivions dans un ranch avec notre petite fille de deux ans. Ce séjour devait me permettre de me livrer à l'étude intensive de la philosophie et de la psychologie. Du moins était-ce le motif avoué, car il y avait une autre raison, inexprimée : j'étais arrivé à un point où plus rien n'avait de sens dans ma vie et j'avais désespérément besoin de temps pour réfléchir.

Le ranch était situé sur une terre inhospitalière où l'herbe poussait à peine, parsemée de petits arbres rabougris et tordus, torturés par un soleil de plomb et la sécheresse. Les principales formes de vie pouvant se maintenir sur cette terre étaient les serpents, dont certains très vénéneux, et les termites, des millions de fourmis blanches qui construisaient leurs termitières dans les troncs de ces pauvres arbres faméliques et se nourrissaient de leur substance. Les arbres finissaient par mourir et partout notre regard croisait ces innombrables fourmilières alignées dans le paysage comme les piliers de quelque temple dévasté sur une terre désolée.

Notre voisin le plus proche, si l'on exclut la famille de babouins qui vivait à l'autre bout de la vallée, était un fermier qui demeurait à dix kilomètres de chez nous ; nous ne l'avons vu qu'une fois durant toute l'année que nous avons passée là-bas. Nous n'avions ni électricité, ni téléphone, ni cuisine – ma femme cuisait les aliments sur un feu à l'extérieur de la maison. Le village le plus près se trouvait à une vingtaine de kilomètres. Une fois par semaine, le chauffeur d'autobus passait et ramassait l'argent et la liste d'emplettes que nous déposions sous une pierre à l'entrée du ranch. Deux jours plus tard, il revenait avec nos provisions.

Malgré tout, nous vivions au paradis. Le silence était vivant, il vibrait comme aucun de ceux que j'ai connus. L'isolement et le silence nous offraient le cadre idéal, les conditions du désert favorables à une profonde méditation. Dans cette région de la mort, le silence n'était jamais hostile, et d'aussi loin qu'il m'en souvienne je n'en ai jamais eu peur, pas plus que de la noirceur opaque de la nuit. Même le ricanement des hyènes qui s'attroupaient autour des vaches mortes (la fièvre bilieuse en a tué une par jour pendant un certain temps), même ce ricanement n'était pas inquiétant, ni les vautours qui tournaient autour pendant la journée.

Ce qu'est la réalité

La plus grande partie de mes journées se passait à étudier des textes, entre autres la *Critique de la raison pure* de Kant. L'un des problèmes abordés par Kant dans cet ouvrage est celui de savoir ce que nous pouvons connaître du monde extérieur, et de quelle façon. Ce problème me hantait depuis que j'avais commencé à me poser sérieusement des questions, et puisqu'il constitue une base essentielle du présent livre, nous nous y arrêterons quelques instants.

Que veut-on dire quand on affirme que le monde est réel et comment savons-nous qu'il est réel ? Lorsqu'on supprime les données sensorielles, c'est-à-dire ce qu'on apprend d'un objet par la voie de nos sens, que reste-t-il ? Prenons l'exemple d'une feuille verte : ce n'est pas la feuille qui est verte, nous dit-on, mais la lumière que la feuille n'a pas absorbée et qu'elle réfléchit donc ; la couleur verte est ce que la feuille n'est pas. On peut tenir un raisonnement semblable à propos de tous les autres sens. Une automobile ne fait pas de bruit ; les bruits résultent des vibrations de l'air qui frappent notre tympan. L'odeur de la rose est en réalité celle des molécules en suspens dans l'air autour de la rose. Qu'en est-il alors de la feuille quand on la dépouille de tout ce que nos sens nous disent à son sujet ? Les physiciens modernes soulèvent aujourd'hui le même problème lorsqu'ils se demandent ce qu'est la réalité quantique. J'ai placé leurs conclusions en appendice I, et si vous n'êtes pas familiarisés avec ce sujet je vous conseille d'y jeter un coup d'œil : certaines sont très surprenantes.

Une question résume tout le problème : « Lorsqu'un arbre tombe dans la forêt et que personne n'est là pour l'entendre, fait-il du bruit ? » Le Bouddha a posé la même question en ces termes : « Est-ce l'oreille qui se dirige vers le son, ou le son qui parvient à l'oreille ? » Quelle est la contribution du monde physique – et dans quelles proportions ? – et celle du monde mental ? Un petit poème plein d'humour résume le propos en quelques mots.

Un homme disait : « Dieu
Doit trouver fort curieux
De voir que cet arbre
Ne cesse pas d'exister
Quand personne n'est dans le pré. »

À quoi l'on peut répondre :

« Cher monsieur,
Votre étonnement est curieux.
Je suis toujours dans le pré
Et c'est pourquoi cet arbre
Ne cessera jamais d'exister. »
Veuillez agréer mes salutations distinguées, Dieu.

En d'autres termes, tout est dans l'esprit, l'esprit de Dieu. Selon un point de vue contraire, privilégié par les scientifiques, il n'y a pas de Dieu, d'esprit ou de perception, il n'y a que des mouvements de la matière dans le temps et l'espace. Ainsi à la question : Que reste-t-il quand on supprime toutes les données sensorielles ? ont essentiellement été données deux réponses. La première est qu'il ne reste rien car tout n'est finalement que création de l'esprit ; c'est la réponse idéaliste qui, poussée à l'extrême, revient au solipsisme. La seconde affirme que tout restera identique, car tout n'est que ce que nous voyons ; c'est le réalisme naïf. Kant a proposé une troisième solution, c'est-à-dire que « quelque chose » demeure, mais nous ne pouvons pas savoir ce que c'est ; il a appelé cela le noumène.

Comment pouvons-nous savoir que nous ne savons pas ?

La solution de Kant me posa une énigme qui me rendit de plus en plus perplexe. Comment pouvons-nous savoir quoi que ce soit au sujet de quelque chose que nous ne pouvons ni connaître ni même savoir que cela existe ? Par la suite, l'énigme s'est concentrée dans cette interrogation : « Comment pouvons-nous savoir que nous ne savons pas ? » C'était en quelque sorte l'ultime kôan zen. Je me suis colleté avec ce problème pendant un certain temps, complètement dérouté, et brusquement, un jour, de manière totalement inattendue, la solution m'est apparue : *nous sommes à la fois et en même temps au centre du monde et à sa périphérie.* En quoi cela constituait-il une réponse à la question ? C'est l'une des choses que je devrai tenter d'expliquer, tout en essayant, du même coup, d'expliquer ce qu'elle signifiait. Mais au moment où cela s'est fait jour en moi, c'était chargé de sens et sa valeur n'a cessé de croître au cours des années. Pendant les mois qui ont suivi, j'avais la sensation que mon esprit avait été soulagé d'un grand fardeau et l'impression de me mouvoir dans une nouvelle atmosphère.

Peu à peu, je me suis constitué une petite bibliothèque remplie de livres dont chacun, à sa façon, s'accorde avec cette compréhension et, à sa lumière, s'éclaire à son tour d'une plus profonde signification. L'accumulation de ces livres ne s'est pas faite de manière intentionnelle ou systématique, bien au contraire. Je les ai souvent rencontrés par hasard, en bouquinant dans des librairies d'occasion, en feuilletant des catalogues de parutions récentes ou à la suite de recommandations. C'est ainsi que ce que j'ai appelé un mythe a pris sa forme particulière au fil des ans. Ce livre est le résultat de mes années de méditation sur cette compréhension et de mes efforts pour la rendre accessible à d'autres.

J'ai écrit sur cette question en l'abordant sous différents angles. Dans un premier livre intitulé *Le Zen au service du management*, écrit en 1970, j'ai voulu montrer que le management, de même que l'esprit, ne se fonde pas sur la résolution de problèmes, comme le laissent entendre les séminaires sur la gestion « scientifique », mais sur la prise de décisions. En outre, ce ne sont pas des problèmes qui nous obligent à prendre des décisions, mais des dilemmes, nés de l'ambiguïté fondamentale d'être simultanément « dedans » et « dehors », participant et observateur, centre et périphérie. Dans un autre livre, *The Iron Cow of Zen*, (*the iron cow*, « la vache de fer », représentant l'ambiguïté fondamentale), j'ai tenté de montrer l'importance de cette compréhension de l'ambiguïté pour pénétrer la condition humaine, et comment les kôans zen exprimaient cette ambiguïté fondamentale. Enfin plus tard, dans un livre intitulé *Le Rêve du papillon*, j'ai essayé d'expliquer comment cette même ambiguïté est à la base de tout travail spirituel et comment elle rend ce travail à la fois nécessaire et possible.

Le chirurgien blessé

Chacun de nous est un individu : ce qui ne peut être divisé. Mais chacun de nous est simultanément au centre et à la périphérie ; autrement dit, chacun est divisé. Le sujet du présent ouvrage est justement cette situation « impossible », cette ambiguïté. Pour le moment, et dans les limites de cette introduction, permettez-moi d'esquisser brièvement les conséquences de cette situation.

Étant simultanément au centre et à la périphérie, bien qu'indivisibles de par notre nature même, au cœur de chacun de nous s'ouvre un conflit fondamental, un schisme, une blessure béante. Cette blessure bénie, comme certains l'ont qualifiée, est à la fois la source de notre souffrance et celle de notre félicité, de notre joie. Comme elle est dans les profondeurs de notre être, à la source même, nous avons énormément de difficulté à en parler et même à y penser. Nous devons aller en amont de l'expérience, en amont de la logique, pour voir ce que signifie ce conflit, car la logique et l'expérience apparaissent comme autant de moyens pour tenter de le résorber. Nous ne faisons pas l'expérience du conflit, le conflit est à la source même de l'expérience. Le mot « expérience » vient du mot latin *periculum*, qui signifie à la fois « essai » et « péril ». Je ne peux m'empêcher de me demander si l'expérience n'est pas, à l'origine, une tentative pour échapper au péril de ce schisme. C'est cette étymologie qui sous-tend, dans les pages qui suivent, l'usage que je fais du mot expérience. Nous ferions n'importe quoi, nous ferions tout plutôt que de tomber dans l'enfer de ce schisme. La psychose m'apparaît maintenant être l'état dans lequel un individu est incapable, pour une raison ou une autre, de trouver un point de référence stable – ce que j'appelle un centre – lui permettant d'éviter le cercle vicieux causé par cette division, dans l'être, entre le centre et la périphérie. La sensation du « je » est précisément ce centre stable. L'exagération et la paranoïa extrême sont chez certains psychotiques le moyen par lequel ils tentent désespérément de s'accrocher à une bouée de sauvetage dans un océan de folie. D'un autre côté, s'il n'y avait pas cette blessure, la créativité, la spiritualité, l'évolution même seraient impossibles.

Au cours de ma vie, j'ai connu des moments où je fus en proie à l'horreur, comme si j'allais être avalé par le néant. Cela débuta dans ma petite enfance et, parfois, c'était plus que je n'en pouvais supporter. Vers l'âge de dix-sept ans, ces sentiments d'horreur se cristallisèrent le jour où je vis au cinéma un film sur les camps de concentration. C'était Winston Churchill, je crois, qui avait décidé de nous faire connaître quels avaient été les enjeux de la guerre, et pour ce faire il avait choisi ce moyen aussi efficace que brutal. À la suite d'un long métrage hollywoodien dont le titre, l'intrigue et les personnages ont vite disparu de ma mémoire, un autre film fut présenté : c'était un montage de diverses séquences prises par les forces alliées lorsqu'elles étaient entrées à

Belsen, Buchenwald, Auschwitz, trébuchant sur ces testaments de notre honte.

Présentées, comme elles le furent, à une assistance docile et réceptive, à demi hypnotisée par le brillant et le glamour hollywoodiens, ces images pénétrèrent jusqu'à la moelle. En sortant du cinéma, dans le vaste crépuscule de cet été-là, on ne pouvait que cligner des yeux, complètement ahuris. Non pour refouler des larmes de honte, de rage ou de regret, non, elles viendraient plus tard. Cligner des yeux stupidement, nous demandant dans notre stupéfaction : que faire maintenant, qu'est-on censé faire après cela ?

L'horreur, ce n'était pas que les Allemands aient déshumanisé les Juifs, c'était que des êtres humains soient capables de traiter ainsi d'autres êtres humains, et j'étais un être humain. Plus tard, cette peur devint encore plus plausible quand, voyant la blessure de notre être, j'eus la conviction que nous nous infligeons les uns aux autres ces choses terribles parce que sous nos pieds il y a cet abîme, l'horreur d'être avalé par notre propre esprit.

Je ne peux pas dire que ces images des camps de concentration aient continué à me tourmenter de façon constante et consciente. Comme tout le monde, j'ai tout simplement oublié. Mais à un niveau plus profond, à un niveau subconscient, les images que j'ai vues cet après-midi d'été ne m'ont jamais quitté, elles ont très certainement agi comme un aiguillon, me poussant à chercher à comprendre les autres et à me comprendre moi-même. Plus tard, sur ce ranch du Transvaal, quand j'ai aperçu le fond de la déchirure, j'ai compris que l'horreur vient de la boucle qu'elle crée au centre même de notre être : je suis au centre, mais ce à quoi je suis central, c'est moi-même, également au centre ; je suis donc périphérique à moi-même, mais c'est également impossible puisque ce même moi est au centre. Je montrerai plus loin qu'un seul centre est possible, donc que ce schisme, ou déchirure, nous menace comme une guerre d'anéantissement total dans les profondeurs de notre être.

Afin d'affronter la souffrance dont je venais clairement de percevoir les racines, pendant les trente années qui ont suivi j'ai pratiqué la voie du bouddhisme zen, autant que me le permettaient mon inertie et ma confusion. Au cours de ces années, j'ai connu un éveil ou *satori* profond et deux autres de moindre intensité. Le premier éveil me fit réaliser immédiatement, et non comme une théorie ou une croyance, qu'il n'existe pas une *chose-en-soi*, qu'aucune chose n'a d'existence indépendante. Comme le disait un maître zen : « Depuis le commencement, aucune chose n'est ». Je réalisai en même temps qu'il n'y a pas d'ego ou de personne permanente, le mot « je » ne renvoie à aucune entité, qu'elle soit subtile ou grossière. Des deux autres éveils, l'un est particulièrement significatif pour ce livre. Il se produisit au cours d'une retraite intensive de sept jours, plusieurs années après l'éveil initial. Je vis alors très clairement la signification de l'expression « Tout est Un », et également que tout est l'Un. C'est ce qu'on appelle l'éveil à l'égalité ; ceux qui ont pratiqué le zen ou tout autre tradition spirituelle pendant assez longtemps le connaissent bien. En lisant les *Ennéades*, il m'est apparu évident que Plotin avait en partie été inspiré par ce même éveil. En prenant conscience que chaque chose est l'Un, nous prenons conscience que chaque personne est également l'Un. Nous ne sommes pas une partie d'un plus grand tout. Chacun est le tout. Chacun est ce que le philosophe Leibnitz appelle une « monade ».

« *Ars longa, vita brevis* » (L'art est long, la vie est courte), dit Hippocrate. À l'aube de ma soixante-huitième année, je ressens de manière poignante la vérité de cet aphorisme. Ce livre est le fruit de toutes mes années de labeur et de réussite, d'anxiété et de joie. J'ai conscience de ses limites et de ses défauts, mais je l'ai écrit dans l'espoir qu'il contribue, ne serait-ce que modestement, à nous rapprocher les uns des autres en tant qu'êtres humains. Nous devons trouver une nouvelle façon de penser, une pensée qui ne soit pas limitée par les opposés mais les inclue, une pensée qui soit aussi un remerciement *, un geste de gratitude venant de ce que l'on se voit vraiment comme les fils et les filles de Dieu, que nous tous, tous les êtres sensibles, nous sommes Bouddha, que notre vraie demeure est le Tout, ou l'Un.

* Les mots anglais *thinking* (penser) et *thanking* (remercier) ont la même racine étymologique.

II

L'AMBIGUÏTÉ : LA BLESSURE DU CŒUR

> Tous les contes de fée persans […] commencent par cette formule contradictoire, *Yeki bud, yeki mabud* : Il était un, il n'était pas un *.
>
> Barry Sanders

Une ambiguïté fondamentale, sorte de double contrainte primordiale, se trouve à l'origine de la conscience, de la vie, et peut-être de la matière même. Un maître zen, montrant un bâton à ses moines, leur dit : « Si vous dites que c'est un bâton, je vous donne trente coups ; si vous dites que ce n'est pas un bâton, je vous donne trente coups. Qu'est-ce que c'est ? » Gregory Bateson a utilisé ce kôan zen pour introduire la notion de double contrainte *(double bind)* dont la principale caractéristique est la suivante : quoique nous fassions, nous sommes perdants. L'ambiguïté, comme je vais le montrer, est la double contrainte primordiale à partir de laquelle la conscience et la vie ont évolué. Les « problèmes » philosophiques que nous avons créés concernant l'origine de la vie à partir de la matière, de l'esprit à partir du cerveau ou de la valeur à partir des faits, sont autant de tentatives pour scinder cette ambiguïté afin de la rendre accessible à l'intellect.

---

* Barry SANDERS, *A is for Ox*, Vintage Books, New York, 1995.

En introduction, nous avons parlé du moi comme étant à la fois au centre et à la périphérie *, semblable à l'*uroboros* des Anciens, ce serpent qui avale sa propre queue. Mais qui sait quel « moi » est la tête et quel « moi » est la queue ? Après tout, il ne peut y avoir qu'un seul moi. L'évolution et la créativité émergent de la tentative d'échapper à la souffrance causée par la double contrainte, et cette souffrance n'est pas seulement à l'origine de nos conflits personnels et de nos antagonismes, mais à l'origine des guerres également.

Ce siècle a été accablé par les conflits, les guerres civiles, la mort et la destruction. À une certaine époque, nous avons frôlé la destruction totale de la planète et cette menace continue encore de gronder et de rôder dans les coulisses. Le seul fait de pouvoir concevoir cette totale destruction apparaît moins effrayant qu'incompréhensible. Quand, à la télévision ou au cinéma, nous voyons le type de destruction que peut engendrer une guerre moderne, nous sommes inquiets et effrayés ; mais, surmontant cette peur et cette anxiété, nous nous demandons : « Comment est-ce possible ? » La même question se pose quand on pense à la bataille de Verdun ou de la Somme pendant la guerre de 1914, ou à celle de Stalingrad pendant la guerre de 1939, alors que des armées entières étaient en proie à des orgies de destruction. Comment se fait-il que nous puissions nous infliger pareilles choses ? Quelle est cette terrible force de violence, de conflit et de destruction qui nous habite ?

Ce que je voudrais montrer, c'est qu'il est possible de comprendre cette force, et ce d'une manière complètement nouvelle. Je démontrerai en outre que cette *même force* est également la force de la créativité et celle qui préside à l'évolution – l'évolution humaine et celle de toute vie. Chez les

---

* Dorénavant, nous utiliserons l'expression abrégée moi-centre/moi-périphérie. (*NDT*)

humains, elle est aussi la source de la spiritualité. En d'autres termes, je parlerai de l'évolution, de la créativité, de la spiritualité et de la violence, non pas comme étant des processus séparés, mais comme le résultat d'une force unique que nous désignons sous des noms différents.

L'origine du conflit

La cause de la violence est une question qui est loin d'être nouvelle et l'humanité n'a jamais cessé de s'interroger à son sujet. Les explications habituelles ne font malheureusement qu'envenimer les choses, non parce qu'elles sont erronées, mais parce qu'elles sont incomplètes. Dans ces conditions, notre diagnostic ne peut qu'être semblable à celui d'un médecin qui confond les symptômes et aggrave la maladie au lieu de la traiter. Pour éclaircir cela, voyons les différentes manières dont le conflit est habituellement envisagé. Ce tour d'horizon nous permettra de constater plusieurs choses : d'abord que le conflit ne s'apprend pas, ensuite qu'il ne peut être expérimenté en lui-même car il est à la base de l'expérience, et enfin qu'il est aussi le fondement de la créativité – cela impliquant que la violence est parfois de la créativité manquée.

Au cours de la guerre froide, un journal de Montréal publia une caricature montrant deux dinosaures en train de se battre qui utilisaient leur énorme queue en guise d'arme. L'un se dressait au-dessus de New York, l'autre au-dessus de Moscou ; le premier avait la tête du président américain, le second celle du dirigeant russe. Il était clair que chacun aurait pu détruire sa propre ville d'un seul coup de sa queue massive. À sa façon, la caricature en disait long sur la force du conflit à l'œuvre en nous. Voyons un peu ce qu'elle nous apprend sur notre façon habituelle de penser le conflit.

Les autres sont à blâmer

Ce qui saute aux yeux tout d'abord, c'est que les deux dinosaures ont la tête des deux leaders mondiaux de l'époque. La caricature semble suggérer que les deux hommes se battent pour satisfaire leur soif de pouvoir sans se soucier des ravages qu'ils pourraient causer à leur propre pays. Il est très fréquent de croire que nos leaders sont la cause des tensions nationales et internationales, et qu'il suffirait qu'ils renoncent à leur quête du pouvoir pour que la paix règne dans le monde. Ce point de vue sous-tendait la plupart des manifestations pour la paix dans les années soixante. D'une manière ou d'une autre, croit-on, il faut qu'*ils* changent d'attitude, qu'*ils* s'asseoient pour négocier et arriver à une entente. Ceux qui défendent ce point de vue nous encouragent à écrire à nos politiciens ou aux journaux, à exercer une forte pression, qui le moment venu, croit-on, *les* forcera à se transformer.

Nous adoptons souvent ce point de vue lorsque nous rencontrons des difficultés dans notre vie personnelle. Si seulement notre patron, notre conjoint, nos amis étaient un peu plus compréhensifs, tolérants ou sensibles, ils ne nous blesseraient pas autant. La psychanalyse a fortifié cette notion en attribuant notre souffrance à la manière dont nous avons été éduqués. Ainsi avons-nous tendance à croire que notre mère, notre père ou nos professeurs sont la cause de nos troubles et que nous ne serions pas aussi anxieux, aussi hésitants ou aussi déficients dans tel ou tel domaine de notre vie si nous avions eu une éducation différente.

D'une certaine manière, c'est un point de vue optimiste : à un problème dont on a identifié la cause, on peut apporter une solution. En ce qui concerne nos dirigeants, nous pouvons résoudre le problème en employant tous les moyens offerts par la démocratie. Quant aux autres, ceux qui nous posent des problèmes, nous pouvons toujours essayer de les changer. Nous pouvons changer d'emploi, d'amis ou de conjoint, et nous débarrasser ainsi des troubles qu'ils nous causent.

La conspiration de l'oppression

Mais en même temps, ce point de vue peut se teinter d'un profond pessimisme, dû à la crainte que ces deux personnages puissent n'être après tout que des masques ou des marionnettes derrière lesquels s'en cachent d'autres, sans visage, qui poursuivent leur soif de pouvoir dans l'ombre, manipulant et tirant les ficelles : la CIA, le KGB, le Pentagone, les gnomes de Nuremberg, le complexe militaro-industriel... bref les forces sinistres au-delà de la raison et de la démocratie, dont le seul but est la poursuite de leurs intérêts quel qu'en soit le coût. Dans nos vies personnelles, nous nous considérons comme des victimes : les femmes sont opprimées par les hommes, les Noirs par les Blancs, les citoyens par le gouvernement, les étudiants par les professeurs.

Que ce soit du pessimisme ou de l'optimisme, la croyance sous-jacente est la même : le conflit – et par conséquent nos problèmes – est consciemment et délibérément provoqué par des personnes ou des groupes de personnes spécifiques qui, en raison d'une perception ou d'un comportement erroné, ou parce qu'elles sont mauvaises, font naître le conflit en nous et parmi nous. Nous sommes réprimés, dominés par les autres. Le conflit et son cortège de malheurs peuvent être résolus en corrigeant leur perception, en les forçant à changer de comportement ou en extirpant le mal qu'ils ont en eux.

Ce n'est que naturel

La caricature nous montre deux *animaux* en train de se battre. En tant qu'animaux, ils ne poursuivent pas de buts conscients, ils ne font que donner libre cours à un instinct naturel d'agression. Cet instinct, dit-on, existe aussi chez l'humain. Il est donc « naturel » pour l'homme de se battre. Les humains ne sont que des animaux, dit-on, et ils partagent avec eux un fonds commun d'instincts et de pulsions. Tous les animaux se battent pour leur territoire, leur partenaire, leur suprématie ; pourquoi donc s'étonner de retrouver le même instinct de combat et de conflit chez les humains, et pourquoi croire que nous pourrions l'empêcher ? Les hommes sont violents à cause de la testostérone, d'une libido haïssable ou d'une agressivité tordue. Mais, après tout, les formes vivantes ont évolué grâce au conflit, lequel a entraîné l'élimination des faibles et des inadaptés. Dans cette perspective, loin d'être une malédiction, le conflit est une bénédiction, car il assure la survie du plus apte. Nous avons là l'aspect optimiste de ce que l'on pourrait appeler l'argument « évolutionniste » ; mais les évolutionnistes ont aussi leurs pessimistes.

Une erreur tragique

Les évolutionnistes pessimistes croient que la nature a pris un mauvais tournant quelque part dans le labyrinthe de la vie, et que l'humain en est le résultat : une erreur tragique, vouée par la structure même de son cerveau à l'auto-annihilation. Selon ce point de vue, l'humain est une bizarrerie de l'évolution sans réelle importance. À la limite du désespoir, Arthur Koestler affirme que notre seul espoir de survivre en tant qu'espèce est dans l'invention d'une pilule apaisante [1]. La nature a pris un mauvais tournant, dit-il : « Notre espèce est un monstre biologique », le résultat d'une erreur dans le processus évolutif. « Saurons-nous inventer un remède contre la schizophysiologie de notre système nerveux, contre la tendance paranoïaque qui n'a cessé d'ensanglanter notre histoire ? » Cela est possible, affirme-t-il : « Cela peut se faire, cela se fera, il n'est pas utopique de le croire. Nos tranquillisants actuels, nos barbituriques, nos antidépresseurs, nos stimulants et toutes leurs combinaisons ne représentent qu'un premier pas vers une pharmacopée plus raffinée et capable de contribuer à la coordination, à l'harmonie mentale… » Koestler est très sérieux quand il propose ce remède qui agirait comme un stabilisateur mental : « Il faut chercher un remède à la schizophysiologie inhérente à la nature humaine ainsi qu'à la fêlure mentale qui en résulte et qui aboutit à la situation dans laquelle nous nous trouvons à présent. » Le danger qui nous guette est réel, dit-il, et imminent. « Si nous ne trouvons pas ce remède, l'antique tendance paranoïaque de l'homme, renforcée par les nouveaux pouvoirs de destruction, nous conduira tôt ou tard au génosuicide. »

Cela est aussi sous-entendu dans la caricature : les dinosaures se sont éteints parce qu'ils ont échoué dans la rude concurrence de l'école de la vie. Pourquoi l'humanité devrait-elle échapper à ce sort ? Vue ainsi, la caricature dépeint une tragédie : quelle que soit l'intensité de nos efforts, les forces impersonnelles de la sélection nous détruiront. En réalité, nos luttes et les destructions qu'elles entraînent sont l'œuvre de ces forces aveugles sur nos destins.

En méditant sur cette caricature, nous traversons des niveaux d'explication de plus en plus profonds. D'abord, la couche de surface : deux hommes intraitables et égoïstes sont pris dans une querelle et, ne voulant pas perdre la face, entraînent le monde à sa perte. De ce niveau personnel et psychologique, nous passons au niveau social et politique, là où des groupes recherchent le pouvoir et manipulent les forces sociales. En pénétrant plus profondément, nous rejoignons la couche biologique des instincts – le territoire, l'agression et la reproduction –, puis la couche de l'évolution où une force cosmique développe son potentiel par tâtonnements, essais et erreurs.

La victoire du bien sur le mal

Mais nous pouvons encore aller plus loin. Les personnages qui luttent sont composés d'éléments à la fois humains et animaux : la tête est la raison humaine, le corps est instinct et passion. La tête se dresse haut dans le ciel parmi les dieux, le corps est enraciné dans la terre. Est-ce là la cause du conflit ? Le conflit extérieur ne serait-il que la projection d'un conflit intérieur ?

Sommes-nous en guerre avec nous-mêmes parce que des forces incompatibles – telles que la raison et l'instinct, l'angélique et le démoniaque – s'affrontent ? Cherchons-nous à alléger les tensions en dramatisant le conflit à un niveau plus facile d'accès, en le projetant sur les autres ? Avec cette question, nous avons pénétré une autre strate, la strate religieuse. Le problème n'est plus « son » problème, mais « mon » problème, un problème qui me concerne et qui concerne le sens de ce « moi ». Une profonde intuition de l'unité a été violée, divisée en deux parties incompatibles : une moitié esprit et une moitié corps, chacune ayant ses propres exigences. Je suis un individu et cependant je suis divisé : une partie de moi s'élève vers les cieux, l'autre se vautre dans la boue. Le saint et le diabolique ne peuvent pas vivre dans la même maison. Chacun cherche donc à détruire l'autre, créatures aveugles luttant et, ce faisant, détruisant ce qui leur est cher. C'est le point de vue partagé par beaucoup de chrétiens, de bouddhistes et de juifs, et il est également implicite dans le mouvement psychanalytique. L'humain est déchiré entre le conscient, le rationnel, et l'inconscient, l'instinctuel ; il est déchiré entre les forces du bien et du mal.

Dans cette perspective, la résolution de notre conflit est vue comme le triomphe du conscient sur l'inconscient, le domptage de l'instinctuel par le rationnel, la défaite du Mal et la victoire du Bien. Le conflit pour mettre fin au conflit, la guerre pour en finir avec la guerre.

Mais tout ce qui précède ne résout pas la question suivante : Pourquoi, d'abord, y aurait-il un conflit ? Cela nous montre comment le conflit se fait connaître, la manière dont il s'exprime, les éléments impliqués, mais ne nous dit rien sur l'origine du conflit. Nous faisons l'expérience de la douleur, de l'agressivité, de la colère, ainsi de suite, mais ce sont là les conséquences du conflit, ce n'est pas le conflit lui-même. Le conflit est à la racine du fait de *vivre une expérience*, il n'est pas *l'expérience elle-même*. Nous ne pouvons pas *apprendre* le conflit parce qu'apprendre est un produit de l'expérience reflétée par la mémoire. Nous ne pouvons non plus rendre compte du conflit en faisant appel à un « instinct de conflit » ou un « instinct d'agression », ce qui reviendrait simplement à remplacer un inconnu, « la cause du conflit », par un autre inconnu, « l'instinct ». Le conflit est sous-jacent à *toute* situation. Cette intuition imprègne l'ensemble de l'enseignement bouddhique. L'axiome le plus fondamental du bouddhisme, la première Noble Vérité, affirme que la vie est fondée sur la souffrance. Si tel est le cas, nous ne pouvons nous comprendre ou comprendre le monde dans lequel nous vivons à moins de comprendre le conflit.

Le conflit est inhérent à toute situation

Étant inhérent à toute situation, le conflit ne peut être résolu à la manière habituelle, c'est-à-dire par l'élimination d'une partie, le triomphe d'une partie sur l'autre ou la fusion des deux dans un tout harmonieux, aimant et utopique. Le conflit, en vertu du scénario selon lequel c'est le bien et le mal qui sont en guerre, provient d'une scission verticale dans l'expérience où le niveau supérieur cherche au mieux à élever l'inférieur, tandis que l'inférieur tend à tirer le supérieur vers le bas.

Mais la guerre n'est pas simplement l'affrontement du bien et du mal. Lors d'une guerre, chacune des parties impliquées voit la guerre comme juste et sainte, chacune se bat pour défendre ce qu'elle conçoit comme étant le bien. Les Allemands affichaient *Gott mit uns* sur la boucle de leur ceinture. Mais les Anglais et les Français étaient également assurés que Dieu était de leur côté. Une guerre est donc en fait une guerre du bien contre le bien. Selon cette manière de voir le conflit, chacune des deux parties engagées dans un conflit a également le droit d'exister, bien que chacune nie ce droit à l'autre. Cet autre point de vue que nous offrons maintenant signifie que la scission n'est pas verticale mais horizontale : ce qui est bien pour moi est mauvais pour lui, ce qui est mauvais pour moi est bien pour lui. Si on accepte ce point de vue, on doit abandonner la croyance en un bien absolu, absolument vrai et supérieur, et son corollaire, le mal absolu, absolument faux et inférieur.

Les éléments du conflit

LA DUALITÉ

Dans la caricature, *deux* côtés sont opposés ; le fait qu'il soit nécessaire d'être deux pour s'engager dans une dispute est évident. Cela est corroboré par l'axiome fondamental du bouddhisme : « Tout est souffrance », où le mot sanscrit utilisé pour souffrance est *dukkha*, qui signifie dualité. La double contrainte de Bateson à laquelle nous avons fait référence au début de ce chapitre désigne une situation où deux ordres opposés sont donnés à une personne qui *doit*, sous peine d'être punie, obéir aux deux, alors qu'elle ne *peut* obéir qu'à un seul. Selon Bateson, il est nécessaire qu'il y ait deux personnes pour instaurer une situation de double contrainte : la victime et celle qui donne les ordres conflictuels. Mais cela n'est pas indispensable car nous pouvons nous donner à nous-même des ordres contradictoires : « Je dois partir car j'ai promis à ma femme que je rentrerais tôt ce soir », « Je ne peux pas partir car j'ai promis à mon patron que je finirais ce travail ce soir ».

La dualité en elle-même ne cause pas le conflit cependant. La polarité, la complémentarité et même l'ambiguïté comme on l'entend habituellement sont des exemples de dualité où n'intervient pas le conflit. Kenneth Boulding, un économiste américain qui a publié une étude sur le conflit et la compétition, a écrit : « Le conflit peut être défini comme une situation de compétition où les parties en présence sont conscientes de l'incompatibilité des positions potentielles et futures et où chaque partie désire occuper une position incompatible avec les désirs de l'autre partie [2] ». Le mot « incompatible » doit être souligné car, si on la réduit à son expression la plus simple, la phrase de Boulding peut se résumer ainsi : le conflit naît en présence de deux points de vue dont *un seul* peut prévaloir.

L'UNITÉ

Quand nous pensons au conflit et à la compétition, nous oublions souvent qu'ils nécessitent la *coopération*, qu'à vrai dire ils se fondent sur elle. Un accord plus fondamental que le conflit rend ce dernier possible. Cette coopération provient d'une *similitude* sous-jacente. À l'époque des duels, un gentilhomme (qui signifiait à l'origine « d'un même clan ») ne se battait en duel qu'avec un autre gentilhomme ; il aurait été impensable pour lui de le faire avec un manant.

Les plus grandes tensions surgissent parmi ceux qui ont le plus de caractéristiques en commun. Deux membres d'une même entreprise ont plus de chances de se haïr que deux étrangers. Deux collectionneurs de timbres, deux golfeurs ou deux prétendants ont plus de chances de développer des antagonismes qu'un collectionneur de timbres et un golfeur par exemple, ou un prétendant et un collectionneur de timbres. Avoir des caractéristiques en commun se traduit souvent par l'acceptation de règles et l'adhésion à un but commun. Lorsque deux nations sont en guerre, elles doivent s'entendre sur ce pour quoi elles se battent. Pour qu'il y ait combat, deux boxeurs doivent s'accorder sur les règles et tous deux doivent désirer gagner, c'est-à-dire désirer être le numéro un. Sans cet accord, il ne peut y avoir combat. En d'autres termes, ce qui est sous-jacent à la dualité du conflit, ce qui effectivement cause le conflit, c'est l'Unité.

Un petit conte zen illustre bien cela. Une nuit, deux brigands s'introduisent dans un temple zen. Brandissant leur sabre, ils capturent le prêtre du temple et menacent de le tuer. « Avant de mourir, j'aimerais juste une chose, leur dit le prêtre.

– Quoi ? s'écrie un des voleurs.

– Un verre de vin », répond-il.

Étonné, l'homme lâche le prêtre, qui calmement et sans hâte se dirige vers une armoire, ouvre la porte, prend une bouteille de vin et un verre. Il couvre la table d'une nappe blanche, essuie soigneusement le verre, dépose le verre et la bouteille de vin au centre de la table. Il tire ensuite sa chaise, ouvre la bouteille et s'en verse une quantité précise. Il bouche la bouteille, la dépose au centre de la table et boit une gorgée. Puis il regarde autour de lui, les voleurs sont partis.

Une histoire semblable relate un incident qui se serait passé dans les tranchées durant la guerre 1914-1918. Des soldats anglais préparaient leur petit déjeuner dans leur tranchée et, bien entendu, faisaient infuser du thé. Soudain, des soldats allemands firent irruption dans la tranchée avec leurs baïonnettes. Terrifié, un soldat anglais, automatiquement et sans réfléchir, tendit une tasse de thé à l'Allemand qui s'apprêtait à l'éventrer. Celui-ci se détourna et s'enfuit.

Le conflit et la créativité

Pour la plupart des gens, le conflit est au pire un mal, au mieux quelque chose d'indésirable. C'est la porte ouverte sur la violence et la destruction qui pourrait un jour anéantir la planète entière ; c'est le chemin vers la damnation et la mort. Selon Bateson, la double contrainte peut, à la limite, provoquer la schizophrénie chez un individu. Il ajoute cependant qu'elle est aussi présente dans l'humour, dans la poésie et dans l'art. En d'autres termes, on peut aussi voir le conflit comme la porte ouverte sur le salut et la vie, la créativité et l'amour et, comme le montrent les kôans zen, sur l'éveil à la spiritualité.

La dualité et l'unité sont les deux éléments fondamentaux du conflit dans la violence et dans la créativité. Arthur Koestler dit que la créativité surgit quand une situation ou une idée est perçue « sur deux plans de référence dont chacun a sa logique interne mais qui sont habituellement incompatibles [3] ». Dans la créativité, on retrouve donc une dualité (deux plans de référence dont chacun a sa logique interne) et une unité (une situation ou une idée). Koestler poursuit en disant que la situation « entre en vibration sur deux longueurs d'onde » et il invente le mot *bisociation* pour caractériser cette façon de percevoir. Les deux plans de référence mutuellement incompatibles – ou ce que nous avons appelé plus tôt les deux points de vue d'une seule idée – génèrent une tension qui éclate au moment de la création. Koestler, en parlant de cette tension créatrice, emploie des mots tels que « heurt », « explosion », « collision » et « confrontation », des mots qui peuvent tout aussi bien décrire le conflit. Cette définition de Koestler est remarquablement similaire à une définition de l'humour donnée par un poète anglais du XVIIIe siècle, James Beatty. Ce dernier dit que le rire surgit « de la perception de deux ou plusieurs éléments incompatibles, inappropriés ou incongrus, considérés comme faisant partie intégrante d'un objet ou d'un assemblage complexe [4] ». Le lien intime entre l'humour et la créativité est accentué par le fait que, d'après la tradition hermétique, le monde a été créé par le rire [5].

La définition de l'acte créateur chez Koestler est également très similaire à celle que Boulding donne du conflit, où il y a dualité – l'incompatibilité de la position des deux parties – et unité – l'unique position à laquelle chacune aspire. La créativité est dualité – l'incompatibilité de deux plans de référence – et unité – la situation ou l'idée. La créativité et la destruction, l'amour et la haine, la coopération et la compétition proviennent d'une source commune. En d'autres termes, la créativité n'est pas d'un côté et le conflit de l'autre, pas plus que l'hostilité n'est d'un côté et l'amour de l'autre. Ils sont le résultat du fait que « ce côté-ci et ce côté-là » sont mutuellement exclusifs et, chacun étant la manifestation de l'unité, ils sont aussi mutuellement dépendants. Il s'ensuit que pour le supplanter, un côté doit détruire l'autre. Mais s'il le fait, il détruit ce dont il dépend et donc se détruit lui-même. Cela ressemble à un *Catch 22* cosmique. Tout comme il y a conflit au cœur de la créativité, il y a unité au cœur du conflit. Le conflit et la créativité ont tous deux cette particularité de *surgir de l'unité* qui est en même temps une *dualité*, de surgir d'une dualité vue simultanément comme unité. Cette ambiguïté est connue dans le bouddhisme zen comme n'étant *ni un ni deux*. Le soufisme en parle en utilisant le mot *unus-ambo* [6].

Il n'est pas nécessaire de faire appel à un instinct d'agression pour expliquer l'existence du conflit dans le monde.

Même si les autres constituent invariablement un élément essentiel dans nos moments d'agression, d'hostilité et de lutte, nous ne pouvons les tenir pour responsables de notre souffrance. Nous souffrons parce que nous sommes humains, parce que nous sommes vivants. Voir le conflit comme faisant partie intégrante de la situation nous permet de nous affranchir de tout ce lot d'instincts, que ce soit l'instinct créateur, l'instinct d'agression, l'instinct de reproduction, etc. De plus, et pour beaucoup, ceci sera désagréable à entendre, cette perspective abolit la notion de paix fondamentale ou durable. La vie est risquée, toujours en équilibre précaire. Toute solution, atteinte soit par la création soit par la destruction, prépare le terrain à un nouveau conflit, faisant appel de nouveau à la créativité ou à la destruction. Mais alors que cette perspective supprime l'espoir d'une paix éternelle, elle abolit aussi la notion de la mort telle que nous l'entendons généralement, car la paix absolue et éternelle a son pendant dans la notion de la mort absolue et éternelle.

Dans ce livre, nous explorerons aussi complètement que possible les conséquences de notre affirmation selon laquelle nous ne pouvons faire l'expérience du conflit, que le conflit surgit du *deux qui est un*, du *ni un ni deux*. Nous examinerons le *unus-ambo* en tant qu'unité séparée d'avec elle-même [7]. L'ambiguïté, terme que nous emploierons, n'est pas qu'une idée vaguement confuse et passive, mais bien la structure d'une lutte pour restaurer l'unité par un acte d'amour donnant naissance et soutenant à la fois l'univers et *chacun de nous en tant qu'univers*. Nous explorerons cet *unus-ambo* en tant que « Moi », un moi qui, bien qu'il soit un et indivisible, est au centre et en même temps à la périphérie de tout ; un moi blessé en son cœur même, une blessure bénie. Il nous faudra réfléchir plus longuement afin d'éclaircir ce que nous entendons par « être en conflit avec soi-même », et pourquoi nous disons qu'il est impossible de faire l'expérience du conflit.

C'est à cela que nous allons consacrer la suite de la première partie de ce livre. Et pour commencer, essayons d'expliquer ce que nous entendons par Unité.

1. Arthur KOESTLER, *Le Cheval dans la locomotive*, trad. par Georges Fradier, Calmann-Lévy, Paris, 1968, p. 308-313.

2. Kenneth E. BOULDING, *Conflict and Defense*, Harper and Row, New York, 1962, p. 5.

3. Arthur KOESTLER, *Le Cri d'Archimède*, trad. par Georges Fradier, Calmann-Lévy, Paris, 1965, p. 21.

4. Barry SANDERS, *op. cit.*, p. 89.

5. Brian P. COPENHAVER, *Hermetica*, Cambridge University Press, 1992.

6. *Unus* = un ; *ambo* = deux.

7. Henri CORBIN, *L'Homme de lumière dans le soufisme iranien*, éd. Présences, Chambéry, Paris, 1971, p. 7. « La Nature parfaite ne peut se révéler "en personne" qu'à celui dont la nature est parfaite […] ; leur relation est cet *unus-ambo* où chacun des deux assume simultanément la position du *Je* et du *moi*-image et miroir : mon image me regarde avec mon propre regard ; je la regarde avec son propre regard. »

III

TOUT EST UN ?

> C'est par l'Un que tous les êtres sont des êtres. Si elle n'est pas une, une chose n'est pas. Ni armée, ni chœur, ni troupeau n'existent à moins d'être un. Aucune maison même ou aucun bateau n'existe sinon en étant un.
>
> Plotin

« Tout est un », tel est le thème fondamental de ce livre. Tout ce que nous voulons dire en dépend. Comment, cependant, allons-nous comprendre cette affirmation ? Et quelle valeur peut avoir une telle compréhension ? À première vue, l'expression apparaît si dense qu'elle est impénétrable, si opaque qu'aucune lumière ne peut la traverser. « Tout » n'est-il pas le plus général de tous les mots, embrassant rien de moins que toutes choses ? Et « un » n'est-il pas le plus abstrait et le moins substantiel de tous les mots ? « Un » n'est-il pas ce qui reste quand toutes les autres qualités ont été ôtées ? Il semble que dans ce « tout est un » le plus général soit en présence du plus abstrait, comme deux fantômes se rencontrant en plein jour.

Dans le *Rg-Veda*, un recueil des hymnes religieux les plus anciens de l'Inde, un poème dit ceci :

> Il n'existait en ce temps ni mort, ni non-mort.
> Il n'y avait pas de signe distinctif pour la nuit ou le jour.

L'Un respirait de son propre élan, sans qu'il y ait de souffle.
En dehors de Cela, il n'existait rien d'autre.

À l'origine les ténèbres étaient cachées par les ténèbres.
Cet univers n'était qu'onde indistincte.
Alors, par la puissance de l'ardeur, l'Un prit naissance [1].

L'Un respirait de son propre élan. Quel élan, quel pouvoir possède l'Un ? *Par la puissance de l'ardeur, l'Un prit naissance.* Quelle est la puissance de l'ardeur qui donne naissance à l'Un ?

L'un était et est l'origine de tout, l'origine non seulement dans le temps, mais dans l'ordre des choses. L'Un non seulement était, mais *est* aussi le premier. Tout vient de l'Un : les arbres, les maisons, les autos, vous et moi, le « tout » qui constitue le monde. Et pourtant, en même temps, l'Un est le but ultime, ce qui est cherché par « la puissance de l'ardeur », ardemment désiré. L'Un est l'alpha et l'oméga.

Les êtres humains l'ont nommé Dieu, Brahman, Jéhovah, Allah, Bouddha et lui ont donné bien d'autres noms. Il ne peut être connu par l'intellect ni par aucun intermédiaire, par aucun signe, symbole ou idole. Connaître vraiment Dieu (et non pas seulement savoir quelque chose à son sujet), c'est être Dieu ; et être Dieu, c'est transcender toute forme et toute distance, toute abstraction et toute définition. Dans le bouddhisme, cet Un est la « vacuité » sans restriction ni limitation, sans intérieur ni extérieur. Le Bouddha a dit :

> Il existe un domaine où il n'y a ni terre ni eau, ni feu ni air ; ce n'est ni l'infinité de l'espace ni l'infinité de la perception ; ce n'est pas le rien, ni une idée ni une non-idée. Ce n'est ni ce monde ni le suivant, ni les deux ; ce n'est ni le soleil ni la lune.
> Cela ne vient ni ne va, ne demeure ni ne disparaît ; cela n'est pas causé, établi, créé, supporté ; c'est la fin de la souffrance.

Les animaux, dit-on, ont un *environnement*, tandis que les humains ont un *monde*, et la distinction est intéressante. Par environnement, on entend une suite décousue d'événements et de choses, l'apparition et la disparition confuses de formes, de couleurs et de bruits. Par monde, on entend une totalité intégrée, un ensemble. William James affirme que l'expérience d'un nourrisson est celle d'une florissante et bourdonnante *confusion*. Certaines études laissent entendre que ce ne serait peut-être pas le cas, mais il y a tout de même une nette différence entre une confusion florissante et bourdonnante et un monde ordonné et complet où chaque partie est organiquement reliée et interdépendante de chacune des autres parties et de l'ensemble. De l'interdépendance naît un dessin, une structure où similitude et différence sont tissées ensemble dans le temps et l'espace par le but et l'intention, formant une unique tapisserie qu'on appelle « ma vie », « mon monde ». Dans son emploi restreint, le mot monde signifie la terre, mais nous voudrions l'utiliser ici dans une acception plus large, l'origine du mot monde étant : « la vie de l'homme ».

Nous sommes convaincus que notre monde est un tout cohérent. Notre besoin de sens et de valeur vient de cette intuition de totalité cohérente. Chacun de nous exprime cette cohérence dans sa propre *Weltanschauung*. Une *Weltanschauung*, ou vision du monde, est une saisie globale, une compréhension dans laquelle chaque chose trouve sa place et qui nous permet d'assimiler de nouvelles expériences. Une expérience qui ne peut être assimilée dans notre vision du monde est rejetée, niée ; sa source est détruite. Les théories de Galilée représentaient une telle menace pour la vision du monde de son temps qu'il fallut les supprimer.

Un autre nom pour l'Un est la Vérité. L'humanité a toujours contemplé le monde, s'est questionnée sur sa cohérence et a cherché la Vérité Une de la cohérence. Plus près de nous, cela a donné lieu à une quête pour la théorie du champ unifié, une théorie qui expliquerait tout (la « théorie de tout »). La vérité n'est pas surajoutée à l'Un, ce n'est pas une propriété de l'Un qu'il s'agit de découvrir et de connaître : la vérité *est* l'Un. Pendant des siècles, les philosophes ont cherché un système métaphysique qui montrerait la grande unité sous-jacente à Dieu, à l'âme humaine et au monde. Nous aimons croire au progrès, nous croyons avoir accès à une vérité supérieure à celle que nos ancêtres primitifs connaissaient. Mais la vérité n'évolue pas ; son expression peut être sophistiquée ou rudimentaire, elle n'en demeure pas moins toujours la même Unité toute pénétrante, qu'elle soit formulée par Archimède ou Einstein, Platon ou Bradley.

Se tourner vers l'Un

« C'est par l'Un que tous les êtres sont des êtres. Si elle n'est pas une, une chose n'est pas. Ni armée, ni chœur, ni troupeau n'existent à moins d'être un. Aucune maison même ou aucun bateau n'existe sinon en étant un », écrit Plotin. Ainsi, l'Un n'est pas seulement le tout, l'ensemble, ce que nous appelons le monde. Tout est un : une armée, un troupeau de moutons, une maison, une chaise, un secrétaire. Tout ce que nous voyons est un. Que cela soit si évident ne devrait pas en obscurcir la vérité. Un est tout et tout est un. L'Un informe toutes choses, non simplement en tant que concept de l'un, mais en tant qu'un organisme ou en tant qu'une chose.

Le monde est un *univers*, mot dont le sens étymologique est : « tourné vers l'Un ». Quel est donc cet Un vers lequel on se tourne ? Les anciens penseurs ont cherché du côté de la substance – air, feu, terre, eau ou éther – à partir de laquelle tout aurait été fait. Plus tard, les penseurs ont substitué les relations à la substance. Ils ont tenté de formuler ces relations dans une théorie unique, une théorie du champ unifié, une seule saisie de l'essence en tant que relation. La foi d'Einstein en l'unité l'a amené à dire que les lois de la science sont constantes à travers l'univers, et aussi à rejeter la théorie quantique comme énoncé définitif parce qu'elle entraîne une contradiction fondamentale dans laquelle une chose aussi élémentaire que la lumière serait perçue tantôt comme onde tantôt comme particule.

On ne saurait se surprendre de voir la science et la philosophie se heurter à la religion, les deux premières cherchant l'unité qu'elles appellent la vérité, tandis que la religion recherche la même unité appelée Dieu. Qu'un tel heurt ait provoqué des guerres et des révolutions n'est pas étonnant non plus. Tout comme les croisades étaient une tentative de voir l'Un (Dieu) l'emporter sur l'Un (Allah), la Réforme peut être vue comme une tentative de faire prévaloir l'Un profane sur l'Un religieux.

La volonté de puissance

La bataille pour déterminer comment l'Un devrait se manifester – vérité ou Dieu, Dieu ou l'État, Dieu ou Allah – est souvent perçue par les cyniques comme étant tout simplement une forme déguisée de la lutte pour le pouvoir. L'humanité, d'après les cyniques, est dominée non pas par le désir d'atteindre la vérité ou la sainteté, mais par la volonté de puissance. Or cette volonté est elle-même une autre variante de la lutte de l'Unité pour s'imposer. Le désir de puissance est le désir d'*être* l'Un, le centre et la source de toute initiative. Nous ne pouvons facilement séparer pouvoir, unité et religion. Eric Hoffer, par exemple, note que « le caractère religieux des régimes bolchevique et nazi est généralement reconnu. Le marteau et la faucille de même que le swastika servaient, chez beaucoup d'adeptes, le même but que la croix chez les chrétiens. Le cérémonial de leurs défilés revêtait tous les aspects d'une procession religieuse [2] ».

À la fin des années cinquante, les Américains furent abasourdis d'entendre un simple petit *bip-bip* : c'était le spoutnik soviétique qui tournait autour de la terre, anéantissant le rêve américain d'être numéro un. Mais ce rêve n'est pas uniquement américain ; c'est aussi un rêve britannique, français, allemand et japonais. C'est, en réalité, le rêve de tous les groupes tribaux et de toutes les nations. Être le numéro un, c'est être l'Un, unique, incomparable, supérieur, au-dessus de tout. Le rêve de puissance et de gloire est le rêve que cette unicité finira par l'emporter, qu'enfin il deviendra évident pour tous que je suis l'Un.

Les gens meurent pour des causes qui sont bien différentes les unes des autres, mais fondamentalement ils meurent tous pour la même chose. Cette même chose, selon Hoffer, ce qui sous-tend tous les mouvements de masse, c'est l'Unité. Toutes les guerres sont des guerres saintes. Le fait de voir l'Un en tant que pouvoir nous donne déjà un bref et préliminaire aperçu de la qualité *dynamique* de l'Un. « L'Un est le moyen par quoi le Tout existe et vers quoi tend le Tout », dit Plotin. L'Un va vers l'Un. Tel sera le thème fondamental de ce livre et nous espérons pouvoir en démontrer toute la profonde signification. Nous disons donc de l'Unité qu'elle est dynamique et agit comme une force irrésistible. Dans le chapitre suivant nous regarderons l'unité sous un angle légèrement différent, l'angle du *simple*, ce qui nous permettra d'élargir notre perspective.

1. *Hymnes spéculatifs du Véda*, traduits du sanscrit et annotés par Louis Renou, Gallimard/Unesco, Paris, p. 125.

2. Eric HOFFER, *The True Believer*, Perennial Library, Harper and Row, New York, 1951, p. 27.

IV

L'UNITÉ COMME SIMPLICITÉ

> À la base de l'ordre universel, il y a non seulement un principe d'unité, mais en outre un principe de simplicité qui est lui-même, à la fois, un principe d'économie et un principe d'harmonie *.
>
> André Lamouche

L'Un et le simple

Plotin disait que le mot *un* est utile dans la mesure où il désigne la simplicité absolue, mais que cette désignation-même doit être rapidement rejetée. Les mots, disait le philosophe Hobbes, sont de la monnaie pour les fous, mais des jetons pour les sages. En ce sens, le mot *un* est un numéraire dépourvu de valeur, et affirmer qu'il désigne la simplicité absolue ne fait qu'ajouter l'insulte à l'injure. C'est pourquoi Plotin affirme que la désignation doit être rapidement rejetée. Il y a des mots cependant, y compris ceux employés pour parler de l'Un, que l'on peut comparer au colorant utilisé pour observer des lamelles de verre sous un microscope. Les spécimens observés sont parfois si minces qu'ils en deviennent transparents et il serait impossible de percer leur secret si on les laissait tels quels sous la lumière forte et les puissantes

* André LAMOUCHE, *L'Homme dans l'harmonie universelle*, « La Colombe », éditions du Vieux Colombier, Paris, 1958, p. 24.

lentilles du microscope. Mais en ajoutant un soupçon de colorant, ils deviennent prêts pour l'examen. C'est ainsi que certains mots peuvent teinter le brillant éclat de l'Un et nous aider à détecter quelques-uns de ses secrets. Cela étant dit, il s'agit maintenant de s'interroger sur le mot « simple » de Plotin, tout en se rappelant que ce mot – tout comme « semblable » – vient d'une racine latine *sem* qui veut dire « un ».

Le simple

Plus une danseuse pratique son art, plus elle simplifie ses mouvements, éliminant le superflu pour ne conserver que l'essentiel. Puis elle affine et intègre ses mouvements, chacun s'enchaînant dans l'autre en suivant un continuel et subtil déplacement du centre de gravité. Il en est ainsi de tout grand art : il peut être très complexe par les matériaux utilisés, mais atteint la simplicité par l'intégration autour d'un centre dynamique qui lui confère unité et mouvement. L'unité, l'harmonie et l'éclat – Lamouche ajouterait l'économie – sont les conditions d'une grande œuvre d'art.

Pour comprendre ce que veut dire *l'intégration autour d'un centre dynamique*, nous n'avons qu'à comparer le patineur qui débute et le professionnel. Un débutant, le corps raidi, les bras tendus, se balance d'avant en arrière avec des mouvements saccadés, cherchant désespérément à conserver un centre de gravité stable. Bien sûr, il le perd régulièrement pour aller s'écraser sur la glace, endolori et humilié, dans une mêlée de bras et de jambes. Quelle différence avec le joueur de hockey professionnel, qui prévient les chutes par un déplacement continuel du centre de gravité autour duquel il se maintient en parfait équilibre ! Tout cela se fait dans une économie de mouvements qui est la parfaite démonstration de la simplicité en action.

Mais il ne faut pas confondre le simple et le facile. Il est facile de patiner comme un novice alors que devenir un professionnel exige une pratique assidue et un travail acharné. Il suffit d'observer un danseur, un patineur, un peintre ou un musicien pour voir que les mêmes conditions sont à l'œuvre, consistant à éliminer le superflu et à intégrer le reste en un tout harmonieux autour d'un centre dynamique.

Les deux sens du mot « simple » : quantitatif et qualitatif

Éliminez le superflu et vous aurez la simplicité. Ce qui contient le moins de composants est en effet le plus simple : moins il y a d'actions indépendantes, plus simple est le mouvement ; moins nombreuses sont les parties, plus simple est la machine ; moins il y a de lignes, plus simple est le dessin. À l'inverse, plus une chose contient de composants, moins elle est simple. L'Un serait donc le plus simple de tout, le qualificatif *simple* signifiant ici « non composé ». L'ultime « non-composé » est l'Un, au sens quantitatif ou numérique du terme.

Mais le tableau est incomplet. Outre l'aspect *quantitatif* du simple, il faut tenir compte d'un autre aspect, complémentaire, le *qualitatif*. Cela donne un autre sens au mot simplicité : celui du « non complexe ». Nous disions plus haut que la danseuse élimine le superflu et intègre ce qui reste dans un tout harmonieux autour d'un centre dynamique. La simplicité « non complexe » vient donc de l'intégration ou de l'ordonnance des parties. En d'autres termes, plus une chose est intégrée, plus elle est simple. Une automobile moderne, par exemple, est beaucoup moins simple que les anciens modèles quant au nombre de ses composants indépendants. En revanche, son fonctionnement est beaucoup plus simple : les différents mécanismes qui permettent de démarrer, d'embrayer, d'accélérer, d'arrêter, de signaler, de nettoyer le pare-brise, etc., sont beaucoup mieux intégrés.

En sciences et en philosophie, le « rasoir d'Occam » est le nom d'un principe fondamental qui décrète qu'on ne doit pas multiplier inutilement les hypothèses et les inconnues. Toutes choses étant égales par ailleurs, on préférera la théorie contenant le moins d'hypothèses et d'inconnues. Mais on ne peut évaluer une théorie seulement à partir du nombre de ses hypothèses ; elle doit être également complète. Pendant des siècles, on a cru que la terre était un disque plat et immobile et le ciel un dôme traversé par un cortège de corps célestes. Chacun de ces corps avait sa propre source de pouvoir et sa propre déité qui le guidait. Quelques-uns de ces corps suivaient une trajectoire erratique, avançant et reculant en zigzaguant à la manière d'un ivrogne. Il fallait des mathématiques très complexes pour rendre compte de ces mouvements. Puis on adopta un point de vue plus simple où le Soleil – plutôt que la Terre – était le centre autour duquel se déplaçaient les corps célestes, selon une loi unique fondée sur la chute des corps : la loi de la gravité. On put ainsi se dispenser d'une foule d'hypothèses au sujet des dieux, de la progression et de la rétrogression. Bien plus, on découvrit que les mouvements des corps célestes suivaient la même loi que les corps terrestres. Cela favorisa une vision nouvelle et élégante des choses : une grand partie de ce qui, autrement, aurait été complexe et dénué de liens pouvait s'intégrer dans un ensemble simple, c'est-à-dire non complexe.

Cependant, cette théorie apparut beaucoup plus complexe à un grand nombre de gens, car pour la comprendre il leur fallait réadapter (réintégrer) une foule d'idées fondées sur la notion que la terre était plate – parmi elles la croyance que l'humanité se trouvait au centre de l'univers. Le ciel étant en haut, l'enfer en bas et la terre au centre, croyait-on, Dieu s'intéressait d'abord, si ce n'est exclusivement, aux événements qui se déroulaient sur terre. La nouvelle théorie exigeant une réadaptation de ces croyances, voire un rejet complet de certaines d'entre elles, beaucoup la trouvèrent trop « complexe » et la rejetèrent. C'est souvent le sort des nouvelles théories en appelant à une réadaptation des croyances courantes, qui apparaît comme trop difficile à bien des gens. Encore aujourd'hui, nous disons que le Soleil se lève ou se couche parce que c'est plus simple que de dire que la Terre a suffisamment tourné pour permettre au soleil d'apparaître à l'est ou à l'ouest de l'horizon. De plus, et peut-être cela importe-t-il davantage, cette façon de parler est psychologiquement plus satisfaisante.

Pour mieux éclairer la simplicité non complexe, prenons un autre exemple, celui de la simplification du travail. L'un des moyens les plus couramment utilisés pour simplifier le travail est celui qui vise à réduire le nombre de personnes, de composants et de gestes impliqués dans le processus. Autrement dit, on tend vers la simplicité « non composée ». Mais une autre façon, non moins importante, consiste à s'assurer qu'en plus de savoir où et quand il doit intervenir chacun *connaît* le rôle qu'il joue dans une tâche donnée. Les descriptions de tâches, les organigrammes, les diagrammes de Pert, etc., sont tous nécessaires pour simplifier le travail, parce qu'ils garantissent que les *relations* entre tous les éléments d'un système de production sont *amenées à la connaissance.* Ce qu'on sous-entend ici, c'est que la connaissance des relations est essentielle à la simplicité non complexe.

C'est un peu comme quand on débute dans un nouvel emploi. Pendant quelque temps, la géographie de l'édifice peut dérouter, de même que les relations entre les gens – non seulement les relations hiérarchiques liées à la structure de l'organisation, mais les relations informelles. On ne peut savoir au premier abord comment la fonction occupée s'ajuste à l'ensemble et se relie aux autres fonctions. Les premiers jours, voire les premières semaines, on doit trouver son chemin sur le territoire physique et social. Mais petit à petit, les relations sont identifiées et connues, l'ensemble prend forme. Avec cette image d'ensemble, le temps perdu et le stress diminuent.

Revenons un moment à l'exemple de la danseuse. Nous avons dit qu'il lui fallait faire des efforts constants pour maîtriser son art. Son travail nécessite une *attention* aux détails afin d'éliminer les mouvements superflus (la simplicité non composée). Mais en même temps, une attention est également requise pour s'assurer que les mouvements retenus sont harmonieux et que les relations entre eux sont « connues ». Il y a un autre mot pour « attention » : « intention ». L'intention est l'unité en action. Une belle œuvre d'art ne se produit pas automatiquement, elle est le résultat de longues heures de pratique, rendues possibles par l'intention. Le contrepoint de l'intention est l'intuition. La simplicité non complexe se fonde sur la connaissance. Quand nous cherchons la simplicité dans la compréhension, nous utilisons l'intuition ; quand nous la cherchons dans l'action, nous utilisons l'intention. Mais en parlant ici de connaissance, nous n'entendons pas forcément la connaissance *consciente.* Nous éclaircirons ce point plus tard, mais il est important de le mentionner dès maintenant.

L'intuition est sûre en ce qu'elle saisit l'unité dans le simple, mais elle est aussi faillible, car souvent ce qu'on croyait simple s'avère complexe. L'erreur vient de ce que certaines des relations entre les entités ou entre les relations demeurent inconnues. La science ne progresse pas en droite ligne mais serpente comme une rivière, tournant d'un côté – la simplicité quantitative, non composée – ou de l'autre – la simplicité qualitative, non complexe. Ce qu'on croyait simple, par exemple l'atome, s'avère hautement complexe.

En revanche, ce qui paraissait complexe, la relation entre l'électricité et le magnétisme par exemple, s'avère simple.

Les deux formes de simplicité sont, rappelons-le, la simplicité quantitative (non composée) où le nombre d'items, de parties, de termes, d'entités ou d'éléments est réduit, et la simplicité qualitative (non complexe) où le nombre de relations inconnues est limité. Un ensemble qui contient une multiplicité de parties ne peut être simple que parce qu'on sait qu'il l'est. C'est le fait de connaître qui met de l'ordre dans la plus totale confusion. Il arrive souvent que des aveugles de naissance, recouvrant la vue à la suite d'une opération, trouvent leur première expérience de vision pénible et déroutante. Ils ne voient pas des choses, mais seulement un fouillis inquiétant. Il leur faut intégrer cette complexité en un tout, démêler les triangles et les carrés, les sphères et les cubes, les couleurs et les formes, tout en conservant une conscience de l'ensemble. Cela revient à identifier chaque partie et les liens qu'elles ont entre elles pour en faire un ensemble simple et harmonieux. C'est un peu comme le travail de l'artiste qui, prenant plusieurs choses séparées et disparates – un fruit, une bouteille de vin, une pipe, par exemple –, compose une nature morte de façon à en faire ressortir l'unité inhérente.

Le besoin d'unité

Jusqu'ici, nous avons considéré la simplicité du seul point de vue de la compréhension et de l'action humaine. André Lamouche, qui fut directeur général des constructions navales au ministère français de la Marine, et à qui nous sommes redevable de cette distinction entre simplicité quantitative et qualitative, soutient dans un ouvrage imposant [1] que la simplicité n'est pas uniquement une question de logique, mais qu'elle est aussi un *principe de la nature.* En d'autres termes ; *la nature elle-même se dirige vers le simple*, quantitatif autant que qualitatif. La simplicité est donc une force, une poussée ; et l'évolution – c'est ce que nous soutenons – en est le résultat.

Tout au long de ce livre, nous attirerons l'attention sur l'influence omniprésente de l'unité dans toutes les entreprises humaines, sur cette pulsion vers l'unité qui prend sa source dans la vérité que « tout est un ». Nous montrerons en particulier le rôle qu'elle joue dans l'évolution de la conscience. Nous nous référerons aux écrits de divers auteurs afin d'illustrer cette influence dans la musique, les arts visuels, la poésie et la physique théorique moderne. Nous espérons faire valoir comment les différences dans les croyances religieuses peuvent être réconciliées par cette compréhension, et comment la théorie de l'évolution peut en être enrichie. Son influence dans le domaine de la créativité, de la spiritualité et de la violence sera également étudiée.

Nous explorerons aussi complètement que possible la nature de l'Unité. Ce qui apparaît si évident et sans détour ne l'est pas du tout ; ce que l'on considère comme allant de soi est plein de mystères. L'Unité n'est ni inerte ni statique ; ce n'est pas seulement un état ou une condition de l'être. L'Unité est dynamique, elle est une propension à aller vers le simple. « Tout est un » n'a rien d'une rencontre de fantômes en plein jour, bien au contraire. Cette expression colore un mystère vibrant et dynamique, un mystère que, d'une façon ou d'une autre, nous cherchons toujours à appréhender.

1. André LAMOUCHE, *Le Principe de simplicité dans les mathématiques et dans les sciences physiques*, Gauthier-Villars, Paris, 1955.

V

LE RUGISSEMENT DE L'UNITÉ

Notre Dieu est un puissant rempart.

Le rugissement du lion

Qui a entendu un lion rugir dans le veldt africain, la puissance, le courage, l'invincibilité de ce rugissement, ne peut plus jamais ensuite voir un lion en cage. Je me souviens avoir entendu ce rugissement un jour, alors que je traversais le parc national Kruger en Afrique du Sud. Le camp où nous passions la nuit était situé sur une hauteur dominant une large rivière. Le soleil déclinait rapidement, comme cela se produit près des tropiques. Une vive sensation d'urgence flottait dans l'air tandis que des troupeaux de zèbres, de gnous et d'antilopes buvaient à la rivière. On pouvait les voir, l'un à la suite de l'autre, lever la tête et écouter, attendre, guetter. Comme si l'air avait été lourd d'une puissance invisible. Alors, juste au moment où la nuit tombait, le rugissement s'éleva, suivi d'un autre tout de suite après, avant même que l'écho du premier se fît entendre. À travers les herbes hautes, une troupe de lions descendait en procession vers la rivière dont les rives étaient maintenant désertes.

Le rugissement du lion… Le bouddhisme zen l'emploie comme image pour parler de l'éveil, de la révélation de la totalité. « Révélation » n'est pas vraiment le mot juste, mais aucun mot ne peut être juste. Comment parler de cette totalité qui donne non seulement le pouvoir de parler, mais aussi celui d'être, d'exister ? C'est pourquoi nous parlons du rugissement du lion : nu, puissant, indompté. L'unité dynamique.

Nous pourrions nous demander comment il se fait que nous ignorions quelque chose d'aussi évident que la totalité qui nous tient tous sous son emprise. La réponse est qu'une chose n'existe pour la pensée consciente que si elle est dotée d'une caractéristique distinctive, ce par quoi elle peut être distinguée et gardée en mémoire. Le rugissement du lion, le puissant rempart des chrétiens, c'est également l'Un que les juifs nomment Jéhovah, le dieu jaloux, celui qui affirme : « Vous ne pouvez me voir et vivre ». Cet Un qui est ignoré, c'est aussi le dieu de la guerre, celui dont se réclamaient autant les Allemands que les Alliés au cours des deux dernières grandes guerres. C'est aussi le Dieu de la logique formelle, le Dieu qui dit : « C'est un ou ce n'est pas un, ce ne peut être un et deux à la fois ».

La douleur comme voix de l'impossible

L'unité ne peut être saisie que par l'unité ; seul l'Un peut contenir l'Un. Un maître zen disait : « Mon corps est si vaste qu'il n'y a nul endroit où le poser ». Car pour être autre qu'Un, l'unité doit être séparée d'avec elle-même – et pourtant, cela ne peut pas se produire, *cela est impossible.* Cette « impossibilité », cet un qui est deux, c'est le thème de notre livre, comme nous l'avons déjà mentionné. Par impossible, nous entendons ici ce qui est contraire à la logique, à la raison, à l'expérience, et que nous ne pouvons pas expliquer. Cette impossibilité, « ce qui ne peut se produire », nous l'expérimentons comme agonie et extase. Quand nous pénétrons le cœur de la douleur nous connaissons l'impossible. On dit avec raison que la souffrance est sans voix. « Pourquoi souffrons-nous ? Quelle est la place de la souffrance dans le monde ? » se demande-t-on. Mais la souffrance n'a pas de place dans le monde. Nous avons tenté de la justifier en disant qu'elle était bonne pour l'âme, la juste rétribution de nos péchés, le résultat d'un mauvais usage de notre environnement ou même de la pure malchance. La souffrance n'a pas de place dans le monde parce que le « monde » lui-même est une tentative pour donner un sens à l'impossible – l'impossibilité de l'Un séparé d'avec lui-même. Les raisons, les justifications, les jugements viennent tous de la souffrance ; ce sont des efforts pour résoudre l'impossibilité dont la voix est un cri de douleur. La puissance au cœur de l'atome, les immenses forces gravitationnelles dans les galaxies et dans les amas de galaxies, la force même du big-bang qui dépasse toute imagination, ce sont toutes des manifestations de l'impossibilité – une force irrésistible, l'Un, contenue par une impasse inébranlable qui est le même Un, une force émergeant de l'Un en conflit avec lui-même.

Pour les chrétiens, il y a toujours cette contradiction insoluble : l'origine du mal dans un monde créé par un Dieu omnipotent qui est bon. Si Dieu est bon, il recherche le bien-être de tous ; s'il est omnipotent, il assurera le bien-être de tous. Pourquoi souffrons-nous alors ? Un célèbre maître zen japonais du XIIe siècle posa une question semblable : « S'il est vrai, comme l'enseigne le bouddhisme, que nous sommes entiers et complets, qu'il ne nous manque rien pour une vie de félicité et de bien-être, pourquoi devons-nous faire tant d'effort pour la réaliser ? » Le physicien théorique vit aussi sa contradiction : qu'est-ce qui a déclenché le big-bang ? Avant le big-bang, il n'y a que totalité et symétrie. Comment la symétrie devient-elle asymétrique ? La totalité peut-elle être séparée d'avec elle-même ?

Pour aller au-devant de nos conclusions, disons dès maintenant ceci : l'Unité en conflit avec elle-même crée une situation intolérable. Toute créativité, toute évolution vient de la tentative pour surmonter cette situation intolérable. L'évolution, parce qu'elle va vers la redécouverte de l'unité, a donc une *direction* et un *but*. Mais cette redécouverte ne peut jamais pleinement se réaliser, car chaque pas vers l'unité s'accompagne d'un retrait correspondant. Pour comprendre cela, il nous faut aller à l'origine de notre conscience de tous les jours et, pour ce faire, aller en amont de l'expérience, c'est-à-dire, entre autres choses, en amont de la logique traditionnelle. Mais qu'y a-t-il au-delà de la conscience, de l'expérience et de l'existence ? Le « surnaturel », la « conscience cosmique », le paradis ou quelque royaume de fées ? Que peut-on trouver au-delà de la logique qui ne soit pas tout simplement du non-sens ? Au-delà de la conscience et à la source de la conscience, il y a l'ambiguïté. Il nous faut maintenant préciser ce que nous entendons par là.

L'ambiguïté fondamentale

L'ambiguïté, ou la contradiction, est généralement considérée comme le signe d'une pensée boiteuse. Quand elle apparaît dans une discussion scientifique ou philosophique, on en conclut habituellement que l'auteur n'a pas suivi son raisonnement jusqu'au bout. Voici, par exemple, un passage tiré d'un ouvrage de vulgarisation sur la pensée et la logique : « Tolérer la contradiction [ou l'ambiguïté] [1], c'est se montrer indifférent à la vérité. Car celui qui, soit directement soit implicitement, affirme et nie à la fois une seule et même proposition montre par là qu'il ne se soucie guère de savoir s'il affirme ce qui est faux et non vrai ou s'il nie ce qui est vrai et non faux… Car chaque fois que je tolère de me contredire je prouve que je ne me soucie guère de la vérité, ou en tout cas que je me soucie davantage d'autre chose [2]. »

Le mot ambiguïté peut signifier ce qui est vague et flou, mais ce n'est pas du tout dans ce sens-là que nous l'utiliserons. Nous l'utiliserons pour affirmer et nier une seule et même proposition. Ce mot tire son origine du latin *ambo* qui veut dire deux (ambidextre = deux mains, ambivalent = deux directions, ambisexué = deux tendances sexuelles, etc.). Ambigu signifie deux faces. Et voici une illustration bien connue :

Si vous l'examinez bien, vous verrez deux faces : celle d'une jeune femme et celle d'une vieille femme. Remarquez cependant que *nous ne pouvons percevoir qu'une seule face à la fois.* Quand nous voyons la veille femme, nous ne voyons pas la jeune et vice-versa. Chacune est une représentation valable du champ noir et blanc ; chacune est l'Un. Mais, à cause de l'autre, chacune de ces faces n'est pas l'Un. Les deux faces s'excluent donc mutuellement ou, pour employer l'expression de Koestler et de Boulding, elles sont incompatibles. Mais chacune de ces deux faces est également *dépendante* de l'autre : c'est parce qu'il y a la jeune femme qu'il y a la vieille femme et vice-versa. Elles sont donc aussi mutuellement dépendantes (le contour est le même pour l'une et l'autre).

L'ambiguïté *fondamentale*, dont nous parlerons cependant, est elle-même ambiguë. Dans l'ambiguïté fondamentale, une face est ambiguë tandis que l'autre ne l'est pas [3]. Dans notre illustration, comme nous l'avons déjà mentionné, chacune des deux femmes est une représentation valable du champ total noir et blanc. Ensemble, elles constituent donc le côté ambigu de l'ambiguïté. Mais nous pouvons aussi nous demander si l'illustration est un champ noir et blanc ou si elle est une jeune femme/vieille femme. Le champ noir et blanc ne contient aucune ambiguïté. La face originelle de la non-ambiguïté proclame que tout est Un et, parce qu'il en est ainsi, il ne peut y avoir d'ambiguïté, il ne peut y avoir deux faces. Cette face non ambiguë est le rugissement du lion, le visage de l'Unité fondamentale.

Supposons maintenant que nous demandions : quelle est la *vraie* face ? Imaginons qu'un homme ou une nation dise que c'est la vieille femme tandis qu'un autre homme ou une autre nation dise que c'est la jeune. Et, poursuivant notre scénario de façon quelque peu farfelue, supposons que la vieille femme représente la « démocratie » et la jeune le « communisme ». Quelle est la vraie face, autrement dit la seule, l'unique ? Cela ne risquerait-il pas de mener à une guerre qui pourrait détruire le monde ?

S'il y a unité, répétons-le, il ne peut y avoir deux. S'il y a deux, où est alors l'unité ? Pourtant, notre plus profonde intuition nous dit qu'il y a unité : l'Un qui est non divisé. Mais notre expérience quotidienne nous dit qu'il y a deux. N'y a-t-il pas vous et moi, moi et le monde ? N'y a-t-il pas le bien et le mal, le vrai et le faux, ici et là ?

D'où la formule suivante pour exprimer l'ambiguïté fondamentale : une ambiguïté dont l'une des faces (l'unité) dit qu'il n'y a pas d'ambiguïté, alors que l'autre face (la dualité) dit qu'il y a ambiguïté. Pour faciliter la présentation visuelle de cette notion d'ambiguïté, nous l'indiquerons par un trait oblique /. Énoncée simplement, l'ambiguïté fondamentale est : Un/ (oui/non).

1. L'ajout est de l'auteur.
2. Andrew FLEW, *Thinking about Thinking*, Fontana, Glasgow, 1975.
3. Voir également : Albert KOW, *The Iron Cow of Zen*, Charles E. Tuttle, Tokyo, 1992 et *Le Rêve du papillon*, Libre Expression, Montréal, 1992.

VI

LA THÉOLOGIE DE LA SCIENCE : ACTIVITÉ *VERSUS* CRÉATIVITÉ

> Quel peut bien être l'attrait d'en arriver à connaître à fond [...] une minuscule section de la nature, alors qu'on laisse de côté, par timidité et par peur, tout ce qui est plus subtil et plus complexe ? Le produit d'un effort si modeste mérite-t-il de recevoir le nom imposant de théorie de l'univers * ?
>
> Albert Einstein

Nous voulons montrer le rôle de l'unité dans l'évolution de la conscience, une unité qui est également dualité. Nous voulons montrer aussi comment la créativité et la violence viennent de ce même *unus-ambo*, cet Un qui est deux. Les scientifiques se sont toujours appuyés sur leur intuition de l'unité pour les guider dans leurs recherches. Gerald Holton, un écrivain scientifique, affirme : « À la base de toute recherche, il y a la conviction d'une unité et d'une unicité de la connaissance naturelle. Les voies menant à la compréhension de la nature peuvent être infinies comme l'indique la réussite des domaines même les plus spécialisés, et on s'attend à ce que chacune de ces voies rencontre des obstacles difficiles, insurmontables même. Mais on croit obscurément qu'elles doivent toutes mener à un but, une compréhension

* Albert EINSTEIN, *Ideas ans Opinions*, Crown, New York, 1954.

de nature unique, un corpus rationnel délimité bien que complexe, qu'un jour l'esprit d'une personne pourra arriver à faire sien ("une grande formule", comme le dit aujourd'hui le profane avec une certaine inquiétude, qui dira tout ce qu'il y a à savoir sur la nature) [1] ».

Dans le troisième livre de ses *Principia*, Newton admet l'importance de l'unité ainsi que la possibilité de cette « grande formule unique » au moyen de ses quatre règles, dont la première dit : « La nature est essentiellement simple ; par conséquent, nous ne devrions pas introduire plus d'hypothèses qu'il n'en faut pour expliquer les faits observés. » Il est important de noter cela : la *nature* est essentiellement simple. Les savants pourraient-ils jamais atteindre quelque compréhension que ce soit si tel n'était pas le cas ? Si la nature est simple, la simplicité n'est pas seulement un *principe*, elle doit aussi être un dynamisme, un *élan* vers la simplicité.

Ce fut l'exploit de Darwin de voir dans l'évolution le déploiement continu d'une unité harmonieuse plutôt qu'une série de créations séparées et non reliées. Cela contribua grandement à la redécouverte, par la société occidentale, d'une unité perdue avec la rupture du paradigme médiéval. L'analogie qui s'impose irrésistiblement avec la théorie darwinienne est celle d'un arbre : la vie est une, un unique organisme en croissance, un organisme dirigé et ordonné par l'unité. Avec la théorie darwinienne, notre besoin intuitif de saisir le tout d'une manière dynamique et intégrée était satisfait.

En même temps que l'avènement de la théorie de Darwin, la croyance en un créateur indépendant disparut graduellement jusqu'à ce que, pour beaucoup, l'idée même de la création devînt superflue : « Nous ne pouvons plus soutenir, par exemple, que le muscle charnière de la coquille bivalve doit avoir été créé par un être intelligent, comme la charnière d'une porte est créée par un homme. Il ne semble pas y avoir plus de dessein dans la variabilité des êtres organiques et dans l'action de la sélection naturelle que dans la direction que prend le vent [2], disait Darwin. En affirmant cela, il préparait la voie à la réintroduction de l'accident, de la fragmentation et du hasard aveugle tant dans la production des créatures individuelles qu'au cœur même de la créativité. Avec le temps, la créativité fut complètement détrônée ; l'accident et le hasard aveugle usurpèrent sa place. L'émerveillement et le mystère furent relégués à des formules ésotériques et l'unité devint un mot creux.

Les débuts de la science moderne, qui doivent tant à des hommes comme Kepler, Galilée et Newton, furent imprégnés de sentiments d'émerveillement et de révérence. On dit que lorsque Kepler contemplait le cosmos, il était ému de voir que « dans un véritable système héliocentrique Dieu pouvait être ramené au sein du système solaire lui-même, pour ainsi dire, trônant comme point de référence fixe coïncidant avec la source de la lumière et avec l'origine des forces physiques qui tiennent le système ensemble [3] ». Malheureusement, cet émerveillement et cette révérence se sont perdus dans la course effrénée aux subventions et à la reconnaissance publique, remplacés par une dureté prise à tort pour de l'objectivité.

Comme il fallait s'y attendre, une forte réaction à la théorie de l'accident vit le jour, venant de ceux qui avaient peine à assimiler cette idée nouvelle qui, dans le contexte de la conception du monde du XIXe siècle, était aussi plus simple. Cette réaction marqua le début d'une confrontation entre créationnistes et évolutionnistes, qui ne cesse d'être réalimentée depuis. Malheureusement, la révolte religieuse provoqua sa propre contre-révolution. La plupart des savants intéressés au développement des théories sur l'évolution prirent des positions extrêmes afin d'asseoir leur propre dogme, s'opposant à ce qui, selon eux, était le dogme de l'opposition. Le réductionnisme obtint un tel succès avec sa méthode analytique qu'il constitue désormais un dogme indélogeable, et que pour beaucoup de savants parmi les plus éminents il ne peut même pas être remis en question. Il n'est pourtant pas nécessaire de soutenir une conception du monde particulière pour que Dieu trouve une place dans le monde, si nous considérons Dieu comme étant l'unité, la totalité se manifestant en tant qu'amour et intelligence.

La création comme accident

Jacques Monod, homme de science et professeur français, est un exemple typique de ces nouveaux savants. « L'homme doit comprendre qu'il est seulement un accident. Non seulement il n'est pas le centre de la création, il n'est même pas l'héritier d'une sorte d'évolution prédéterminée qui aurait produit soit l'homme soit quelque chose qui en tout cas lui ressemblerait [4] », a-t-il dit lors d'un entretien qu'il a eu avec Horace Freeland Judson. En d'autres termes, toute l'évolution n'est qu'une suite d'accidents, dénuée d'intention ou de but. Monod a fait cette déclaration peu après la découverte de la structure moléculaire de l'ADN par Crick et Watson. La vie selon Monod serait, comme pour Shakespeare, « une fable racontée par un idiot, pleine de bruit et de fureur, qui ne signifie rien ».

Bien sûr, l'affirmation de Monod est fondée sur une croyance, une croyance religieuse défendue avec passion et conviction, si l'on en juge par le ton qu'il emploie : « L'homme *doit* comprendre qu'il est seulement un accident. » Nous avons accentué ce « doit » à dessein, pour faire ressortir le ton implicite dans la phrase de Monod. C'est le ton du dogme. Quand il s'exprime ainsi, il quitte son rôle de savant pour endosser celui du prêtre ou du prophète. Pourquoi dit-il « seulement » un accident ? En affirmant cela et en ajoutant que « non seulement l'homme n'est pas le centre de la création, il n'est même pas l'héritier d'une sorte d'évolution prédéterminée », il prêche une anti-théologie car, après tout, il ne s'appuie sur aucune donnée scientifique pour prouver ce qu'il dit. Bien qu'il ait été un savant respecté, son opinion sur la place des humains dans l'ordre des choses n'a pas plus de valeur que celle d'une paysanne faisant des offrandes à la Vierge Marie. Elle pourrait même avoir moins de valeur puisqu'il admet ne s'appuyer que sur le fil ténu de la logique pour ancrer ses opinions : « Je dois m'en tenir à un fil linéaire, logique, sinon je suis perdu [5] ». Mais malgré ce qu'il en dit, son choix avoué en faveur de la logique s'annule lorsqu'il fait un saut dans la théologie. Le fait que le monde soit un accident n'est pas une conclusion logique résultant d'une recherche scientifique, mais un saut dans la foi.

La création comme intention

Pour le profane, un des aspects les plus intéressants de la découverte de la structure de l'ADN, celle-là même qui inspira à Monod son envolée prophétique, fut le compte rendu du *processus même de la découverte* fait par Watson dans son livre *The Double Helix.* Quiconque lit ce témoignage perd pour toujours ses illusions sur la science comme étant une entreprise logique, systématique et raisonnable. Sans parler des conflits de personnalité, des intrigues, des calculs intéressés et de la compétition chez les principaux acteurs du drame, le processus même de la découverte n'apparaît ni raisonnable ni logique. Watson dit par exemple : « L'idée que les gènes étaient immortels avait une *odeur* correcte [6] » [les italiques sont de moi]. Ailleurs il écrit : « Mon pouls s'accéléra et je restai bouche bée dès que je vis l'image [un rayon X d'ADN] [7] ». « Cependant, ajoute-t-il, ce n'est qu'au milieu de la semaine suivante qu'une idée intéressante émergea. Elle survint pendant que je dessinais sur papier les anneaux d'adénine [...] soudain je réalisai [...] mon pouls s'accéléra [8]. »

« La science en tant que corpus de connaissances existant et achevé est la chose la plus objective, la plus impersonnelle que les humains connaissent, mais la science comme quelque chose qui naît, la science en tant que visée, est aussi subjective et psychologiquement conditionnée que n'importe quelle autre entreprise humaine [9] », a dit Einstein. L'excitation, le désespoir, le triomphe, le stress sont les ingrédients essentiels de l'entreprise scientifique. La découverte n'est pas seulement la mise en lumière, par une raison et une logique froides et objectives, d'une structure qui jusque-là était en veilleuse, mais c'est aussi la création vitale et passionnante de relations permettant à cette structure d'émerger à la conscience. Elle exige un profond engagement, une intention et une vision du but à atteindre.

Mais comment la créativité, l'engagement et l'intention peuvent-ils apparaître dans un monde gouverné uniquement par l'accident ? L'accident, il est vrai, joue un rôle, et peut-être même un rôle majeur, dans la créativité. Une remarque lancée à l'improviste par un collègue, un livre, un film, n'importe quoi peut servir de déclencheur, initier une nouvelle ligne de pensée. Mais, et on le voit dans le témoignage de Watson, encore plus significatif est l'élan *irrésistible* qui gouverne la créativité ; il y a ce sentiment de tourner sans cesse autour du centre des choses, l'impression de flairer une signification. Cela ne veut pas dire que l'élan créateur soit infaillible, bien au contraire. Plus souvent qu'autrement on se trompe et la piste suivie ne mène nulle part ; l'impression de signification et d'orientation s'évapore et l'espoir cède alors la place au désespoir, l'énergie débordante à l'abattement, la vivacité de l'intelligence à la lourdeur d'esprit. Pendant un temps, l'impulsion dynamique de l'engagement est perdue. Toutefois l'espoir, l'énergie, la vivacité d'esprit réapparaissent encore et encore. Comment cela serait-il possible dans un monde gouverné uniquement par l'accident ?

La théorie de l'accident est très répandue. Ce qui est plus grave, c'est que beaucoup de gens croient que cette théologie a un fondement « scientifique » (c'est-à-dire irréfutable), étant convaincus que la science est un corpus solide, rationnel, cohérent et indéniable de vérités, et qu'elle a par conséquent le droit d'agir comme arbitre ultime de la destinée de l'humanité. *Le Huitième Jour de la création*, le titre même du livre de Judson où nous avons puisé les citations de Monod, a des accents bibliques. De toute évidence, Monod lui-même croyait que la science détient le haut du pavé, qu'elle peut agir comme arbitre ultime de la destinée humaine. De là vient le ton rempli d'autorité avec lequel il s'exprime. Il est convaincu que sa fonction de scientifique l'autorise à parler et à déclamer de cette façon. « Tout peut se réduire à des interactions simples, évidentes et mécaniques, dit-il. La cellule est une machine, l'animal est une machine, l'homme est une machine [10]. » Mais ne sont-ils *que* des machines ?

L'unité sous-jacente à l'accident et à la créativité

Mais devons-nous vraiment établir une dichotomie aussi tranchée entre accident et créativité ? Si on les regarde de plus près, on peut s'apercevoir qu'ils ne sont pas opposés du tout ; ce qui apparaît comme un accident vu sous un certain angle peut être de la créativité vu sous un autre angle. Tous deux se produisent abruptement, soudainement ; ils sont imprévisibles. On peut affirmer que certaines conditions générales vont déterminer si un accident ou un acte créateur aura probablement lieu, mais aucune de ces conditions ne permet de faire une prédiction certaine. Un parent peut dire à son enfant, par exemple : « Si tu continues à monter ta bicyclette de cette façon, tu vas avoir un accident ». Cela n'est pas une prédiction. Ou encore, on peut affirmer la possibilité que des idées créatrices surgissent lorsqu'on regarde une même situation dans deux contextes différents (par exemple, une « structure » telle qu'elle apparaît dans le domaine de la musique et dans celui d'une entreprise), mais cela non plus n'est pas une prédiction.

Bien que l'accident et la création soient tous deux imprévisibles, ils sont l'un et l'autre la cristallisation ou la résultante de forces à l'œuvre dans un champ d'activité, et pour aucun d'eux il n'est nécessaire de désigner un créateur. Le « je » que l'on pourrait croire le créateur fait lui-même partie de la création tout autant que l'observateur fait partie de la situation observée. De même, il n'est pas nécessaire de postuler un Dieu comme créateur. Enfin, dans le cas de l'accident pas plus que dans celui de la créativité il n'est nécessaire de postuler une pensée réfléchie quelle qu'elle soit. En d'autres termes, l'accident et la créativité sont soudains, spontanés, *pré-* ou *in-*conscients et tous deux émergent d'une situation.

Il est important pour nous de comprendre la créativité et l'importance du but car, sans cette compréhension, nous ne pourrons jamais comprendre la conscience, et par conséquent ce qui nous rend essentiellement humains. Si nous voulons en arriver à vraiment cerner les problèmes qui assaillent notre civilisation, nous devrons laisser tomber nos préjugés et nos dogmes. Dans son livre *The Way Things Are* [11], le prix Nobel P. W. Bridgman a écrit sur le besoin d'intégrité qui, selon lui, est le besoin intellectuel le plus pressant : « Selon moi, l'intégrité chez un individu sous-entend l'honnêteté intellectuelle, mais il y a plus que ça. C'est une disposition d'esprit. L'intégrité réclame que je veuille connaître ce que sont les faits et que je veuille analyser et comprendre mes outils mentaux et ce qui arrive quand j'applique ces outils aux faits. Si je vois quelque chose dans une nouvelle perspective dont je n'étais pas conscient auparavant, l'intégrité exige que je ne tente pas de la repousser en prétendant l'ignorer et en refusant d'admettre qu'elle peut entraîner des conséquences [12]. »

À propos de la difficulté de parler de « valeur », de « but » et de « conscience », il dit : « [Le langage est incapable] de traiter les phénomènes d'autoréférence comme nous le voudrions. Le langage doit être manié avec beaucoup de circonspection si nous voulons éviter le paradoxe, comme cela est bien connu dans certains cas de logique élémentaire. L'introspection est un cas particulier d'autoréférence. Il est très difficile de mettre en mots ce que j'entends par la "qualité" de ma sensation de la couleur rouge [13] ».

Toute théorie contient un élément créateur. L'intégrité exige que nous le reconnaissions, non seulement comme fait psychologique mais comme fait cosmologique également. L'être humain n'est pas à l'écart de la nature, l'être humain est la nature en action. Supposons, seulement pour l'instant, que les « faits » (quelle que soit la signification de ce mot) sur lesquels s'appuie une théorie puissent être découverts, il n'en demeure pas moins que *l'interprétation* de ces faits n'est pas découverte. On ne découvre pas une interprétation, on la fait ou, pour employer une expression idiomatique, on donne une interprétation. S'il en est ainsi, l'interprétation des faits *doit alors inclure la détermination de ce qui est un fait et de ce qui ne l'est pas.* La perception extrasensorielle, par exemple, ne pourrait trouver aucune place dans le système de Monod ; elle n'a aucun statut en tant que « fait », non parce qu'elle n'existe pas, mais parce qu'elle est incompatible avec la vision scientifique actuelle du monde. En fait, un phénomène premier est transformé (ou fait) par l'interprétation. Le mot « fait » vient du verbe « faire ». Donc un fait, *c'est ce qui est fait.* Autrement dit, un fait n'a de statut qu'à l'intérieur d'un tout ou d'une *Gestalt* où il peut s'intégrer. Ce tout, nous l'appelons une « théorie », mot qui à l'origine signifiait une façon de voir. Il vient du grec *theoros* (action d'observer).

Les savants à la fine pointe de la physique théorique sont maintenant conscients de l'action réciproque, dynamique et indissociable entre le savant et son domaine de recherche. L'acte même d'observer *change* ce qui est observé, certains iraient même jusqu'à dire qu'il le crée [14]. Le simple fait de choisir tel champ de recherche, d'installer les instruments de telle façon plutôt que de telle autre, de choisir telle méthode pour enregistrer les données, tous ces facteurs, au minimum, modifient ce qui est observé. De plus, un bon chercheur aura à sa disposition un éventail plus large de faits qu'un piètre chercheur. Le bon chercheur *voit* des choses que le mauvais risque d'ignorer. Cela signifie que la recherche n'est pas déterminée par ce qui est « là », mais par ce qui est *reconnu* comme étant « là ». En outre, un savant ne peut éliminer ses croyances à volonté et prétendre avoir accès à un monde pur de toute contamination. Ses croyances, que pour la plupart il accepte comme allant de soi, incluent celles-là même qu'il entretient quant à l'efficacité de la méthode scientifique et quant à ce qui relève ou non du domaine de la science.

Cela signifie que le savant n'est pas une feuille blanche sur laquelle le monde s'inscrit. La croyance que la vie a débuté par un accident est une croyance qui émane d'une *Weltanschauung* [15] ou *idée du monde* et l'alimente en retour. Comme nous tous, Monod est à l'aise avec ceux qui partagent son idée du monde. Il cherche leur approbation, se laisse influencer par leurs jugements tout en étant indifférent ou même méprisant à l'égard de ceux dont l'idée du monde diffère de la sienne. Son idée du monde le force à voir la vie comme étant le résultat d'un accident, de la même façon qu'une autre idée du monde entraînerait quelqu'un d'autre à voir la vie comme se déroulant sous la protection de la Vierge Marie. Non fondée sur des faits, rarement soumise à une critique profonde ou à quelque modification, agissant de façon « préconsciente », cette idée du monde structure toute l'activité consciente. Changer une idée du monde est souvent bien plus difficile, long et pénible qu'ignorer ce qui ne s'y conforme pas. Les faits sont des faits parce qu'ils se conforment à l'idée du monde dont ils émanent. En s'y conformant, ils la confirment. Ce *feedback* crée un état stable qui finit par devenir une inertie difficile et pénible à surmonter.

Néanmoins, l'idée du monde n'est pas statique comme un classeur ou une fenêtre. Quand Monod prépare ses expériences, utilise ses mathématiques, quand il teste et affirme, évalue et nie, clarifiant l'observation par la théorie et la théorie par l'observation, il le fait non pas à partir d'une idée du monde qui serait statique, inerte et passive comme une fenêtre par rapport à tout ce qui la traverse, mais à partir d'une idée du monde intensément active, intentionnelle et dynamique. Plutôt que d'être une simple fenêtre passive, l'idée du monde est comme un champ de forces sous tension, un champ en équilibre dynamique, fluide à l'intérieur de certaines limites, d'une fluidité élastique. C'est un dynamisme qui peut susciter une intense énergie, de l'exaltation et du stress, comme nous l'avons vu pour Watson. Au chapitre 16, nous reviendrons sur cette notion d'idée comme champ sous tension et nous l'examinerons plus en détail.

Nous connaissons tous l'exaltation de la créativité. Tout travail créateur – et ce peut être seulement refaire la décoration de la salle de bain – comporte excitation, énergie et stress. Il illumine et enrichit la vie, permet à l'esprit de se concentrer intensément sur un projet, et ce durant de longues périodes parfois. On demandait un jour à Newton comment il avait fait pour découvrir la loi de la gravité et il répondit : « Je n'ai jamais pensé à autre chose ».

Il est bien évident que les êtres humains sont créateurs et inventifs, et comme ils font partie de ce que nous appelons l'univers, l'univers doit également être, à un degré plus ou moins grand, un univers créateur ayant comme ingrédients le dessein et l'intention. Nous allons nous efforcer de démontrer que la finalité est inhérente à l'évolution de l'univers et de la conscience, et qu'elle provient de l'unité dynamique. Nous espérons en outre montrer que les êtres humains ont effectivement une place spéciale, mais aussi une responsabilité spéciale. Nous l'affirmons non par crainte d'affronter une vérité implacable et austère, mais parce que ce serait manquer tout simplement d'intégrité que de le taire. Avant d'aller plus loin, nous devons préciser que ce livre ne vise pas à réintroduire un point de vue créationniste ; son but n'est pas de réintroduire la Genèse sous une forme déguisée. Dieu, comme le disait Laplace, est un postulat inutile si nous entendons par Dieu un créateur transcendant, séparé du monde, un être qui aurait créé le monde à partir de sa pensée et de son imagination et qui l'aurait créé une fois pour toutes. L'accident est un élément essentiel du monde et l'évolution est un processus continuel et sans fin. Tout l'univers est en évolution, comme le démontre la théorie du big-bang. Nous devons tenir compte des implications de cela, car le monde ainsi que la conscience et tout ce qu'elle implique évoluent à partir du mystère de l'Unité, de l'Un qui est deux.

1. Gerald HOLTON, *On the Thematic Origins of Scientific Thought*, Harvard University Press, Cambridge, 1988, p. 19.
2. Robert AUGROS et Georges STANCIUU, *The New Biology*, New Science Library, Shambala, Boston, 1987, p. 228-229.
3. Gerald HOLTON, *op. cit.*
4. Horace Freeland JUDSON, *The Eighth Day of Creation*, Simon and Shuster, New York, 1979, p. 217.
5. *Ibid.*, p. 253.
6. James WATSON, *The Double Helix*, Signet, New York, 1968, p. 98.
7. *Ibid.*, p. 107.
8. *Ibid.*, p. 118.
9. Gerald HOLTON, *op. cit.*, p. 6.

10. Judson, *op. cit.*, p. 21.
11. P. W. Bridgman, *The Way Things Are*, Viking Press, New York, 1959.
12. *Ibid.*, p. 319.
13. *Ibid.*, p. 320.
14. Voir Appendice 1.
15. *Weltanschauung* peut se traduire à la fois par « vision du monde » et « idée du monde ».

VII

TEILHARD DE CHARDIN ET L'UNITÉ : UNE AUTRE IDÉE DU MONDE

> Il y a moins de différence qu'on ne pense entre Recherche et Adoration *.
>
> Teilhard de Chardin

Dans le dernier chapitre, nous avons dit que le scientifique ne peut pas être séparé de l'objet de sa recherche et que la prétendue « objectivité » du savant n'est qu'un autre des mythes de la science. Teilhard de Chardin, homme de science et penseur français, écrivait : « Ils [physiciens et naturalistes] commencent maintenant à se rendre compte que leurs observations les plus objectives sont toutes imprégnées de conventions choisies à l'origine, et aussi des formes ou habitudes de pensée développées au cours du développement historique de la Recherche. Parvenus à l'extrême de leurs analyses, ils ne savent plus trop si la structure qu'ils atteignent est l'essence de la Matière qu'ils étudient, ou bien le reflet de leur propre pensée [1]. »

Teilhard de Chardin était un prêtre catholique et un homme de science. Né en 1881, il fit son entrée au séminaire des jésuites à l'âge de dix-huit ans. Plus tard, il obtint un doctorat en sciences naturelles de l'université de Paris. Il participa à plusieurs expéditions scientifiques et fut l'auteur d'un

---

* Pierre TEILHARD DE CHARDIN, *Le Phénomène humain*, Le Seuil, Paris, 1955, p. 278.

grand nombre de recherches originales. À la fois géologue et paléontologue, la bibliographie de ses contributions techniques couvre une quarantaine de pages. Une de ses contributions majeures a été la découverte, avec trois autres paléontologues, de l'Homme de Pékin, une découverte importante dans le domaine de la paléontologie humaine.

Mais son œuvre la plus importante, celle à qui il a consacré sa vie, est sans aucun doute son livre *Le Phénomène humain*. Les conclusions auxquelles Teilhard de Chardin arrive dans ce livre vont aussi loin que possible dans la direction opposée à celle de Jacques Monod. Son sujet est l'évolution, l'évolution non seulement de la vie mais aussi de l'univers, et il tient compte non seulement du passé mais également de l'évolution future. Pour Teilhard de Chardin, l'évolution est plus qu'une théorie, un système ou une hypothèse : « C'est une condition générale à laquelle doivent se plier et satisfaire désormais, pour être pensables et vrais, toutes les théories, toutes les hypothèses, tous les systèmes [2] ».

De la même façon que nous avons constaté les partis pris évidents de Monod, il devient très clair, dès la lecture des premières pages de Teilhard de Chardin, que ce dernier avait également un parti pris. De la part d'un prêtre jésuite, ce n'est pas étonnant. Dieu, le Christ et la religion, que Monod tenait à tout prix à garder hors du débat, sont des ingrédients importants du programme de Teilhard. Il était constamment tourmenté par le désir de trouver un moyen par lequel les deux points de vue divergents, le religieux et le scientifique, pourraient être réunis.

La conscience et l'unité

Au tout début de son ouvrage, *Le Phénomène humain*, Teilhard de Chardin déclare que tout la vie réside dans le verbe « voir ». « Voir. On pourrait dire que toute la Vie est là

[...] [3] » Et il ajoute : « Être plus, c'est s'unir davantage [...]. Mais, le constaterons-nous encore, l'unité ne grandit que supportée par un accroissement de conscience, c'est-à-dire de vision [4] ». De fait, pour Teilhard, le but même de l'évolution est la perfection de la conscience enroulée autour d'un centre ultime appelé le *point oméga*. En d'autres termes, l'évolution n'est pas poussée par des changements dans le passé, mais attirée par un but dans le futur.

Il dit également, et cela est approprié à ce que nous avons dit à propos de l'Unité et du Tout : « À perte de vue, autour de nous, l'Univers tient par son ensemble. Et il n'y a qu'une manière réellement possible de le considérer. C'est de le prendre en bloc, tout entier [5] ». Plus loin, il écrit : « Tissée d'une seule pièce, suivant un seul et même procédé, mais qui de point en point ne se répète jamais, l'Étoffe de l'Univers correspond à une seule figure : elle forme structurellement un Tout [6] ». Pour lui, l'Homme est « un ensemble qui se déroule [7] ». L'humanité, l'univers, évolue en tant qu'unité, vers l'unité ou l'union autour du point oméga.

L'accent est mis sur le rôle central de la conscience au sein de l'évolution : « Penser le monde en effet – la Physique commence à s'en apercevoir –, ce n'est pas seulement l'enregistrer, mais c'est lui conférer une forme d'unité dont, faute d'être pensé, il fût demeuré privé [8] ». Cette phrase rejoint ce que nous avons dit au chapitre précédent, c'est-à-dire que sans la créativité, sans l'idée créatrice, non seulement le monde serait différent, mais en fait, il n'existerait tout simplement pas. Cela ne veut pas dire que l'univers n'est « rien d'autre » qu'une idée, mais bien que *la forme qu'il prend pour nous ne serait pas possible sans l'idée qui amène cette forme à l'existence.*

Bien que l'intuition de l'unité sous-tende tous les propos de Teilhard de Chardin, son unité, tout comme la simplicité, n'est pas simple. D'un côté, il dit que sous sa forme la plus imparfaite, mais la plus simple à imaginer, cette unité se traduit par une étonnante similitude des éléments rencontrés – un peu comme si l'étoffe de l'univers se ramenait à une simple et unique forme de substance, ce que nous avons appelé la simplicité quantitative –, d'un autre côté il parle d'une unité collective : « Quelque chose relie les uns aux autres les foyers innombrables qui se partagent en commun un volume donné de Matière. Loin de se comporter comme un réceptacle inerte, l'espace qu'emplit leur multitude agit sur elle à la manière d'un milieu actif de direction et de transmission, au sein duquel leur pluralité s'organise [9] » – c'est ce que nous avons appelé la simplicité qualitative. Autrement dit, le Tout n'est pas un contenant passif, mais un processus dynamique, centreur ; il tient tout ensemble dans un seul Tout.

Unité, pluralité, énergie

L'unité, la pluralité et l'énergie sont les trois faces de la matière, dit-il. Par pluralité, il entend « l'atomicité profonde » de l'univers. « Vertigineux en nombre et en petitesse, explique-t-il, le substrat de l'Univers tangible va se désagrégeant sans limites vers le bas [10]. » Or « plus nous clivons et pulvérisons artificiellement la Matière, plus se laisse voir à nous sa fondamentale unité. » Ici encore, nous avons la première forme de simplicité. À cela cependant il ajoute : « Quel que soit l'espace dans lequel nous le supposions placé, chaque élément cosmique remplit entièrement de son rayonnement ce volume lui-même. Si étroitement circonscrit donc que soit le « cœur » d'un atome, son domaine est coextensif, au moins virtuellement, à celui de n'importe quel autre atome. Étrange propriété que nous retrouvons plus loin jusque dans la molécule humaine ! Les foyers innombrables qui se partagent en commun un volume donné de Matière ne sont pas indépendants entre eux [11] ». Nous avons ici la deuxième forme de simplicité.

Le Tout, et Teilhard insiste encore sur ce point un peu plus loin, n'est pas vide et monolithique, bien au contraire. Il y a dans l'unité de la nature des sphères ou des paliers d'ordres différents, caractérisés chacun par la dominance de certains facteurs qui deviennent imperceptibles ou négligeables dans la sphère ou sur le palier voisin. Ces sphères d'ordres différents dans l'unité de la nature sont le résultat de l'évolution, qu'il décrit de façon frappante dans le paragraphe suivant : « Tout au-dessous, pour commencer, une simplicité encore irrésolue, indéfinissable en termes de figures, de nature lumineuse. Puis, brusquement, un fourmillement de corpuscules élémentaires, positifs et négatifs (protons, neutrons, électrons, photons...) dont la liste s'accroît sans cesse. Puis la série harmonique des corps simples, étalée, de l'Hydrogène à l'Uranium sur les notes de la gamme atomique. Et ensuite l'immense variété des corps composés, où les masses moléculaires vont s'élevant jusqu'à une certaine valeur critique au-dessus de laquelle, verrons-nous, on passe à la Vie. *Pas un terme de cette longue série qui ne doive être regardé, sur bonnes preuves expérimentales, comme un composé de noyaux et d'électrons.* Cette découverte fondamentale que tous les corps dérivent, par arrangement, d'un seul type initial corpusculaire, est l'éclair qui illumine à nos yeux l'histoire de l'Univers [12]. »

Il simplifie tout cela en disant : « Après le grain de matière, après le grain de Vie, le grain de Pensée [13] ». Et plus loin : « La Science [...] se retrouvera toujours, au bout du compte, face au même problème posé : comment donner à tous et à chacun de ces éléments leur valeur finale en les regroupant dans l'unité d'un Tout Organisé [14] ? »

Le grain de pensée

Le « grain de pensée » est le grain de conscience et, selon Teilhard de Chardin, l'évolution est une montée vers plus de conscience. Logiquement, dit-il, elle devrait donc culminer dans une sorte de conscience suprême. Cette conscience suprême, à son tour, devrait contenir au plus haut degré la perfection de notre conscience qui est unité et diversité.

L'unité, le tout, est l'étoffe même de l'univers de Teilhard de Chardin et, comme nous l'avons souligné, ce n'est pas une unité inerte et statique, mais une unité dynamique et, par-dessus tout, dirigée vers un but : le but participe de l'essence même. *L'Unité en tant que Tout s'efforce d'aller vers l'Unité en tant que Point Oméga, le centre dynamique d'une conscience universelle.* Un autre mot pour « s'efforcer » est *évolution*, évolution où l'accident et le hasard ont leur rôle à jouer. Les cyniques pourront peut-être sourire devant l'enthousiasme naïf de Teilhard de Chardin. Il a un charme presque juvénile dans sa manière d'écrire, et on pourrait bien être porté à sourire, en particulier devant ce tour de passe-passe magique par lequel il tire le Christ de son chapeau cosmique et le met au centre de tout. Mais ce sourire serait bien mal venu, car Teilhard de Chardin soulève des questions qui deviennent de plus en plus importantes : son insistance sur le fait que *voir* est fondamental, que la conscience est partie intégrante de l'univers et aussi fondamentale que la matière, que ce qui est implicite dans la conscience est ce qui la transcende, c'est-à-dire le point oméga, et que l'humain est effectivement la mesure de toutes choses. De plus, son ardente invitation à une science pour qui l'unité serait le dynamisme aussi bien que la structure fondamentale du monde, son insistance sur un Univers orienté vers un but et peut-être, par-dessus tout, la reconnaissance que nous sommes en présence d'un mystère à la fois merveilleux et profondément troublant, tout cela, plusieurs années après la publication de son ouvrage, devient aujourd'hui l'objet de sérieuses réflexions chez les savants les plus avancés.

Nous avons abondamment cité Teilhard de Chardin afin de montrer l'influence que l'Unité avait sur sa pensée. Il en était tout imprégné. Néanmoins, cette unité converge vers une nouvelle unité, une unité de conscience convergeant et s'intégrant autour d'un point central. Cette unité convergeant sur l'unité, et la transcendant finalement, constituait pour lui le sens et le but de l'univers, un thème que nous avons déjà introduit. *Le sens n'est pas quelque chose d'ajouté à l'univers, ce n'est pas une propriété de l'univers, c'est le dynamisme même de l'univers.*

La vie se dirige vers un but et ce but, dit Teilhard de Chardin dès le début, peut se résumer par le verbe *voir.* Il rejoint en cela ce que nous allons explorer plus loin, c'est-à-dire que la créativité et l'évolution sont dans le fond une même chose, et que toutes deux sont le déroulement d'une idée. (Nous devons nous rappeler que l'Homme, pour Teilhard de Chardin, est un « ensemble qui se déroule ».) Ce que nous voulons clairement établir, c'est que l'idée qui se déroule est un champ ayant un point central comme foyer. Teilhard nomme ce foyer central le *point oméga.* « Tous les corps dérivent, par arrangement, d'un seul type initial corpusculaire », dit-il. Non seulement les corps, mais la conscience elle-même est de type corpusculaire : « L'élément vivant, jusque-là répandu et divisé sur un cercle diffus de perceptions et d'activités, se trouve constitué, pour la première fois, en centre ponctiforme, où toutes les représentations et expériences se nouent et se consolident en un ensemble conscient de son organisation [15] », dit-il en parlant du premier pas de la conscience. Les Anciens ont vu cela clairement et ont fait de

⊙ le symbole de la conscience, du soleil et de l'or. Le soleil était, pour eux, l'émissaire de la force vitale.

Résumé

Telle que nous l'entendons, il faut donc voir l'Unité comme une puissance, mieux, comme *la* puissance irrésistible par laquelle tout l'univers est attiré vers l'avant. Repliée sur elle-même, l'Unité est à la fois une puissance créatrice et destructrice. Cet un qui est deux, *unus-ambo*, n'est concevable qu'en terme d'ambiguïté.

Nous avons tenté de montrer l'Unité comme une force à l'intérieur de la situation humaine en faisant référence à la simplicité : la simplicité non composée et la simplicité non complexe. Dans son ouvrage monumental sur la simplicité, André Lamouche a montré qu'elle constitue une force dans les domaines physique, biologique et psychologique. De l'Unité repliée sur elle-même apparaît la particule et l'univers, tous deux étant ce que Teilhard appelle de « type corpusculaire », comportant un centre et un halo. Pour Teilhard de Chardin, le centre de l'univers est le point oméga autour duquel tout se rassemble dans une montée de conscience de plus en plus grande. La montée de la conscience est le but même de l'Univers.

1. *Ibid*, p. 26.
2. *Ibid*, p. 242.
3. *Ibid*, p. 25.
4. *Ibid*, p. 25.
5. *Ibid*, p. 38.
6. *Ibid*, p. 40.
7. *Ibid*, p. 29.
8. *Ibid*, p. 277.
9. *Ibid*, p. 36.
10. *Ibid*, p. 35.

11. *Ibid*, p. 36.
12. *Ibid*, p. 42 (les italiques sont de l'auteur).
13. *Ibid*, p. 191.
14. *Ibid*, p. 278.
15. *Ibid*, p. 181.

VIII

L'INTERACTION DU CORPS ET DE L'ESPRIT

La lune entre les nuages, toujours la même ;
La montagne et la vallée, différentes l'une de l'autre.
Merveille, merveille, merveille.
Est-ce un ou deux * ?

Mumonkan

Dieu nous fait le connaître et sa connaissance est son être **.

Maître Eckhart

Revenons maintenant à l'ambiguïté ou plutôt à l'ambiguïté de l'ambiguïté. Nous avons la profonde intuition que l'Unité est fondamentale ; l'Un est un et ne peut être divisé. Notre intuition nous dit également que deux est aussi fondamental : vous et moi, le monde et moi, le bien et le mal, le vrai et le faux, ici et là. Partout où nous regardons, nous voyons la dualité. Est-ce un ou est-ce deux ? Cette question met notre esprit en alerte et il faudrait autant que possible tenter de maintenir cette vigilance mentale tout au long de la lecture de ce livre. Afin donc de pouvoir embrasser cette ambiguïté, avons-nous dit, nous devons trouver une logique

* Voir Albert Low, *Je ne suis pas un être humain*, éditions de Mortagne, Boucherville, 1996, p. 226.

** Franz Pfeiffer, trad. par C. de B. Evans, *Meister Eckhart*, John M. Watkins, Londres, 1956, p. 33.

plus fondamentale que la logique classique, fondée sur la loi de l'identité, loi affirmant que l'unité seule est primordiale. Cette logique plus fondamentale, c'est la logique de l'ambiguïté.

Pour voir plus clairement le dilemme où nous nous trouvons, il nous faut examiner l'un des problèmes les plus épineux, celui de la relation entre le corps et l'esprit qui est, selon le prix Nobel Francis Crick et son coauteur Christof Koch, « la question dominante en neurobiologie actuellement [1] ». Dans un article intitulé « On The Problem of Consciousness », ces auteurs affirment que pour résoudre cette question il se peut que « des concepts radicalement nouveaux soient nécessaires ». Ils citent, à l'appui, les modifications que la mécanique quantique a imposées à la pensée scientifique comme exemple de situation où la science a dû se plier à une nouvelle façon de penser. Or la mécanique quantique est fondée sur l'ambiguïté et il est par conséquent bien possible que la logique de l'ambiguïté soit justement le nouveau concept dont les auteurs soulignent la nécessité.

Le corps et l'esprit : est-ce un ou est-ce deux ? L'esprit dépend-il du cerveau ? Est-il seulement un épiphénomène ? Si oui, notre intuition de l'unité est satisfaite. Nous avons affaire à une seule « substance », une substance physique prenant la forme du cerveau. Le cerveau obéissant à toutes les lois connues de la physique, notre recherche sur l'esprit devrait donc, selon ce point de vue, n'être qu'une application de ces lois. Il est vraiment étonnant de constater combien ce point de vue est profondément ancré dans notre société. Un exemple entre autres : dans une récente édition spécialement consacrée à ce sujet, la revue *Scientific American* a publié une douzaine d'articles ; parmi eux, un seul s'intéressait à l'esprit en lui-même. Dans tous les autres, il semblait aller de soi que l'esprit et le cerveau étaient des termes synonymes.

Si ce point de vue est correct, cela signifie que nos amours et nos haines, ce que nous chérissons et valorisons le plus, nos espoirs et nos rêves les plus chers ne sont que des mouvements de molécules ou des interactions de neurones. D'après la revue *Scientific American*, « la plupart des neuroscientifiques croient maintenant que tous les aspects de l'esprit, y compris sa caractéristique la plus énigmatique – la conscience ou la présence (*awareness*) –, pourraient probablement s'expliquer de façon plus matérialiste comme le résultat du comportement de grands ensembles de neurones en interaction ».

Dans cet article cependant, Crick et Koch se montrent très directs en avouant que « jusqu'à très récemment, la plupart des spécialistes en sciences cognitives, tout comme les neuroscientifiques, ont ignoré la conscience. Le problème apparaissait comme soit purement "philosophique" soit trop insaisissable pour être l'objet d'une étude expérimentale. Il n'aurait pas été facile pour un neuroscientifique d'obtenir une subvention uniquement pour étudier la conscience [2] ». Il est vrai que la science a généralement ignoré la conscience, malgré l'existence d'un autre point de vue, le point de vue idéaliste opposé au matérialisme, qui affirme que l'esprit n'est pas un épiphénomène du cerveau mais que le cerveau, de même que toute forme, est un épiphénomène ou une création de l'esprit. Ce point de vue idéaliste est partagé par un certain nombre de spécialistes contemporains en physique théorique (voir appendice 1). Et, tout comme le point de vue matérialiste, l'idéaliste a le mérite de satisfaire notre profonde intuition de l'unité ; il n'y a qu'une seule substance, en l'occurrence une substance *mentale*.

Ce qui nous apparaît néanmoins comme une donnée irréfutable, c'est qu'il existe « un monde » que « je » confronte. Nous acceptons implicitement cette proposition, même si elle sous-entend que le monde est d'une substance et que je suis d'une autre. Le monde est solide et réel ; « je » semble être quelque chose d'éphémère, presque fantomatique. Descartes avait des doutes quant au statut du « je », doutes qu'il a résolus d'une façon très raisonnable. Même si je puis douter de ma propre existence, a-t-il dit simplement, le fait même de douter prouve que j'existe. « Je pense donc je suis. » Ses méditations ont abouti à ce que l'on nomme maintenant la césure cartésienne, le monde étant, selon lui, divisé en deux substances : une substance physique et une substance pensante, *res extensa* et *res cogitans.*

Bien que Descartes ait cristallisé la vision du monde dualiste en Occident, il faut noter que cette vision n'est pas uniquement un accident historique. Au contraire, elle est implicite dans notre culture qui plonge ses racines dans les langues indo-européennes.

Une école de pensée bouddhique, par exemple, dit ceci : « Il y a deux, seulement deux sources de connaissance, les sens et la raison, et... elles sont totalement hétérogènes, de sorte que l'une est la négation de l'autre [3] ». Un spécialiste du bouddhisme disait plus récemment : « Nous... avons un monde double, en Inde comme en Europe, un monde qui relève des sens, l'autre de l'intellect, un *mundus sensibilis* et un *mundus intelligibilis...* »

L'esprit est-il un produit de la matière, ou la matière un produit de l'esprit, ou la matière et l'esprit ont-ils un statut équivalent de sorte qu'aucun des deux ne dépend de l'autre ? Avons-nous affaire à une seule substance, ou à deux, ou à une substance qui est deux (*unus-ambo*) ? Mais avant d'aller plus loin, nous aimerions changer la formulation de la question et la remplacer par celle-ci : « Le *connaître* est-il un produit de l'*être* ou l'être un produit du connaître ? » L'esprit et la matière sont tous deux des termes lourdement chargés. L'esprit a acquis beaucoup de connotations psychologiques et la matière, au cours des dernières années, a été pulvérisée en particules et ces particules en quanta d'énergie. Le mot *être* se référera donc à tout ce qui n'est pas *connaître* et ce dernier à tout ce qui n'est pas être.

Comme nous l'avons souligné plus haut, la plupart des neuroscientifiques croient que tous les aspects de l'esprit, y compris sa caractéristique la plus énigmatique – la conscience ou la présence (*awareness*) – pourraient probablement se réduire à des causes matérielles. C'est ici que l'intégrité réclamée par Bridgman prend toute son importance. Rappelons-nous ses propos : « L'intégrité réclame que je veuille connaître ce que sont les faits et que je *veuille* analyser et comprendre mes outils mentaux et ce qui arrive quand j'applique ces outils aux faits [4] ». Il a dit également : « Il est très difficile de mettre en mots ce que j'entends par la « qualité » de ma sensation de la couleur rouge ». Nous savons que la couleur, le rouge par exemple, peut être réduite par l'analyse à des longueurs d'onde. Mais nous savons également qu'aucune analyse quantitative de la couleur ne nous dira ce qu'est la couleur rouge. Tout ce qu'un physicien sait de la couleur peut être enseigné à un aveugle. Mais on ne peut enseigner à un aveugle ce que la couleur rouge signifie. Il y a un abîme infranchissable entre ce que le physicien et le neurologue connaissent de la couleur rouge en tant que savants et ce que vous, lecteur, connaissez de la couleur rouge lorsque vous regardez une pomme rouge. *Entre connaître et être existe un hiatus qu'aucune analyse, aussi poussée soit-elle, ne saurait franchir.* Admettre cette réalité, c'est porter un coup mortel à la logique classique. D'une certaine façon, ce coup a déjà été porté par la découverte de la réalité quantique et la reconnaissance du fait qu'un photon est à la fois une particule et une onde. L'introspection la plus élémentaire montre la vérité de ce que je dis et de ce que disait Descartes avant moi : connaître et être ont un statut équivalent, ils sont irréductibles l'un à l'autre, l'un n'est pas le produit de l'autre. Ici encore, il nous faut revenir à la question :

est-ce un, est-ce deux ? Ajoutons que ce n'est pas par esprit de contradiction mais plutôt à cause de leur profonde intuition de l'Unité que les chercheurs sont poussés à rejeter l'esprit et à affirmer que tous les phénomènes mentaux peuvent se ramener à des phénomènes physiques.

Esprit et matière : un Tout

L'un des thèmes majeurs développés par Teilhard de Chardin, thème capital dans ce que nous disons ici, c'est que la conscience – ce que nous avons nommé *connaître* – est inhérente à l'univers. Ce n'est pas quelque chose qui est apparu dans l'univers après que la matière eut atteint un certain niveau de complexité. Bien que, comme le remarque Teilhard, la conscience n'apparaisse avec évidence que dans l'homme, nous ne devrions pas être tentés d'en conclure qu'elle est un cas isolé, inintéressant pour la science. « Au fond de nous-mêmes, dit-il, sans discussion possible, un intérieur apparaît, par une déchirure, au cœur des êtres. C'en est assez pour que, à un degré ou à un autre, cet “intérieur” s'impose comme existant partout et depuis toujours dans la Nature. Puisque, en un point d'elle-même, l'Étoffe de l'Univers a une face interne, c'est forcément qu'elle est biface par structure, c'est-à-dire en toute région de l'espace et du temps, aussi bien par exemple que granulaire : *Coextensif à leur Dehors, il y a un Dedans des Choses*[5]. »

David Bohm, un autre homme de science très connu, écrit une chose similaire : « La relativité et la théorie quantique s'accordent, en ce qu'elles impliquent toutes les deux la nécessité de voir l'univers comme un tout indivisible où toutes les parties de l'univers, y compris l'observateur et ses instruments, fusionnent et s'unissent en une seule totalité… L'esprit et la matière ne sont pas des substances séparées. Ce sont plutôt différents aspects d'un seul mouvement entier et ininterrompu [6] ».

Prenons l'exemple d'une tasse pour établir une analogie. Une tasse a un intérieur et un extérieur ; tous deux sont évidemment très différents et nous pouvons difficilement les confondre. Mais nous ne pouvons pas plus les réduire l'un à l'autre que dire de l'un qu'il dépend de l'autre ou qu'il en découle. Cependant, c'est une seule tasse, non seulement un intérieur et un extérieur, mais un tout ininterrompu. Nous servant de cette analogie, nous pourrions dire de l'esprit qu'il est l'intérieur de la matière et la matière l'extérieur de l'esprit ; mais même alors, il n'y a qu'un tout ininterrompu. De même que nous ne pouvons confondre l'intérieur et l'extérieur, nous ne pouvons confondre l'esprit et la matière ; nous ne pouvons pas non plus affirmer que l'un est premier par rapport à l'autre ni que l'un dépend de l'autre.

Rollo May, un psychologue très connu, écrit que « le dilemme de l'humain vient de son aptitude à s'expérimenter lui-même à la fois et en même temps comme sujet et objet [7] ». Il cite à ce propos la remarque d'un de ses collègues qui, dans sa fonction de thérapeute, disait alterner, « comme dans une partie de tennis, entre la vision de son patient comme objet – lorsqu'il pense en termes de modèle, dynamique, test de réalité et autres facettes des principes généraux auxquels le comportement du patient renvoie – et la vision du patient comme sujet, quand il sympathise avec sa souffrance et voit le monde à travers ses yeux ».

R. D. Laing souligne cette même ambiguïté, sous un angle légèrement différent : « Une même chose vue à partir de deux points de vue différents donne lieu à deux descriptions entièrement différentes, et les descriptions donnent lieu à deux théories totalement différentes, et les théories résultent en deux séries d'action totalement différentes [8] ». Il ajoute : « Il n'y a pas un dualisme dans le sens de la coexistence de deux essences ou de deux substances différentes dans l'objet : la psyché et le soma. Il y a deux différentes *Gestalt* expérientielles : la personne et l'organisme [9] ».

Nous pouvons, de la même façon, voir la couleur rouge à partir de deux points de vue différents : le physicien voit le rouge comme une quantité, mais quand il écarte ses instruments d'observation, il le voit comme une qualité.

Avant d'être vue comme un dessin, l'illustration de la jeune femme/vieille femme représente un *unique* champ de phénomènes. Ce champ unique apparaît de deux façons radicalement différentes : d'un côté comme une jeune femme (pouvant représenter le connaître), de l'autre comme une vieille femme (pouvant représenter l'être). Ainsi que le dit R. D. Laing, il n'est pas question ici d'un dualisme mettant en présence deux substances différentes – une substance mentale et une substance matérielle. L'esprit et la matière ne sont pas des substances séparées : « Ce sont plutôt différents aspects d'un seul mouvement entier et ininterrompu », selon David Bohm, ce que nous appelons l'unité dynamique. Mais tout de même, connaître est connaître, et être est être.

Ce chapitre porte en exergue les paroles de Maître Eckhart : « La connaissance de Dieu est son être ». Connaître et être sont l'aspect duel de l'Unité. L'Unité/ (connaître/être) forme un tout ininterrompu et non trois éléments séparés qu'on aurait rassemblés. Il n'y a pas d'Unité sans connaître/être, pas plus qu'il n'y a de connaître/être sans Unité. Toutefois, une nette distinction doit être faite entre connaître et être. L'être peut être étudié par la physique alors que le connaître ne le peut pas. L'objet de la physique est de révéler et de formuler les relations entre les phénomènes, ces relations étant révélées par le connaître. Le connaître en soi n'est donc pas un phénomène : il ne se compose pas de parties dont on pourrait retracer les relations. Cela signifie que nous ne devrions pas tenter – comme tant de recherches sur l'esprit, la mémoire et le cerveau le font de nos jours – de transformer le connaître en un ensemble de relations complexes, fut-il incroyablement complexe. Nous devrions également prendre garde à ne pas transformer le connaître en une énergie subtile qui serait, pour ainsi dire, coextensive à l'être et assujettie aux lois de la physique. Cette dernière proposition a déjà été avancée par David Bohm au cours d'une conversation avec Renée Weber : « La conscience, disait-il, est peut-être une forme plus subtile de la matière et du mouvement [10]. »

Tout cela nous plonge dans l'embarras. L'unité est-elle homogène (une) ? Si oui, comment peut-elle prendre l'aspect de connaître et être qui, s'ils sont distincts, laissent supposer qu'elle est deux ? Est-elle deux ? Si oui, comment peut-elle être une ? R. D. Laing dit qu'il n'y a pas de dualisme dans le sens de la coexistence de deux essences ou de deux substances différentes dans l'objet : la psyché et le soma. Il y a deux différentes *Gestalt* expérientielles : la personne et l'organisme. Mais ce sont deux différentes perceptions de quoi ? Et qui perçoit ces deux différentes *Gestalt* ? Si on répond que c'est le « sujet », cela ne fait que nous ramener au sein de l'ambiguïté. Le sujet est-il somatique ou psychique, matière ou esprit ? Logiquement, l'un est un ; en ce sens, il doit être soit le connaître, soit l'être, mais non les deux, comme d'ailleurs notre illustration le confirme. On ne peut voir la vieille femme quand on voit la jeune femme et vice-versa.

Il semble donc que nous soyons arrivés à une complète impasse, empêtrés dans l'ultime double contrainte, un peu comme celle mise au point par le maître zen qui, montrant un bâton à ses élèves, leur disait : « Ne dites pas que c'est un bâton ni que ce n'est pas un bâton. Qu'est-ce que c'est ? » Sommes-nous dans une impasse parce que ce dont il est question ici ne peut être approché par la logique ordinaire, celle dont l'axiome fondamental est que A doit être A ou non-A ? En l'occurrence, ici, A doit être un ou non-un, deux ou non-deux, connaître ou être. Comme nous l'avons déjà souligné, un problème similaire est apparu dans le domaine de la physique quantique, ce qui a amené Stéphane Lupasco, philosophe et mathématicien français, à élaborer une logique qui possède énormément de ressemblances – bien qu'elle comporte aussi de considérables différences – avec celle que nous mettons en avant.

Dans un article intitulé « La logique de l'antagonisme et ses complémentarités contradictoires », Marc Beigbeder écrit : « Chez Lupasco, un serait toujours fait de deux, plus ou moins, dans le même instant [...]. Le principe d'identité de la logique classique s'en trouve doublé, antagoniquement et complémentairement, à tout instant et en tout, par son contradictoire, qu'elle ignore, le principe de différence. Il coexiste toujours, plus ou moins, partout, avec lui. Quant au deuxième principe de cette logique classique, celui de non-contradiction, il cesse d'être manichéen puisque la réalité, c'est la contradiction. A et anti-A sont tous deux vrais, réels, simultanément, ou plutôt ils ont tous deux du vrai, du réel, puisque le vrai, le réel, c'est leur conjonction contradictoire. Quant au troisième principe de la logique classique, celui du tiers-exclu, il est doublé du principe du tiers-inclus ; ils sont toujours, eux aussi, antagoniquement et complémentairement, l'un avec l'autre [11] ».

Un peu plus loin dans son article, Beigbeder dit : « La logique de Lupasco serait profondément différente de celle de Hegel ou de celle qui est implicite à Marx. Ceux-ci ont certes mis de la contradiction dans le moteur de leur dialectique ; mais d'abord, elle serait dynamique chez eux plutôt sans doute dans la succession que dans la coexistence. Surtout, elle aboutit finalement un jour à la suppression de la contradictorialité par fusion non conflictuelle. Dans la dialectique de Lupasco [...], c'est là une impossibilité. »

Pour être en mesure donc de comprendre la conscience, la créativité, l'évolution et la violence, il nous faudra recourir à une logique autre que la logique classique. Cette logique autre, c'est celle de l'ambiguïté. Elle inclut « la logique de l'antagonisme et ses complémentarités contradictoires » de Stéphane Lupasco [12], mais elle va plus loin. Elle inclut aussi la logique classique. Elle doit le faire, car l'une des faces de l'ambiguïté affirme qu'il n'y a pas d'ambiguïté, qu'il ne peut y avoir d'ambiguïté : un est un, A = A. Voyons ce que nous entendons par là.

1. Francis CRICK et Christof KOCH, « On The Problem of Consciousness », *The Scientific American Special Issue*, New York, sept. 1992.
2. *Ibid.*, p. 153.
3. Th. STCHERBATSKY, *Buddhist Logic*, vol. 1, Dover Publications, New York, 1930, p. 74.
4. P. W. BRIDGMAN, *The Way Things Are*, The Viking Press, New York, 1959, p. 319.
5. Pierre TEILHARD DE CHARDIN, *Le Phénomène humain*, Le Seuil, Paris, 1955, p. 52.
6. David BOHM, *Wholeness and the Implicate Order*, Routledge and Kegan Paul, Londres, 1980, p. 11.
7. Rollo MAY, *Psychology and the Human Dilemma*, D. Van Nostrand, New Jersey, Co., 1967, p. 8.
8. R. D. LAING, *The Divided Self*, Pelican Books, Londres, 1965, p. 20.
9. *Ibid.*, p. 21.
10. Renée WEBER, *Dialogues with Scientists and Sages*, Arkana, Londres, 1986.
11. Marc BEIGBEDER, « La logique de l'antagonisme et ses complémentarités contradictoires ». *Nouvelle Acropole, numéros 66-67*, Paris, juin-juillet-août, 1982.
12. À lire de cet auteur majeur : *Les Trois Matières,* éd. Cohérence, *L'Énergie et la matière vivante*, éd. Julliard, *Du rêve, de la mathématique et de la mort*, éd. Christian Bourgois.

Deuxième partie

IX

L'ÉVOLUTION ET L'AMBIGUÏTÉ FONDAMENTALE

> Ma conviction est que les deux points de vue [le matérialiste et l'idéaliste] demandent à se rejoindre, et qu'ils se rejoindront bientôt dans une sorte de Phénoménologie ou Physique généralisée, où la face interne des choses sera considérée aussi bien que la face externe du Monde *.
>
> Teilhard de Chardin

L'univers s'engendre lui-même sans l'aide d'un agent extérieur pour le mettre en mouvement ou le contrôler. Ce phénomène d'autogénération a été appelé évolution, métamorphose ou émergence, mais quel que soit le nom qu'on lui donne, il n'est pas le résultat du hasard aveugle œuvrant dans le noir, dénué de sens et de finalité. La conscience, la lumière et la signification sont constitutives de l'univers et donc intrinsèques à l'évolution.

L'intelligence artificielle

Différents chercheurs ont récemment créé des programmes informatiques dans le but de simuler l'évolution. Leur intention était de montrer comment, à l'intérieur de quelques

* Pierre TEILHARD DE CHARDIN, *Le Phénomène humain*, Le Seuil, Paris, 1955, p. 49.

paramètres inscrits dans le programme, les formes et les structures évoluent, entrent en compétition réciproque, s'accouplent et procréent. La bonne performance de ces programmes a amené les chercheurs à conclure qu'ils prouvaient l'inutilité de faire intervenir quelque *deus ex machina* – élan vital, finalité ou intention – dans la compréhension de l'évolution des formes vivantes. L'évolution « arrive tout simplement », une fois que des limites simples ont été préalablement établies.

La situation ne laisse pas d'être ironique toutefois, car ces programmes démontrent exactement le contraire. L'affirmation, par exemple, qui veut que l'évolution n'ait pas besoin d'un *deus ex machina*, est démentie par la présence même du chercheur. Il est lui-même le *deus ex machina* : c'est lui qui choisit parmi une grande variété de formules mathématiques hautement complexes celle qui conviendra pour poser les paramètres initiaux. De plus, il est fort probable qu'il la choisira à la suite d'une intuition, une sorte de flair de son bien-fondé.

Que l'intention ou la finalité ne soit pas nécessaire est réfuté par le but même du chercheur qui est de simuler une évolution dénuée de finalité. Whitehead met le doigt sur l'ironie de cette situation : « Les scientifiques dont l'objectif est de prouver qu'ils sont dénués d'objectif constituent un sujet d'étude intéressant [1] ». Lorsqu'une formule donnée ne donne pas le résultat attendu – prouver que l'évolution sans finalité est possible –, le chercheur l'améliore, l'affine ou la rejette pour en choisir une autre. Ainsi l'intention du chercheur est-elle inscrite dans son programme. Quand je dis « inscrite », je n'entends pas qu'on la trouvera dans la logique binaire du programme, mais que le déroulement et la structure de ce programme la concrétisent, la mettent en forme.

Quant à prétendre que l'élan vital n'est pas nécessaire à cette évolution simulée, cela est réfuté par le fait que s'il se produit une panne d'électricité, le programme, donc l'évolution simulée, s'arrêtera là ; et à moins qu'une sauvegarde automatique n'ait été prévue dans le programme, toutes les données de cette évolution seront perdues. Autrement dit, le courant électrique donne l'élan à l'évolution simulée. Ou, si l'on veut, le temps (ou la durée, ou l'unité dynamique) est fourni par le courant électrique qui rend la simulation possible.

Finalement, l'évolution simulée des espèces ne procède pas *ex nihilo.* Au contraire, l'ordinateur lui-même simule une gelée ou une soupe cosmique hautement sophistiquée où les nouvelles « formes vivantes » pourront se cristalliser. Il suffit, encore une fois, de toucher par inadvertance les entrailles d'un ordinateur pour que l'évolution soit brusquement interrompue. Incidemment, ce geste pourrait peut-être servir de métaphore à tout léger changement de l'environnement où les formes vivantes émergent, et qui peut les détruire.

Ainsi se pourrait-il que les chercheurs, loin de démontrer, avec leurs programmes si ingénieux, que l'évolution des formes vivantes est une affaire purement matérialiste, dénuée de finalité et de valeur, prouvent exactement le contraire. Soulignons en outre que les formes générées par leurs ordinateurs n'ont rien de matériel, qu'elles sont purement symboliques, des formules mathématiques animées par des graphiques intéressants.

Et de même que les programmes de jeu d'échecs ne *comprennent* pas de façon intuitive les stratégies qu'ils utilisent, contrairement à un maître d'échecs, aucune créativité n'est à l'œuvre dans les programmes qui simulent l'évolution. Même si l'on suppose que l'évolution ne requiert aucune créativité et que le maître n'a pas besoin de comprendre intuitivement ses mouvements sur l'échiquier, on ne voit pas comment ces programmes pourraient résoudre la question. Tout ce qu'ils peuvent faire, c'est la poser d'une manière nouvelle et plus stimulante. Compte tenu de ce que nous avons dit jusqu'ici, peut-être pourrions-nous proposer une sorte de loi de Gödel ainsi formulée : on ne peut consciemment et intentionnellement prouver la non-existence de la conscience et de l'intention.

L'idéalisme n'est pas une solution

Bien que les choses ne puissent être réduites à des mouvements de matière dénués de sens et de finalité, l'idéalisme ne constitue pas pour autant une solution au dilemme. La réalité se tient à l'écart de la connaissance, elle n'en est pas un produit ; cela est évident dans le « choc de la rencontre » même et dans notre façon d'y répondre. À un idéaliste qui arguait que le monde n'était qu'une idée, un philosophe anglais rétorqua d'un coup de poing sur la table : « Voilà comment je réfute cela ! » L'intégrité intellectuelle exige que nous acceptions autant l'être que le connaître dans l'écologie de l'existence. Et pourtant ce « choc de la rencontre », cette opposition entre connaître et être, peut aussi se comprendre dans l'autogénération de l'univers. C'est justement cette opposition qui donne à l'autogénération son élan et sa finalité. La finalité est de restaurer l'harmonie et l'unité perdue quand le connaître et l'être se séparent en s'opposant. L'élan est donné par la force de l'Unité : *il ne peut y avoir d' « autre ».* L'harmonie est restaurée, non par un retour à une unité originelle, mais par une constante créativité, une continuelle autogénération.

L'autogénération, disons-nous, vient du besoin de restaurer l'harmonie, nous pourrions tout aussi bien dire qu'elle vient du besoin de résoudre le conflit. Parfois, la solution échoue ou demeure incomplète, et la destruction remplace alors la construction. La destruction est donc également fondamentale. Le conflit interne procède de l'ambiguïté foncière, celle dont l'une des faces dit qu'*il n'y a pas d'ambiguïté* tandis que l'autre affirme qu'*il y a ambiguïté.* Voilà la formulation la plus simple de la logique qui sous-tend l'autogénération.

Le conflit : la dualité dans l'unité

Le conflit d'où provient l'évolution se manifeste comme une profonde aspiration, ce que les soufis appellent le soupir de Dieu, un soupir qu'ils expriment ainsi : « J'étais un trésor caché et je désirais être connu, alors j'ai créé les créatures afin d'être connu par elles [2] ». Ce « désir d'être connu », c'est l'unité qui aspire à se révéler et à se connaître elle-même, comme le dit cette formule mystique : « Par l'Un, voir en l'Un avec l'œil de l'Un [3] ». En prêtant à l'univers des « désirs » ou des « aspirations », en parlant de ses « efforts » pour résoudre l'ambiguïté fondamentale, nous pouvons donner l'impression de régresser vers un animisme ou même vers un anthropomorphisme délirant. Nous ne faisons cependant qu'adhérer à cette maxime immémoriale : « Ce qui est en haut est comme ce qui est en bas ». L'*isomorphisme* du microcosme et du macrocosme est une idée aussi vieille que la raison. On la retrouve aujourd'hui dans les mathématiques des fractals, en holographie et dans la notion d'harmoniques [4] ; elle est également capitale pour la compréhension de la monade. La notion d'isomorphisme est imbriquée dans la notion même de « raison » et de « rationnel », deux mots qui ont la même origine que « ratio » [5]. C'est ce même aperçu de l'isomorphisme du microcosme et du macrocosme qui a incité Teilhard de Chardin à dire : « Que tous les corps dérivent, par arrangement, d'un seul type initial corpusculaire, est l'éclair qui illumine à nos yeux l'histoire de l'Univers. »

Nous disions dans notre introduction que chaque personne est le tout et non pas une partie du tout. Traditionnellement, on se référait à chaque individu comme étant un microcosme. Toutefois, le mot « monade » – du grec *monos* (seul, un) – nous convient davantage car il renvoie aussi bien au macrocosme qu'au microcosme.

La différenciation au sein de la monade

Une perle se forme dans une huître parce qu'un grain de sable s'est introduit dans sa coquille. Le grain produit une irritation et, dans ses efforts pour s'en libérer, l'huître produit une perle. Ce phénomène peut servir d'analogie pour l'évolution ; l'évolution se produit à cause d'un « dépôt » dans la monade elle-même. Il ne faut cependant pas pousser l'analogie trop loin, car si le grain de sable provient de l'extérieur de l'huître, le dépôt qui est à la source de l'évolution prend son origine au sein même de la monade [6].

Ce que nous avançons ici, et nous le démontrerons un peu plus loin, c'est que la monade (appelée aussi Unité/être/connaître), grâce au dynamisme inhérent à l'ambiguïté fondamentale, évoluera à travers les nombreux stades de la matière et de la vie jusqu'à l'humain, un individu doté de conscience. Nous voulons en outre démontrer que l'évolution naît des efforts visant à réabsorber ce que nous appellerons le *point nul*, de la même façon que la perle naît des efforts de l'huître pour assimiler le grain de sable.

Le point nul

Nous avons plus haut cité Teilhard de Chardin affirmant que le but de l'évolution était la perfection de la conscience enroulée autour d'un centre ultime appelé le point oméga. L'unité en tant que Tout tend vers l'Unité en tant que point oméga, le centre dynamique de la conscience universelle. Comme nous le verrons plus loin, le point oméga de Teilhard et ce que nous entendons par le « point nul » se ressemblent beaucoup. Voyons maintenant ce que cela implique.

L'unité n'étant ni un principe abstrait ni une boîte vide où toutes les choses trouveraient leur place, elle peut être considérée comme un impératif cosmique, un impératif catégorique : « Que l'Un soit ! » Cet impératif, en termes de connaître/être, se traduirait par l'injonction : « Connais *ou* sois ! » Pour en revenir à l'analogie de la jeune femme/vieille femme, l'injonction serait : « Jeune *ou* vieille ! »

L'opposition entre connaître et être

Le monde *est* ; et, sauf pour certains philosophes qui se noient dans les mots, cela est incontestable. Beaucoup de gens d'ailleurs accentuent cet « êtreté » (*isness*) en disant non seulement que le monde est, mais qu'il est *réel*. Qu'entendons-nous par là ? Comment savons-nous que le monde (ce livre par exemple) *est* ou *est réel* ? Quelques-uns répondraient : « Parce que je le vois, je le sens, je le touche ». Mais ce livre est-il réel parce que je le vois ou peut-il être vu parce qu'il est réel ? Dans le premier cas, la réalité du livre (être) dépend du fait d'être vue (connaître), argument privilégié par les idéalistes ; dans le deuxième cas, l'être est indépendant du connaître. Les idéalistes défendent leur point de vue en disant que lorsque nous rêvons, ce dont nous rêvons est réel, et quand nous sommes sous l'influence de certaines drogues, les hallucinations sont réelles. Confondre les rêves et les hallucinations avec le monde de tous les jours est une erreur, mais ce n'en est pas une d'affirmer qu'ils sont réels. Les rêves, les fantasmes, les hallucinations, autant que voir, entendre, sentir, sont des formes de connaître/être. Ce que cet argument prouve, selon nous, c'est uniquement que le connaître et l'être ne peuvent être séparés, non pas que l'être est dépendant du connaître. C'est comme un miroir et sa réflexion : un miroir n'est pas sa réflexion et la réflexion n'est pas le miroir. Mais ils ne peuvent être séparés.

D'aucuns diront que le monde du prétendu état d'éveil est plus réel que le monde des rêves parce que son impact est plus grand. Pourtant, la plupart des gens ayant eu ce qu'on appelle des « expériences spirituelles » affirment qu'elles sont beaucoup *plus* réelles que celles vécues à l'état de veille. L'impact, pas plus d'ailleurs que la *certitude*, ne peut donc être un critère de réalité. L'incertitude et l'anxiété sont incontestablement réelles pour ceux qui en souffrent, même si l'objet de leur anxiété peut très bien ne pas être réel pour quelqu'un d'autre. La réalité (l'êtreté) est donnée aux choses, ou à notre expérience des choses, ou à nos sentiments ; elle ne se trouve pas « dans » les choses et elle n'est pas connue « à travers » elles.

De plus, la réalité n'est pas une convention. Quelle qu'en soit la cause, ma douleur est réelle, alors qu'elle n'a aucune réalité pour quelqu'un d'autre. La réalité est la réalité et, étant irréductible au connaître, elle n'en dépend pas. Le connaître et la réalité ou, comme nous avons choisi de les appeler, le connaître et l'être, sont deux et de statut égal. La conclusion qui s'impose est que le seul critère pour évaluer si quelque chose est (est réel) est celui de la *réalité elle-même*. Pour juger si quelque chose *est*, nous utilisons le critère de l'êtreté (*isness*) même. En conséquence, nous ne pouvons connaître l'être ; connaître l'être serait l'asservir au connaître. D'autre part, sans l'être, il n'y aurait rien à connaître. Il s'ensuit donc que l'injonction « connaître *ou* être ! », dictée par l'impératif « Que l'Un soit ! », ne peut être respectée. Pour que le connaître et l'être puissent se réduire à un, il faudrait que l'un des deux termes dérive de l'autre, ce qui n'est pas le cas : le connaître ne peut pas plus céder à l'être que l'être ne peut céder au connaître.

Par ailleurs, on ne peut pas davantage nier l'impératif « Que l'Un soit ! »

L'évolution de l'ambiguïté fondamentale : l'émergence du point nul

Traçons l'évolution de cette ambiguïté inhérente à « Un/connaître/être », en nous rappelant qu'elle ne peut jamais être résolue, mais qu'à chaque nouveau palier elle ne fait que montrer un autre de ses visages. Rappelons-nous également que cette évolution se produit à l'intérieur de la monade et que *les changements naturels des monades découlent d'un principe interne.* Pour retracer cette évolution, nous commencerons au tout début, au moment où le « point nul » est généré, quand il émerge de la confrontation des opposés : connaître et être. Ce qui signifie que le point nul émerge de la tentative de restaurer l'unité. Dorénavant, quand nous parlerons du désir de « réabsorber le point nul », c'est à cela que nous ferons allusion : à la volonté de restaurer l'unité. C'est l'archétype de l'acte créateur. L'acte créateur, comme le disait Koestler, vient de l'unité de « deux plans de référence dont chacun a sa logique interne mais qui sont habituellement incompatibles ».

L'injonction « Unité : connaître ou être ! » et l'impossibilité de s'y soumettre déclenchent tout d'abord ce que nous pourrions appeler une confrontation entre connaître et être. Nous pourrions utiliser une analogie un peu grossière, qu'il ne faudrait pas pousser trop loin, celle de deux matous qui se regardent fixement. C'est une confrontation entre deux incarnations de l'Un. L'impératif « Que l'Un soit ! » est implacable, mais aucun des deux combattants ne peut céder, car chacun est l'Un. Très souvent, les matous se contentent de reculer, de détourner les yeux et, après un certain temps, ils quittent la scène. Mais parfois, aucun des deux ne recule. Il y aura alors une montée de tension générant un champ de forces. La confrontation pourrait aboutir à une bataille en règle où se manifeste la volonté de détruire la volonté de l'autre, de le forcer à se soumettre et à renoncer ainsi à sa prétention d'être l'Un [7].

La bataille n'a lieu que si les deux sont de force égale et qu'aucun ne veut céder. Un champ de forces est généré à l'intérieur du champ de conscience de chaque protagoniste. Chacun est à la fois celui qui regarde *et* celui qui est regardé, chacun est à la fois centre et périphérie. Et chacun est aussi l'unité, ce qui lui permet de maintenir son intégrité, de demeurer entier. S'il cède, il lui faudra déchirer cette intégrité en deux, se séparer lui-même. Tôt ou tard, l'un des deux devra sans doute céder à cause de l'implacable Unité qui prend les traits de l'autre. L'effondrement de sa détermination viendra du fait qu'il aura perdu le centre, devenant ainsi impuissant ; il devra alors fuir. Sa fuite, accompagnée de douleur et d'humiliation, sera suivie d'un processus de guérison et le centre sera restauré.

Dans la confrontation connaître/être cependant, *aucun des deux ne peut fuir ou vaincre l'autre.* Ils sont comme deux chats parfaitement égaux et également invincibles. Leur polarisation crée un champ de forces, un peu à la façon des pôles nord et sud d'un aimant. Toutefois, cette confrontation ne se produit pas entre un centre et une périphérie extérieure ; elle se produit au sein de la monade, à l'intérieur d'un centre qui est aussi à la périphérie de lui-même. Une telle confrontation, à cause de l'impératif de l'unité, ne peut se prolonger indéfiniment ; après un certain temps, une solution devra être trouvée. Elle s'effectuera par *oscillation.* Un peu comme si les chats se mettaient simultanément à se poursuivre l'un l'autre en dessinant un cercle, chacun étant à la fois le chasseur et le chassé. L'oscillation peut recevoir plusieurs noms : « alternance », « cyclicité » ou « spin », mais elle ne peut durer qu'un temps, c'est-à-dire jusqu'à ce qu'elle atteigne, par la force de l'impératif, sa vélocité maximale.

Quand la vitesse maximale est atteinte, un hiatus ou intervalle nul émerge dans le champ oscillatoire connaître/être, intervalle qui n'est *ni connaître ni être*, sans contenu ni qualité, un intervalle qui est pure unité. Le « point nul » émerge de cet intervalle.

Pour illustrer ces propos, reportons-nous à l'image de la jeune/vieille femme qui nous a servi comme paradigme de l'ambiguïté.

Nous invitons le lecteur à se prêter à un petit exercice qui l'aidera à comprendre ce que signifie l'intervalle nul. Regardez d'abord la vieille femme ; ensuite, regardez la jeune. Faites plusieurs fois ce va-et-vient pour vous y accoutumer. Ce qu'il importe de remarquer, c'est que pour voir la vieille femme, *puis* la jeune, nous devons momentanément les quitter toutes les deux. Autrement dit, nous devons effectuer un saut, un saut à travers un intervalle nul. *Maintenant* on voit la vieille femme, *maintenant* on voit la jeune. Bien que le « maintenant » soit continu, le « voir » ne l'est pas. Aucun pont ne relie les deux « visions », aucune étape de transition dans ce passage de l'une à l'autre. Entre voir la jeune femme et voir la vieille femme, il y a un point qui n'est ni l'une ni l'autre. Ce point où ni l'une ni l'autre ne peut être perçue crée ce que nous avons appelé *l'intervalle nul.*

Si nous revenons au connaître/être, nous constatons que dans ce cas l'intervalle nul n'est *ni le connaître ni l'être.* Ce qui signifie que l'hiatus, dans le champ du connaître/être, crée un intervalle de négation, *négation du connaître et négation de l'être* qui émergent simultanément. Cette négation est d'un côté le « non-connaître », de l'autre le « rien ».

La lutte se poursuit néanmoins. Comme aucun des deux côtés ne peut céder à l'autre et que l'un doit cependant triompher de l'autre, le rythme d'oscillation entre connaître et être ira en s'accélérant. Cette accélération correspond à une diminution de la durée du connaître d'une part et de l'être d'autre part. Elle augmentera jusqu'à atteindre un niveau où la durée de l'intervalle nul sera la même que celle du connaître et de l'être. *C'est alors que le champ se fige comme négation* et qu'émerge un point nul ayant une existence indépendante [8]. Si cet événement n'avait pas lieu, le connaître et l'être seraient tous deux engloutis dans un vortex d'anéantissement. Le point nul empêche cet engloutissement.

Une gravure de Escher illustre bien ce hiatus. Elle représente un homme qui regarde un tableau dans une galerie d'art. Ce tableau représente un homme, lui-même, en train de regarder un tableau dans une galerie. L'homme est donc à la fois *observateur* du tableau et *participant* dans ce même tableau. On a là l'illustration d'un centre se trouvant également à la périphérie de lui-même en tant que centre. Dans sa gravure, l'artiste a dessiné un cercle blanc couvrant le point de l'hiatus, là où on change de point de vue pour passer de l'observateur au participant. Le cercle blanc se trouve là parce que l'artiste ne peut représenter ce point de transition, qui est une négation, un « trou noir » en quelque sorte.

Nous pouvons faire l'expérience de cette impossibilité d'une autre manière. Imaginez un instant que vous êtes sur une scène et que vous jouez (participant) dans une pièce. Imaginez ensuite que vous êtes dans l'assistance (observateur), en train de regarder la même pièce. Maintenant, soyez les deux à la fois ! C'est impossible bien sûr, mais si on essaie, une oscillation se produit, suivie d'un moment de transition, d'un intervalle où l'on n'est nulle part – ni dans l'assistance ni sur scène, ni le connaître ni l'être.

Le point nul est la négation surgissant d'une oscillation fondamentale, et peut-être cette oscillation donne-t-elle naissance à toutes les vibrations d'énergie. Curieusement, l'idée d'un univers en oscillation se retrouve dans les traditions bouddhique et soufie et elle a récemment refait surface dans les écrits d'un scientifique contemporain, David Peat (voir appendice 2).

Le point nul est un irritant cosmique qui déclenche le processus de l'évolution. Faisons encore une fois appel à une intuition de Teilhard de Chardin, pour qui l'évolution est une montée vers le point oméga : « L'homme, non pas centre de l'Univers, comme nous l'avions cru naïvement – mais ce qui est bien plus beau, l'homme flèche montante de la grande synthèse biologique [9] ». Cette flèche montante est ce que nous entendons par la tendance à la réabsorption du point nul. Ailleurs, il dit encore : « L'évolution du cosmos doit être perçue comme un mouvement orienté vers un point cosmique central ». Ce point cosmique pourrait bien être le point nul. Et, parlant de l'univers : « La noosphère (et plus généralement l'univers) représente un Tout non seulement fermé mais aussi *centré* ». C'est à ce *Tout non seulement fermé mais aussi centré* que nous faisions allusion à propos de la monade.

Il y a cependant une différence fondamentale entre ce que dit Teilhard et ce que nous disons. Dans notre perspective, l'impulsion qui sous-tend l'évolution n'est pas d'*arriver* au centre, mais de *réabsorber* le point nul qui est le centre, de façon à ne plus être à la périphérie. Cette tentative de réabsorption du point nul vient de l'élan vers l'unité, tentative vouée à l'échec et qui fait de l'univers une machine en perpétuel mouvement. La tentative, dans sa persistance, fait apparaître différentes manifestations du centre, d'abord la monade originelle, ensuite l'atome, puis la cellule, le grain de conscience et enfin, selon Teilhard, le point oméga. Mais pourquoi le mouvement devrait-il s'arrêter là ?

Avant de quitter ce chapitre, nous devons introduire une nuance dans notre définition de l'ambiguïté fondamentale. Nous disions qu'il y a une ambiguïté *dont une face affirme qu'il n'y a pas d'ambiguïté* tandis que l'autre face affirme le contraire. Nous devons maintenant ajouter ceci : la face qui affirme la non-ambiguïté n'est pas elle-même dépourvue d'ambiguïté, étant à la fois l'Un inclusif et exclusif [10]. Par conséquent, la nouvelle définition doit se lire ainsi : *il y a une ambiguïté dont une face affirme la non-ambiguïté, mais cette face elle-même n'est pas non ambiguë.*

1. Alfred North WITEHEAD, *The Function of Reason*, Princeton University Press, 1929.

2. Henri CORBIN, *L'Imagination créative dans le soufisme d'Ibn 'Arabi*, Aubier, Paris, 1993, p. 93.

3. *Ibid.*, p. 119. Un initié : Celui qui par Dieu voit en Dieu avec l'œil de Dieu.

4. Voir comme exemple Rodney COLLINS, *The Theory of Celestial Influence*, Vincent Stuart, Londres, 1954.

5. a : b ; c : d (*a* est à *b* ce que *c* est à *d*).

6. LEIBNITZ, philosophe, homme de sciences et mathématicien allemand, a beaucoup clarifié la notion de monade (in F. Mary MORRIS LEIBNITZ, *Philosophical Writings*, p. 3-20) : « Les changements naturels des monades viennent d'un *principe interne* », dit-il (dans le cas de l'huître, c'est le grain de sable). Plus loin : « En plus du principe du changement, il doit y avoir une différenciation à l'intérieur de ce qui change. » La différenciation à l'intérieur de ce qui change est l'évolution. Réfléchissant sur cette différenciation, Leibnitz ajoute qu'elle « nécessite une pluralité au sein de l'unité ou du simple. Cette pluralité dans l'unité s'appelle la perception ». Dans nos propres termes, le fait que l'évolution nécessite une « pluralité au sein de l'unité » signifie : l'ambi-

guïté du connaître/être au sein de l'unité. Une analyse attentive de ce que dit Leibnitz montre en effet que l'anatomie de la monade est précisément Unité/connaître/être. Voyons cela. Leibnitz introduit la notion de monade en affirmant qu'elle n'est « rien d'autre qu'une substance *simple* qui entre dans des composés ; simple, c'est-à-dire, sans parties ». Cette simplicité sans parties, c'est l'Unité. De cette unité émerge la « particule de sable ». C'est, comme nous le verrons dans un instant, ce qui rend l'évolution de la matière, de la vie et de la conscience possible et même nécessaire. Leibnitz dit que la monade est une *substance* simple. Nous avons préféré utiliser le mot « être » au lieu de « substance », même si l'étymologie du mot substance (ce qui se tient en dessous) le rend aussi éligible que le mot être pour traduire ce que nous voulons dire. Et enfin, Leibnitz dit que l'évolution vient de la « pluralité dans l'unité » qui est, selon lui, la perception ; nous dirions « connaître/être ».

7. Les éthologues ont remarqué, parfois avec étonnement, que ces confrontations aboutissent très rarement à la mort de l'un des combattants. Mais cela ne saurait surprendre, car la mort n'est pas l'enjeu du combat ; l'enjeu est la rétractation de l'autre. Il ne s'agit pas non plus d'affirmer l'Unité, ce qui équivaudrait à la nier : l'Unité doit être considérée au départ comme allant de soi. Que l'Unité soit assurée au départ est la raison pour laquelle les guerres sont essentiellement « défensives » ; on se défend contre un agresseur. L'attitude de « protestation légitime » n'est qu'un moyen détourné de provoquer l'autre à devenir l'agresseur, « à commencer quelque chose » pour le forcer ensuite à se rétracter. Dès lors, vaincre ne signifierait pas conquérir la supériorité, mais lui permettre de resplendir d'elle-même.

8. N'oublions pas qu'étymologiquement *exister* signifie « se tenir hors de ».

9. Teilhard de Chardin, *op. cit.*, p. 249.

10. La psychologue Marie-Louise von Franz, *Number and Time*, trad. par Anasca Dykes, Northwestern University Press, Evanston, 1974, p. 62-63, dit que le paradoxe, ou l'ambiguïté (un/deux), est présent dans la cosmogonie pythagoricienne, dans l'idée que « la monade parfois représente le principe originel du monde, parfois se manifeste comme l'unique semence génératrice (ne révélant ainsi qu'un seul de ses deux côtés antithétiques) ». Le principe originel est ce que nous avons appelé le champ ; l'unique semence génératrice est le point nul.

X

SUR LA PRÉSENCE (*AWARENESS*)

> On peut être présent à certaines choses d'une façon fort différente de celle qui consiste à focaliser notre attention sur elles *.
>
> Polyani et Prosch

Nous ne pouvons pas connaître l'être, avons-nous dit dans le chapitre précédent. En termes plus concrets, cela revient à dire que nous ne voyons pas la page qui est devant nous. Ces propos peuvent sembler absurdes ; de toute évidence, ils s'opposent au sens commun. Donnons-nous donc un peu de temps pour comprendre cette apparente absurdité. Et pour faciliter notre exposé, nous devrons ici encore généraliser : ainsi, au lieu de dire « je ne vois pas le livre », nous dirons « je ne suis pas *présent au* livre » ou, mieux encore, « *je ne suis pas présent à l'être* ». La *présence-à* inclut tous les sens : voir, entendre, toucher, etc., et aussi penser. Ce que nous appelons « être » est l'objet de ces sens, c'est-à-dire les couleurs, les sons, les odeurs, etc., ainsi que les pensées.

Si, comme le veut le sens commun, je vois la page et si, par ailleurs, connaître et être sont fort distincts l'un de l'autre, comment l'interaction serait-elle possible entre « voir » et la « page », entre *connaître* et *être* ? Notre expérience de tous les

* Michael POLYANI et Harry PROSCH, *Meaning*, University of Chicago Press, 1975, p. 38.

jours semble indiquer qu'il y a interaction. D'un côté, l'être affecte et modifie le *connaître.* La page par exemple – ou les ondes lumineuses réfléchies par la page – affecte la rétine de l'œil, et je vois. D'un autre côté, *connaître* affecte et modifie l'*être.* Je peux le constater au moment même où j'écris ces mots. Des idées circulent dans mon esprit pour être ensuite transformées, d'une certaine façon, en mouvements de muscles, de chair et d'os, tous de la matière, tous de l'être. Le résultat de ces mouvements sont les mots inscrits sur la page devant moi. Par conséquent, notre énoncé voulant que « le connaître ne rencontre pas l'être » ou, en d'autres termes, que nous ne voyons pas la page, apparaît faux. Comment, dans ce cas, allons-nous le justifier ?

Nous ne sommes pas ici devant un nouveau problème. Il s'agit d'une reformulation, en termes différents, du problème de l'interaction entre l'esprit et la matière. Traditionnellement, deux solutions ont été proposées : la première veut que l'interaction ne soit pas possible, la seconde, que l'esprit et la matière suivent des voies parallèles. La première solution a deux versants. Le versant matérialiste, pour qui l'esprit et la matière n'interagissent pas, l'esprit n'étant que le produit de la matière organisée en structures complexes. Dans cette optique, voir, entendre ou sentir peuvent se réduire à des activités et des structures neurologiques [1]. L'autre versant, le point de vue idéaliste, défendu par des philosophes tant occidentaux qu'orientaux, déclare que tout est un produit de l'esprit. Tout est une illusion ou un rêve : par conséquent, l'être n'a pas d'existence indépendante et ne peut donc affecter le connaître.

Dans la seconde solution, celle où connaître et être suivent des trajectoires parallèles, l'esprit et la matière sont vus comme les deux rails d'une voie ferrée – ils ne se rencontrent jamais et ne s'influencent aucunement l'un l'autre. Cette proposition s'accorderait avec le point de vue idéaliste pour qui les humains créent leur propre monde. Ainsi l'univers d'un Aborigène et celui d'un Occidental moderne sont-ils deux univers très différents, indépendants. La même proposition s'accorderait aussi avec le point de vue matérialiste pour qui l'activité atomique, moléculaire, cellulaire et le système nerveux reproduisent sur le plan physique tout ce qui est connu, mais sans le secours de la conscience ou de la présence (*awareness*). Comme on peut le constater, les points de vue matérialiste et idéaliste s'annulent mutuellement ; et, logiquement, l'adoption de l'un est tout aussi légitime que celle de l'autre. Mais s'ils sont vrais tous les deux, comme le croient les tenants du parallélisme, pourquoi le sens commun insiste-t-il tout de même pour voir une connexion entre les deux ?

Avant de quitter cette discussion, nous devons souligner que quelques scientifiques ont tenté de trouver une connexion. L'éminent neurologue Wilder Penfield estimait qu'une partie du cerveau était responsable d'une interaction. Nous le citons ici parce qu'il nous aide à comprendre la nature du problème et la difficulté d'y trouver une solution. Selon lui, deux hypothèses sont possibles : « a) L'être humain se compose d'un seul élément fondamental. b) Il se compose de deux. » Plus loin, en revanche, il déclare que rien ne nous permet d'affirmer que le cerveau puisse se charger seul du travail que l'esprit accomplit. « J'en conclus qu'il est plus facile de rationaliser l'être humain à partir de deux éléments plutôt qu'à partir d'un seul [2]. » Malheureusement, il tente ensuite de ménager la chèvre et le chou. « Durant toute ma vie de chercheur, dit-il, j'ai fonctionné à partir de l'hypothèse d'un seul élément [...] voulant que les activités des centres supérieurs et les états mentaux soient une seule et même chose, ou différents aspects de la même chose [3] ». Charles Hendel, professeur de philosophie morale de l'université de Yale, dit toutefois dans sa préface au livre de Penfield qu'il y voit « une justification convaincante de votre hypothèse et de votre croyance que l'esprit, bien qu'intimement relié au corps et dépendant de lui, possède une existence distincte de ce dernier [4] ». Mais la question de savoir quand l'esprit devient le corps ou quand le corps devient l'esprit demeure toujours. La question posée de cette façon nous place dans l'obligation d'admettre soit que l'esprit est toujours le corps soit que l'interaction entre les deux est impossible.

Un nouvel aperçu

Nous allons à présent tenter de justifier cet énoncé plutôt surprenant selon lequel *nous ne pouvons pas être présents au monde.* Pour cela, nous devrons faire une analyse de la présence elle-même et montrer qu'outre la présence pure et la présence-à, il en existe une troisième, que nous appellerons présence-en-tant-que. Comme vous le constaterez, nous allons devoir quelque peu malmener la langue afin de rendre compte de ce nouvel aperçu. Il est important de souligner que celui-ci n'est pas le résultat d'un raisonnement philosophique, mais qu'il nous est apparu à la suite de nombreuses années de méditation. La maladresse avec laquelle nous l'exprimons nous semble, en définitive, un prix peu excessif à payer en échange de la compréhension qu'il apporte.

Toucher et ressentir

Faisons tout d'abord une distinction entre toucher et ressentir. Le toucher est plutôt inoffensif, qui n'a rien de dramatique en lui-même. Mais déjà, dans un contact aussi infime, une graine est semée. On peut le comprendre en le comparant à *ressentir* quelque chose. Toucher et ressentir sont qualitativement différents et cette différence, même si elle apparaît anodine, est néanmoins fondamentale.

Un menuisier prend un morceau de bois, le tient, puis palpe sa surface : il a la sensation du bois. D'un côté il y a le menuisier, ou mieux, la main qui palpe le bois, de l'autre il y a le bois. La main est active, le bois passif, inerte. La sensation appartient-elle à la main, ou au bois ? Pour rendre la question encore plus significative, nous suggérons au lecteur de se livrer à un exercice tout simple. Passez votre main sur la surface de la page que vous lisez. Posez-vous maintenant la question suivante : où finit la main, où commence la page ? (L'exercice sera plus facile si vous fermez les yeux.) Ce que vous constaterez en faisant cet exercice, c'est que bien que la page et la sensation dans la main soient très différentes et qu'on ne puisse les confondre, la sensation est *une*. Afin de mieux apprécier ce que cela signifie, demandez-vous : dans la sensation, quel est l'apport de la page et quel est celui de la main ? Le zen pose une question semblable : « Est-ce l'oreille qui se dirige vers le son ou le son qui parvient à l'oreille [5] ? » Où finit l'audition, où commence le son ? Où finit le son, où commence l'audition ? La sensation est une, elle est aussi deux. L'audition est une, elle est aussi deux. La main et la page, l'oreille et le son, chacun d'eux est irréductible à l'autre [6].

Présence-en-tant-que et présence-à

En touchant la page, qu'est-ce que vous sentez ? (Nous vous suggérons de faire l'exercice, afin de voir par vous-même qu'il s'agit d'une réalité et non pas d'une querelle de mots.) Sentez-vous la fraîcheur de la page, sa douceur, sa résistance ? Laissez-moi maintenant vous poser une autre question. Au lieu de vous demander : « Qu'est-ce que vous sentez ? », je vous demande : « À quoi êtes-vous présent ? » Vous répondrez sans doute que vous êtes présent à la fraîcheur de la page, à sa douceur ou à sa résistance, croyant tout ce temps que les deux questions sont exactement les mêmes. Toutefois, en portant une attention plus fine, on s'aperçoit qu'il existe une différence fondamentale entre *sentir* la fraîcheur de la page et *être présent à* la sensation de fraîcheur de la page.

Toucher et sentir sont souvent considérés comme des synonymes, mais dans le contexte que nous proposons, ils sont très différents. D'un côté il y a seulement le toucher sans aucune présence-à. De l'autre, il y a sentir : le toucher avec présence-à ce toucher. La présence-à transforme le toucher en sentir. Ici donc, pour éclaircir la discussion, nous utiliserons le mot *ressentir* pour signifier « toucher avec présence au toucher » et le mot *toucher* pour signifier « sans présence au toucher ». On peut établir des distinctions semblables entre *entendre* et *écouter*, entre *regarder* et *voir* : écouter est la « présence au » fait d'entendre, voir est la « présence au » fait de regarder. On peut par exemple entendre un bruit, puis écouter pour savoir s'il se répétera. De même, au cinéma, on entend la musique d'un film, mais très souvent on ne l'écoute pas. Il est également tout à fait sensé de dire : je le regardais mais je ne le voyais pas. Encore une fois, c'est la *présence-à* qui transforme regarder en voir et entendre en écouter.

C'est ici que nous pouvons introduire la notion de *présence-en-tant-que*, car bien que le toucher puisse se produire sans présence-à cet acte, on ne peut pas dire que le toucher est absence de présence. Le toucher est présence, mais non présence-à la page, par exemple ; il serait préférable de dire que c'est une présence-en-tant-que page (*awareness as*), ou encore présence-en-tant-que fraîcheur, ou en tant que douceur, etc. Cela nous amène au cœur du sujet car, comme nous l'avons vu plus haut, nous ne pouvons, dans le toucher, séparer ce qui vient de la main et ce qui vient de la page. Le toucher est un tout indivisible, même si d'un côté nous avons la présence (connaître) et de l'autre la page (être), et que chacun est distinct de l'autre.

Le toucher combine les deux, serait-on tenté de dire. Quand je touche la page, c'est comme si la présence et la page se rejoignaient. L'expérience immédiate réfute pourtant cette vision superficielle, car il n'existe aucune frontière délimitant où finit la présence et où commence la page, où finit la page et où commence la présence. Présence/page sont un, plus précisément : présence/fraîcheur sont un, présence/douceur, ainsi de suite. Le fait de les mettre ensemble se produit après le toucher, non avant. Il y a présence/douceur et ensuite : « Qu'est-ce qui est doux ? – Ah oui, c'est la page. » « Qu'est-ce que la présence ? – Eh bien, je suis présent à la page ». En vérité, le fait même de dire que le toucher est présence/douceur, présence/fraîcheur est déjà trop. *Toucher est en amont de toute verbalisation et ne dépend en aucune façon de la conscience, du langage et de la pensée.*

Le philosophe anglais F. H. Bradley l'exprime ainsi : « En bref, nous avons une expérience dans laquelle il n'existe aucune distinction entre ma présence et ce à quoi je suis présent. La connaissance commence avec une sensation immédiate, où *connaître et être sont un* [les italiques sont de moi] ; et bien que cela soit d'une certaine manière transcendé, cela demeure néanmoins toujours comme le fondement actuel de mon univers connu [7]. »

Ainsi que nous venons de l'indiquer, nous pouvons dire : « Je le regardais mais ne le voyais pas », ce qui revient à dire que tout en le regardant, je n'étais pas présent au fait de le regarder. Si nous devions utiliser un langage plus précis, au lieu de dire : « Je suis présent au monde », nous devrions dire : « Je suis *présent à la présence-en-tant-que* monde ». Si vous regardez la pièce où vous vous trouvez, ce à quoi vous êtes présent n'est pas la pièce elle-même mais la présence-en-tant-que cette pièce. La présence à la présence, ou présence réflexive, est la conscience naissante.

Je me rends bien compte que l'expression « présence-à la présence-en tant-qu'être » peut sembler étrange et qu'elle peut donner l'impression d'être inutilement lourde et complexe. Je crois cependant qu'elle est moins complexe et moins lourde tout en étant beaucoup plus précise que la terminologie de la psychologie avec des mots comme préconscient, subconscient, conscient, ou encore l'inconscient, le subliminal, l'ego, le super-ego et ainsi de suite. En fait, la présence à la présence est une expression courante qui vise à montrer que *deux types* de présence sont en jeu.

Ce n'est pas non plus une nouvelle notion. Les auteurs Michael Polanyi et Harry Prosch parlent aussi de deux types différents de présence et, bien qu'il y ait quelques divergences entre ce qu'ils disent et ce que je dis, les similitudes l'emportent de beaucoup sur les différences. Voici ce qu'il disent [les ajouts entre crochets sont de moi] : « Quand on maîtrise une technique, il est frappant de constater que deux types différents de « présence » aux objets que nous manipulons avec dextérité entrent en jeu. Quand j'utilise par exemple un marteau pour enfoncer un clou, je suis attentif aux deux, mais de façon différente. Je surveille [présence-à] les effets de mes coups sur le clou pendant que je manie le marteau. Je ne sens pas que son manche a frappé la paume de ma main, je sens que sa tête a frappé le clou. D'un autre côté, je demeure évidemment très vigilant aux sensations dans ma paume et dans mes doigts qui tiennent le marteau [présence-en-tant-que]. Elles me servent de guide pour le tenir efficacement, et le degré d'attention que je porte au clou est également porté à mes doigts – mais différemment. On peut exprimer cette différence en disant que ces sensations ne sont pas surveillées en elles-mêmes, mais que je surveille quelque chose d'autre tout en étant présent à elles... Je dirais que j'ai une « présence » subsidiaire aux sensations de ma main qui fusionne avec ma « présence » focalisée sur le clou. Les deux types de présence entrelacées que nous décelons dans l'emploi d'un marteau existent aussi de la même façon, dans notre présence à n'importe quel groupe de coordonnées perçues comme un tout [8]. »

Un exemple de présence-en-tant-que

La distinction entre présence-en-tant-que et présence-à est à ce point fondamentale dans ce que nous allons dire qu'il faut se demander s'il n'existe pas d'exemples suffisamment frappants pour illustrer la présence-en-tant-que, éclairant ainsi nos propos et montrant la validité de cette distinction qui ne repose pas uniquement sur des définitions verbales.

De fait, on peut trouver dans la littérature de nombreux témoignages d'expérience de présence-en-tant-que l'Autre. D'ailleurs, cette expérience est à ce point répandue que le sanscrit a un mot pour la dénoter : le mot *samâdhi.* Un samâdhi [9] peut apparaître spontanément ou résulter d'une pratique spirituelle. Voici l'extrait d'un témoignage de samâdhi spontané. L'auteur raconte qu'elle se tenait debout au bord d'une falaise peu élevée surplombant la mer, regardant les oiseaux qui volaient dans les airs, quand brusquement son esprit passa à une autre vision des choses : « Je voyais toujours les oiseaux et tout le reste autour de moi, mais au lieu de me tenir là à les regarder, j'étais eux et ils étaient moi. J'étais aussi la mer, et le bruit de la mer, et l'herbe et le ciel. Toutes les choses et moi étions la même chose, nous étions un [10]. » L'expression « au lieu de les regarder, j'étais eux » pourrait, en utilisant la terminologie employée ici, se traduire par « au lieu d'être présente-à la présence-en-tant qu'eux, j'étais seulement présente-en-tant-qu'eux ». Il y avait une diminution de la « présence-à la présence-en-tant-que », qui ne laisse que la « présence-en-tant-que ».

Bassui, un maître zen, dit ceci : « L'univers et vous-même êtes d'une même racine, vous et chacune des choses êtes une unité. Le murmure du ruisseau, le bruissement du vent sont votre voix ; la verdure du sapin, la blancheur de la neige sont votre couleur [11] ».

À propos de l'expérience de cette femme, on pourrait arguer qu'il devait bien rester en elle un résidu de présence-à, puisqu'elle a été capable de se souvenir de son expérience et d'en témoigner. C'est une objection valable. Elle nous permet de mieux faire ressortir le fait que si on peut distinguer clairement entre la présence-à (présence focalisée) et la présence-en-tant-que (présence non focalisée), toutes deux sont néanmoins pure présence ou ce que nous avons nommé connaître. Cette diminution de présence-à est possible car, comme nous l'avons signalé, la présence-à se développe à partir de la présence-en-tant-que : sa diminution n'est donc qu'un retour à une condition antérieure.

La présence-en-tant-que est une présence fondamentale, indifférenciée. Elle sous-tend voir, entendre, toucher, etc., de la même façon que l'argile d'un vase sous-tend sa forme. Mais il ne faut pas la voir comme étant simplement une caractéristique des sens. La présence-en-tant-que peut se manifester comme un sens, celui de l'ouïe, de la vision, etc., mais elle sous-tend également les souvenirs, les rêves, l'imagination, les hallucinations et même les illusions. Bien plus, elle sous-tend la présence elle-même, par exemple lorsque quelqu'un est simplement présent-en-tant-que présence (*aware as awareness*), ce qui est l'état du profond samâdhi [12].

Interaction entre connaître et être

Revenons maintenant à la question posée au début de ce chapitre et à laquelle nous n'avons pas encore répondu : quelle est, s'il y en a une, la connexion entre connaître et être ? Comment l'esprit et la matière interagissent-ils ? Jusqu'à maintenant, il a été impossible de comprendre l'interaction entre esprit et matière, ou entre connaître et être, à cause d'un refus de prendre l'ambiguïté en considération. Dès lors que nous acceptons la possibilité que la logique de l'ambiguïté soit plus fondamentale que la logique traditionnelle et que nous reconnaissons, avec Bohm, que la loi de l'identité est secondaire en logique, comme un cas particulier d'ambiguïté, la question tombe en fait d'elle-même, car nous n'avons plus un problème corps/esprit, mais une ambiguïté corps/esprit.

Résonance

Nous nous intéressons donc à l'interaction entre le corps et l'esprit ou, de façon plus générale, entre l'être et le connaître. Pendant un moment, permettez-moi de faire un détour du côté de l'évolution des formes vivantes et de regarder les relations entre l'esprit et la matière dans cette évolution. Pour cela, nous ferons appel aux travaux d'un biologiste, Rupert Sheldrake, qui a introduit une notion intéressante, celle de résonance, comme réponse possible à la question de l'interaction entre esprit et matière. Plus loin dans notre exposé, nous pourrons adapter à la question qui nous concerne ce que nous avons appris lors de ce détour.

Les recherches en microbiologie, en particulier celles sur l'ADN et l'ARN, ont conduit les scientifiques à conclure que l'évolution dépendait des gènes (c'est-à-dire de l'être) et les faits témoignent grandement en faveur de cette conclusion. Cependant, affirmer que ces recherches apporteront des réponses à tous les problèmes soulevés par l'évolution reviendrait à affirmer qu'une symphonie n'est que le mouvement de différentes sortes d'instruments produisant des vibrations sonores. Qu'en est-il du compositeur ? Et qu'en est-il de la partition ?

Ne pourrait-on pas dire, en poursuivant notre métaphore musicale, que les gènes sont à l'évolution ce que les notes sont à une composition musicale ? Les notes de musique sont des limites physiques à l'intérieur desquelles œuvre l'intelligence du compositeur. Peut-on dire la même chose des gènes ? Sont-ils également des limites physiques à l'intérieur desquelles une intelligence est à l'œuvre ? N'oublions pas que lorsque nous écoutons une pièce musicale, nous n'entendons que l'interaction des sons. Nous n'entendons pas l'intelligence du compositeur. Elle doit être déduite. De la même façon, quand nous regardons un organisme, nous ne voyons que le résultat de l'interaction des gènes. Nous ne voyons pas le « compositeur ». Il s'agit donc d'explorer cela comme possibilité de trouver une façon de comprendre l'interaction corps/esprit, sans faire violence aux travaux de spécialistes comme Monod, tout en satisfaisant, en même temps, ceux qui croient que la présence (*awareness*) doit être prise en considération.

D'après Sheldrake, des changements évolutifs se produisent sous l'influence de ce qu'il nomme des champs *morphogéniques* ou *morphiques*, champs qui affectent les structures génétiques. « Ces champs, dit-il, semblent être un nouveau type de champs inconnus jusqu'ici par la physique, mais en même temps ils ne sont pas nouveaux du tout [13]. » Ces champs joueraient, dans notre métaphore musicale, le rôle du compositeur de la symphonie de l'existence.

La mémoire est une des caractéristiques de ces champs, dit Sheldrake, et cela se rapproche très étroitement de ce que nous avançons. « Si les champs morphogéniques contiennent une mémoire intrinsèque, leur évolution peut se concevoir d'une façon radicalement différente. Ils ne sont pas transcendants, mais immanents aux organismes. Ils évoluent à l'intérieur du domaine de la nature et ils sont influencés par ce qui s'est produit auparavant [14]. » Autrement dit, la structure des champs dépend de ce qui s'est produit auparavant, et ce qui s'est produit auparavant est contenu dans une mémoire. En outre, pas plus que la musique ne transcende les notes, ces champs ne transcendent les formes.

L'influence de la mémoire agit à travers ce qu'il appelle la résonance morphique qui, dit-il « n'entraîne pas un transfert d'énergie d'un système à un autre, mais plutôt un transfert non énergétique d'information. La résonance morphique ressemble cependant aux types de résonance connus, car elle se produit sur la base de modèles rythmiques d'activité [15] ». L'information à laquelle il se réfère – qui, croit-on maintenant, serait à l'origine des formes – « réside dans les molécules, les cellules, les tissus, l'environnement souvent caché, mais causalement puissant, permettant à ces entités de se reconnaître, de se choisir et de s'instruire mutuellement, de se construire elles-mêmes et les autres, d'ajuster, de contrôler, de produire, de diriger et de déterminer des événements de toutes sortes [16] ».

Sheldrake critique la vision traditionnelle de l'information chez les biologistes parce qu'ils ne spécifient pas si cette information est physique ou mentale. En outre, dit-il, « si l'information doit en effet expliquer le développement des corps, du comportement, des mentalités et des cultures, on ne peut pas la voir comme statique, mais elle doit aussi se développer et évoluer [17] ». Pourtant, Sheldrake lui-même ne répond pas à la question de savoir si les champs morphiques, qui sont des champs d'information, sont physiques ou mentaux, être ou connaître : « Penser l'information comme étant contenue dans des champs morphiques aide à démystifier le concept qui, autrement, semble se référer à quelque chose d'essentiellement abstrait, mental ou mathématique ou, de toute façon, de nature non physique [18] ». Ce qui laisserait croire que l'information n'est pas mentale, mais physique, qu'elle ne relève pas du connaître, mais de l'être, s'il n'ajoutait toutefois que « ces champs contiennent une mémoire intrinsèque soutenue par la résonance morphique [19] ». Il tente donc de ménager la chèvre et le chou – d'une part le connaître comme mémoire, d'autre part l'être, c'est-à-dire le physique (molécules, cellules, tissus).

L'introduction de la notion de champs morphiques représente un grand intérêt pour notre présente étude, car si, comme l'affirme Sheldrake, ils contiennent une « mémoire » intrinsèque, cela suppose alors la présence (*awareness*), bien que Sheldrake lui-même nous laisse sur notre faim et n'aille pas jusque-là. Quoiqu'il en soit, même si la mémoire est intrinsèque et qu'elle suppose la présence, Sheldrake n'a toujours pas résolu la question suivante : comment le connaître et l'être interagissent-ils ? Les champs morphiques relèvent-ils du connaître ou de l'être, ou sont-ils un amalgame des deux ? Si c'est un amalgame, de quelle sorte s'agit-il ? Dans un cas comme dans l'autre, à quel moment le connaître apparaît-il sur la scène de l'évolution et comment influence-t-il l'être ?

Bien que dans cette théorie de Sheldrake on puisse, en scrutant les mots, discerner le *connaître* et l'*être*, ils semblent toujours suivre des voies parallèles. Nous devons en conclure qu'il n'a pas réussi à démontrer comment les champs morphiques interagissent avec l'être. Cela ne signifie en aucune façon que nous devons rejeter sa théorie. Nous sommes certainement prêt à admettre avec lui que : « L'idée que les champs morphogéniques contiennent une mémoire intrinsèque est le point de départ de l'hypothèse de causalité formatrice. Je crois qu'elle pourrait nous mener à une compréhension authentiquement évolutionnaire des organismes, y compris nous-mêmes. C'est pourquoi je la mets en avant [20] ». Voyons maintenant s'il est possible de comprendre ce que Sheldrake entend par « mémoire intrinsèque » en employant notre terminologie, sans altérer la nature de ses propos et tout en résolvant la contradiction qui découle des deux conclusions qui se sont dégagées, à savoir : aucune interaction n'est possible entre connaître et être ; connaître et être interagissent effectivement.

La résonance est un phénomène captivant parce qu'il vient de l'ambiguïté (un est deux, deux sont un) à laquelle nous sommes maintenant accoutumés. Quand vous touchez la note *do* sur un piano, la corde du *do* de l'octave supérieure résonne. Pourquoi ? Pourquoi le *do* vibre-t-il alors que les cordes des notes adjacentes ne le font pas ? Les cordes de la note *do* et du *do* de l'octave supérieure vibrent en sympathie parce qu'elles sont unes, elles sont toutes les deux le *do*, elles sont la même tout en étant différentes. Servons-nous de cette analogie et voyons où cela nous mènera.

> *Do*1 et *do*2 (octave supérieure) sont unes, toutes les deux sont *do*.
> *Do*1 est une note, *do*2 en est une autre, elles sont différentes.
> Cependant, à cause de l'unité qui sous-tend *do*1 et *do*2, la résonance est possible entre les deux.
> Connaître/être sont un : un quantum
> Connaître/être sont deux : aucun n'est subordonné à l'autre et il n'y a pas d'interaction entre les deux.
> Cependant, à cause de l'unité qui sous-tend le connaître et l'être, la résonance est possible.

Erich Jantsch raconte qu'on a découvert que l'utilisation d'une lumière stroboscopique d'une fréquence de 8 à 14 hertz « provoquait l'apparition d'ondes alpha dans le cerveau et sensibilisait un humain à des résonances avec d'autres humains situés à quelque distance. [...] Au Stanford Research Institute de Californie, on a trouvé que dans de telles circonstances (la lumière stroboscopique) ces sortes de résonance se produisaient quand une autre personne située dans une pièce éloignée vivait une expérience forte, lorsque par exemple elle subissait un choc électrique. Cela semble être la première expérience qui réussit à reproduire un phénomène prétendu parapsychologique [21] ».

Revenons encore une fois à notre illustration de la jeune/vieille femme. Comme nous l'avons déjà indiqué, quand nous regardons la jeune femme, aucune interaction n'est possible avec la vieille femme, pour la simple raison que cette dernière est introuvable. Dire qu'elle est présente potentiellement n'est qu'une façon de jouer avec les mots. Mais changeons quelque chose à la jeune femme : donnons-lui un collier par exemple.

La bouche de la veille femme a changé. Bien qu'aucune interaction ne se soit produite entre les deux, un changement chez l'une a provoqué un changement chez l'autre. On voit alors que les différentes théories ont toutes raison, chacune à leur façon. Le parallélisme a raison : il n'y a aucune interaction entre la matière et l'esprit. Le matérialisme a raison : on peut étudier le domaine objectif à partir de l'hypothèse que tout est affaire de molécules étant donné qu'avec le point de vue objectif, le sujet est introuvable. Quand on regarde la vieille femme, où peut-on trouver la jeune ? De ce point de vue donc, tout discours concernant les décisions, les valeurs, les jugements, etc., n'est que le signe d'une pensée boiteuse. La psychothérapie a raison aussi : on peut considérer l'esprit comme un champ d'investigation autonome ; ce qui importe ici est ce que vous pensez, ressentez, imaginez, craignez. Le point de vue interactionniste est juste aussi : un changement dans l'esprit amène effectivement un changement dans le corps et vice-versa, et ce, bien qu'il n'existe aucune communication entre les deux. De plus, tout changement assimilé par le connaître est réfléchi par l'être et vice-versa.

La raison de cette magie est l'ambiguïté : Un/ (connaître/ être). Le changement chez la jeune femme est un changement du champ unique, l'Un. Parce que ce *champ unique* est changé, la vieille femme, comme manifestation de ce champ, est également changée. Les changements peuvent en outre se produire par le biais de la jeune ou de la vieille femme ou par l'unité elle-même.

La mémoire et se remémorer

Voyons maintenant comment relier cela avec ce que nous avons dit plus haut des champs morphiques. Rappelons-nous que ces champs, selon Sheldrake, évoluent à l'intérieur de la nature, sont influencés par ce qui s'est produit auparavant et sont immanents aux organismes.

Nous irions plus loin en disant que les champs morphiques *sont* l'organisme. Les champs morphiques, dit Sheldrake, sont influencés par ce qui s'est produit auparavant, c'est-à-dire, qu'ils sont influencés par la mémoire. Le philosophe français Henri Bergson affirme qu'il n'y a pas de choses qui changent : le changement est la chose. Lorsqu'il dit que la réalité s'écoule, cela ne signifie pas que tout bouge, change et devient ; cela signifie que le mouvement, le changement, le devenir sont tout ce qui est, qu'il n'existe rien d'autre. Il n'existe pas de choses qui bougent et qui deviennent ; tout est mouvement, changement, devenir [22]. Tout est changement. Cela s'accorde parfaitement avec l'axiome fondamental du bouddhisme pour qui tout est impermanent. De plus, le changement est le temps. Le temps n'est pas le cadre dans lequel se déroule l'expérience, mais l'expérience elle-même. Dōgen, un maître zen du XIIe siècle, a clairement explicité ce point dans son texte sur *Uji* ou l'être-temps [23]. L'être est le temps. Mais le temps n'est pas un intervalle entre deux points. Le temps est un flux continuel. Le paradoxe de Zénon surgit du besoin d'un contexte stable, la principale fonction de la conscience étant de fournir ce contexte. Dans une version du paradoxe de Zénon, une flèche ne peut jamais atteindre sa cible parce qu'elle doit, pour ce faire, franchir la moitié de la distance. Pour franchir cette moitié, elle doit franchir la moitié de la distance, et ainsi de suite à l'infini. Conclusion : la flèche ne peut pas bouger. Cela procède d'une vision du temps comme intervalle entre deux points, intervalle qui peut être rempli par une action quelconque. Pourtant la flèche est tirée, elle franchit l'espace et elle atteint son but. Tout cela est du temps. Ce n'est que dans l'abstrait que l'on peut extraire le temps de l'action. Tout ce qui précède est élaboré à partir de l'idée fondamentale que nous avons proposée, c'est-à-dire que l'évolution et la mémoire résultent de l'unité dynamique Un/(connaître/être).

Normalement nous croyons que nous voyons ou entendons quelque chose et qu'ensuite nous nous le remémorons. La vision et la mémoire seraient dans ce cas deux « facultés » différentes. Toutefois, parce que le fondement de tout est l'unité dynamique, la mémoire et la présence ne sont pas deux facultés différentes, mais deux façons différentes de voir le même processus. Pour bien le comprendre, nous devons clairement distinguer entre la « mémoire » et « se remémorer ». Dans nos propres termes, la « mémoire » serait un mode de la présence-en-tant-que, tandis que « se remémorer », qui requiert une focalisation de la présence, serait le résultat de la présence-à. Se remémorer quelque chose implique le fait de le voir ou de l'entendre à nouveau. Dans le panorama de la mémoire, on focalise l'attention sur certains aspects particuliers, sur des « souvenirs ». Ce qui signifie qu'oublier serait aussi un résultat de la présence-à, car oublier sous-entend une incapacité de focaliser correctement ou, autrement dit, une incapacité de se remémorer. Avec la mémoire, en revanche, il est impossible d'oublier : tout ce à quoi nous sommes présents-en-tant-que est déjà de la mémoire. L'hypnose et diverses études sur le cerveau, notamment celles de Wilder Penfield, semblent confirmer ce fait, du moins pour autant que les humains sont concernés.

À cause de ce désir insatiable de restaurer l'unité perdue, toute existence, y compris la vie, est essentiellement dynamique. Cette unité dynamique se manifeste physiquement comme énergie et comme structures dérivées de cette énergie, telles que particules, atomes, molécules, etc. Notre vie intérieure est aussi une manifestation de l'unité dynamique. La présence n'est donc pas statique, mais *mouvante*, et la présence-en-tant-que, continuellement mouvante, *suppose la mémoire*. La mémoire n'est pas simplement une série d'images statiques, mais un film continuel et sans fin.

Ce que nous venons de dire implique que la mémoire est cumulative. Ce qui signifie que nous ne pouvons pas, par exemple, entendre la « même » note jouée pendant un certain temps, car chaque moment consécutif est influencé par tous les moments précédents, chaque moment est cumulatif. Supposons que nous écoutions une seule note jouée sur un violon pendant quelques instants. Cette note sera entendue différemment à chaque moment d'audition, car à chaque moment notre façon de l'entendre sera influencée par les moments précédents. Le futur aussi est influencé, car le fait même d'entendre différemment change nos attentes quant à l'avenir. Un compositeur jongle avec les attentes de son public et la violation de ces attentes joue un rôle important dans la composition musicale.

Ce que nous disons ici n'est pas une simple répétition du mot d'Héraclite qui disait qu'on ne peut pas se plonger deux fois dans la même rivière. « Le temps coule sans fin, emportant tous ses fils au loin. Ils fuient, oubliés comme s'évanouit un rêve, à la venue du jour », a écrit Rudyard Kipling. C'est une façon de parler. Or ce n'est peut-être pas que les souvenirs s'évanouissent au loin, mais que d'autres souvenirs s'y ajoutent et les supplantent au fur et à mesure. Dans l'exemple de la note soutenue pendant un certain temps, notre interprétation de celle-ci, c'est-à-dire notre façon de l'entendre, change d'un instant à l'autre. L'interprétation englobe ce qui s'est passé, ce qui se passe et ce qui se passera probablement dans l'avenir. Elle est en outre régie par le besoin de simplicité ; nous cherchons les explications les plus simples à ce qui se produit. La mémoire n'est donc pas un enregistrement pur et simple de ce qui s'est passé. Elle comporte aussi une anticipation du futur. De même, l'évolution n'est pas uniquement une réponse, dans le présent, à ce qui s'est produit dans le passé. Elle répond aussi à une finalité. L'évolution implique la mémoire, comme le souligne Sheldrake, mais elle est aussi conditionnée par le besoin d'absorber le point nul.

C'est sans doute ce à quoi T. S. Eliot songeait en écrivant que l'esprit change et que « ce changement est un développement qui n'abandonne rien en route [...]. Ce développement, un raffinement peut-être, une complication certainement, n'est pas, du point de vue de l'artiste, une amélioration [...]. Mais la différence entre le présent et le passé est que le présent conscient est une conscience du passé, d'une façon et dans une mesure que la conscience que le passé a de lui-même ne peut manifester. » Il ajoutait : « Quelqu'un disait : "Les écrivains défunts sont loin de nous parce que nous en savons tellement plus qu'eux." Précisément, et ils sont ce que nous savons [24] ».

Le changement se produisant dans la qualité d'une note soutenue pendant un certain temps est une chose que les comédiens savent exploiter. Imaginez quelqu'un sur scène jouant une seule note qu'il prolonge longtemps. Au bout d'un certain temps, il se peut que l'on commence tout à coup à trouver le son drôle, même si on l'écoutait jusque-là avec le plus grand sérieux. De fait, plus on l'écoutait sérieusement, plus le revirement peut sembler drôle. Le comique ne se manifestera pas si le son s'arrête ou change avant un seuil critique ; il ne se manifestera que si le seuil est dépassé. Si le son se prolonge encore plus longtemps, on pourrait bien commencer à ressentir de la nervosité, de l'irritation même. L'humour et la colère se produisent après un certain laps de temps parce que le son change et ne change pas à la fois. Il change à cause de l'effet cumulatif de la mémoire ; il ne change pas parce qu'il demeure la « même » note. Il s'ensuit deux interprétations conflictuelles du même phénomène : l'une fondée sur l'évaluation du changement, l'autre sur la reconnaissance du non-changement. La créativité surgit, avons-nous dit, quand une situation ou une idée est perçue « sur deux plans de référence dont chacun a sa logique interne, mais qui sont habituellement incompatibles ». L'humour est une réaction créatrice, la colère est de la créativité manquée.

On peut utiliser une autre analogie pour illustrer nos propos, prise cette fois dans le domaine de la physique. Quand on frappe un gong, le son ne se propage pas en un débit régulier et invariable, mais il ondule, il se propage en ondes : c'est ce qu'on appelle le phénomène ondulatoire. Au point d'impact naissent des ondes qui ont une longueur uniforme. Elles commencent en concordance de phase, mais au bout d'un certain laps de temps se trouvent en opposition de phase, pour redevenir en phase, puis se remettre en opposition, ainsi de suite. Cela crée les sons différentiels typiques du phénomène des « battements ». La longueur d'onde, étant constante, représente l'unité. Les ondes en opposition de phase représentent l'unité divisée contre elle-même. C'est alors une période de tension maximale.

On peut dire, *grosso modo*, que l'unité dynamique crée son propre phénomène de « battements ». Une différence importante entre le son naissant au point d'impact d'un gong et les formes du connaître/être naissant de l'unité dynamique est que le son s'évanouit, perdant ainsi son élan initial, tandis que l'unité dynamique ne peut s'évanouir. L'évolution doit donc être sans fin.

C'est d'ambiguïté dont il est question ici. L'unité dynamique, parce qu'elle demeure inchangée dans son élan pour restaurer l'unité perdue, tout en étant sujette aux effets cumulatifs de la mémoire, deviendra ambiguë. À cause de cette ambiguïté, un bond créateur sera nécessaire pour structurer la mémoire différemment. Restructurer la mémoire au moyen de bonds créateurs est ce que nous appelons apprendre – le résultat sera une courbe d'apprentissage qui n'est pas une courbe régulière mais consiste en une série de paliers. De plus, cette façon de restructurer la mémoire pourrait s'appeler « rassembler le temps », parce que les structures subséquentes sont bâties sur les précédentes ; elles sont donc du temps cristallisé. Ajoutons que dans la mesure où le phénomène de résonance se produit entre la présence et l'être, l'être sera également modifié. La cristallisation de la présence, c'est ce que nous appelons les idées. La cristallisation de l'être est ce que nous appelons la matière dans toute la variété de ses formes : particules, atomes, molécules, cellules, etc. Ce que nous avons dit jusqu'ici s'apparente à la pensée de Sheldrake, avec l'avantage toutefois de ne pas nécessiter l'addition de quelque chose comme le « champ morphique ».

1. Cette croyance obtient un plus grand crédit avec le développement de ce qu'on appelle « l'intelligence artificielle » : on croit qu'à partir d'un niveau suffisant de complexité et de sophistication, il n'y aura plus aucune raison de ne pas considérer les ordinateurs comme étant conscients et intelligents. Wilder PENFIELD, *The Mystery of the Mind*, Princeton University Press, 1978.

2. Wilder PENFIELD, *op. cit.*, p. XXI.

3. *Ibid.*, p. 114.

4. *Ibid.*, p. XVII.

5. On retrouve cette question dans le *Surangamasûtra*.

6. J'ai employé le mot « main » pour représenter le connaître. Bien sûr, un neurologue nous dira que des impulsions électriques qui vont de la main au cerveau créent la « sensation ». Cela rend la question plus complexe, mais ne la résout pas. La manière dont les impulsions électriques (l'être) deviennent le connaître reste toujours à élucider.

7. F. H. BRADLEY, *Essays on Truth and Reality*, Clarendon Press, Oxford, 1914, p. 159-160.

8. POLYANI et PROSCH, *op. cit.*, p. 37.

9. Dans la pensée orientale, le mot *samâdhi* couvre un vaste champ sémantique. Le sens que nous lui donnons ici n'est qu'un parmi les multiples sens possibles.

10. Meg MAXWELL et Verena TSCHUDIN, *Seeing the Invisible*, Arkana, Londres, 1990.

11. Philip KAPLEAU, *The Three Pillars of Zen*, Harper and Row, New York, 1966, p. 183.

12. Un autre mot sanscrit proche de ce que nous avons appelé présence-en-tant-qu'être est *rupa*. Lama Govinda écrit : « Littéralement, *rupa* signifie "forme", sans spécifier si cette forme est matérielle ou immatérielle, concrète ou imaginaire, appréhendée par les sens ou conçue par le mental ». Mais il souligne également la nature ambiguë de *rupa* : « La question concernant l'essence des phénomènes prétendus externes n'est pas résolue d'avance. Il demeure la possibilité que le sensitif, *rupa*, et les pensées mentales correspondantes ne puissent se dissoudre l'un dans l'autre mais proviennent néanmoins de la même source. » [Lama GOVINDA, *Foundations of Tibetan Mysticism*. Rider, Londres, 1960, p. 66-67.] Autrement dit, le sensitif et le mental sont deux, mais peuvent néanmoins être un.

13. Rupert SHELDRAKE, *The Presence of the Past*, Vintage Books, New York, 1989, p. 106.

14. *Ibid.*, p. 107.

15. *Ibid.*, p. 108.

16. *Ibid.*

17. *Ibid.*, p. 113.

18. *Ibid.*

19. *Ibid.*, p. 107.

20. *Ibid.*

21. Erich JANTSCH, *The Self Organizing Universe*, Pergammon Press, New York, 1980, p. 213-214.

22. Wildon CARR, *Henri Bergson, The Philosophy of Change*, The People's Book, Londres, 1911

23. Voir Joan STAMBAUGH, *Impermanence is Buddha Nature : Dogen's Understanding of Temporality*, University of Hawai Press, Honolulu, p. 24-71.

24. T. S. ELIOT, *The Sacred Wood*, Methuen and Coltd, Londres, 1969, p. 52.

XI

LA PRÉSENCE-À

> Je vis dans la compréhension d'écrire, d'éclairer les choses, de marcher et ainsi de suite. Plus précisément, je suis… parler, marcher, comprendre, opérations toutes intelligibles *.
>
> Heidegger

Déjà, nous voyons une évolution émerger. Nous avons commencé en disant qu'un dynamisme, une unité dynamique, était la source et l'origine de tout, et que pour la décrire il nous fallait avoir recours à la logique de l'ambiguïté : Un/(connaître/être). Puis nous avons vu émerger un point nul, donnant direction et finalité à ce dynamisme : essentiellement, réabsorber le point nul afin de restaurer l'unité. Ensuite, connaître/être se différencie en connaître en-tant-qu'être, puis la présence elle-même se différencie en présence-en-tant-que d'un côté et présence-à de l'autre. Nous pouvons illustrer cette évolution de la manière suivante :

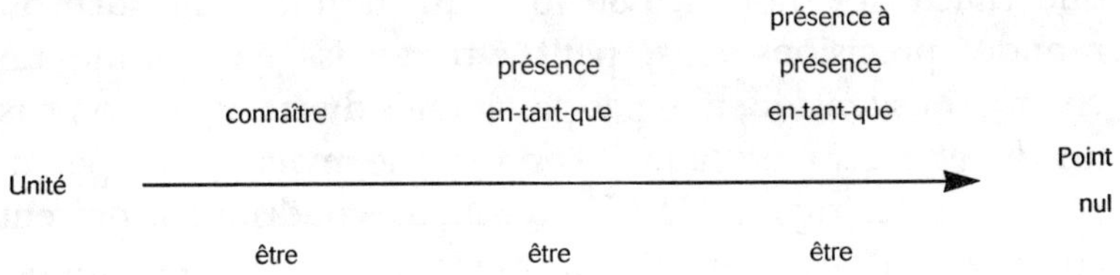

* Cité par Guignon dans *Martin Heidegger and the Problem of Knowledge*, Hackett, Indianapolis, 1983, p. 88.

Les recherches scientifiques ont montré que l'être se différencie également en structures de plus en plus complexes telles que photons, particules, atomes, molécules, etc. On pourrait présumer l'existence d'une certaine correspondance entre l'évolution du connaître et celle de l'être car, comme nous l'avons dit plus tôt, tout changement dans l'un se reflète dans l'autre. Toutefois, nous ne voulons pas rendre les choses plus compliquées en tentant de deviner ce que cette correspondance pourrait être. L'évolution de la conscience étant notre préoccupation première, nous nous en tiendrons là.

Je et moi

Afin d'être aussi précis que possible, nous devons établir une autre distinction, cette fois entre *je* et *moi*. La plupart des gens font cette distinction assez facilement quand on la porte à leur attention. Ils disent que *moi* est plus intime et englobant que *je*, ce dernier étant souvent perçu comme plus objectif et « antagonisant ». La plupart aussi conçoivent aisément que les animaux puissent avoir un « moi », mais pas un « je » dont l'existence, estiment-ils, repose sur le langage. Explorons donc ce « moi », en laissant de côté pour le moment la question de ce que « je » signifie. Nous y reviendrons plus tard.

« Moi » est le point de vue. Au chapitre 4 nous avons employé le mot *Weltanschauung* au sens de *idée du monde*, ajoutant que chacun de nous a une idée du monde. Une idée du monde, précisions-nous, peut être envisagée comme un champ sous tension, non pas passif mais dynamique, non pas une fenêtre à travers laquelle on regarde, mais une loupe qui concentre les rayons de l'Unité. Nous voudrions à présent apporter un changement qui, quoique minime, est important : au lieu de dire que nous *avons* une idée du monde, nous disons que « moi » est l'idée du monde.

Le mot idée vient du grec *ideîn* qui signifie voir. Voir est une action, un processus qui se déroule, et cela est également vrai de « moi ». « Moi » n'est pas quelque chose, une entité telle qu'une personne, une âme ou un fantôme dans la machine, c'est un processus [1]. N'étant pas quelque chose, « moi » n'est pas rien non plus, un postulat inutile comme les béhavioristes et les positivistes se plaisent à l'affirmer. « Moi », le centre subjectif d'un monde, pourrait se comparer à un remous ou un tourbillon dans un courant. Le courant est l'unité dynamique et la force du tourbillon ; son mouvement interne vient du fait que « moi », bien qu'il soit le centre subjectif, est aussi l'objet de « moi », un peu comme un chien courant après sa queue. Le point de vue « moi » est l'unique centre subjectif et dynamique d'un monde. Il est l'Un et, en tant que tel, il est le seul centre, tout le reste lui est périphérique. Mais « moi » peut être aussi l'objet de lui-même, périphérique à lui-même. Moi-centre est alors également moi-périphérie. En tant qu'émissaire de l'Un pourtant, *un seul moi est possible.* Nous voici donc, encore une fois, devant cette impossible situation de l'Un qui est deux ; dans le cas présent, « moi » opposé à lui-même. Un schisme radical gît au cœur même de notre être.

La naissance de « moi »

Dans les prochains chapitres, nous verrons de façon plus détaillée comment le tourbillon est né, comment « moi » est à la fois sujet et objet, puis comment la conscience a évolué à partir de ce schisme. Ce ne sera malheureusement pas facile, car ce que nous avons à décrire est préverbal. Pour cette raison, nous demandons au lecteur d'essayer d'aller au-delà des mots et de revenir à son expérience immédiate en lisant ce qui va suivre.

Au chapitre précédent, nous avons fait la distinction entre la présence-en-tant-que et la présence-à. La présence-à se différencie à partir du pur connaître : c'est la présence focalisée. La focalisation permet la concentration, mot qui signifie « avec un centre ». La présence-à est donc une présence focalisée sur un centre. La présence-en-tant-que, de son côté, est dépourvue de centre. « Moi » n'est pas encore né et la présence-en-tant-que n'est donc pas personnelle, ce n'est pas *ma* présence.

Vous lisez cette page à cause de la présence-en-tant-que page. Dans cette présence est incluse la présence-en-tant-que chacune des lettres, chacun des mots (à la fois comme caractères noirs sur fond blanc et comme sens), et aussi la présence-en-tant-que phrases et leur signification. Tout cela est ce que nous avons coutume d'appeler le subliminal, le préconscient ou même l'inconscient. Le problème avec ce genre d'expressions est qu'elles suggèrent une déficience dans la présence-en-tant-que. La conscience serait l'état réel et la présence-en-tant-que serait pré- ou subconsciente, ou encore irréelle. En fait, comme nous le montrerons plus tard, le contraire serait plutôt vrai. La conscience est beaucoup plus éphémère, beaucoup plus dépendante que la présence-en-tant-que. Cette dernière est l'état connu comme l'*attention* (parfois le non-mental) dans le bouddhisme, le *recueillement* dans la tradition soufie ou le *rappel de soi* dans l'œuvre de Gurdjieff. Gurdjieff souligne l'importance de faire une nette distinction entre le rappel de soi, qui est présence-en-tant-que, et l'observation de soi, qui est un état de présence-à la présence-en-tant-que.

Il est vrai toutefois que nous ne sommes pas normalement présent aux [2] lettres, aux mots, aux phrases et à leur signification. Nous sommes présent à la signification globale de ce qui est écrit, au raisonnement présenté ou, dans le cas d'un roman, à l'intrigue, aux personnages, etc. Parfois, s'il y a une faute dans la typographie du mot, nous pouvons devenir présents à lui comme objet. Ou bien, ne connaissant pas la signification exacte d'un mot, nous devons chercher dans le dictionnaire, devenant ici encore présents à lui. Parfois, la lassitude s'empare de nous ou nous perdons l'essentiel de ce qui est dit ; nous ne lisons plus que des mots et la signification globale nous échappe, nous cessons d'être présent à la signification. Mais, en général, ce n'est pas le cas. Habituellement, nous sommes présent à la présence-en-tant-que tout, en tant que *Gestalt.* Ce sens de la totalité, de la *Gestalt,* vient donc de la présence-à et non de la présence-en-tant-que.

De façon similaire, nous sommes présent à la présence-en-tant-que cette pièce dans laquelle nous nous trouvons actuellement, sans être présent à aucun aspect de celle-ci en particulier. Cependant, si nous décidons d'aller ouvrir la radio, chercher un livre ou nourrir le chat, nous devenons pour un temps présent à la présence-en-tant-que radio, livre ou chat et notre attention est dirigée vers l'un ou l'autre. Après avoir accompli ce que nous avions l'intention de faire, la radio, le livre ou le chat vont regagner la totalité générale de la pièce et notre présence sera celle d'un tout indéfini, une situation totale flottant un peu comme un rêve.

La présence-à a pourtant la possibilité de se focaliser plus étroitement sur la présence-en-tant-que en elle-même et l'on devient, comme on dit, présent à soi (*self-aware*). Cette condition est habituellement très difficile à maintenir car après un court instant, quelques secondes tout au plus, la présence-à est attirée par une image ou un son et l'on redevient présent-à la présence-en-tant-qu'image ou son. De plus, nous ne sommes pas uniquement présent en-tant-que visions, sons ou odeurs, mais aussi en-tant-que pensées, sentiments, sensations, tout ce qui constitue le flot continu du courant de la présence-en-tant-que. À l'intérieur même de ce courant se trouve une présence-à additionnelle, prenant la forme d'un monologue intérieur – monologue parfois appelé *courant de conscience.* Quand cette femme dont nous avons parlé au chapitre précédent dit qu'elle était devenue la mer, les oiseaux, etc., cela signifie que l'agitation de surface produite par la présence-à s'était calmée et qu'elle était simplement dans un état de non-pensée (*mindless*, le non-mental), présente-en-tant-que tout ce qui est.

La possibilité qu'a la présence-à de se focaliser encore plus étroitement nous permet de découvrir une autre étape dans l'évolution de la conscience. Comme nous l'avons déjà mentionné, c'est à partir de la présence-à la présence-en-tant-que que la conscience évolue. La présence-à peut en outre se retourner sur elle-même. Ce qui signifie qu'avec la présence-à soi (*self-awareness*), le soi ou moi qui est présent sera précisément le même soi ou moi à quoi il est présent. Autrement dit, la présence-à sera alors *présence-à la présence-à* et ce, à son tour, sera présence-à la présence-à la présence-à... Une sorte de cercle vicieux sera instauré. À l'avenir, quand nous parlerons de ce cercle vicieux, nous utiliserons l'expression « présence-à... ». Les Anciens l'évoquaient en employant le symbole *uroboros*, le serpent qui avale sa queue. Toutefois la situation est encore plus complexe que le symbole ne le laisse entendre, car la queue qui est avalée est également la tête qui avale.

La « présence-à... » est un pur processus et « moi » est issu de ce processus. L'émergence de « moi » est un bond en avant majeur dans l'évolution de la conscience, car désormais la « présence-à... » n'est plus liée à l'être comme la présence-en-tant-que l'est dans la présence-en-tant-qu'être. Un monde « intérieur » est maintenant concevable, ainsi qu'un monde « extérieur » découlant de la présence à la présence-en-tant-qu'être ; à cause de cela, une séparation apparente se produit entre les deux mondes. « Moi » commence à avoir une vie propre. Ce monde intérieur, cependant, est éminemment dangereux, car « moi » peut avaler « moi ». C'est l'horreur dont nous parlions dans notre introduction. Ce pourrait fort bien être ce que Nietzsche avait dans l'idée quand il disait que si nous regardons dans l'abîme, l'abîme nous regarde à son tour. Ce sentiment d'être avalé, englouti, est un sentiment assez répandu et il sous-tend les attaques de panique. Cette secrète menace fait que nous vivons constamment comme si le sol allait se dérober sous nos pieds ; l'anxiété, l'inquiétude, l'impression de porter un perpétuel fardeau sont nos compagnons quotidiens.

La présence-à, comme intention

En parlant de l'émergence du point nul, nous disions que ce n'était ni le connaître ni l'être, mais une réalité située dans une zone intermédiaire entre les deux. Nous disions aussi que la tension entre l'unité inclusive et exclusive générait une énergie qui n'était ni physique ni mentale, mais relevait de cette zone intermédiaire [3]. Nous irons plus loin maintenant en disant que la spiritualité, la créativité et aussi l'*intention* émergent de cette zone intermédiaire. Le mouvement physique, par exemple le mouvement de ma main pendant que j'écris, nécessite une énergie calorifique et électrique. L'énergie calorifique est transportée par le sang et vient de la nourriture que nous mangeons. Elle est « brûlée » par les muscles quand ils se mettent en action. L'énergie électrique est également indispensable. Elle est produite chimiquement à l'intérieur du corps et elle parcourt le circuit des nerfs et des synapses du cerveau. Sans ces deux énergies, aucun mouvement n'est possible. C'est comme une auto qui nécessite l'énergie calorifique de l'essence et l'énergie électrique du générateur pour se mettre en marche. Sans elles, il est impossible de démarrer l'auto. Mais ce n'est pas parce qu'un corps *peut* se mettre en marche qu'il le *fera* forcément. Qu'est-ce qui convertit la possibilité du mouvement en mouvement ? Les béhavioristes protesteront en disant que rien d'autre n'est nécessaire, que les énergies calorifiques et électriques suffisent pour expliquer le phénomène. En revanche, beaucoup d'autres ne croient pas que cela soit suffisant. Dans l'optique de ce que nous avons dit jusqu'ici, les deux points de vue sont justes. Autrement dit, il n'est pas nécessaire de faire appel à une énergie supplémentaire, que ce soit l'énergie vitale, la libido, l'orgone de W. Reich ou quelque chose d'apparenté. Mais les énergies calorifiques et électriques ne sont pas suffisantes pour rendre compte des mouvements d'un danseur ou d'un chat qui guette un écureuil.

Teilhard de Chardin était de ceux qui croient nécessaire l'apport d'une énergie supplémentaire. Selon lui, deux énergies sont à l'œuvre dans l'univers : l'une qu'il appelait l'énergie *tangentielle*, celle qui est habituellement considérée par la science ; l'autre qu'il appelait l'énergie *radiale*, « qui attire l'univers dans la direction d'un état toujours plus complexe et centré, vers l'avant [4] ». L'énergie radiale serait donc une énergie « centrante », une énergie qui vient de la concentration, du fait d'avoir un foyer, ce qu'on appelle habituellement une intention. C'est précisément la façon dont nous avons décrit l'unité dynamique. L'énergie radiale de Teilhard surgirait directement de la tension inhérente à l'unité en conflit avec elle-même. L'acte de centrer cette énergie viendrait de ce qu'il a appelé le point oméga et de ce que nous appelons le point nul. On pourrait envisager l'énergie radiale comme l'Un/(connaître/être) centré sur le point nul avec l'intention de restaurer l'harmonie perdue. Que la plupart des religions offrent un paradis après une vie de dur labeur est bien le signe que cette idée de restaurer l'harmonie perdue est profondément gravée dans la psyché des êtres humains.

La poussée vers l'avant de l'énergie radiale donne naissance au flux du temps et au futur. On pourrait dire de l'intention qu'elle est un cas spécial d'unité dynamique et toujours orientée vers le futur. Le mot intention pourrait se dire *will*, conjugaison anglaise du verbe être au futur ; mais l'intention est aussi étroitement associée à la notion de but, habituellement considéré comme un phénomène mental, par exemple dans l'expression « avoir un but dans la vie ». Il y a là comme une reconnaissance intuitive du fait que l'intention n'est ni physique ni mentale, mais provient de la zone intermédiaire et s'oriente vers le point nul. Signalons de surcroît que l'intention n'est ni *mon* intention ni quelque chose de surajouté à l'organisme. Bien que l'intention soit concentrée par « moi », elle ne m'appartient pas, pas plus que les rayons lumineux qui, traversant une lentille grossissante, convergent vers un foyer n'appartiennent à la lentille. Nous explorerons plus profondément ce sujet dans notre chapitre sur l'idée.

Chez Bergson également, nous retrouvons une idée similaire à celle de l'énergie radiale et à ce que nous avons appelé l'unité dynamique. Le mot « durée » qu'il emploie indique, par son emploi même, une connexion avec le temps. « L'univers dure, dit-il. Plus nous approfondirons la nature du temps, plus nous comprendrons que durée signifie invention, création de formes, élaboration continue de l'absolument nouveau [...]. Partout où quelque chose vit, il y a, ouvert quelque part, un registre où le temps s'inscrit [...]. Continuité de changement, conservation du passé dans le présent, durée vraie, l'être vivant semble donc bien partager ces attributs avec la conscience [5]. »

Quand, par exemple, nous voyons un chat sauter sur une étagère sans rien déplacer ou guetter un écureuil, ce que nous voyons là, c'est la finalité, l'intention, l'intelligence à l'œuvre. C'est ce qui a amené beaucoup d'individus à croire qu'il devait y avoir une sorte d'agent, ou d'âme, aux commandes. Au chapitre 4 de ce livre, je décrivais en ces termes une danseuse pratiquant son art : « Plus elle pratique son art, plus elle simplifie ses mouvements, éliminant le superflu pour ne conserver que l'essentiel. Puis elle affine et intègre ses mouvements, chacun s'enchaînant dans l'autre en suivant un continuel et subtil déplacement du centre de gravité. » Tout cela laisse penser qu'il y a un agent à l'œuvre. Nous disons d'*elle* qu'*elle* fait ceci, simplifie cela, etc. Ce sont les contraintes du langage qui nous forcent à parler ainsi, à nous exprimer selon le mode sujet-objet. La maladresse de notre explication du « moi », la lourdeur de la formulation moi-centre/moi-périphérie, la difficulté de l'expression Un/(connaître/être) viennent toutes du fait que notre langage ne nous permet pas de parler de totalités dynamiques, mais seulement de parties en relation avec d'autres parties. Quand j'utilisais le mot « moi », le langage me réclamait à sa place l'emploi du mot « je ». En fait, ces contraintes me forcent parfois à employer le mot « je ». Mais en cédant ainsi aux exigences du langage, il se peut que j'obscurcisse précisément ce que je voulais rendre plus clair.

Il n'y a pas d'agent de contrôle à l'œuvre dans la danseuse ou dans le chat. Tous deux sont l'Un/(connaître/être), pure unité dynamique. L'intention n'est pas quelque chose que possède un organisme : un chat n'a pas l'intention d'attraper un écureuil. L'intention est le chat : par conséquent, le chat n'est pas mis en mouvement, il est mouvement. Le chat est intentionnel, ce qui signifie qu'il est déjà mouvement ; le repos et le sommeil sont des types particuliers de mouvement. Comme le disait Bergson : ce n'est pas que les choses changent constamment, les choses *sont* le changement constant.

1. Cette question est traitée plus à fond en appendice 3.

2. Je suis délibérément revenu à la façon habituelle de parler pour éviter de répéter l'expression un peu lourde de « présence-à la présence-en-tant-que ». Je prie cependant le lecteur de bien vouloir se rappeler cette formule plus précise.

3. Pour une étude approfondie de la « zone intermédiaire », voir Henri

CORBIN : *L'Imagination créatrice dans le soufisme d'Ibn 'Arabi* (Aubier, Paris, 1993) et *Temple and Contemplation* (KPI, Londres). En arabe, la zone intermédiaire se dit *alam al-mithâl*, « le monde intermédiaire du corporel à l'état spirituel » (*L'Imagination créatrice*, p. 43). « Sauf l'école de Jacob Boehme et les platoniciens de Cambridge [...], l'Occident a perdu de vue le monde intermédiaire. » (*Temple and Contemplation*, p. 188).

4. TEILHARD DE CHARDIN, *Le Phénomène humain*, Le Seuil, Paris, 1955, p. 62.

5. Henri BERGSON, *L'Évolution créatrice*, Librairie Félix Alcan, Paris, 1929, p. 11, 17 et 24.

XII

MOI ET TOI

> Je m'accomplis au contact du *Tu*, je deviens *Je* en disant *Tu* *.
>
> Martin Buber

Dans le dernier chapitre, nous avons parlé de la « présence-à… » et de « moi » qui est à la fois sujet et objet, moi-centre/moi-périphérie. Cette ambiguïté, la source de ce que signifie être une personne, a en même temps le potentiel d'ouvrir une blessure au cœur même de notre être. Cette blessure sous-tend non seulement l'horreur la plus intense mais aussi le stress, les frustrations et les irritations de la vie courante. Elle est également à la source de nos plus grandes extases et de nos joies quotidiennes. L'horreur demeure cependant une menace constante et deux façons de l'éviter se sont développées avec le temps. La première est l'éveil à « toi », la seconde est l'établissement d'un centre. Regardons tout d'abord cet éveil à « toi » ; nous parlerons du centre plus tard.

Afin de faciliter la présentation, nous respecterons l'usage grammatical et emploierons dans ce chapitre « je » ou « moi » de façon interchangeable. Plus tard, nous reviendrons à la distinction que nous avons établie entre eux.

* Martin BUBER, *Je et Tu*, trad. par G. Bianquis, Aubier, Paris, 1969, p. 30.

Comment est-ce que je sais que « tu » es là ? Prenons par exemple un événement de la vie courante : nous sommes assis dans un café et nous parlons de choses et d'autres. Comment est-ce que je sais que je te parle à *toi* ? Ou, pour poser la question d'une manière légèrement différente : es-tu uniquement ce corps assis en face de moi, ou y a-t-il « quelque chose » de plus ? Un béhavioriste dirait : « Non, il n'y a rien de plus. Tu n'es qu'un corps. Tu es extrêmement complexe, il est vrai, mais c'est justement à cause de cette complexité que tu parais être quelque chose de plus que le corps ». On pourrait recevoir une réponse similaire de la part de ceux qui œuvrent dans le domaine des ordinateurs, certains d'entre eux croyant que l'intelligence, la sensibilité et ce que nous appelons une personne sont le produit de la matière ayant tout simplement atteint un niveau suffisant de complexité.

L'un d'eux, Frank Tipler [1], a calculé la complexité du cerveau humain en unités appelées *flops* ; au taux actuel de croissance de la complexité des ordinateurs, a-t-il estimé, une période de sept ans seulement nous sépare du moment où les machines seront suffisamment complexes pour que nous les considérions non comme de simples machines, mais comme des personnes. Nous aurions souhaité qu'il émette sa prédiction sur un ton ironique, mais ce n'est pas le cas. L'auteur se prétend sérieux ; son livre possède un appendice d'environ 120 pages pleines de formules savantes destinées aux scientifiques, et il tente de démontrer que les machines nous sauveront. Ces machines intelligentes « amélioreront notre bien-être, même si elles nous sont supérieures sous tous les rapports. Sans l'aide de machines intelligentes, l'humanité est condamnée. Avec leur aide, nous pourrons survivre à jamais. » Rejeter une telle idée, refuser « de considérer la création de ces personnes – j'appelle les robots intelligents des personnes car c'est ce qu'ils sont [2] », est du racisme. Il définit le racisme comme « une croyance en la supériorité intrinsèque d'un groupe particulier d'êtres intelligents [3] ». La politesse devrait probablement exiger que dans nos conversations avec les machines, nous nous adressions à elles en les vouvoyant.

Comment saurons-nous que les machines sont intelligentes, conscientes et vivantes ? Pourquoi devrons-nous les vouvoyer ? Parce que, affirme Tipler, elles se comportent comme si elles étaient intelligentes et vivantes : « Comment pouvons-nous affirmer qu'un ordinateur est intelligent ? De la même façon, comment savons-nous que l'humain devant nous est intelligent ? [...] Dans le cas de l'humain, la réponse est simple : parlez-lui. S'il donne une réponse cohérente à la question que vous lui posez, vous allez immédiatement conclure qu'il possède probablement une totale intelligence humaine. Le grand homme de science britannique Alan Turing a suggéré que nous appliquions le même critère à l'intelligence des ordinateurs : si vous parlez à la machine, si vous lui parlez vraiment, si vous poursuivez une conversation avec elle exactement comme vous le feriez avec un autre [*sic*] être humain normal, alors la machine est intelligente. Si, après des années d'interaction avec elle, la machine agit comme si elle avait une personnalité, comme si elle avait une conscience (et une conscience morale), alors elle en a vraiment une [4]. »

En d'autres termes, je sais que vous êtes vous, ou je sais que tu es toi parce que dans mon interaction avec toi j'agis habituellement comme si tu étais toi. Si je peux être conditionné à croire que tu es toi, qu'est-ce qui peut m'empêcher d'être conditionné à croire qu'une machine est également « toi » ?

Tipler se prononce au nom de la science. Comme le béhavioriste Watson, il parle au nom de la science. Il est difficile de savoir cependant si, entre les mains de Tipler, la science a avancé ou reculé. Selon les béhavioristes, si je ne peux pas prouver que vous êtes conscient, je ne dois pas présumer que vous êtes conscient. En réalité, je ne dois même pas présumer que vous êtes vous ou que je suis moi [5]. Selon Tipler et Turing, en revanche, si je ne peux pas prouver le contraire, c'est-à-dire infirmer que les machines, et vous aussi probablement, êtes conscients, je dois présumer que vous êtes conscient et elles aussi.

Une des carences majeures du livre de Tipler, une carence suffisamment grave pour invalider tout le livre, est son incapacité d'aborder la question du connaître et de la présence. Un grand nombre de personnes sont portées à penser que le connaître, la présence et la conscience, la vie, l'intelligence, l'immortalité et Dieu sont, d'une certaine manière, tous liés. Tipler parle des quatre derniers dans un contexte qui fait valoir son point de vue, mais il ignore les trois premiers. Il tente, par exemple, de définir le nirvâna bouddhique, mais il le fait sans aucune référence au « connaître », alors que le nirvâna est pur connaître. Le nirvâna, dit-il, signifie souffler la chandelle, extinction. C'est vrai. Nirvâna signifie extinction, l'extinction du désir et de l'intention, y compris l'intention d'exister et celle d'exister éternellement. Or ce qui reste après l'extinction n'est pas « rien » mais pur connaître, un connaître sans réflexion, une pure paix. Les mots « Bouddha » et « Bodhi » sont tous deux reliés à l'intelligence, au connaître, à la présence. Et bien que Tipler se permette d'utiliser le bouddhisme pour étayer sa théorie, nulle part il n'aborde la question de la présence (*awareness*). Au contraire, l'être humain, dit-il, « est une machine déterminée et *rien d'autre* qu'une machine déterminée. » Il met lui-même l'accent sur le « rien d'autre ». Il cite, tout en l'approuvant, un spécialiste japonais de la robotique qui écrit : « Apprendre la voie du Bouddha, c'est se percevoir comme un robot [6] ».

L'intégrité

Nous avons mentionné précédemment le plaidoyer de Bridgman en faveur de l'*intégrité.* Bridgman disait qu'un compte rendu à la première personne du singulier devenait actuellement de plus en plus nécessaire si nous souhaitons ne serait-ce que décrire fidèlement ce qui se produit, *a fortiori* le comprendre. Turing admet également l'importance d'un compte rendu à la première personne du singulier car, dit-il, afin de savoir si un être humain est intelligent, etc., je vais lui parler. Afin de savoir si une machine est intelligente et vivante, je vais lui parler. Autrement dit, il n'y a pas que le comportement de la machine qui détermine si elle est intelligente ou non ; à cela doit s'ajouter *ma conviction* que son comportement est intelligent.

La présence à l'autre

Or, comme nous le savons tous, nous pouvons nous tromper et avoir la conviction qu'une chose est consciente alors qu'elle ne l'est pas. Au musée de cire de Madame Tussaud, à Londres, où sont représentés les grands de ce monde, nobles et ignobles, il y avait un policier debout dans un coin sombre à l'entrée du musée. Fréquemment, une personne se dirigeait vers le policier pour demander des informations et reculait tout à coup, légèrement horrifiée en s'apercevant qu'il était en cire. Nous devons nous demander pourquoi la reconnaissance de cette erreur crée de l'horreur.

L'expérience décrite dans la citation suivante n'a rien d'une expérience inhabituelle : « Il n'y avait que la pièce pauvrement meublée, le feu brûlant dans la cheminée, la lampe avec son abat-jour rouge sur la table. Mais la pièce était remplie par une Présence qui, étrangement, était autour de moi et en moi, comme la lumière ou la chaleur. J'étais absolument envahi par Quelqu'un qui n'était pas moi, et cependant je me sentais être moi-même plus que je ne l'avais jamais été auparavant. J'étais rempli d'un bonheur intense et d'une joie presque insupportable ; jamais je n'ai connu un tel état auparavant et jamais je n'en ai connu depuis [7]. »

Un astronaute, je crois qu'il se nommait Sheppard, dit avoir rencontré Dieu lorsqu'il était sur la lune. Des gens qui ont vécu des expériences de mort imminente font parfois la rencontre de ce qu'ils appellent « un être de lumière ». Sur le chemin de Damas, Paul a rencontré le Christ, qu'il a connu également comme un être de lumière. On pourrait, si on le voulait, citer des centaines, voire des milliers d'exemples de ce genre. Mais est-il besoin de le faire ? Nous avons tous eu ne serait-ce qu'un faible aperçu de ce que j'entends par cette présence. Qui, se trouvant seul dans une maison ou marchant le long d'un sentier obscur, n'a pas vécu l'impression inquiétante qu'il y avait une autre présence alentour ? Si « tu » n'es que le résultat d'un conditionnement, pourquoi faisons-nous ces expériences, d'où vient cette étrange impression d'une autre présence alors qu'en réalité il n'y a personne ?

Watson aurait probablement rejeté ces expériences comme il a rejeté tous les faits contraires à sa théorie, en niant complètement la conscience. Mais Tipler et Turing ne peuvent le faire. Ils ont introduit dans leur argumentation le fait que pour juger du comportement intelligent d'une machine *quelqu'un* doit être là pour le savoir. La citation précédente à propos de la pièce remplie d'une présence semble indiquer maintenant que l'on peut te connaître « toi » uniquement par ta présence, sans que tu sois présent physiquement sous quelque forme que ce soit.

La question de ce qui constitue la « présence à toi » est importante. Ainsi, si quelqu'un croit sincèrement que les machines sont vivantes et conscientes, à l'instar de certaines peuplades primitives qui croyaient sincèrement que leurs idoles sculptées dans le bois étaient vivantes, alors nous devrions être en mesure de rendre compte de ce phénomène d'une façon raisonnable, exactement de la même façon que nous devrions pouvoir rendre compte des expériences faites par des gens d'une présence, d'une lumière vivante ou d'une rencontre avec le Christ, Bouddha, Krishna, Kali et d'autres. Condamner ces gens, les considérer comme étant stupides, ignorants ou dans l'erreur n'est pas une réponse raisonnable. Disqualifier ces expériences comme étant le produit de l'imagination, de l'illusion ou de l'autosuggestion n'est pas non plus une réponse raisonnable. Une autre raison, plus importante, pour en arriver à une compréhension satisfaisante de la « présence à l'autre » est qu'elle pourrait démontrer qu'une « réalité » existe, qui ne nécessite aucun support physique tout en n'étant ni imaginaire ni illusoire. Dans la plupart des sociétés passées, cela ne serait pas apparu comme très surprenant, mais dans notre société actuelle, c'est un phénomène que la majorité des penseurs influents, s'ils ne l'ignorent pas tout simplement, méprisent comme étant de la pure superstition.

Je dis : « Je te vois ». Qu'est-ce que je veux dire ? Je vois ton corps et son comportement, et de cette façon je connais ton corps et ton comportement. Mais il y a quelque chose de plus : je sais que tu es *toi*. Comment est-ce que je sais que tu n'es pas uniquement toi, un corps, un ensemble de réactions ou un répertoire de comportements ou même un nom, ton nom, mais *toi*. Un homme amoureux d'une femme, par exemple, est pénétré de toute sa présence, qu'elle soit ou non près de lui. Il peut, effectivement, se souvenir de certains de ses gestes touchants, de la façon qu'elle a de sourire, de se pencher en avant quand elle parle, ou de rejeter ses cheveux en arrière, mais pour lui, au-delà de tout cela, il y a « toi », la femme qu'il aime. Qu'est-ce que cela signifie ? Qui est ce « toi » au-delà du simple souvenir des détails particuliers ? La même question se pose face à la rencontre du mystique et de son bien-aimé, ce genre de rencontre illustrée par la citation précédente. C'est la rencontre de qui, ou de quoi ? L'auteur [8], lorsqu'il décrit cette rencontre, parle de cette présence comme étant celle du « Christ venant vers lui », en d'autres termes, il a ressenti cette présence comme étant une personne.

Ibn 'Arabî, le célèbre mystique soufi, en parle en ces termes : « Celui qui se connaît lui-même connaît son Seigneur. » Autrement dit, se connaître soi-même, c'est « te » connaître. « Christ », « Seigneur », « toi » ne sont pas des objets parmi d'autres objets, ce sont des *sujets.* Nous le comprenons difficilement car nous nous voyons nous-mêmes comme objets, séparés et isolés, dans un monde d'objets. « Seul et affolé dans un monde que je n'ai pas fait », comme quelqu'un l'a si bien dit. Nous connaissons ce monde à travers des relations causales, c'est-à-dire à travers les données de nos sens qui créent en nous des images, des sons, des odeurs, etc. En tant qu'objets – c'est ce que plusieurs croient –, nous sommes habités par une âme ou un esprit qui sont, à leur façon également, des objets. À cette croyance en moi comme objet séparé, isolé parmi d'autres objets, est associée l'hypothèse tacite que mon monde pourrait exister sans moi, hypothèse que de nombreux physiciens mettent en doute, comme on peut le voir en appendice 1. En outre, à cause de cette croyance même, lorsque nous sommes confrontés au mystère du « toi », nous nous demandons : quel stimulus venant de l'extérieur, quelle relation causale, lequel de mes sens m'indique « ta » présence ?

Si nous sommes effectivement des individus séparés et isolés, alors, comme l'a indiqué Tipler, tout ce qui reste de « toi » est le comportement : le pétillement de tes yeux, ton sourire, le mouvement vif de ta tête, et le reste. Mais qu'en est-il de la présence qui n'est accompagnée d'aucune forme ou d'aucun comportement, la présence qui n'est que présence ? Qu'en est-il de la bien-aimée qui imprègne et pourtant transcende toutes ses manifestations ? Nous pouvons rejeter tout cela comme effet de l'imagination, du rêve, ou d'un trop bon repas. Mais ce serait certainement un manque d'intégrité. Un bon chercheur ne rejette pas certaines données parce qu'elles mettent sa théorie en cause, mais il les utilise comme levier pour rendre sa théorie plus englobante.

Bien que « toi » puisse n'avoir aucune contrepartie matérielle, cela ne signifie pas que « tu » es un produit de mon imagination, au contraire. Tu peux bien être aussi réel que « moi » qui, comme nous l'avons vu, apparaît avec la « présence-à... » et qui également n'a pas de fondement matériel. Comme nous l'avons dit au chapitre précédent, « moi » n'est plus lié à l'être. Ce que cela signifie, c'est que « toi » n'ayant pas de contrepartie matérielle, ma présence à toi ne dépend pas des données des sens. Si ma connaissance de toi était entièrement dépendante de ces données, nous utiliserions l'expression *présence-à la présence-en-tant-que toi* pour la décrire. Nous ne pouvons cependant pas utiliser cette expression, car la « présence à... » *est déjà toi*, de la même façon qu'elle est déjà moi. « Je » ne suis pas présent à « toi ». Je ne « te » vois pas ; toi et moi, nous venons de ce « voir », c'est-à-dire de la « présence à... ». Ajoutons que même si nous avons utilisé des mots pour décrire cette rencontre entre toi et moi, cette rencontre ne dépend en aucune façon des mots, des pensées ou des idées. Ni toi ni moi ne sommes une idée ; toi est toi sans qu'il soit nécessaire d'utiliser des mots, comme moi est moi sans nécessiter le mot « moi ». Un animal aussi bien qu'un humain est « présent à... » : ce que nous avons dit au sujet de « moi » et « toi » s'applique donc également aux animaux.

Martin Buber, le célèbre philosophe juif, a dit lui aussi que se connaître, c'est connaître son Seigneur. « Dieu, dit-il, est le *Tu* éternel à qui les hommes s'adressent et par qui ils sentent qu'on s'adresse à eux. » Il le répéta ailleurs, d'une façon légèrement différente : « *Je-Tu* est fondamental. L'autre ne provoque pas la relation *Je-Tu* mais lui donne expression. On se satisfait de cette évocation *Je-Tu* jusqu'à ce qu'on réalise qu'on se trompe. » Ainsi, *Je-Tu* ne nous dit rien à propos de ce qui l'évoque, sauf que ce qui l'évoque a un pouvoir d'évocation. Cela signifie que si quelqu'un croit vraiment qu'une machine est vivante, quand il s'adresse à cette machine en lui disant « tu », il ne confirme pas le fait que la machine est vivante, mais le fait que la machine peut éveiller une « expérience » authentique et primordiale, une expérience moi-toi qui est au moins aussi réelle que l'expérience du monde.

La relation moi-toi n'est pas une relation connue seulement par les êtres humains. Les animaux, les oiseaux, les poissons sont capables de présence réflexive, la présence retournée sur elle-même, qui est le fondement de moi-toi. Plusieurs personnes feront sans doute objection à l'idée que les animaux puissent aussi avoir une présence réflexive. Depuis Descartes, même quand on a admis, souvent à contrecœur, que les humains sont conscients, on s'en est toujours tenu de façon rigide à l'opinion selon laquelle les animaux ne sont que des machines. Récemment, toutefois, quelques spécialistes travaillant sur le terrain avec des animaux sont revenus sur ces idées et se sont montrés beaucoup plus disposés à attribuer la conscience aux animaux. Par exemple, le fait que les chimpanzés possèdent une conscience réflexive ou conscience de soi a été démontré par une simple expérience. Après avoir anesthésié un chimpanzé, on a coloré ses sourcils a l'aide d'un pigment inodore et sans saveur. À son réveil, on lui a présenté un miroir. Le chimpanzé a immédiatement commencé à s'examiner les sourcils dans le miroir tout en les essuyant [9]. On peut encore plus facilement démontrer l'existence de la conscience réflexive chez un chien en le regardant tout simplement dans les yeux. Il clignera des yeux et, souvent très mal à l'aise, il détournera le regard. Ma fille avait un jeune chien. Un jour, elle a déposé par terre, près de lui, un hibou de bois qui avait des yeux énormes. En le voyant, le chien s'est enfui immédiatement sous la chaise la plus proche en gémissant. Quand elle a recouvert les yeux du hibou, le chien a oublié sa frayeur.

Le fait que les oiseaux possèdent également une conscience réflexive m'a été confirmé de la façon suivante. Lors d'un séjour à la campagne, ma femme et moi avions pris l'habitude de nourrir les oiseaux avec des graines et des restes de pain. À peine avions-nous posé la nourriture que les oiseaux venaient s'attrouper autour pour manger. Un jour, je leur donnai de vieux biscuits secs : ils étaient ronds avec de la confiture rouge au centre. Aucun oiseau ne se présenta. Les biscuits restèrent là pendant plusieurs heures, jusqu'à ce que j'aie l'idée de les briser en morceaux. Aussitôt, les oiseaux se précipitèrent dessus. Les biscuits ronds avec un cercle rouge au centre devaient ressembler à des yeux et c'est ce qui les effrayait. L'idée n'est pas si fantastique qu'elle en a l'air ; le fait est que la nature utilise aussi ce moyen pour faire fuir des prédateurs. Des espèces de papillons, de chenilles, de poissons, d'insectes et de grenouilles ont des yeux « peints » sur le corps afin de faire fuir leurs prédateurs.

Combien de temps sommes-nous capables de regarder quelqu'un dans les yeux ? Dans les meilleurs des cas, cela ne dure pas plus de quelques secondes, puis nous détournons le regard pour ensuite revenir aux yeux et nous détourner à nouveau, et ainsi de suite. J'étais à New York il y a quelque temps et un ami que je devais y rencontrer m'avait averti d'éviter de fixer les gens dans les yeux en me promenant dans la rue. Regarder quelqu'un trop longtemps dans les yeux est considéré comme un comportement impoli, agressif ou dangereux, selon les circonstances. Habituellement, une personne d'un statut social inférieur baisse les yeux ou détourne le regard en présence d'une personne de statut supérieur. Il y a bien sûr une fameuse exception à cette règle, et c'est lorsque deux amoureux se regardent dans les yeux. Ils semblent ne jamais se regarder assez profondément ni jamais assez longtemps. Mais nous laisserons de côté ce phénomène pour le moment.

Derrière cette hostilité éveillée par un regard soutenu trop longtemps, nous retrouvons l'*uroboros*, le serpent qui s'avale lui-même. Quand je vous regarde et que vous me regardez, qui regarde et qui est regardé ? Qui est le sujet et qui est l'objet ? Qui avale et qui est avalé ? En présence d'un autre plus puissant que moi, ce même *moi* – la source de la « présence à... » – peut être avalé, aspiré, annihilé. Regarder et être regardé, dans ces circonstances, est une question d'être et de ne pas être, une affaire plus sérieuse que la vie et la mort. C'est l'origine du mythe du mauvais œil, un mythe que toutes les sociétés possèdent sous une forme ou sous une autre.

Mais dans le cas des yeux du hibou ou dans celui des biscuits, où étais « tu » ? Qui regardait le chien ou les oiseaux ? Ce n'était évidemment pas les biscuits ou le hibou. Ces yeux fixes peints sur les ailes du papillon, d'où tirent-ils leur malveillance ? C'est la propre « présence à... » du chien et des oiseaux qui a le pouvoir de t'évoquer, c'est de là que les yeux tirent leur malveillance. Toi et moi sommes nés de la même « présence à... ». Comme le disait Maître Eckhart : « L'œil avec lequel je vois Dieu est le même œil avec lequel Dieu me voit ». Les yeux, qu'ils soient ceux d'un prédateur ou ceux « peints » par la nature sur la croupe d'une grenouille, agissent comme déclencheurs, mais ils ne sont pas la cause de l'explosion. L'horreur ressentie devant le regard fixe et immobile d'un psychopathe est la même que celle dont je peux faire l'expérience si, par une nuit noire, je suis perdu en forêt et je sens une présence se rapprocher ; toutes les deux viennent de la « présence à... ». Mon léger sursaut d'horreur, au musée de cire, quand je me rends compte que le policeman n'est pas vivant, relève aussi du même type d'horreur.

Le serpent peut avaler sa queue et se contracter jusqu'à l'anéantissement, mais l'inverse est également vrai et l'expansion dans l'infini est possible. Si le premier mouvement se dirige vers l'horreur et la négation ultime, le second va vers la félicité et l'affirmation ultime. L'amant cherche cette félicité et cette affirmation à travers les yeux de sa bien-aimée et, tout en les cherchant, il s'accorde à elle. De tout temps, les femmes et les hommes ont tenté de rehausser le pouvoir de séduction des yeux en utilisant différents cosmétiques. Il n'y a pas si longtemps, par exemple, on mettait de la belladone dans les yeux pour agrandir les pupilles. On dit qu'ils sont la fenêtre de l'âme, mais sur quelle âme s'ouvrent-ils ? La tienne, la mienne, la tienne et la mienne ? Ou s'ouvrent-ils sur une unité qui embrasse les deux ?

La rencontre de l'autre a lieu en amont de la conscience et de l'expérience ; comme nous l'avons mentionné, je ne te rencontre pas de la même manière que je rencontre ton corps. Ton corps, et tes yeux en particulier, agissent comme déclencheurs évoquant la présence, mais la présence n'a pas lieu dans le même monde que celui où habitent ton corps et le mien. C'est ce dont témoignent les chansons d'amour : « tu » viens du ciel, chantent-elles, « tu » surgis d'un rêve, « tu » n'es pas de ce monde et ainsi de suite. La littérature, les mythes et le folklore sont remplis de dieux, de fantômes, d'êtres éthérés habitant un autre monde, qu'on peut rencontrer et même avec qui on peut converser. Nous devons toutefois bien comprendre ce que signifie cet « autre » monde et ne pas l'interpréter comme étant un autre monde d'objets, un monde d'esprits ou de fantômes qui seraient des objets tout comme les tables ou les chaises. Il ne signifie pas non plus un autre monde se situant sur un plan plus élevé d'idées ou d'images, ni un inconscient collectif.

Un amant regarde dans les yeux de la femme qu'il aime et il est transporté dans un ravissement de félicité. Ce qui signifie que la « présence à… » est réfléchie sur elle-même, mais cela peut également se produire sans que les yeux agissent comme déclencheurs. Comme nous l'avons vu dans cette citation à propos de la Présence qui emplissait la pièce, quand cela se produit spontanément, le ravissement et la félicité sont beaucoup plus intenses. Parfois, les gens sentent qu'ils sont en présence d'une merveilleuse lumière, vivante et aimante, d'autres fois ils connaissent seulement la présence, sans qu'elle se transmue en lumière. Dans les deux cas, l'effet peut être vraiment extatique. Ce que nous avons dit à propos de la « présence à… » peut nous aider à comprendre cette présence ainsi qu'un phénomène apparenté, qui a soulevé énormément d'intérêt, celui de l'expérience de la mort imminente. De même qu'un amant qui regarde dans les yeux de sa bien-aimée peut être transporté dans un ravissement de félicité, la « présence à… » se réfléchissant sur elle-même peut provoquer un même ravissement intense.

La plupart d'entre nous ne faisons pas l'expérience de cette félicité, immergés que nous sommes dans un flot de pensées et enchaînés à la présence-en-tant-qu'être. Chez une personne agonisante, toutefois, le cerveau où s'entreposent les pensées et les sensations perd de son emprise sur la « présence à… ». Celle-ci, se réfléchissant elle-même, se manifeste en tant qu'amour et lumière. Ce qui est suggéré ici, c'est que la « présence à… », pouvant à la fois être sujet et objet, voyant et vu, pourrait très bien, dans son mode objectif, être la lumière. La lumière accompagne la présence parce que, dans cette expérience, la présence se voit elle-même objectivement. La lumière, pourrait-on dire, est la présence objective. Cette connexion entre connaître et lumière est sue depuis des millénaires et on en retrouve de multiples témoignages dans la littérature spirituelle. Pour n'en donner que quelques-uns parmi la myriade d'exemples : Arjuna a vu Krishna comme une lumière flamboyante [10] ; le corps de résurrection du Christ était lumière. La *Pistis Sophia* [11] qui parle de la résurrection du Christ ruisselle de lumière. La tradition hermétique [12] ainsi que la tradition soufie [13] sont toutes deux imprégnées de cette notion de présence comme lumière. Max Pulver écrit que le gnostique illumine parce qu'il est lui-même illuminé. Il cite saint Paul disant : « Car Dieu, qui a ordonné à la lumière de sortir des ténèbres, a brillé dans nos cœurs, pour donner la lumière de la connaissance de la gloire de Dieu à la face de Jésus-Christ. » Pulver ajoute : « Le Christ est le Tu au Je de Dieu [14]. » Suit ce commentaire : « Cette illumination n'est pas une image poétique. C'est plutôt un terme technique pour l'expérience obtenue au moyen d'un exercice technique qui signifie non seulement illuminer, mais également transformer en lumière. »

Pour en revenir à l'expérience plus immédiate, « toi » et « moi » sont liés de façon inextricable. Nous sommes plus près l'un de l'autre que frère et sœur et quand les Évangiles nous exhortent à tendre l'autre joue et à aimer nos ennemis, ils nous indiquent par là un moyen d'éviter de nous déchirer nous-mêmes. La psychologie insiste depuis quelque temps déjà sur l'importance d'une relation soutenante pour le développement psychologique d'un enfant. Des hommes emprisonnés et isolés dans des cachots sont allés jusqu'à la limite de l'héroïsme pour rester en communication avec d'autres. Beaucoup d'anciens prisonniers ont témoigné, dans leurs écrits, de leurs efforts pour établir une communication avec les autres malgré les punitions auxquelles ils s'exposaient en tentant de le faire. La détention solitaire est une des expériences les plus douloureuses qui soit. À partir de tout cela, nous pouvons voir l'importance que « tu » as pour mon bien-être mental, comment « tu » éloignes les fantômes, « tu » me permets de me développer psychologiquement, « tu » me soutiens dans mes angoisses. Tu m'aides à être moi en portant la moitié de mon fardeau ; c'est en cela que réside ton amour pour moi. L'amour est pure « présence à… », pure présence d'où toi et moi surgissons. Dans la relation « toi-moi », l'amour peut devenir impur, dégénérer en amour possessif ou simple appétence. Il peut également pétiller dans le jeu érotique, l'amour de toi en tant que moi, de moi en tant que toi, donnant tout en prenant, affirmant tout en s'affirmant. L'amour peut devenir aussi ce sentiment d'amitié et d'affection que nous avons pour les gens autour de nous.

Plus nous sommes capables d'établir la réciprocité, c'est-à-dire plus je peux devenir un avec toi et toi avec moi, sans perdre notre autonomie, plus grandes sont les chances qu'a l'amour de conserver sa pureté et le pétillement de son jeu. Les problèmes commencent quand je t'identifie à ton corps et à ton comportement, faisant alors de toi un objet, quelque chose parmi d'autres choses. La liberté que tu inspirais, le sentiment d'éternité se perdent et tu deviens une expérience parmi d'autres, limitée dans le temps et l'espace. La même détérioration se produit quand on commence à croire que l'idole est Dieu. Le nouménal est perdu et au lieu de la « présence à… » spontanée, se réfléchissant elle-même dans un libre jeu, nous avons une relation mercantile où je promets de t'adorer si tu me donnes protection, paix, amour ou quoi que ce soit d'autre. Je redeviens la proie des fantômes menaçants et je dois faire face à l'angoisse sans que tu portes la moitié de mon fardeau. Je suis seul.

Avant de quitter ce chapitre, nous devons tenir compte de plusieurs objections. Si toi et moi sommes en amont de l'expérience, en amont du monde des objets, est-ce que cela ne nous rend pas irréels ? Si l'expérience que j'ai de « toi » n'est pas la même que celle que j'ai de ton corps, comment se fait-il que très peu de gens semblent en être conscients ? Finalement, la présence à la présence est un fait journalier, ordinaire ; donc, n'importe qui peut, s'il le désire, avoir cette présence. Pourquoi alors dit-on qu'être présent à la présence est saturé d'autant de drames ?

Prenons tout d'abord la troisième objection. Notre expérience quotidienne de présence à la présence est déjà filtrée par le tamis de l'expérience, et l'expérience est centrée autour d'un point stable qui est le « je ». La conscience, l'expérience et sa contrepartie sociale, la culture, se sont toutes développées afin d'endiguer le conflit inhérent à la « présence à… » et aussi de fournir des véhicules pour son expression. Tous ces véhicules dépendent de ce point stable. Chez les amoureux et les mystiques, les poètes et les artistes, ce point stable est affaibli. Les structures qui en dépendent se dissolvent et perdent de leur pouvoir d'endiguer le conflit : ils tombent alors dans l'incertitude et l'ambiguïté. Parfois, souvent même, cette chute s'accompagne d'un sentiment d'anxiété, de peur, d'effroi et même de panique. Ce n'est pas sans raison que les amoureux et les artistes ont été comparés à des fous.

Les gens ne sont pas normalement conscients que la rencontre avec « toi » se produit dans un « autre » monde parce qu'ils expérimentent rarement cette rencontre dans sa pureté. En réalité, la plupart n'en font jamais l'expérience et les autres ne l'expérimentent que de très rares fois. Quand cela se produit, on ne l'oublie jamais. Cela ne veut pas dire que la rencontre « toi-moi » ne survient pas. Elle se fait constamment. Mais je t'associe à ton corps à peu près de la même façon que j'associe la trame sonore d'un film aux ombres qui dansent sur l'écran. Nous ne vivons pas beaucoup dans le présent ; nous vivons la plupart du temps dans le passé, dans les souvenirs et les associations, dans les pensées et les jugements, tout ce qui filtre l'impact de l'immédiateté de « toi ». Malgré tout, au-delà de ce rideau d'activité mentale, la rencontre avec « toi » a lieu dans un monde intemporel, une rencontre qui en elle-même n'a ni pensées ni mots, comme une personne que l'amour rend muette.

Dans son poème « La Terre vaine », T. S. Eliot résume en ces mots une partie de ce que nous venons de dire :

> Pourtant le soir que nous rentrâmes si tard du Jardin des Hyacinthes,
> Toi les bras pleins et les cheveux mouillés, je ne pouvais
> Rien dire, et mes yeux se voilaient, et je n'étais
> Ni mort ni vif, et je ne savais rien,
> Je regardais au cœur de la lumière, du silence.
> *Oed' und leer das Meer*[15].

1. Frank TIPLER, *The Physics of Immortality. Modern Cosmology, God and the Resurrection of the Dead*, Anchor Doubleday Books, New York, 1994.

2. *Ibid.*, p. 86.

3. *Ibid.*

4. *Ibid.*

5. *The Dictionary of Philosophy*, éd. Runes Dagobert, Totowa, New Jersey, 1962 : « Le béhaviorisme est une école américaine de psychologie qui délaisse les concepts d'esprit et de conscience et restreint la psychologie humaine et animale à l'étude du comportement. La pensée et les émotions sont interprétées comme un comportement implicite : la pensée est un discours implicite ou subvocal, les émotions sont des réactions viscérales implicites. »

6. TIPLER, *op. cit.*, p. 88.

7. F. C. HAPPOLD, *Mysticism, A Study and an Anthology*, Penguin Books, Harmondsworth, 1970.

8. L'auteur n'était pas du tout un mystique et la rencontre fut tout à fait inattendue.

9. Franz de WAAL, *Peacemaking Among Primates*, Harvard University Press, 1989.

10. Voir la *Bhagavad-gîta.*

11. *Pistis Sophia*, tr. G. R. S. Mead, John Watkins, Londres, 1963.

12. Voir Brian P. COPENHAVER, *Hermetica*, Cambridge University Press.

13. Voir Henri CORBIN, *Man of Light in the Sufi Tradition*, Boulder and London, Shambala, 1978.

14. Max Pulver, « The Experience of Light in the Gospel of St. John, in the Corpus Hermeticum, in Gnosticism and in the Eastern Church », *Spiritual Disciplines*, Eranos Yearbooks Bollingen Series XXX, 4, New York, 1960.

15. T. S. Eliot, *Poésie*, traduction de Pierre Leyris, Le Seuil, 1969, Paris, p. 59.

XIII

LA NAISSANCE DU TRAUMATISME

> Nous sommes ici devant le paradoxe, potentiellement tragique, voulant qu'être relié aux autres soit un aspect essentiel de notre être, de même qu'en être séparé, mais qu'aucune personne en particulier n'en soit une partie indispensable *.
>
> R. D. Laing

> L'enfer, c'est les autres.
>
> Jean-Paul Sartre

Pourquoi souffrons-nous ? D'où vient la douleur du traumatisme psychique ? Notre souffrance est un fait évident. Que la souffrance et le traumatisme soient douloureux, nul ne peut en douter. Tous deux sont très souvent associés à la douleur physique, mais la présence de cette dernière n'est pas inévitable. En revanche, tous deux impliquent toujours un « toi » et, comme nous l'avons vu au chapitre précédent, tu n'es pas contingent. Tu ne fais pas que t'associer à moi accidentellement, tu es partie intrinsèque de moi ou, plutôt, toi et moi ne sommes ni un ni deux.

Je-Tu, Je comme Toi, Je suis Toi, Tu es Moi ; sommes-nous deux, sommes-nous un ? Je te rencontre constamment durant la journée : tantôt tu es mon épouse, tantôt ma fille, tantôt un

* R. D. Laing, *The Divided Self*, Pelican Books, Harmondsworth, 1965, p. 26.

ami, tantôt un ennemi. Tu es toujours là ; même quand je suis seul, je te parle au cours de cet interminable *mono-dia-logue* mental. Tu es toujours là, tapi dans l'ombre. En tant que patron, serveur au restaurant ou étranger dans la file d'attente, tu es tu et je suis je ; cela parce que Tu es voilé, caché derrière les formes dont je t'ai investi. Quand je te rencontre dans ces formes, je ressens une tension, je me sens bizarre. Si je soutiens ton regard trop longtemps, je suis mal à l'aise. Je recouvre ce malaise de paroles, de railleries, je fais le pitre, ou bien je « communique » avec toi, je deviens efficace, structuré, officiel, une machine parlant à une machine. Je convertis notre communion en une sorte de transaction où il s'agit d'obtenir et de recevoir. Mais qui êtes-vous, qui es-Tu ? Qui suis-je ?

Tâter peut être violer

Prenons une expérience courante, voyager en métro, et voyons comment nous pouvons l'utiliser pour illustrer quelques-unes des choses dites dans le dernier chapitre et dépeindre comment la blessure fondamentale de l'être est infligée. Cette illustration pourra également servir à montrer comment de nouvelles différenciations se produisent au sein de la présence. Je dois vous demander, lecteur, de faire plus que simplement suivre les mots : essayez d'entrer dans les situations décrites. De cette façon, il vous sera possible de discerner les différentes nuances de la « présence-à » et de la « présence-en-tant-que ». Et à moins que vous n'ayez été convaincu de la validité de ces nuances entre les deux modes de présence, nos développements ultérieurs vous apparaîtront comme autant de vains mots.

Se déplacer en métro comporte le fait d'être frôlé par beaucoup de gens et, réciproquement, d'en frôler ou d'en toucher beaucoup. Bien qu'il puisse nous arriver parfois d'être incommodés par ce voisinage nombreux, le fait même d'être touché ne nous dérange pas. Mais si d'aventure quelqu'un se risquait à nous tâter, nous serions certainement contrariés, offensés même. Pourtant, physiquement, nous n'expérimentons aucune différence entre le fait d'être tâté et celui d'être touché. Dans les deux cas, la main d'un autre est en contact avec une partie de notre corps. Où se situe donc la différence ? Pourquoi sommes-nous contrariés par l'un et non par l'autre ? Et si, toujours dans le métro, au lieu d'être tâtés nous étions caressés par un étranger, nous serions sans l'ombre d'un doute très en colère et voudrions prendre des mesures drastiques pour le faire cesser. Pourquoi cette colère, pourquoi cette répulsion ?

Si on se rappelle l'exemple du menuisier qui palpe un morceau de bois, on peut constater que ce qu'il sent de la sorte est inerte, c'est un objet. De même, quand on me tâte, on me transforme en objet ou, plus précisément, on me *connaît* comme objet. La question importante à se poser ici est : par *qui* suis-je connu ? Cette question est à ce point cruciale pour la compréhension de ce que nous avons à dire que nous devrons détailler point par point notre réponse, au risque de voir se transformer une expérience spontanée et vivante en quelque chose de lourd et d'ennuyeux. Dans notre réponse, nous utiliserons la distinction que nous avons faite entre tâter et toucher, c'est-à-dire entre « présence-à » et « présence-en-tant-que ».

Initialement, je suis seulement présent-en-tant-que de la même manière que cette femme, dont l'expérience de samâdhi spontané a été rapportée au chapitre 10, était présente-en-tant-qu'elle-même et présente-en-tant-qu'oiseaux, mer, etc. La présence est globale, c'est un tout sans interruption : Un/connaître/être. Comme nous l'avons déjà dit, cette présence globale, que nous nommons présence-en-tant-que, n'est pas *ma* présence. Elle est le fondement d'innombrables expériences spirituelles et mystiques et dans tous les comptes rendus de ces expériences, l'absence de « moi » comme agent est toujours soigneusement notée. La présence-en-tant-que n'est pas une conscience supérieure, mais une condition plus élémentaire à partir de laquelle notre conscience émerge. Dans l'expression : « Je suis simplement présent-en-tant-que », le mot « je » est utilisé comme expédient.

Dans le diagramme suivant, la présence-en-tant-que est représentée par un pointillé plutôt que par une ligne continue, afin d'indiquer qu'en fait la frontière n'existe pas. Elle n'est là que pour les besoins de l'illustration. Une ligne pointillée délimite aussi « moi » et « l'étranger » qui, à ce stade, n'existent que potentiellement. Aucun des deux ne s'est encore actualisé ou différencié du champ de la présence. Dans tous les diagrammes qui suivent, la ligne pointillée sera utilisée pour indiquer la présence-en-tant-que et pour nous rappeler que cette présence est une condition constante à partir de laquelle notre expérience consciente émerge, un peu comme le cristal qui se solidifie à partir d'un gel.

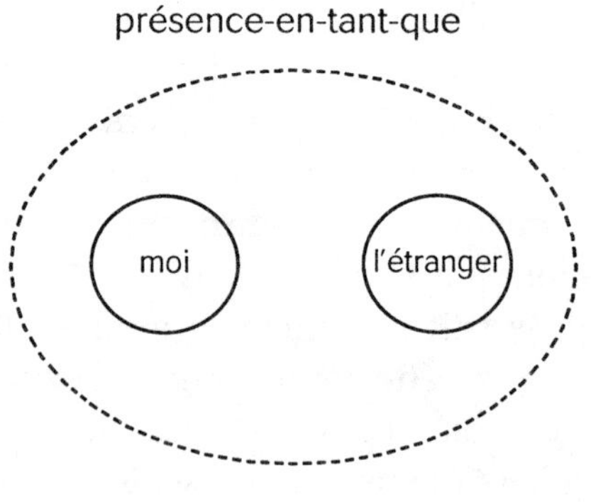

Figure 1

La *présence-à* est une présence focalisée ou concentrée. Elle a une source et une destination. Ses variantes sont l'attention, l'intérêt, la concentration, etc. Quand la présence-à apparaît, le point de vue « moi » apparaît en même temps ; les deux sont indissociables, comme le soleil et les rayons du soleil.

Nous pouvons illustrer le point de vue ainsi :

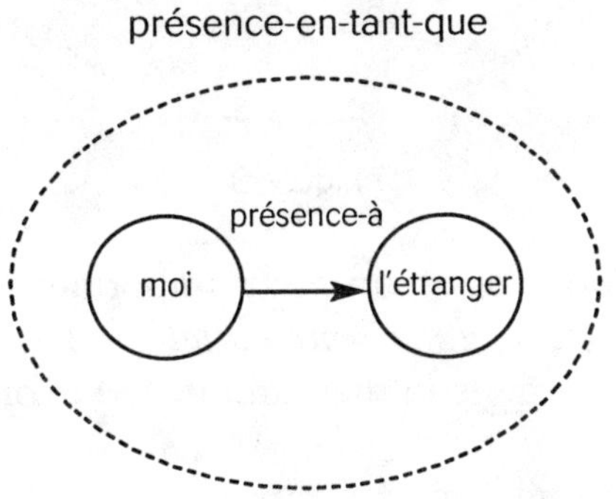

Figure 2

Dans le diagramme 3, nous faisons un pas de plus. Avec l'apparition de la « présence-à », je deviens aussi *présent-en-tant-qu'étranger* qui me tâte (qui est présent-au fait de me tâter). Cela donne naissance à une situation très différente de celle représentée dans le diagramme 2. Lorsque je suis présent à l'étranger, il m'apparaît comme objet, comme quelque chose dans l'environnement. Ici, l'étranger est présent à moi. Ces deux situations sont très différentes : il y a une tension dans la situation présentée en 3 qui n'existe pas en 2. Nous avons tous vécu cette expérience de regarder quelqu'un qui se tourne ensuite vers nous pour nous regarder. Nous connaissons tous la tension qui se crée immédiatement.

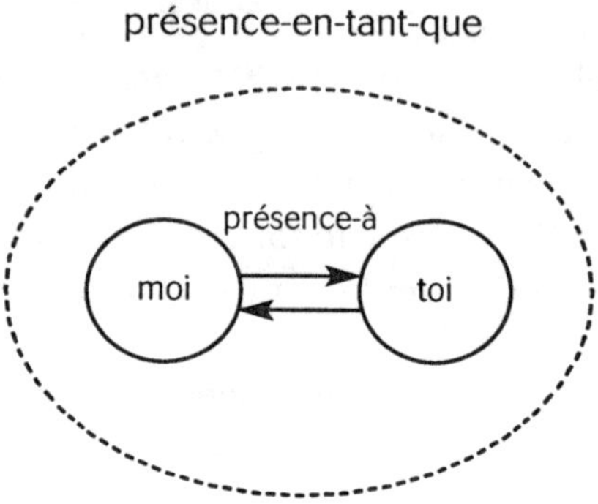

Figure 3

Il faut d'abord noter un point important : *dans tout cela, je ne suis pas sorti de la présence initiale, la présence-en-tant-que* telle qu'illustrée dans le diagramme 1. Voyons ce que cela signifie.

Supposons que vous êtes assis seul dans une pièce, absorbé par la lecture d'un livre. Tout à coup, vous avez l'impression que quelqu'un vous regarde, que quelqu'un est présent-à vous. Vous regardez autour de vous : il n'y a personne. Supposons maintenant la même situation, mais lorsque vous regardez autour de vous, vous vous apercevez qu'un de vos amis est là. Avant la vérification cependant, l'impression que « quelqu'un me regarde » *est la même dans les deux cas.* Les petits enfants qui ont peur dans le noir sont convaincus que quelqu'un les regarde. C'est pourquoi on laisse souvent une lumière allumée dans leur chambre. Cette même impression d'une présence étrangère est souvent ressentie par des gens qui se retrouvent seuls dans une maison inconnue.

C'est pourquoi on dit que toi qui me regarde et moi qui suis regardé émergent tous deux de la présence-en-tant-que. Votre présence physique n'est qu'un déclencheur. Ainsi donc, au lieu de dire : je suis présent-à l'étranger qui est présent-à moi, il serait plus exact de dire : je suis présent-à l'étranger et je suis présent-en-tant-qu'étranger qui est présent-à moi. Essayons d'éclaircir ce point.

Moi et toi

L'expression : « se voir à travers les yeux d'un autre » pourrait être formulée autrement : « être présent-à moi-même à travers la présence-à moi d'un autre ». Se voir à travers les yeux d'un autre, ou être présent-à soi-même à travers la présence-à soi d'un autre, est le fondement du trac au théâtre. Mais souvent le trac est pire *avant* l'entrée en scène. Le trac est le choc de deux présences, mais ce n'est pas le choc de ma présence au public et de la présence du public à moi. Revenons à l'exemple de l'étranger dans le métro pour éclaircir ce point. Supposons que je sois convaincu que cet étranger me tâte mais qu'en réalité je sois dans l'erreur. À moins de me rendre compte de l'erreur, la *perception de la situation* demeure inchangée. Je demeure présent-à l'étranger et présent-en-tant-qu'étranger qui est présent-au fait de me toucher.

Reprenons ce qui vient d'être dit de la façon la plus précise possible : quand je suis tâté par un étranger, je suis présent au fait d'être tâté et je suis présent au fait de tâter. Dans le cours normal des choses, je m'attribue la première situation et j'attribue la seconde à l'étranger. Je dis : « Je suis tâté » et « Il me tâte ». Toutefois, les deux sont « ma » présence. Je suis présent au fait d'être tâté en tant que « moi » et je suis présent au fait de tâter en tant que « toi » (l'étranger). (J'emploie l'expression « ma » présence et « toi » pour le moment seulement. Plus tard, je ferai quelques modifications.)

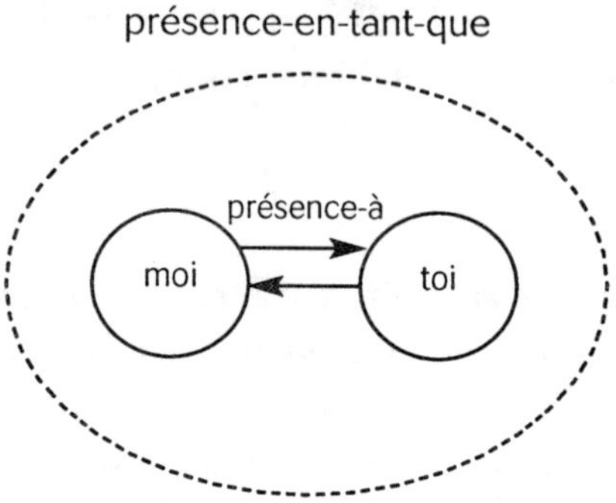

Figure 4

Nous avons remplacé le mot « étranger » par le mot « toi ». La tension dont nous parlions plus tôt apparaît en même temps que la transformation de l'étranger en « toi ». Cependant, et c'est le cœur du sujet, il n'y a pas deux *présences-à*, car la *présence-au* fait d'être touché est la même que la *présence-au* fait de toucher. En d'autres termes, il n'y a pas deux présence-à, mais une « présence-à » attribuée à « moi » ainsi qu'à « toi ». C'est une *présence-à qui est retournée ou réfléchie sur elle-même.* C'est à partir de ce « retournement sur » qu'émerge le « toi ».

Le mot « toi » renvoie à un phénomène très différent de celui du mot « il ». En français, « il » désigne aussi bien *lui* – un individu (en anglais : *he*) – que *ça* – un objet ou un événement (en anglais : *it*).

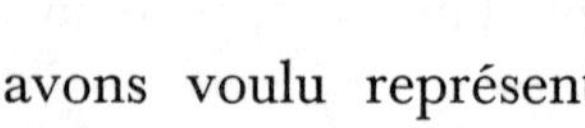

Ce que nous avons voulu représenter dans les diagrammes ci-dessus, c'est l'anatomie de moi-centre/moi-périphérie dont nous avons parlé en introduction : moi le centre, toi la périphérie, toi le centre, moi la périphérie. Autrement dit, reprenant ce qui a été dit au début de ce chapitre : *tu ne fais pas que t'associer à moi accidentellement, tu es partie intrinsèque de moi ou, plutôt, toi et moi ne sommes ni un, ni deux.*

L'origine de la souffrance et la naissance du traumatisme

Nous en arrivons maintenant à un point crucial de notre exposé : si je désire briser le contact, ce n'est pas le contact entre moi et l'étranger que je dois briser, mais le contact entre *moi* et *toi* ; je dois diviser moi/toi. Ce qui veut dire que « moi » *sera séparé de lui-même.* Cette brisure se fera soit au niveau de la « présence-à » soit au niveau de la « présence-en-tant-que ».

Voyons tout d'abord ce qui se produit au niveau de la « présence-à ».

À ce niveau, c'est le moi ou le toi qui est supprimé. Cela aboutit à ce qui pourrait être appelé le *déni de soi* d'un côté et le *refoulement* de l'autre. Répétons-le, il n'y a qu'une seule présence-à, une présence-à qui se retourne sur elle-même, qui se réfléchit elle-même comme deux miroirs se reflétant l'un l'autre. Dans la présence-à cependant, les deux miroirs (moi et toi) émergent de la réflexion. Dans le cas du refoulement, c'est le miroir « toi » qui est supprimé, tandis que le déni de soi supprime le « moi ».

Tu fais quelque chose qui me contrarie. Il s'ensuit une escalade qui, pouvant aller du déplaisir à la violence en passant par la colère, vise à briser le contact avec « toi », à « te » dominer. Je peux tenter de briser le contact en m'éloignant de toi. Cependant, comme nous le savons si bien, cette stratégie est rarement efficace. J'ai beau m'éloigner de toi, je te transporte avec moi. La querelle se poursuit dans ma tête, comme on dit. Toi et moi avons notre origine commune dans la présence-en-tant-que, dans ce que nous appelons l'esprit. Toi et la tension produite par l'émergence de ce « toi » sont toujours plus ou moins présents. De là ce monologue intérieur incessant : il provient de la « présence-à » qui se réfléchit elle-même. Et ce qui rend si précieux les rares moments de pure présence, c'est que pour un temps le monologue intérieur et la tension qui le provoque se tranquillisent.

Retournons maintenant à la scène du métro où un étranger me tâte. Je suis contrarié. Ma contrariété est causée par le feed-back entre moi et toi (l'étranger), feed-back un peu similaire à celui qui se produit lorsqu'on place un microphone devant un haut-parleur. Utilisant le vocabulaire auquel vous êtes maintenant accoutumés, je dirais : *ma* présence-à tente de vaincre ta présence-à. *Mais une seule présence-à est possible* ; le heurt a donc lieu à l'intérieur même de cette présence. Ce qui équivaut à dire que ma présence-à, lorsqu'elle domine la tienne, provoque un accroissement du niveau d'intensité de la « présence-à ». Or, cet accroissement d'intensité provoque par le fait même un accroissement de ta présence-à. Il se crée un feed-back pouvant aboutir à un cercle vicieux de contrariété et de colère au point où la tension deviendra intolérable. À ce point, je pourrais tenter de te dominer par un geste de violence physique, ou alors retourner cette violence contre moi-même dans des sentiments de culpabilité et de honte, toujours dans le but de supprimer la présence-à.

Pour éviter la souffrance de cette division dans la « présence-à », je pourrais alors tenter de diviser la « présence-en-tant-que ». Pour ce faire, je devrai créer un point de vue complètement différent, un différent « moi ». Dans le meilleur des cas, cela aboutira à la création d'un pseudo point de vue – ce que Jung appelle un complexe [1] – ou, dans le pire, à la création de personnalités multiples. Cette solution est donc potentiellement beaucoup plus radicale et, pour la comprendre, nous devons poursuivre notre enquête et pénétrer un niveau encore plus profond. À ce niveau, nous verrons pourquoi le harcèlement sexuel, le viol, ou encore quelque chose qui peut parfois sembler inoffensif vu de l'extérieur, peut être si dévastateur pour la victime et pourquoi elle se voit obligée d'employer une stratégie aussi radicale. Ce niveau de notre enquête nous fournira également le canevas pour comprendre comment la conscience a émergé, à la fois au sein de l'espèce humaine et au sein de chaque individu.

La caresse comme trahison

Pour illustrer cette situation, prenons l'exemple d'une femme qui consulte son médecin dans le but de détecter un éventuel cancer du sein. Pour faire son examen, le médecin devra évidemment lui tâter les seins. Elle ne se sentira pas troublée par ce rituel car elle a confiance en lui, et par conséquent n'a pas besoin de briser le contact. « Moi-toi » est donc en harmonie. Il est cependant possible qu'elle soit gênée. Sa gêne vient du fait qu'elle est « transformée en objet » – et cela également provient d'une ambiguïté dans la présence, similaire à celle que nous venons tout juste d'étudier, mais potentiellement beaucoup plus destructrice.

Pour comprendre cette gêne, nous devons d'abord faire la distinction entre « être caressé » et « être ressenti », car cette fois la confiance que la femme a en son médecin tient au fait qu'elle sait qu'il tâte ses seins pour les ressentir et non pour les caresser, tandis que dans le métro nous faisons habituellement confiance aux gens, sachant qu'ils ne nous touchent pas pour nous tâter, mais ne font que nous frôler.

Quand je caresse une femme, je veux la ressentir et non pas seulement la toucher. Mais je veux également être présent-à sa présence-au fait d'être ressentie. Cette « présence-à » réciproque transforme le « ressentir » en « caresser ». Pendant que je caresse, toutefois, cette réciprocité demeure dans la même « présence-à ». Cela peut peut-être se comprendre plus aisément sur le diagramme 5.

Présence-en-tant-que

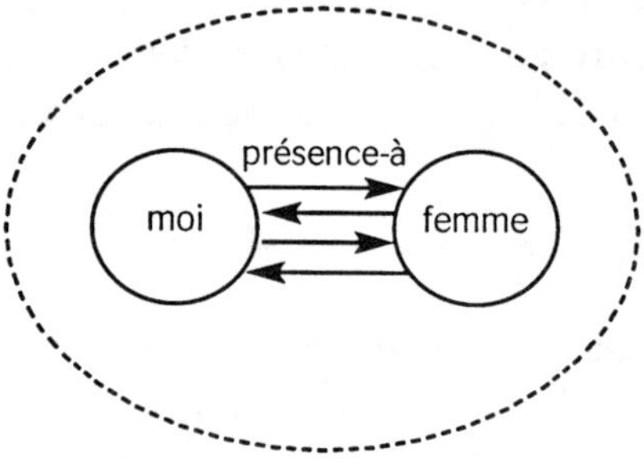

Figure 5

Il se produit un feed-back, comme celui du micro devant un haut-parleur ; dans le cas de la caresse, cependant, ce n'est pas une augmentation de volume, mais une augmentation d'intensité de la présence ; la présence est accrue, intensifiée. Notons que le feed-back ne se produit pas entre la *présence-à de la femme*, et ma présence-à : c'est un feed-back entre Moi et Toi.

Présence-en-tant-que

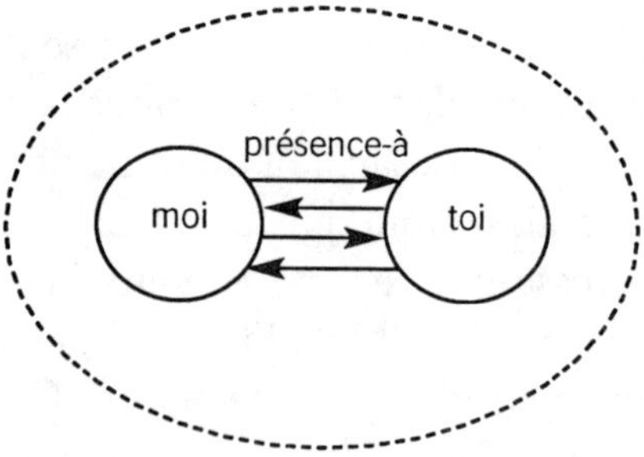

Figure 6

« Moi-Toi » ne dépend pas du fait qu'il y ait une autre personne. La rencontre peut être seulement « Moi-Toi », mais il importe que cela ne soit pas perçu comme étant uniquement de « l'imagination », de « l'illusion », etc. Au contraire, l'illusion réside dans la croyance que « Moi-Toi » doit nécessairement impliquer la présence physique d'une autre personne. Une autre façon d'illustrer cela :

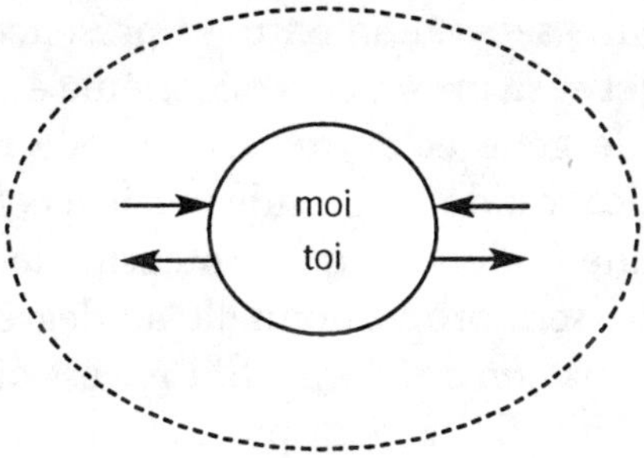

Figure 7

Revenons à la patiente dans le cabinet du médecin. Pendant son examen physique, plus elle est attentive au fait de n'être pas caressée, et plus le médecin joue bien son rôle professionnel, plus elle doit se faire objet. Si elle, ou le médecin [2], affichait quelque embarras à propos de la situation, il y aurait menace de désastre. Et si le médecin trahissait la confiance de sa patiente en caressant ses seins au lieu de les palper professionnellement, non seulement il faudrait qu'elle se coupe de lui mais, comme nous l'avons déjà mentionné, qu'elle *se coupe d'elle-même.* Cette coupure sera ici beaucoup plus grave que celle avec l'étranger du métro parce qu'elle se produit à un niveau d'intensité beaucoup plus élevé. En outre, pour se couper de la caresse, le feed-back doit être interrompu à un autre niveau se situant au-delà de celui que nous avons décrit dans l'épisode du métro.

En niant la « présence-au » fait d'être palpée (ressentie), la patiente s'est transformée en objet pour elle-même et pour le médecin, interrompant de ce fait le processus de feed-back, ce qui signifie qu'elle s'est niée en tant que sujet. Un objet n'est pas *présent-au* fait d'être ressenti. Plus elle a confiance dans le médecin, plus elle est disposée à faire ce déni, et par conséquent plus elle accepte d'être un objet, mais strictement dans le cadre et pour les besoins de l'examen médical. Néanmoins, elle demeure toujours un sujet, une personne. Cela entraîne une séparation entre sa présence-à elle-même en tant que sujet et sa présence-à elle-même en tant qu'objet. Le sentiment de gêne et de malaise qu'elle ressent durant l'examen médical est dû en grande partie à cette séparation. Mais cela signifie également que l'intensité de sa souffrance, si elle est trahie, sera proportionnelle au degré de confiance qu'elle avait dans son médecin. S'il en est ainsi, c'est que dans la mesure où elle devient présente au fait d'être caressée et non examinée médicalement, elle devra, afin de nier cette présence, accroître proportionnellement le besoin d'accepter d'être un objet, en même temps que le besoin de nier qu'elle est un sujet. Une autre façon de dire qu'elle se nie comme sujet est de dire qu'elle n'est plus un « moi ». Ce refus pourrait atteindre un point où il deviendrait impossible de le soutenir. À ce moment, l'ancien « moi » disparaîtra pour faire place à l'émergence d'un « moi » entièrement nouveau. Un profond déchirement intérieur se produira. Les femmes qui sont victimes de telles agressions peuvent mettre des mois, voire des années, à s'en remettre. Cette rupture d'avec soi-même se produisant aux niveaux spirituels les plus profonds peut déclencher une violence et une haine de soi telles qu'elles peuvent pousser la femme à la folie ou au suicide [3].

La caresse comme amour

L'*Unité* séparée d'avec elle-même se verra encore plus clairement si nous considérons maintenant le cas de deux amants qui se caressent. Du point de vue purement physique, les caresses de l'amant et celles du violeur peuvent paraître exactement les mêmes, sauf que dans le cas de l'amant, le résultat, plutôt que d'être une séparation violente maintenue par la haine, est un sentiment d'union accru dans un paroxysme d'amour. Il y a une intensification au lieu d'une division. La femme est caressée par l'homme, mais dans une situation amoureuse, elle caresse l'homme à son tour. Le feed-back augmente en intensité à mesure que s'ajoute la « présence-au » feed-back de l'autre comme suit :

Je suis présent à toi.
Je suis présent à toi étant présente à moi.
Je suis présent à toi étant présente à moi présent à toi.
Je suis présent à toi présente à moi présent à toi présente à moi.
Je suis présent… [4]

Un auteur parle du début de l'orgasme en ces termes : « On inverse la polarité de son identité avec celle d'un partenaire réel ou imaginaire, tour à tour regardant le partenaire avec nos propres yeux et nous regardant avec les yeux du partenaire. (On peut aussi regarder les deux avec les yeux imaginés d'un tiers. Les miroirs facilitent ce point de vue omniscient.) Ces oscillations d'identification s'accroissent en fréquence et en intensité à mesure que l'orgasme approche. Lorsqu'il se produit, on fait l'expérience de soi comme un mélange des deux identités [5]. »

La plupart du temps, le sexe sans amour est de la bagatelle. Aimer un autre, dans le contexte de l'érotisme, c'est vouloir être *présent à* la *présence-à* de l'autre et à l'excitation de l'autre par notre propre excitation. Exprimé en termes un peu simplistes, celui qui cherche seulement son plaisir dans une relation érotique est un mauvais amant, tout comme une personne qui veut donner du plaisir sans en ressentir. De plus, la plupart des gens s'entendent pour dire que la situation érotique est à 90 % « dans la tête », ce qui, dans nos termes, revient à dire que la situation érotique en est essentiellement une où il y a feed-back de la « présence-à ».

Unité/Dualité/Unité

Ainsi deux situations se présentent, identiques d'un point de vue physique, mais pouvant produire des résultats diamétralement opposés. Un homme caresse une femme. Dans le premier cas, ce geste suscite la violence chez la femme, violence qu'elle retourne la plupart du temps contre elle-même dans un sentiment de culpabilité, de haine de soi et d'angoisse ou, plus rarement, contre l'homme dans une attaque physique ou verbale. Dans le second cas, ce geste mène à un paroxysme d'extase dans l'orgasme. Le même mécanisme, feed-back de « présence à la présence-à », se retrouve dans les deux cas. Bien que pour une femme un homme puisse contribuer à ce feed-back, il n'est reste pas moins que le feed-back se passe entre le « Moi-Toi » de la femme, non entre la femme comme une personne et l'homme comme une personne. Se souvenir ou s'imaginer en train de caresser une personne aimée peut être suffisant pour mettre en branle la montée érotique. Ainsi donc, la « présence-à » provoque une ambiguïté, une situation identique aboutissant à des résultats opposés ; « moi » est à la fois le sujet et l'objet, ou, dans les deux cas, l'unité est divisée. Dans le premier cas, la division mène à la violence, la haine et l'enfer, tandis que dans le second elle mène à une intensification de « présence à » l'unité, au paradis.

Dans nos exemples, nous avons choisi le sens du toucher parce qu'il a une qualité immédiate. La plupart des gens auront une réaction de répugnance à l'idée même d'être tâtés par un étranger et reconnaîtront immédiatement la différence entre être touché, tâté et caressé. Le même feed-back se produit également avec le sens de la vue. Deux amoureux se regardent dans les yeux et cela peut être suffisant pour déclencher un cycle érotique ; d'un autre côté, deux ennemis se regardent dans les yeux, et cela peut déclencher une explosion de violence. Le regard a souvent été associé à l'éveil d'une énergie intense et il a donné naissance au mythe du mauvais œil [6], très répandu dans diverses civilisations. Il s'agit du pouvoir de faire du tort à la personne d'autrui ainsi qu'à ses biens, et quelquefois même lui infliger la mort, par la simple puissance du regard – la rencontre de la « présence-à » avec la « présence-à ». Le regard est également associé à des expériences béatifiques, surtout en relation avec le coup de foudre et la rencontre avec le regard du gourou.

Notre détour nous a permis de préciser le mécanisme par lequel l'unité est divisée contre elle-même. Nous devons maintenant revenir à la conscience et montrer que cette division de l'unité se produit au niveau le plus fondamental.

La « présence-en-tant-que » n'est pas *à moi* ; il n'y a là aucune trace de subjectivité ou d'objectivité. Ce n'est ni à l'intérieur ni à l'extérieur de moi ; cela ne va ni ne vient. De plus, ce sont les contraintes du langage qui nous ont forcé à appeler « moi » le point de vue. Ajoutons cependant qu'un point de vue implique la subjectivité, et nous pourrions même dire que c'est la subjectivité originelle. Cette subjectivité peut être celle d'un être humain ou d'un animal. (Une analyse plus approfondie de la subjectivité est incluse dans l'appendice 3.)

Le point de vue, toutefois, n'est pas uniquement subjectif. Il comporte aussi l'Autre. C'est la raison pour laquelle nous ne parlons pas seulement de « moi-centre » (le sujet), mais insistons toujours pour inclure « moi-périphérie » : ils ne peuvent être séparés. Moi-périphérie implique l'Autre autant que moi ; en vérité, à ce niveau originel, l'Autre est moi. Ils ne font qu'un. Ainsi, « moi » et « toi » sont d'égale valeur, chacun également indépendant et pourtant dépendant de l'autre ; tous deux sont au centre, en tant que « présence-à », et en même temps à la périphérie de la « présence-à ».

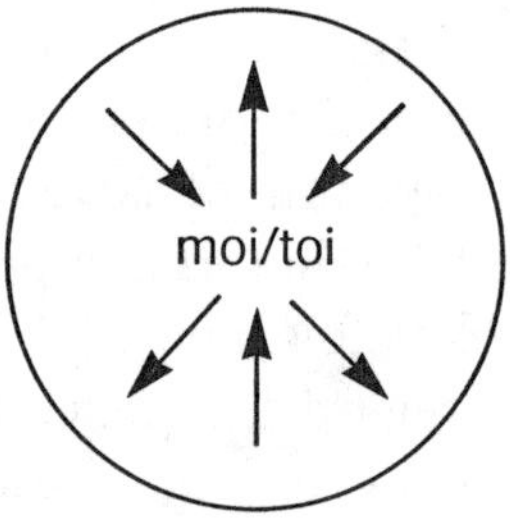

Figure 8

Moi et toi sont le *résultat* de la « présence-à » divisée, retournée sur elle-même. La « présence à » *n'est pas un attribut* de moi ou de toi en tant que personnalité. Le « regard » est la rencontre de la « présence-à » à l'intérieur d'elle-même, en amont de la conscience, ce qui explique pourquoi nous ne pouvons jamais saisir l'autre comme une forme dans la conscience. « Tu » es, pour ainsi dire, un trou dans l'existence par lequel je peux toucher le ciel ou tomber en enfer. La conscience est une série de tampons permettant d'atténuer la menace de l'enfer et la promesse du ciel. Une des fonctions de la conscience est de fournir des moyens d'éviter une rencontre directe avec « toi ». Je me sers des mots, des noms, des formules clichés et des comportements stéréotypés comme tampons contre la réalité, comme voiles pour « te » masquer, comme façons de « te » transformer en « ça ». Mais parfois les tampons sont inefficaces, les voiles se déchirent et je me retrouve hors de moi-même dans l'extase ou dans l'horreur. « Toi » et « moi » sommes comme le miroir et l'image, un parfait *unus-ambo.* Mais qui est le miroir et qui est l'image ? On ne peut le déterminer. L'amour humain, l'amour que j'ai pour une femme, me délivre en me procurant des moments d'extase, où je me tiens hors de moi-même, où toi et moi sommes deux mais un. Mais il en est de même de l'amour d'un homme et d'une femme pour Dieu, l'amour de Je pour Tu.

1. Jung dit qu'un complexe consiste « en un élément nucléaire et une constellation d'associations. L'élément nucléaire comprend deux composantes : d'abord un facteur déterminé par l'expérience et relié causalement à l'environnement ; ensuite un facteur inné au tempérament de l'individu et déterminé par ses dispositions. Le pouvoir de consteller de l'élément nucléaire correspond à l'intensité de sa valeur, c'est-à-dire à son énergie. » (« The Structure and Dynamics of the Psyche », *in* C. G. JUNG, *The Collected Works*, Routledge and Kegan Paul, Londres, 1960, p. 11-12).

2. Un « médecin » n'est pas tant une personne qu'un rôle adopté par une personne. Plus quelqu'un est capable de remplir complètement ce rôle, plus il est professionnel.

3. Le jour même où ce texte était écrit, nous pouvions lire dans la *Gazette* de Montréal : « L'agression sexuelle de patients peut avoir des conséquences très graves. [...] Dans des cas extrêmes, il se produit des tentatives de suicide et des épisodes psychotiques. »

4. Ici encore nous avons simplifié pour faire ressortir notre point de vue.

5. Murray DAVIS, *Smut Erotic Reality/Obscene Ideology*, University of Chicago, 1983, p. 98-99.

6. Voir Alan DUNDES, *The Evil Eye*, University of Wisconsin Press, 1992.

Troisième partie

XIV

L'ARDENT DÉSIR DE L'UNITÉ : LE CRI INARTICULÉ

> Comment suis-je venu à l'existence ? D'où suis-je ? Et pour servir quel dessein suis-je venu ? Pour repartir ? Comment puis-je apprendre quoi que ce soit – ne sachant rien ?

Dans les prochains chapitres, nous traiterons plus spécifiquement de l'évolution de la conscience, le troisième saut créateur dans l'évolution. Le premier saut étant la création de la matière, le deuxième celle de la cellule. La création de la conscience provient de la création de l'idée du monde qui donne forme au champ qu'on appelle « moi ». Chez les humains, l'idée du monde et « moi » ne font qu'un. Avant de pouvoir comprendre la création de l'idée du monde, et ensuite celle de la conscience, nous devons comprendre la créativité elle-même, ce qui l'inspire, pourquoi souvent elle est si soudaine et ce qui la détermine. Ces thèmes seront traités séparément dans les chapitres suivants. Comme nous le savons, la création de la conscience représente une étape majeure dans l'évolution des humains, et c'est donc au niveau de l'humain que la créativité doit être examinée. Il ne faut cependant pas oublier ceci : chez un être humain, la force qui crée est la même que celle qui le crée.

Il existe un germe qui sous-tend les aspirations et les besoins les plus profonds de l'être humain. Les aspirations qui donnent naissance à la créativité, à la spiritualité, à l'amour romantique et, lorsqu'elles sont frustrées, à la violence, ont une source commune. Cette source – ce germe – est simple dans sa structure, mais ses effets sont d'une très grande portée. Quel est donc ce germe, la source de nos aspirations, ce que les poètes ont nommé « le cri inarticulé » ? Tenter de le connaître nous aidera dans notre exploration de la conscience.

Dans ce chapitre-ci, nous verrons l'influence de l'Unité comme force dans les activités humaines – dans la créativité, l'amour, la spiritualité et la violence. Le suivant examinera la raison pour laquelle la créativité est souvent si soudaine. Ensuite, nous ferons l'anatomie du « cri inarticulé » qui, comme nous le découvrirons, est l'anatomie de l'idée ou l'œil de l'Unité. Mais voyons d'abord comment l'Unité est une force qui réclame une expression.

La créativité

Vincent Van Gogh écrivait à son frère : « Je peux me passer de Dieu dans ma vie et dans ma peinture mais je ne peux pas, malade comme je le suis, vivre sans quelque chose qui est plus grand que moi, qui est ma vie – le pouvoir de créer [1] ». Ces paroles sont d'autant plus remarquables qu'à peu près à la même époque Van Gogh disait n'avoir pris que trois repas chauds au cours des derniers mois, et que son repas du soir se résumait à une tasse de café noir et du pain qu'il gardait dans son coffre. S'il mangeait si peu, c'est qu'il ne pouvait vendre un seul de ses tableaux et vivait de la générosité de son frère. Mais le besoin de créer était si fort en lui que presque tout l'argent qu'il recevait lui servait à se procurer de la peinture et de la toile et à payer ses modèles.

Comme nous l'avons déjà dit, ce « pouvoir de créer » dont parle Van Gogh n'est pas uniquement un besoin humain.

C'est le « pouvoir » qui a créé l'humanité ainsi que toutes les cultures et les civilisations de l'humanité. Ce n'est qu'en acceptant de voir la créativité comme inhérente à l'univers que nous pouvons l'attribuer aux êtres humains. En revanche, si nous la leur refusons, non seulement l'univers n'est plus le même mais, comme le disait Teilhard de Chardin, il ne peut y avoir d'univers.

Le pouvoir de créer prend sa source dans l'aspiration à l'unité. Le désir de trouver un sens à la vie est une des manifestations de cette aspiration chez les êtres humains. Van Gogh a exprimé ce désir de façon très poignante en se décrivant comme un de ces êtres « prisonniers dans je ne sais quelle cage horrible, horrible, très horrible. [...] Un tel ne sait pas toujours lui-même ce qu'il pourrait faire, mais il sent par instinct : pourtant je suis bon à quelque chose, je me sens une raison d'être ! À quoi donc pourrais-je être utile, à quoi pourrais-je servir ! Il y a quelque chose au-dedans de moi, qu'est-ce que c'est donc [2] ? »

« Il y a quelque chose au-dedans de moi, qu'est-ce donc ? » Cette question trouve un écho dans un poème de Beddoes qui parle du pouvoir de créer venant de l'aspiration à l'unité en ces termes :

> Une vie toute neuve sans visage dans l'obscurité,
> criant d'une voix inarticulée « Que serai-je » [3] ?

Cette description de la pulsion créatrice s'avéra si juste qu'elle fut ensuite empruntée par Gottfried Benn, un poète allemand, lors d'une conférence sur la créativité en poésie, et plus tard par le poète T. S. Eliot dans son articles « Three Voices of Poetry ». Cet article d'Eliot peut contribuer à nous faire comprendre le « pouvoir de créer » de Van Gogh, compréhension qui à son tour éclairera la question de la condition humaine et de la vie en général, car le pouvoir de créer n'est pas seulement imparti à quelques élus, il est la bénédiction, ou la malédiction, de chacun d'entre nous.

Eliot commence par s'interroger sur ce qui pousse un poète à écrire (cette interrogation vaut également pour ce qui sous-tend à la fois la créativité et l'évolution). Quelle est la source de l'inspiration ? Il cite Gottfried Benn : « Tout d'abord, *un embryon inerte ou un germe créateur est conçu* et ensuite vient le Langage, les ressources dont dispose le poète [4] ». Van Gogh utilisait le langage de la peinture au lieu de celui des mots. En généralisant, nous pouvons dire que dans toute création un embryon inerte est d'abord conçu qui, ensuite, trouve une forme. Non seulement le poète trouve une forme pour l'embryon, mais il *doit* trouver une forme, il doit trouver le langage qui donnera vie à cet embryon inerte, souligne Eliot. Ainsi, dit-il, citant toujours Benn : « Le poète a en lui quelque chose qui germe et pour lequel il *doit* trouver les mots [5] ». En d'autres termes, la créativité n'est pas un luxe mais une nécessité, un impératif. Beaucoup de gens ont une vision romantique de la vie d'artiste ; ils ne se rendent pas compte que la créativité peut être tyrannique, exigeante et pénible. À l'inverse, beaucoup ne voient pas que leur sentiment d'oppression, d'écrasement devant la vie, peut fort bien venir d'une envie de créer non satisfaite, le « cri inarticulé » appelant en vain, comme chez Van Gogh lorsqu'il criait sa douleur.

Henry James a également employé la notion de « germe » pour désigner ce qui pousse un auteur à écrire. Il disait que c'était à la fois une infection provoquant la fièvre littéraire chez l'auteur infortuné et une semence prête à germer dans une forme littéraire pleinement épanouie. C'est ainsi qu'une remarque lancée à l'improviste lors d'un dîner servit de semence à l'un de ses romans, *Le Sort de Poynton.* Cette remarque lui fit voir instantanément « le virus dans son ensemble [6] ». Une poétesse, Denise Levertov, décrit ce virus en termes sensoriels : « Vous pouvez flairer le poème avant de le voir. Comme un animal [...] l'odeur d'un ours ; vous commencez à l'entendre comme s'il marchait à pas feutrés autour de la maison [7] ». Elle attend alors jusqu'à ce que le germe se déploie de lui-même « en quelques phrases, en quelques mots, en un rythme, parce que si je tente de le forcer volontairement à l'existence avant que l'intuition ne se soit mise à l'œuvre, ce sera un très mauvais début, et peut-être même vais-je perdre complètement le poème [8] ». Ce germe, ce virus, « possède pour le créateur les caractéristiques de la totalité, de la nuance, de l'ambiguïté, de l'ouverture ainsi que de la spécificité concrète [9] ».

Bien que le poète ait en lui un germe pour lequel il *doit* trouver les mots, il ne peut savoir quels mots il cherche *avant de les avoir trouvés*, dit Benn, qui ajoute que le poète ne peut identifier cet embryon « avant qu'il ait été transformé en un agencement de mots justes dans un ordre adéquat » ou, dans le cas du peintre, en un agencement de formes et de couleurs justes dans un ordre adéquat. « Cela accompli, la "chose" pour laquelle les mots devaient être trouvés disparaît, remplacée par le poème [10] ». Ce connaître inconnu, ce mystère, vient de l'ultime inconcevabilité de l'Unité. Stravinsky y fait allusion : « Cet avant-goût de l'acte créateur accompagne la saisie intuitive d'une entité inconnue, déjà en notre possession mais qui n'est pas encore intelligible, une entité qui ne prendra forme définitive que par l'action d'une technique soutenue et vigilante [11] ». Dans son livre *Vers une écologie de l'esprit*, Gregory Bateson affirme à son tour que « parfois – souvent en science et toujours en art – on ne sait ce qu'étaient les problèmes qu'une fois qu'on les a résolus [12] ».

En parlant de l'inconnaissabilité de cette chose qui pousse l'artiste à se mettre à l'œuvre, Benn dit qu'il n'y a rien, au départ, d'aussi défini qu'une émotion au sens ordinaire, encore moins une idée.

Dans son article, T. S. Eliot exprime son accord avec Gottfried Benn et va même plus loin en disant que le poète utilise toutes ses ressources afin d'exprimer cette obscure impulsion. « Il ne sait pas ce qu'il veut dire avant de l'avoir dit [...] À ce stade, il ne se préoccupe pas du tout des autres, mais uniquement de trouver les mots justes ou, du moins, les mots les moins mauvais. Il ne se soucie pas de savoir si quelqu'un d'autre comprendra jamais ces mots qu'il aura trouvés [13]. »

Cela ressemble beaucoup, avec une intensité différente, au fait d'avoir quelque chose sur le bout de la langue, le nom d'un auteur par exemple, dont on ne peut se souvenir : l'embryon inerte surgit, un germe créateur accompagné d'un effort pour trouver les mots qui, une fois trouvés, feront disparaître le germe. Ce germe est « quelque chose » ; *on sait ce que c'est*, car lorsque quelqu'un demande « Est-ce Conrad ? », on répond « Non, ce n'est pas Conrad », « Est-ce Jacques ? – Non », etc. Comme ce n'est pas encore consciemment intégré à d'autres expériences, on ne sait pas ce que c'est. Cependant, si l'on ne « connaissait » pas le nom, on ne pourrait pas aussi facilement rejeter ceux qui ne conviennent pas. Ce que nous entendons le plus souvent par le mot connaissance, c'est une pensée ou une image, peut-être même une émotion. Bien qu'on puisse faire appel à une pensée, à une image ou à une émotion pour tenter d'exprimer le germe créateur, ce dernier n'est cependant rien de tout cela. En réalité, ce n'est pas du tout une expérience. Ce dont il est question ici modifie l'expérience, crée des émotions et libère des pensées, mais, en soi, ce n'est rien de cela. Si on affirme toutefois que c'est *quelque chose* et que l'on entreprend de rejeter tous les contenus possibles de l'esprit comme n'étant pas cette chose, on est obligé de se demander de quelle nature est ce « quelque chose ». Le cri inarticulé, « la vie toute neuve sans visage dans l'obscurité », c'est l'Unité. En parler comme étant « quelque chose » est uniquement un expédient linguistique. L'Unité est la matrice de toutes choses, mais ce n'est pas une chose.

Reprenant cette analogie entre l'embryon créateur et la tentative de se rappeler le nom d'un auteur, notons que dans les deux cas l'effort est accompagné d'une tension. Cette tension semble varier selon l'imminence de la découverte et son importance pour nous. Si le rappel du nom est très important et s'il semble imminent, cela peut être source de frustration, d'anxiété, de peine et même de colère. Dans les jeux-concours télévisés où sont testées les réserves inépuisables de connaissances futiles des participants, ces derniers expérimentent différentes intensités de tension quand ils « connaissent la réponse – mais ne la connaissent pas ». En réalité, ce qui pousse les gens à regarder ces émissions si avidemment est probablement le fait qu'ils se délectent par procuration de cette tension et de son relâchement dans une orgie cathartique d'excitation. Quant au nom de l'auteur, s'il n'est pas très important pour nous de le retrouver, nous ne ressentirons qu'un léger malaise, une faible tension, agaçante et persistante.

Quand le nom correct ou le mot juste surgit, il est accompagné d'un déclic, d'une détente soudaine. C'est, pour employer les mots de T. S. Eliot, « un moment d'épuisement, d'apaisement, d'absolution et de quelque chose de très voisin de l'anéantissement ». Bien sûr, le relâchement de la tension et le sentiment de soulagement seront beaucoup moins intenses s'il s'agit simplement de se rappeler le nom d'un auteur. Mais ce doit être le nom *correct*. Parfois, une pseudo-solution peut s'offrir à nous et être acceptée. Bien que la tension puisse diminuer dans ce cas, le déclic de la détente ne se produira pas et le sentiment de vague agacement persistera.

Eliot dit que le poète, au stade où il se débat avec cet embryon inerte, *ne se préoccupe pas de rendre la chose intelligible aux autres.* Il est important de le noter, car souvent les gens confondent créativité et communication, et bien que la communication puisse requérir de la créativité, celle-ci n'est pas, en soi, de la communication. Cette distinction sera vitale lorsque nous ferons la différence, un peu plus loin, entre la création que nous appelons « langage » et la communication. En se référant, encore une fois, à la situation où l'on cherche le nom d'un auteur qui nous échappe, on peut déjà y voir la preuve que la créativité et la communication ne sont pas nécessairement liées. Même si l'impasse a lieu durant une conversation, l'effort pour se remémorer le nom peut se poursuivre longtemps après. Cette quête pour trouver le mot libérateur nous amène, pour ainsi dire, à nous « retirer » dans un monde privé. Et quand nous nous absorbons vraiment dans la recherche, la conversation et tout ce qui nous entoure s'estompent en quelque sorte.

Van Gogh s'écriait : « Il y a quelque chose au-dedans de moi, qu'est-ce que c'est donc ? » Eliot fait écho à ce cri en ces termes : « Il est oppressé par un fardeau qu'il doit mettre au monde s'il veut s'en délivrer. Ou, pour employer une autre image, il est hanté par un démon, un démon devant qui il se sent impuissant, parce que dans sa manifestation première il n'a pas de visage, pas de nom, rien. Et les mots, le poème qu'il crée, sont une sorte d'exorcisme de ce démon [14]. »

Le pouvoir créateur de Van Gogh était aussi une forme d'exorcisme d'un démon, un démon qui le tenait captif « dans une prison horrible, horrible, très horrible ». En d'autres termes, dit Eliot, si le poète ou le peintre se donne toute cette peine, ce n'est pas pour communiquer avec qui que ce soit, mais bien pour se soulager lui-même d'un vif inconfort. (Dans le cas de Van Gogh, il faudrait parler d'une angoisse indescriptible.) Quand le poète a finalement réussi à agencer les mots d'une façon juste – ou de la meilleure façon qu'il puisse trouver –, il peut expérimenter un « moment d'épuisement, d'apaisement, d'absolution et de quelque chose approchant l'anéantissement », moment en soi indescriptible. Il peut alors dire au poème : « Va-t'en ! Trouve-toi une place dans un livre et ne t'attends pas à ce que je m'intéresse à toi dorénavant. »

Comme tous les artistes, Van Gogh, Gottfried Benn, Beddoes, T. S. Eliot étaient poussés par un démon inconnu, démon possédant toutes les caractéristiques de la malédiction, de la croix, du fardeau. Cette malédiction, comme nous tenterons de le montrer, est celle de l'unité, une malédiction partagée par toute l'humanité. Nous sommes poussés à découvrir l'unité, une unité qui était nôtre et qui semble avoir été perdue quand la « présence-à » s'est retournée sur elle-même. On appelle cette unité le Paradis quand on la projette dans le futur, et le jardin de l'Éden quand on la conçoit dans le passé. Voir l'unité dans cette optique donne un sens nouveau à la malédiction de Dieu jetée sur Adam : « Honnie est la glèbe à cause de toi. Dans la peine tu en mangeras tous les jours de ta vie [15]. » Ce n'est pas uniquement l'artiste mais nous tous qui sommes hantés par ce démon sans nom et sans forme dont la malédiction, à moins d'être exorcisée, nous plonge dans la confusion. C'est cette même malédiction – ou bénédiction – qui a poussé le premier humain à emprunter le chemin de la conscience. Mais examinons de plus près cette poussée ou cet élan en ce qu'il sous-tend différents aspects de la condition humaine.

L'amour romantique

Comme nous nous sommes longuement penché sur ce sujet dans deux livres, *The Iron Cow of Zen* et *Le Rêve du papillon*, nous en parlerons brièvement ici. Pour expliquer la naissance de l'amour romantique, Platon raconte un mythe qui pourrait aussi bien servir à expliquer la malédiction qui pèse sur les être humains. D'après ce mythe, il y eut autrefois sur terre des êtres dotés de deux têtes, quatre bras et quatre jambes. À cause de leur stabilité et de leur force, ils devinrent une menace pour les dieux qui décidèrent alors de les couper en deux, forçant chaque moitié à chercher indéfiniment son complément pour retrouver l'unité perdue. Le mythe nous dit que, tout comme l'artiste, l'amoureux est poussé par le démon de l'unité. Platon évoque ainsi le désir que l'amant éprouve pour sa bien-aimée : « La cause de ce désir doit être cherchée dans le fait que c'était là en effet notre nature première, *quand nous formions un seul tout encore entier.* C'est vraiment *l'ardent désir de cette unité* qui se nomme amour [16]. »

L'ardent désir de l'unité se nomme amour. Mais ce désir ardent, comme nous le voyons d'après le mythe, vient d'un sentiment sous-jacent de séparation et d'incomplétude. Combien de fois ne retrouve-t-on pas dans des romans, des films ou des chansons, l'histoire de l'amant séparé de sa bien-aimée ! L'amour et la mort sont la substance de la tragédie. D'un côté il y a l'amour, l'unité parfaite, tout conflit et toute division apaisés, de l'autre il y a la mort, l'ultime séparation, l'abîme infranchissable. L'un des exemples les plus célèbres de ce désir d'unité hanté par le conflit et exprimé dans l'amour romantique est sans doute l'histoire de Roméo et Juliette qui, comme nous le savons, s'achève tragiquement. Shakespeare utilise le conflit entre les deux clans familiaux pour exprimer concrètement l'angoisse de la séparation qui sous-tend l'amour des deux héros et les conduit à une fin tragique. Mais nous n'avons pas à nous tourner vers des personnages historiques ou légendaires ayant vécu à d'autres époques pour trouver des exemples de la façon dont la séparation sous-jacente aboutit souvent au tragique. Il n'y a pas si longtemps, le film *Fatal Attraction* mettait en scène une jeune femme poussée à la folie par son amour pour un homme. Et, dans la vie réelle, plusieurs d'entre nous connaissons la triste histoire de cette directrice d'école canadienne condamnée à la prison pour le meurtre de son amant qui l'avait trahie. Poussés par la fureur, les amoureux finissent dans la destruction ; une histoire d'amour tourne mal à cause de l'incapacité de transcender la séparation. L'unité qui est deux, la dualité qui est une, l'*unus-ambo* que nous avons exploré au chapitre 12, « Moi et toi », est à la racine même de l'amour romantique.

On dit souvent des amoureux qu'ils vivent dans un rêve. Une multitude de chansons en parlent de cette façon. Le rêve vient du sentiment de non-séparation, cette impression qu'un seul esprit embrasse les deux amants. Mais le rêve menace constamment d'éclater dans un cauchemar de séparation et les amants sont alors tourmentés, agités, bousculés. Une chanson des années quarante résume bien cette impression qu'une force cachée et inconnue, un « cri inarticulé », est à l'œuvre :

Agité comme un saule dans la tempête,
Ballotté comme une marionnette,
J'ai la fièvre du printemps peut-être,
Mais ce n'est pas le printemps.

Cette chanson, aussi banale qu'elle paraisse, exprime ce sentiment d'oppression, d'être pressé par le démon à la recherche de l'Unité. Quelque chose fait rage chez l'amant, quelque chose le trouble, et c'est la même force qui fait rage chez l'artiste et le bouleverse. Et la spiritualité ? Y retrouve-t-on aussi le même démon ?

Le bouddhisme zen

La littérature spirituelle, en effet, déborde de ces cris du cœur lancés par ceux qui cherchent Dieu, l'Amour, la Totalité, l'Unité. Les premières lignes du Psaume 21 en sont un exemple parmi des milliers d'autres.

Mon Dieu, mon Dieu, pourquoi m'avez-vous abandonné ?
Pourquoi restez-vous au loin, bien loin de mes gémissements ?
Mon Dieu, je crie le jour et vous ne me répondez pas ;
Je crie la nuit, et vous n'y prenez pas garde.

La « sensation du doute », sensation de soif et d'ardente nostalgie, est à la base de la quête de l'Unité dans le bouddhisme zen. Comme le faisait remarquer un maître, ce qui importe dans la pratique du zen, c'est de générer la sensation du doute. « À toutes fins utiles, disait-il, l'essentiel dans la pratique du zen c'est de résoudre cette masse de doute. C'est pourquoi l'on dit : "Au fond du Grand Doute se tient le Grand Éveil. Si vous doutez complètement, vous vous éveillerez complètement [17]." » La sensation du doute, ajoutait-il, sous-tend des questions telles que : Pourquoi suis-je né ? Où étais-je avant de naître ? Où irai-je après la mort ? Quel est le sens de la vie ? »

Ce maître zen disait que l'important était de générer la *masse de doute.* Et comme il donnait en exemple plusieurs types de questions pouvant générer cette masse de doute, il est évident qu'elle ne provient *d'aucune d'entre elles en particulier.* De fait, parmi les questions que les moines posaient traditionnellement aux maîtres zen, plusieurs ont acquis une forme rituelle : « Qu'est-ce que le Bouddha ? », « Quel est le sens de la venue en Chine de Bodhidharma [18] ? » La *forme* donc de la question est sans importance ; c'est *le fait de questionner*, c'est la masse de doute qui importe.

Le Grand Doute n'est nul autre que l'embryon inerte. La question du moine « Qu'est-ce que le Bouddha ? » n'est qu'un masque posé sur la face du démon sans visage d'Eliot pour aider à l'exorciser. Parce qu'il a une connotation trop intellectuelle cependant, le choix du mot « doute » est d'une certaine façon malheureux. Dans le Nouveau Testament, on retrouve cette expression : « Bienheureux ceux qui ont *faim et soif* de rectitude, car ils seront rassasiés. » La « sensation du doute » devrait être perçue comme une faim et une soif. Quand Van Gogh s'écriait : « Il y a quelque chose au-dedans de moi, qu'est-ce que c'est donc ? », il donnait voix à la sensation du doute.

Le Grand Doute pourrait s'appeler aussi le Grand Désir ou la Grande Nostalgie. Dans un texte mystique chrétien, *Le Nuage d'inconnaissance*, l'auteur dit : « Je préférerais pleurer jusqu'à ce que mon cœur se brise parce que je n'ai pas cette conscience de Dieu et que je sens la lourdeur pénible du moi, enflammant ainsi mon désir d'avoir et ma nostalgie de ne pas avoir cette conscience, plutôt que de jouir de toutes les méditations imaginatives et spéculatives si bien inventées, dont les hommes peuvent parler ou qu'ils peuvent trouver dans les livres, aussi saintes et valables puissent-elles paraître [19] ». Et plus loin : « Votre vie entière doit être une vie d'ardente nostalgie si vous voulez atteindre la perfection. Ce désir ardent doit se trouver au plus profond de votre volonté, placé là par Dieu avec votre consentement. »

Yasutani-roshi, un maître zen contemporain, dit : « La masse de doute est un doute quant à la raison pour laquelle le monde et nous apparaissons si imparfaits, si remplis d'anxiété, de conflit et de souffrance, alors que notre foi nous dit que la vérité est exactement le contraire. C'est un doute qui ne nous laisse aucun répit [20] ». Nous connaissons tous cette sorte de doute. Encore une fois, nous voyons le conflit intimement pénétré d'unité. Notre foi est une foi dans l'Unité, notre anxiété, le résultat du conflit et de la séparation – unité qui est dualité.

Le Grand Doute est le chaos et le désordre originels de l'Être. Ta-Hui, un autre maître zen, disait du Grand Doute qu'il était généré au point même où la confusion naissait. La confusion, la perplexité, l'anxiété, l'angoisse : telle est l'étoffe dont est fait le Grand Doute. En utilisant ce chaos et en le transformant en Grand Doute, le bouddhisme zen est capable de s'en servir de façon créatrice. Ghiselin disait, parlant de la créativité : « Le chaos et le désordre ne sont peut-être pas les bons mots pour décrire cette plénitude et cette activité indéterminées de la vie intérieure, car elle est organique, dynamique, pleine de tensions et de tendances. Ce qui en est absent, sauf dans l'acte décisif de la création, c'est la fixité et l'engagement ferme à résoudre dans un sens ou dans l'autre l'ensemble de ses tensions. C'est une mer d'indécision au travail [21] ». Ce passage pourrait très bien servir à décrire la sensation du Grand Doute. Cela nous rappelle encore une fois le cri de Van Gogh : « prisonniers dans je ne sais quelle cage horrible, horrible, très horrible ».

L'absence d'engagement à l'une ou l'autre des solutions est constamment mise en avant par le zen qui nous exhorte à éviter d'opposer le bien et le mal. Un poème célèbre, écrit par un ancien maître zen chinois [22] et intitulé *Sur l'Esprit croyant*, illustre bien cela. Il commence ainsi :

> La Grande Voie ne connaît nulle difficulté,
> Sinon qu'elle se refuse à toute préférence.
> Ce n'est qu'une fois libérée des choix
> Qu'elle se révèle pleinement et sans masque.
> Une différence d'un millimètre,
> Et le ciel et la terre se trouvent séparés [23].

John Keats, le poète romantique du XIXe siècle, se prononce également en faveur de l'absence d'engagement face à l'une ou l'autre des solutions quand il parle de l'*engagement négatif* dans l'activité créatrice, qui selon lui se manifeste « quand un homme est *capable de se tenir dans les incertitudes*, les mystères et les doutes, sans céder à l'irritation et vouloir coûte que coûte attraper un fait ou une raison [24] ».

Ainsi donc, l'artiste, l'amoureux et le chercheur spirituel cherchent tous à atteindre l'unité, une quête qui surgit du conflit et, plus profondément encore, du « cri inarticulé », de l'*unus-ambo.*

Avant de quitter ce mystère que nous avons appelé le cri inarticulé, faisons une dernière incursion, cette fois du côté de chez Proust. Ce qu'il dit dans le passage suivant résume de façon très succincte ce que nous avons voulu mettre en lumière. Le narrateur venait de porter à ses lèvres une cuillerée de thé où il avait laissé s'amollir un morceau de madeleine : « Mais à l'instant même où la gorgée mêlée des miettes du gâteau toucha mon palais, je tressaillis, attentif à ce qui se passait d'extraordinaire en moi. Un plaisir délicieux m'avait envahi, isolé, sans la notion de sa cause. Il m'avait aussitôt rendu les vicissitudes de la vie indifférentes, ses désastres inoffensifs, sa brièveté illusoire, de la même façon qu'opère l'amour, en me remplissant d'une essence précieuse : ou plutôt cette essence n'était pas en moi, elle était moi. J'avais cessé de me sentir médiocre, contingent, mortel. D'où avait pu me venir cette puissante joie ? Je sentais qu'elle était liée au goût du thé et du gâteau, mais qu'elle le dépassait infiniment, ne devait pas être de même nature. D'où venait-elle ? Que signifiait-elle ? Où l'appréhender ? [...] Grave incertitude, toutes les fois que l'esprit se sent dépassé par lui-même ; quand lui, le chercheur, est tout ensemble le pays obscur où il doit chercher et où tout son bagage ne lui sera de rien. Chercher ? pas seulement : créer. Il est en face de quelque chose qui n'est pas encore et que seul il peut réaliser, puis faire entrer dans sa lumière [25]. »

L'esprit se sent dépassé par lui-même, telle est la clé pour résoudre l'énigme de la créativité, de la spiritualité et d'Éros. Ai-je dit résoudre l'énigme ? Cela ne serait que folle prétention, à moins que *la clé ne soit l'énigme*, l'esprit étant, pour employer l'expression de Proust, à la fois le chercheur et le pays obscur où il doit chercher, le centre et la périphérie. La clé est l'énigme. Mais j'anticipe, et il faut encore parcourir un long chemin avant de pouvoir entrer dans la caverne du tigre. Nous en sommes à explorer le germe de la conscience, et nous avons vu que la naissance de ce germe est précédée d'un désir, d'une soif, d'une volonté d'être, d'un cri inarticulé. Est-ce le même cri inarticulé pour tout ? Continuons notre exploration.

1. Vincent VAN GOGH, *Lettres à son frère Théo*, Gallimard, Paris, 1988.
2. *Ibid.*, p. 102.
3. T. S. ELIOT, *On Poetry and the Poets*, Faber & Faber, Londres, 1957, p. 98.
4. *Ibid.*, p. 97.
5. *Ibid.*, p. 97.
6. John BRIGGS, *Fire in the Crucible*, Jeremy Tarcher, Los Angeles, 1990, p. 283.
7. *Ibid.*, p. 283.
8. *Ibid.*, p. 228.
9. *Ibid.*
10. T. S. ELIOT, *op. cit.*, p. 228.
11. John BRIGGS, *op. cit.*, p. 289.
12. Gregory BATESON, *Steps to an Ecology of Mind*, Ballantyne Books, New York, 1972, p. 271.
13. T. S. ELIOT, *op. cit.*
14. *Ibid.*, p. 98.
15. Genèse, III, 17, La Bible, trad. par André Chouraqui, Desclée de Brouwer, Paris, 1989.
16. PLATON, *Symposium*, XIV-XV.
17. CHAN CHEN-CHI, *The Practice of Zen*, Rider Books, Londres, 1959, p. 79.
18. Bodhidharma est reconnu comme le fondateur du *chan* en Chine, il est donc le premier patriarche chinois. La question pourrait se traduire ainsi : Quel est le sens du bouddhisme ?
19. Walter CLIFTON (trad.), *Cloud of Unknowing*, Penguin Classics, Harmondsworth, 1961.
20. Philip KAPLEAU, *The Three Pillars of Zen*, Harper and Row, New York, 1966.
21. Brewster GHISELIN, in *The Creative Process*, Mentor Books, Berkeley, 1952.
22. Nous employons le mot zen, mais il serait ici préférable d'employer le mot *ch'an*, qui est son équivalent chinois : historiquement, le *ch'an* a en effet précédé le zen. Cependant, les Occidentaux étant plus accoutumés

au mot zen, nous avons décidé de nous en tenir à ce mot pour éviter la confusion.

23. *L'esprit du ch'an*, traduction et commentaire du Shin Jin Meï par Taïsen Deshimaru, « Spiritualités vivantes Poche », éd. Albin Michel, Paris, 2000.

24. Lionel TRILLING, *The Selected Letters of John Keats*, Anchor Books, New York, 1951, p. 103 [les italiques sont de moi].

25. Marcel PROUST, *Du côté de chez Swann*, Gallimard, Paris, 1954. p. 55.

XV

L'ÉRUPTION DE L'UNITÉ

> La création apparaît sans l'aide de la volonté, comme dans une éruption de liberté, d'indépendance, de puissance et de divinité *.
>
> Nietzsche

« Mais à l'instant même où la gorgée mêlée des miettes du gâteau toucha mon palais... » À la fin du chapitre précédent, nous avons cité ce passage de Marcel Proust décrivant une expérience surgie de l'instant, soudainement. L'éruption de l'unité est toujours soudaine. La marque d'un moment vraiment créateur est l'éruption de l'unité dans ce qui n'était jusque-là qu'un champ obscur de confusion. Avant, comme le dit Francis Crick, tout est dans le brouillard : « Il n'est pas facile de communiquer à quelqu'un qui n'en a pas fait l'expérience, ce sentiment dramatique d'une illumination soudaine qui inonde l'esprit quand l'idée juste se met enfin en place [1]. » L'idée juste est une perception qui, dans un champ brumeux, dissipe l'obscurité et intègre tout dans un ensemble clair et harmonieux. « On voit immédiatement, reprend Crick, combien de faits déroutants auparavant sont clairement expliqués par la nouvelle hypothèse [2]. »

* Cité par Brewster GHISELIN, dans *The Creative Process*, Mentor Books, Berkeley, 1952, p. 202.

L'éruption de l'unité n'est pas seulement la marque d'une véritable créativité, mais aussi le moment d'amour authentique et d'éveil spirituel. Elle peut être également le moment d'une explosion de violence. Selon Teilhard de Chardin, une éruption est aussi responsable de l'explosion qui a fait naître la conscience, introduisant ainsi dans le monde une création entièrement nouvelle. « La Réflexion, dit-il, ainsi que le mot l'indique, est le pouvoir acquis par une conscience de se replier sur soi, et de prendre possession d'elle-même comme d'un objet doué de sa consistance et de sa valeur particulières. [...] L'être réfléchi, en vertu même de son reploiement sur soi-même, devient tout à coup susceptible de se développer dans une sphère nouvelle [3]. »

Voyons tout d'abord quelques exemples de cette éruption dans la créativité. Au chapitre suivant, nous verrons pourquoi nous disons que l'idée créatrice, qui est un autre nom pour le germe de la conscience, est l'éruption de l'unité.

Le caractère soudain de la créativité

Le mathématicien français Poincaré a fait le récit de son expérience de ce moment d'unité. Il raconte que pendant quinze jours il s'était débattu avec un problème mathématique sans arriver à aucun résultat. Puis un soir, contrairement à son habitude, il prit du café noir et ne put s'endormir : « Les idées surgissaient en foule ; je les sentais comme se heurter, jusqu'à ce que deux d'entre elles s'accrochassent, pour ainsi dire, pour former une combinaison stable. Le matin, j'avais établi l'existence d'une classe de fonctions fuchsiennes, celles qui dérivent de la série hypergéométrique ; je n'eus plus qu'à rédiger les résultats, ce qui ne me prit que quelques heures [4]. »

À ce moment, il quitta Caen, où il habitait, pour prendre part à une excursion géologique. Les péripéties du voyage lui firent oublier ses travaux mathématiques. Alors, raconte-t-il, « arrivés à Coutances, nous montâmes dans un omnibus pour je ne sais quelle promenade ; au moment où je mettais le pied sur le marche-pied, l'idée me vint, *sans que rien dans mes pensées antérieures parût m'y avoir préparé*[5]... » Cette idée l'amena finalement à résoudre le problème mathématique qui l'avait obsédé si longtemps. Il ne fit pas la vérification de cette idée à ce moment-là, car il n'en avait pas le temps, dit-il. À peine assis dans l'omnibus, il reprit la conversation commencée ; mais il eut tout de suite une entière certitude. De retour à Caen, il vérifia le résultat à tête reposée, par acquit de conscience.

Ce qui est intéressant de noter ici, c'est l'éclair de reconnaissance : le dénouement soudain. Dans les coulisses – le cri inarticulé, le démon ; puis, au centre de la scène, apparaît cet éclair de reconnaissance accompagné d'une entière certitude que le problème est résolu.

Un autre grand savant, le mathématicien Karl Friedrich Gauss, a raconté une expérience similaire. Il avait vainement travaillé sur un théorème pendant quatre ans, et puis : « Enfin, il y a deux jours, j'ai réussi non à force de grands labeurs mais, pour ainsi dire, par la grâce de Dieu. Comme dans un éclair brusque l'énigme s'est résolue [...]. Pour ma part, je suis incapable de dire quelle sorte de fil reliait ce que je savais antérieurement à ce qui a rendu possible mon succès [6]. »

Goethe, parlant de son travail d'écriture, dit dans *Les Souffrances du jeune Werther* : « Je recueillais des éléments qui flottaient en moi depuis des années. Je m'efforçais de retenir une image vive des événements qui pour moi avaient été les plus pressants et les plus inquiétants. Cependant, rien ne voulait prendre forme. Ce qui manquait, c'était une occasion dans laquelle ces éléments viendraient s'insérer. Soudain, j'appris la nouvelle du suicide d'un ami et immédiatement...

[mon idée prit forme] comme l'eau d'un contenant qui, au point de congélation, se transforme en glace au moindre choc [7]. »

Pour clore cette série de témoignages, voici un dernier exemple, celui de Louis Pasteur. En 1879, ce savant étudiait le choléra des poules. Il avait préparé des cultures du bacille, mais ses travaux furent interrompus et les cultures restèrent dans le laboratoire, sans surveillance, tout l'été. Lorsqu'il reprit ses expériences, au début de l'automne, il injecta ce bacille à des poulets. Surprise : les poulets ne furent que légèrement malades et guérirent. Pasteur conclut que ses bouillons étaient gâtés et fit une nouvelle culture de bacilles virulents. « Ayant acheté d'autres poules il leur injecta, comme à celles qu'il possédait déjà, la culture fraîche. Tous les poulets récemment introduits moururent, mais, à sa grand surprise, tous les anciens, qui avaient auparavant reçu une injection de culture inerte, survécurent. Un témoin a décrit la scène qui se déroula lorsque Pasteur fut informé du fait. Il garda le silence une minute, puis s'écria comme s'il avait eu une vision : "Vous ne voyez pas que ces animaux ont été vaccinés [8] ?" »

Rappelons-nous l'effort de retrouver le nom oublié d'un auteur, souvenons-nous de ce sentiment d'écrasement, d'oppression. Puis, soudain, le nom surgit de nulle part. Cela peut arriver le lendemain ou deux ou trois jours plus tard, mais quand cela se produit, c'est la détente, le plaisir.

Le caractère soudain de l'amour

Cette résolution subite n'est pas seulement le fait des moments de créativité et de découverte, elle se produit aussi en amour. La soudaineté du coup de foudre est légendaire. À titre d'exemple, voici les paroles d'une chanson populaire des années quarante :

Dès que je t'ai vue
J'ai su au premier regard
Que j'étais fait pour toi
Pour toi seule.

« J'ai su au premier regard », en un instant. Mais avons-nous vraiment besoin de citations ? Qui n'a pas vécu ce moment grisant où brusquement, au beau milieu des choses, on se réveille en s'écriant : « Je suis en amour ! » ?

Le caractère soudain du satori

La pratique du bouddhisme zen est fondée sur le *satori.* Quelqu'un a déjà expliqué le sens de ce mot de la façon suivante : « Supposons que vous tentez d'expliquer quelque chose à une personne et qu'à la fin de votre explication elle vous regarde d'un air plutôt perplexe. Vous essayez une approche différente. Elle est toujours perplexe. Vous essayez une troisième fois et soudain elle s'écrie : "Ah oui !" Cela se traduit en japonais par le mot *satori* : "Ah oui, je vois !" »

Dans le zen, le mot satori indique le moment de l'éveil spirituel qui survient toujours dans un éclair, mais son sens le relie directement aux exemples de créativité présentés plus haut. Voici quelques cas de satori. Hsu Yun, un maître chinois célèbre qui mourut dans les années cinquante, dit de son éveil : « Je coupai instantanément mon dernier doute et me réjouis en réalisant mon but si cher [9] ». Yasutani-roshi, dont nous avons déjà parlé, dit : « Avec le complet bannissement du concept du je, vous expérimentez soudainement l'Un. C'est le *kensho* (satori) [10] ». Hakuin, un maître du XVIIe siècle, le décrit de façon plus dramatique : « Quand la pensée discriminante est anéantie et que l'essence illuminée apparaît soudain, elle remplit l'univers de sa lumière infinie. C'est le "grand miroir de la parfaite sagesse" [11]. » Mais n'allons pas croire que l'éveil spirituel instantané soit réservé au zen. Voyons ce qu'en disent un maître hindou et un mystique chrétien. Nisargadatta, le maître indien : « Quand une personne est mûre, la réalisation est explosive. Elle se produit spontanément [12] ». Le mystique chrétien, auteur anonyme d'un traité classique appelé *Le Nuage d'inconnaissance* : « Le fruit de cet exercice est la haute sagesse spirituelle qui, soudainement et sans contrainte, est projetée intérieurement par l'esprit, en-dedans de lui-même. » Et plus loin : « Cette œuvre ne demande pas un très long temps pour son accomplissement [...], un moment pas plus long qu'un atome de temps, si court qu'il ne peut être analysé [13] ».

Cet éveil soudain en dehors de la pensée se rapproche beaucoup de ce qu'un mathématicien français raconte sur son expérience de découverte : « Un phénomène est certain et j'en garantis la certitude absolue : l'apparition soudaine et immédiate d'une solution au moment même d'un réveil brusque. Étant réveillé en sursaut par un bruit extérieur, une solution cherchée depuis longtemps m'est apparue d'un seul coup sans le moindre temps de réflexion de ma part [14]. »

Le caractère soudain de l'humour

Y a-t-il quelque chose dans notre vie de tous les jours qui puisse évoquer pour nous cette éruption soudaine ? Nous avons parlé du fait de se rappeler un nom, un numéro de téléphone ou quelque chose de similaire. Mais il y a une autre expérience, également très courante, la plaisanterie. Un groupe de gens bavardent ensemble, l'un d'eux raconte une blague : le rire éclate brusquement.

Voici quelques perles glanées ici et là dans des bulletins publiés par des églises de diverses confessions :

- Ne laissez pas l'inquiétude vous ronger – laissez l'église vous aider.
- Jeudi soir – Souper paroissial suivi par la prière et la médication.
- Souvenez-vous dans vos prières de tous ceux qui sont malades de notre église et de notre communauté.
- À l'intention de tous ceux qui ont des enfants et ne le savent pas, nous avons une garderie au sous-sol.
- Jeudi à 4 heures, il y aura une dégustation de crème glacée. Toutes les femmes qui donnent du lait sont priées de se présenter plus tôt.
- Mercredi, rencontre de l'association liturgique. Mme Jones chantera « Couchez-moi dans mon petit lit » accompagnée par le pasteur.
- Jeudi à 5 heures aura lieu une rencontre du Club des Jeunes Mamans. Si vous désirez devenir une jeune maman, allez voir le curé à son bureau.
- Dimanche prochain, il y aura une collecte spéciale pour défrayer les coûts du nouveau tapis. Que tous ceux qui veulent faire quelque chose sur le nouveau tapis s'avancent et le fassent.
- Les femmes de la paroisse se sont défaites de toutes sortes de vêtements et vous pourrez les voir au sous-sol de l'église vendredi.
- Il y aura un souper de fèves au lard jeudi soir dans le hall de l'église. Il y aura de la musique tout de suite après.
- À la messe de ce soir, le thème du sermon sera « Qu'est-ce que l'enfer ? » Venez d'avance assister à la répétition de notre chorale.

Chacune de ces « perles » peut se lire de deux façons différentes, le deux qui est un, l'*unus-ambo.* Il y a un éclair de reconnaissance subite, accompagné souvent d'un éclat de rire. Il existe un lien très serré entre l'humour et le zen, à tel point qu'un spécialiste du bouddhisme a déjà dit, de façon plutôt irrévérencieuse, que le zen était le bouddhisme avec des plaisanteries. Nous examinerons cette connexion un peu plus loin. Pour le moment, soulignons qu'encore une fois nous retrouvons un même fil qui traverse diverses régions de l'expérience humaine, ici, celui de la soudaineté, la soudaineté de la résolution, de l'éveil au moment de l'eurêka. Deux est un, un est deux !

Le caractère soudain de la violence

Écoutons maintenant d'autres histoires qui nous montrent comment cette éruption soudaine peut également être associée à l'hostilité et à la destruction. La première est le témoignage d'un individu s'étant retrouvé au beau milieu d'une bagarre familiale : « Ça a commencé plutôt lentement, si bien que je ne savais pas s'ils étaient sérieux... Ils se poussaient, ils se tiraillaient comme des enfants quand ils veulent se battre mais ne savent pas comment faire. Puis, à un moment donné, alors que je ne savais si je devais rester ou partir, et qu'ils ne semblaient pas s'apercevoir de ma présence, elle s'est mise à crier : “T'es qu'un raté, un pourri. Tu vas décamper d'ici. Je pourrai toujours m'en trouver des hommes qui travaillent, des vrais hommes, pas des ordures comme toi”. Elle l'a bousculé, il l'a bousculée, mais elle seule parlait ; lui ne disait pas un mot. Puis soudain, elle a dû toucher la corde sensible parce qu'il lui a envoyé un de ces coups de poing, je vous dis que ça, il l'a assommée raide. Elle est tombée comme une roche ! Et lui, il l'injuriait en la traitant de tous les noms [15]. »

Cette autre histoire est racontée par un homme qui a tué sa femme : « Je nourrissais ma famille et je travaillais dur... Je lui ai dit que je promettais de faire de mon mieux si elle arrêtait de parler de divorce, mais elle ne voulait rien entendre. La moutarde m'est montée au nez. Je l'ai regardée en face et je lui ai dit : “Écoute, tu ferais mieux de commencer à penser à nos pauvres enfants”. Elle m'a répondu : “Je m'en fous. Tout ce que je veux, c'est le divorce”. Alors, ma haine a explosé. Je l'ai traitée de salope et de chienne et je me suis mis à lui cogner dessus à coups de poing. Elle se protégeait avec ses bras, alors j'ai couru prendre mon fusil et je l'ai pointé dans sa direction. Je lui ai dit : "Espèce de pute, t'as besoin de changer d'idée ou je vais te tuer". Elle m'a défié : "Vas-y, tue-moi !" J'étais si aveuglé par la colère et la haine que j'ai commencé à lui tirer dessus, à tirer, à tirer [16]… »

Le paradoxe, c'est que cette destruction vient aussi du besoin d'unité, un besoin qui surgit du conflit et de la séparation. Nous avons précédemment évoqué le cas de cette femme qui a tué l'homme qu'elle aimait. Dans la violence, le besoin d'unité ne peut être satisfait que si l'un des deux adversaires est supprimé ou anéanti.

Résumé

Au chapitre précédent, nous avons parlé du cri inarticulé, ce démon qui nous hante en amont des mots, des pensées, des images et de toute forme, qui nous oppresse et doit trouver une expression. Dans celui-ci, nous avons vu que cet appel obsédant trouve sa résolution dans un éclair de transformation, un peu comme l'étincelle de l'électricité qui, unifiant deux gaz, les transforme en eau. L'unité qui auparavant se débattait dans le brouillard de l'obscurité, de la confusion et de la contradiction resplendit maintenant dans la clarté, la conciliation et la félicité. Nous démontrerons plus loin que cette étincelle ou cet éclair est aussi un événement cosmique donnant naissance à la conscience. Mais avant cela, regardons le germe créateur de plus près et essayons d'en dégager l'anatomie.

1. Francis Crick, *What Mad Pursuit*, Basic Books, New York, 1988, p. 141.
2. *Ibid.*
3. Teilhard de Chardin, *Le Phénomène humain*, Le Seuil, Paris, 1955, p. 181.

4. Arthur KOESTLER, *Le Cri d'Archimède*, Calman-Lévy, Paris, 1965, p. 99.
5. *Ibid.*, p. 99.
6. *Ibid.*, p. 101.
7. John BRIGGS, *Fire in the Crucible*, Jeremy Tarcher, Los Angeles, 1990, p. 112.
8. Arthur KOESTLER, *op. cit.*, p. 96.
9. Charles LUK, *The Autobiography of Hsu Yun*, Empty Cloud Press, Rochester, 1974, p. 25.
10. Philip KAPLEAU, *The Three Pillars of Zen*, Harper and Row, New York, 1966, p. 137.
11. Thomas CLEARY, *The Original Face*, Grove Press, New York, 1978, p. 130.
12. NISARGADATTA MAHARAJ, *Je suis* , trad. par Sylvain Josquin, Les Deux Océans, Paris, 1982, p. 128.
13. Walter CLIFTON (trad.) *Cloud of Unknowing*, Penguin Classics, Harmondsworth, 1961, p. 54.
14. Arthur KOESTLER, *op. cit.*, p. 100.
15. Jack KATZ, *Seductions of Crime*, Basic Books Inc., New York, 1988, p. 40.
16. *Ibid.*, p. 33.

XVI

L'IDÉE COMME ŒIL DE L'UNITÉ

> L'art […] continue à sa manière le travail de la divine création. Il est donc vrai de dire avec Dante que notre art humain est comme le petit-fils de Dieu *.
>
> Jacques Maritain

« Nous ne pouvons accomplir une fraction d'action. Nous ne pouvons décider de nous lever, voter, téléphoner à un ami, parler ou faire quoi que ce soit une fois et demie [1] », a écrit Arthur Young, l'inventeur de l'hélicoptère Bell, ajoutant que la totalité est intrinsèque à la nature de l'action, de la décision et de l'activité intentionnelle. La totalité dans l'action est tout aussi implicite dans le domaine physique. La découverte de Max Planck qui a fait date, dit Young, fut que « l'action se présente en bloc, en entier [2]. » La totalité est implicite dans la perception, la pensée et l'apprentissage, et cette découverte est le fondement de la psychologie de la *Gestalt.* Cela est aussi vrai en ce qui concerne l'idée et la conscience elle-même. C'est ce que nous voulons montrer maintenant.

Pour ce faire – pour montrer que la totalité est implicite dans la conscience –, nous devons établir que le fondement de la conscience est une *idée*, une idée du monde

---

*. Jacques Maritain, *L'Intuition créatrice dans l'art et dans la poésie*, Desclée de Brouwer, Paris, 1966, p. 59.

(*Weltanschauung*), et que cette idée possède une anatomie très précise. L'anatomie de l'idée peut être exprimée sous l'angle de l'ambiguïté fondamentale ainsi que sous celui de moi-centre/moi-périphérie. Ce qui revient à dire que l'idée, l'ambiguïté et moi-centre/moi-périphérie ne sont que trois façons différentes de parler de la même chose. Un dessin d'architecte présente un édifice sous plusieurs angles, plan horizontal, élévation latérale, etc. Personne ne verra ces différents aspects comme étant des parties séparées de l'édifice. De même, un médecin peut considérer un corps du point de vue de son anatomie, de sa physiologie ou de son système nerveux. De la même façon, dans ce chapitre, nous regarderons la conscience du point de vue de l'idée. Mais nous devons garder présent à l'esprit tout ce qui a été dit au sujet de l'ambiguïté fondamentale et de moi-centre/moi-périphérie. Cela nous permettra de considérer la source de la conscience à partir de différents points de vue, non pas comme possédant des ensembles différents de caractéristiques.

Nous avons déjà dit que dans l'activité créatrice, le déploiement de l'idée vient de la force de l'unité dynamique. En nous inspirant des poètes, nous avons tenté de dramatiser l'unité en l'appelant le cri inarticulé, le démon. Nous aimerions revenir à cette idée afin de l'explorer plus profondément. Ce faisant, nous démontrerons également que la force derrière l'idée et sa libération soudaine viennent toutes deux de l'unité. Pour illustrer efficacement ce que nous entendons, nous aurons recours à des exercices pratiques permettant au lecteur de bien saisir notre propos.

L'homme caché

Que représente cette image ? Ce n'est pas une planche du test de Rorschach. L'image, lorsque vous l'apercevrez, vous apparaîtra très claire et nette. Cela viendra tout d'un coup ; le champ visuel se clarifiera soudain et prendra une tout autre signification. Remarquez que le but de l'exercice n'est pas tant de percevoir l'image que d'observer le *processus qui mène à sa saisie.* Alors, prenez note de ce processus.

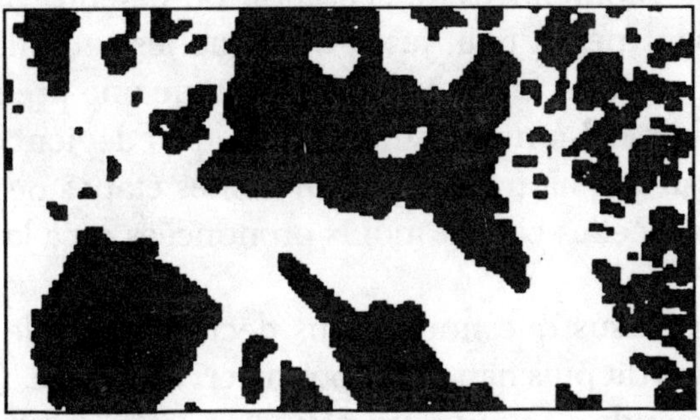

En regardant l'image pour la première fois, demandez-vous : Qu'est-ce que je vois *précisément* ? Notez vos réactions et vos sentiments pendant que vous étudiez l'image ; comment réagissez-vous à l'exercice ? Revenez sur ces questions en étudiant l'image.

Discussion de l'exercice

Chez la plupart des gens, la première impression est celle d'un champ confus, d'un chaos de formes blanches et noires pouvant apparaître vaguement comme une sorte de carte ou une configuration quelconque. À mesure que se poursuit l'examen pour tenter de trouver un sens, une certaine tension commence à se faire sentir. Avec la tension, un sentiment de frustration ou de nervosité peut survenir, accompagné d'un désir de tout lâcher, de mettre l'exercice de côté et de continuer la lecture du livre. La tension peut encore augmenter et les sentiments osciller entre l'ennui, la colère, la frustration, l'apathie et reprendre le même cycle.

Tout d'un coup, l'image apparaît ; la tension se relâche. Souvent, les personnes qui font l'exercice sourient ou même rient à ce moment. Cette sensation de détente va et vient, s'estompant peu à peu, jusqu'à ce que les sentiments redeviennent neutres. Si après l'avoir aperçue une première fois, l'image se perd à nouveau et le champ redevient un chaos, on repasse alors à travers les différentes étapes de la découverte, mais celles-ci sont moins prononcées qu'à la première tentative.

Le processus que nous avons décrit ressemble à ce que nous avons dit plus haut à propos du cri inarticulé. Quand on nous demande : Que voyez-vous ? surgit d'abord un « embryon inerte », un « germe créateur ». Vient ensuite ce que Eliot appelle le « langage » : ici, c'est la « forme » que prendra l'image lorsqu'elle sera aperçue. On ne peut connaître le mot (ou la forme spécifique) que l'on cherche *avant que la forme ne soit trouvée* ; cet embryon créateur, le *que* voyez-vous, ne peut être identifié avant que le *que* ne soit transformé en *ça*. Dans son article sur la poésie, Eliot disait que l'embryon ne peut être identifié « avant d'avoir été transformé en un agencement de mots justes dans un ordre adéquat ». Ici, lorsque les formes ont trouvé un agencement adéquat, le Qu'est-ce que c'est ? disparaît, remplacé par l'image.

Avec quoi commence-t-on ? On commence avec une interrogation, mais qu'est-ce qui lui donne un sens ? Au commencement, il y a aussi une certaine foi : il doit bien y avoir quelque chose là puisqu'on m'a demandé de chercher ! Mais cette foi ne fait que maintenir la question en vie : on ne peut pas dire qu'elle donne seule un sens à l'interrogation. En cherchant la signification de l'image, par exemple, avec *quoi* commence-t-on ? La question est cruciale. Selon Eliot, ce n'est rien d'aussi défini qu'une émotion au sens ordinaire ; ce n'est pas non plus une idée, ni une pensée, ni une image, mais :

> Une vie toute neuve sans visage dans l'obscurité,
> criant d'une voix inarticulée : « Que serai-je ? »

Si vous vous appliquez à faire cet exercice, il deviendra évident qu'à partir du moment où la question : Qu'est-ce que c'est ? aura établi son emprise, vous serez absorbé par elle et ni les autres personnes autour de vous ni rien d'autre ne vous intéressera. Si l'exercice se fait en groupe, certains, par esprit de compétition, se croiront obligés de répondre plus vite que les autres, mais cela est accessoire à la question. Nous sommes « oppressé par un fardeau » dont nous voulons nous délivrer ou, pour employer l'expression de T. S. Eliot, nous sommes hantés « par un démon, un démon devant qui [on] se sent impuissant, parce que dans sa manifestation première il n'a pas de visage, pas de nom, rien ». En d'autres termes, on accomplit cet exercice, une fois que la question a établi son emprise, pour se soulager de l'inconfort. Ensuite, on peut expérimenter un « moment d'épuisement, d'apaisement, d'absolution et de quelque chose approchant l'anéantissement, moment en soi indescriptible ». Bien sûr, une réaction aussi extrême ne peut venir qu'à la suite d'un travail long et ardu. Dans cet exercice-ci, on ressentira probablement un soulagement et un plaisir modérés. Eliot dit à son poème : « Va-t'en ! Trouve-toi une place dans un livre et ne t'attends pas à ce que je m'intéresse à toi dorénavant. » Nous disons à l'image : « C'est intéressant ! » Puis, nous l'oublions.

Bien sûr, on peut tout simplement regarder distraitement l'illustration sans la voir et ensuite tourner la page. Tout discours sur la tension et la résolution de la tension n'aura alors aucun sens. Prenez la peine, je vous en prie, de faire l'exercice.

Il peut se produire que dès le premier regard posé sur le champ de formes noires et blanches vous voyiez l'image – elle vous aura sauté aux yeux. Ce serait dommage, car c'est le *processus* qui importe ici et vous n'aurez pas eu la chance d'en faire l'expérience.

La première question est donc : Quel est ce germe créateur ? La seconde : L'image (la figure de l'homme) a-t-elle été *créée* ou *découverte* ? Découvrir quelque chose, c'est mettre à jour, dévoiler ce qui est déjà là ; créer, c'est ajouter quelque chose de nouveau. On dit que le poète « crée » un poème et que le mathématicien « découvre » un théorème. Mais en est-il vraiment ainsi ? Peut-on établir une telle distinction entre ce que font le poète, le peintre et le musicien d'un côté, le savant, le mathématicien et le philosophe de l'autre ? Beethoven aurait dit que la musique est « une révélation plus haute que toute la sagesse et toute la philosophie ». *Révélation* signifie dévoiler ce qui est déja là, c'est-à-dire découvrir.

Si l'on affirme avoir créé l'image de la figure dans l'exercice en question, comment se fait-il que tous les autres créent exactement la même chose ? Dans un test psychologique très connu, on montre une tache d'encre à une personne et on lui demande de dire ce qu'elle représente. On ne s'attend pas à une *bonne* réponse. On permet à la personne, on l'y encourage même, d'être aussi créative qu'elle le désire. Il n'en est pas de même pour l'exercice actuel. On s'attend à trouver la *bonne* image. Et quand on la « voit », on se rend compte combien étaient peu satisfaisantes toutes les autres images qui ont pu nous passer par la tête comparées à celle-ci, tellement plus frappante et plus juste. Affirmer qu'il y a une bonne image sous-entend qu'on doit la découvrir. Mais pourquoi est-il si difficile de la découvrir ?

On peut ne pas être d'accord avec le fait que l'image est créée ou découverte [3], mais la plupart des gens s'accordent à penser que la création et la découverte sont très différentes. Est-ce que nous découvrons le monde autour de nous ou est-ce que nous le créons ? Découvrons-nous les pensées qui tourbillonnent dans nos têtes ou les créons-nous ? Et Dieu, le découvrons-nous ou le créons-nous ? Un Dieu que l'on découvre est très différent d'un Dieu que l'on crée.

Une autre illustration

Faisons maintenant un autre exercice. Supposons que je tienne un petit morceau de bois en forme de coin et que je vous demande de me dire ce que c'est. Comment répondrez-vous ? Je me suis souvent servi de cet exemple dans le passé quand je donnais des causeries auprès des cadres d'entreprises. Je m'en servais afin de montrer l'application possible au monde des affaires de certaines des idées que j'avance ici. À cette question, la plupart des gens répondaient : « C'est un morceau de bois ». Je leur demandais ensuite : « Quelle en est la valeur marchande ? » et ils répondaient toujours que ça n'avait aucune valeur. Comme je continuais à tenir le morceau de bois, invariablement quelqu'un finissait par dire : « C'est un butoir de porte ». À ce moment-là, je tirais de ma poche un morceau de caoutchouc, de forme et de grosseur semblables à celles du morceau de bois, qui se vend comme butoir dans la plupart des quincailleries, et je leur en demandais le prix. Ils répondaient 25 ou 50 sous. Qu'est-ce qui avait transformé un morceau de bois sans valeur en butoir qui en possédait une ?

Une histoire est très connue dans la littérature psychologique, celle d'une femelle chimpanzé qui vivait dans une cage où on avait introduit un bâton. Après lui avoir laissé le temps de s'accoutumer au bâton, on plaça des bananes à l'extérieur de sa cage à une distance telle qu'elle ne pouvait les attraper avec ses mains, ce qu'elle tenta de faire d'abord, mais sans succès. À la suite de ce qui semble avoir été une expérience de complète frustration, elle se tourna brusquement vers le bâton, et après quelques essais et erreurs, tira les fruits vers elle en s'en servant comme outil. Qu'est-ce qui a transformé le bâton en outil ? D'abord, on voit un morceau de bois ; puis, par magie, il se transforme en butoir de porte. Ou encore, c'est un bâton qui devient un outil. Qu'est-ce qui a transformé le champ chaotique de formes blanches et noires en image claire ? Qu'est-ce qui a transformé un ensemble d'informations apparemment décousues en cette formule célèbre d'Einstein : $E = mc^2$? On pense à la bonne fée qui d'un coup de baguette magique changea une citrouille en magnifique carrosse pour Cendrillon. Quelle est cette baguette magique ?

Ce n'est ni une pensée ni un mot, et ce n'est certainement pas rien non plus, car, quelle que soit la chose, certains l'ont ou l'obtiennent et d'autres pas. Beddoes dit aussi que ce n'est certainement pas une idée, et si ce mot est entendu comme synonyme de concept, il faut admettre qu'il a raison. Mais le mot « idée » peut se comprendre d'une autre façon. Une idée est ce grâce à quoi *on perçoit le morceau de bois comme un butoir de porte*, ce grâce à quoi le chimpanzé a vu le bâton comme un outil ou encore, comme nous l'avons vu, ce grâce à quoi la danseuse peut affiner ses mouvements et le patineur développer grâce et souplesse.

Nous devons souligner ici que lorsque nous employons le mot « idée », nous n'entendons pas une pensée ou un concept, nous ne disons même pas qu'une idée est « consciente ». Dans le sens où nous l'utilisons dans ce livre, le mot idée ne relève pas uniquement du domaine du connaître. Jacques Maritain parle de cette « idée » en ces termes : « Ce foyer est ce que les scolastiques appelaient l'*idea factiva*, l'idée créatrice. Ils ont pris soin, au surplus, de nous avertir que l'idée créatrice de l'artisan n'est en rien un *concept*, car elle n'est ni cognitive ni représentative, mais seulement générative ; elle ne tend pas à conformer notre esprit aux choses, mais à conformer une chose à notre esprit. Ils n'ont du reste jamais employé le mot "idée" au sens de "concept", comme nous faisons depuis Descartes. Si donc nous pouvons continuer à parler de l'idée créatrice de l'artisan, c'est à la condition de ne pas oublier que le terme d'idée est attribué d'une manière purement analogique à l'idée créatrice et à ce que nous appelons couramment idées [4]. »

Qu'est-ce qu'une idée ?

On ne peut pas dire « une idée signifie ceci », mais on peut dire ce qu'elle ne signifie pas. La philosophie idéaliste, en particulier celle que défend Berkeley, soutient que nous ne voyons pas des « choses » mais des « idées ». Ce n'est pas de cette façon-là que nous employons le mot. Quand Platon utilisait le mot idée, il entendait par là un modèle qui s'ajustait à la forme, permettant à la forme de devenir réalité. Ce n'est pas non plus de cette façon que nous employons le mot. Une idée ne signifie pas non plus une entité transcendante dont les choses « réelles » ou existantes seraient une sorte de représentation.

Par le mot idée, nous ne parlons pas de ce qui serait opposé à la réalité, comme lorsqu'on dit que telle ou telle chose *n'est qu'une idée* et non la réalité. Ce n'est pas non plus parallèle à la réalité, comme lorsqu'on a une idée *au sujet* de quelque chose. Ce n'est pas une chose mystique ou spirituelle flottant quelque part dans un autre monde éthéré. Une idée peut être exprimée dans une pensée, mais pas nécessairement. Elle peut être exprimée dans un tableau, une danse, un mouvement, un symbole, ainsi de suite, aussi bien que dans le langage et la pensée. L'idée n'est ni unique ni générale et les mots « cela » et « quelque chose » par quoi nous l'avons désignée ne sont utilisés que par respect des conventions de la langue, car *cela* renvoie habituellement à *quelque chose* et, comme nous l'avons dit, l'idée n'est pas quelque chose. À strictement parler, nous ne pouvons même pas nous y référer comme étant « une » idée ou « telle » idée, bien que parfois, pour l'élégance du style, nous devions le faire.

L'idée n'est pas rien. La cohérence même du monde dépend de l'idée avec laquelle nous le percevons. Oswald Spengler se rapprochait de cette notion lorsqu'il disait : « Je distingue l'*idée* d'une culture, qui est la somme de ses possibilités intérieures, et son *phénomène* sensible dans l'image historique, c'est-à-dire sa réalisation achevée. C'est le rapport de l'âme au corps vivant, qui en est l'*expression* au sein de l'univers visible à nos yeux. L'histoire d'une culture est la réalisation progressive de ses possibilités. Leur achèvement est synonyme de sa fin [5]. » Spengler disait qu'il devait à Goethe – qui employait également l'expression « phénomène primaire » – cette notion d'idée : « Goethe a vu clairement devant son regard spirituel l'idée de la plante primaire dans la forme de chaque plante particulière fortuitement poussée ou possible en général [6]. »

L'étymologie du mot idée vient du grec *idein* qui signifie voir. Autrement dit, nous n'avons pas d'un côté une idée et de l'autre « quelque chose » dont nous aurions une idée. *Percevoir ce « quelque chose » exige une idée.* Quand nous ne voyons qu'un morceau de bois, « morceau de bois » *est autant une idée* que « butoir ». De plus, nous ne voyons pas d'abord un morceau de bois pour ensuite plaquer sur lui l'idée de butoir. Quand nous voyons le butoir de porte, nous ne voyons plus le morceau de bois. Mais il ne faut pas faire l'erreur de croire que le morceau de bois disparaît puis qu'un butoir apparaît, pas plus que nous ne devrions dire que le morceau de bois sous-tend le butoir, ou se demander où va le morceau de bois quand le butoir apparaît.

L'idée n'a donc pas une existence fantomatique alors que le morceau de bois serait la vraie chose ; nous ne pouvons pas dire, dans ce contexte-ci, « ce n'est qu'une idée », comme s'il existait une réalité supérieure. L'idée n'est pas employée non plus pour signifier une *représentation* de la réalité. D'une certaine façon, une représentation est un « tableau », donc, à proprement parler dans ce cas, nous devrions utiliser le mot « image » plutôt que le mot « idée ». Or, un bref examen suffit pour s'apercevoir qu'il existe une grande différence entre une image et une idée. L'idée est ce par quoi telle chose est ce qu'elle est ; en ce sens, l'idée se compare davantage à une fenêtre qu'à un tableau. Enfin, l'idée n'est pas une abstraction, ce qui reste après qu'un objet a été dépouillé de certaines de ses qualités. Ce n'est ni abstrait ni concret, ni quelque chose ni rien ; l'idée donc ne relève pas uniquement du domaine de l'être. Ce qui rend la chose encore plus difficile à saisir est que *le fait même d'en parler transforme l'idée en concept de quelque chose.*

Nous avons dit ce que l'idée n'était pas. Si nous tentions une approche affirmative, nous dirions d'abord que l'idée est « l'œil de l'unité », ce qui « révèle les relations entre les phénomènes ». Spengler en parlait comme de la somme totale des possibilités. Mais une lecture attentive de ce qu'il dit nous porte à croire que c'est soit une mauvaise traduction soit de la négligence de sa part. L'idée n'est pas une somme totale ; on n'y arrive pas au moyen d'une addition. De plus, le phénomène dont les relations sont révélées par l'œil de l'unité procède à la fois du connaître et de l'être ou, plus concrètement, de la pensée et des sens ; on ne doit donc pas considérer l'idée comme uniquement mentale. L'idée, dirions-nous, est l'œil de l'Un/ (connaître/être).

Regardez la pièce où vous êtes présentement. Vous voyez une chaise : elle est l'idée de quelqu'un. Vous voyez un bureau, une moquette, un livre, la pièce elle-même : tout cela, ce sont les idées de quelqu'un dans une forme. Plus nous regardons, plus nous voyons d'idées : un mur, une lampe, des lunettes, la manière dont les chaises sont placées, la façon dont vous êtes vêtu, les vêtements eux-mêmes, tout cela, ce sont des idées. Maintenant, regardez autour de vous et dites-moi ce qui *n'est pas* une idée. Mais à qui est cette idée par laquelle tout cela et le monde sont vus ? Nous devons souligner très clairement que nous ne parlons pas d'idées « dans l'esprit ». Il n'existe aucune boîte, spirituelle ou autre, dans laquelle les idées seraient « contenues ». L'esprit, moi et l'idée ne font qu'un. Cela apparaîtra encore plus clairement au fur et à mesure que nous avancerons.

Le pouvoir de l'idée

Si vous avez déjà peint les murs d'une pièce de la maison ou fait quelque chose de ce genre, vous connaissez le pouvoir de l'idée. Une fois le projet mis en branle, vous jouissez d'une grande énergie, suffisante pour vous maintenir au travail pendant de longues périodes de temps, parfois en mangeant très peu. Cela peut vous prendre deux ou trois jours pour accomplir le travail, mais tout ce temps, un dynamisme est à l'œuvre. Puis vient le moment où c'est terminé. Les pinceaux sont nettoyés, l'escabeau rangé, les meubles remis en place. Formidable ! C'est fini. Pourtant, le lendemain vous remarquez, dans un coin du mur, qu'un espace pas plus grand que votre main a été oublié. Toute la pièce est d'un rose pâle sauf cette tache de bleu. « Demain » dites-vous, ou « en fin de semaine », je le ferai. Mais voilà : deux ou trois ans plus tard, la tache de bleu est toujours là. Vous ne pouvez tout simplement pas vous décider. Ça demande vraiment trop d'effort, l'idée s'est évanouie, l'énergie s'est perdue.

Il ne faut donc pas voir une idée comme quelque chose de passif, d'inerte, suspendu dans l'atmosphère de l'esprit. Au contraire, et plusieurs l'ont prouvé, une idée peut changer le cours de l'histoire. Ne dit-on pas que rien n'est plus puissant qu'une idée dont le moment est venu ?

Nous avons comparé l'idée à une fenêtre. Mais quand nous parlions de l'idée du monde, nous disions qu'elle était semblable à un verre grossissant capable de concentrer les rayons du soleil et de produire du feu. L'idée peut à ce point concentrer le pouvoir de l'unité qu'elle crée un univers entier et toutes les diverses formes qu'il contient. Cette qualité dynamique procède d'une tension inhérente à l'idée, une tension entre l'intuition et l'analyse, en d'autres termes, une tension entre l'unité inclusive et l'unité exclusive, entre l'Un et le point nul.

Analyse et intuition

Avant d'en dire davantage au sujet de cette tension, essayons de comprendre la part de l'analyse dans son dynamisme.

Figure 1

Supposons que vous parlez à un ami au téléphone et que vous voulez lui décrire le diagramme ci-dessus [7]. Vous ne pouvez utiliser que des mots. Que diriez-vous ? Comment le décririez-vous pour que votre ami en obtienne une image exacte dans sa tête ?

Figure 2

Vous pourriez dire que c'est une paire de lignes parallèles comme dans la figure 2. Il s'agit de faire descendre un peu la ligne horizontale supérieure et remonter la ligne horizontale inférieure pour obtenir l'image de la figure 1.

Maintenant, supposons que vous deviez décrire à la fois le diagramme de la figure 1 et de la figure 3. Comment le feriez-vous ?

Figure 3

Les lignes parallèles sont la façon la plus simple de décrire la figure 1, mais elles ne peuvent pas décrire la figure 3. L'élément de base est maintenant une croix + au lieu d'une ligne. Avec la croix comme élément de base, vous pouvez décrire à la fois la figure 1 et la figure 3.

Regardez maintenant la figure 4. Comment décririez-vous les figures 1, 3 et 4 ? Qu'utiliseriez-vous comme élément de base ?

Figure 4

La croix ici n'est plus adéquate. Il faudra utiliser le **L**.

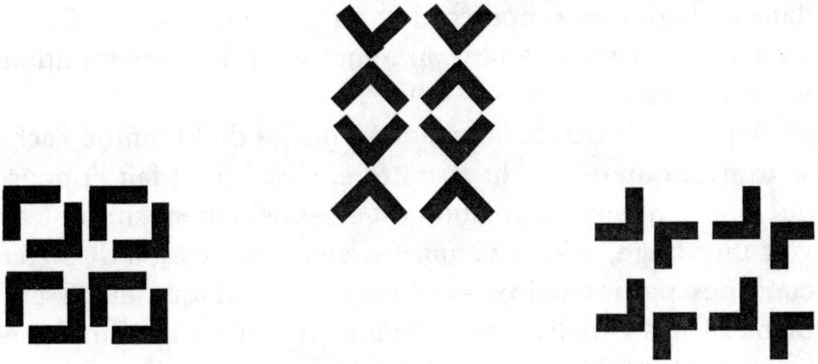

Figure 5

Si maintenant nous incluons **r** dans l'ensemble que nous avons à décrire, nous devrons utiliser un élément encore plus petit **ı**. Si nous ajoutons une autre forme dont la description fera intervenir **T** nous devrons pousser encore plus loin l'analyse. Il devient évident que cette analyse, si elle devait se continuer, pourrait aller jusqu'au plus petit point possible (.).

Ce que nous avons mené est un processus d'*analyse.* Le mot vient du grec *analyein* : « couper en morceaux ». En coupant ainsi, ou en fractionnant, nous allons vers des éléments qui sont semblables ou, autrement dit, nous allons vers *un* élément qui se reproduit un nombre donné de fois et est relié de différentes façons. L'exemple le plus récent d'une analyse poussée à l'extrême est la théorie des supercordes dans laquelle l'élément fondamental de toute la matière n'est plus l'atome ni la particule, mais la corde en vibration. Cet *un* vers lequel nous allons est l'un numérique, c'est une *quantité*, ce que nous appelions plus tôt le « simple » qui est « non-composé ». C'est ce qu'indiquait Teilhard de Chardin lorsqu'il parlait de « la nature profondément atomique de l'Univers ». L'élément en soi peut être très simple, mais la relation entre les éléments peut devenir très complexe – si complexe que, dans la théorie des supercordes, on a jugé nécessaire d'ajouter six dimensions de plus aux quatre dimensions traditionnelles de l'espace-temps.

Reportons-nous maintenant à l'image de l'homme caché se trouvant au début du chapitre et c'est tout à fait l'opposé que nous voyons. La relation est essentiellement simple : on voit un visage, mais chacun des éléments, c'est-à-dire chacune des parties noires et blanches, est unique et dissemblable. Dans l'analyse, nous isolons des éléments simples et les combinons dans des relations complexes. Dans l'autre type d'approche, que nous appellerons pour l'instant « intuition », nous isolons des relations simples pour aller vers des éléments uniques, dissemblables et complexes.

Deux façons différentes de penser s'offrent à nous : l'intuitive qui vise à la *simplicité des relations*, l'analytique qui vise à la *simplicité des éléments*. On pourrait dire que la pensée intuitive tend vers la simplicité qualitative ou non complexe, alors que la pensée analytique tend vers la simplicité quantitative (un élément) ou non composée. Les deux formes de pensée expriment une impulsion vers l'unité, mais cette impulsion va dans deux directions opposées. L'intuition va dans une direction centrifuge – du centre vers l'extérieur – incorporant de plus en plus d'éléments dans une seule saisie ou compréhension. La pensée analytique va dans une direction centripète, réduisant la complexité à des éléments simples. En logique, cet élément s'appelle un « terme », en physique c'était un « atome » et c'est maintenant une « corde » ; dans le langage c'est une « lettre », en médecine un « virus », ainsi de suite. L'analyse ultime consiste à tout réduire à un point. Nous pouvons décrire ces deux tendances comme une spirale, mais une spirale allant dans deux directions opposées :

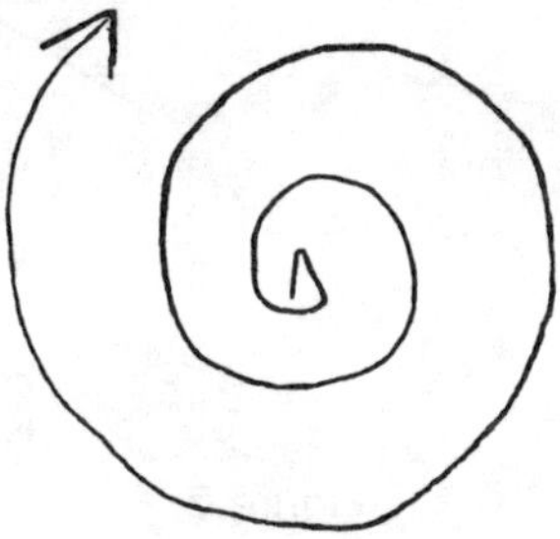

Figure 6

L'idée comme un champ de force

Partout dans cet ouvrage nous avons tenté de montrer que l'unité n'est pas un mot statique et inerte, mais un mystère dynamique et vibrant. L'idée est l'Unité ; son dynamisme et sa « vibrance » proviennent de la tension inhérente à l'Unité, une tension que nous avons décrite sous plusieurs angles : tension entre la simplicité quantitative et qualitative, tension entre moi-centre/moi-périphérie. Nous pouvons à présent voir la même tension à l'œuvre entre la tendance centrifuge de l'analyse et la tendance centripète de l'intuition.

Nous n'utilisons jamais l'intuition ou l'analyse à l'état pur ; notre perception d'une situation est toujours le résultat des deux. Ensemble, analyse et intuition créent un champ dynamique. C'est ce champ dynamique que nous appelons l'idée.

Mais l'analyse et l'intuition émergent aussi d'un champ dynamique que nous avons appelé l'unité.

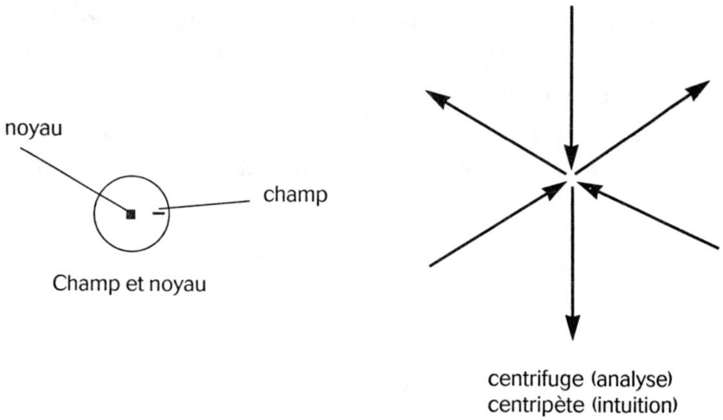

Figure 7

Le diagramme ci-dessus est le même que le symbole dont nous parlions au chapitre 7 en citant Teilhard de Chardin : « L'élément vivant, jusque-là répandu et divisé sur un cercle diffus de perceptions et d'activités, se trouve constitué, pour la première fois, en centre ponctiforme, où toutes les représentations et expériences se nouent et se consolident en un ensemble conscient de son organisation. »

Les Anciens ont vu cela clairement et ont fait de ⊙ le symbole de la conscience, du soleil et de l'or. Pour eux, chacun des trois était un émissaire de la force vitale. C'est le même symbole pour moi-centre/moi-périphérie.

1. Arthur Young, *The Reflexive Universe*, Robert Briggs Associates, 1976, p. 20

2. *Ibid.*, p. 20.

3. « L'art, pour William James, est à la fois invention et découverte, la production d'un système de relations et la révélation de l'expérience immé-

diate. » Sanford SCHWARTZ, *The Matrix of Modernism*, Princeton University Press, 1985, p. 48.

4. Jacques MARITAIN, *op. cit.*, p. 126.

5. Oswald SPENGLER, *Le Déclin de l'Occident*, trad. par M. Tazerout, Gallimard, Paris, 1948, p. 112.

6. *Ibid.*, p. 113.

7. Les diagrammes s'inspirent de ceux utilisés par Edward de BONO dans son livre *The Use of Lateral Thinking*, Penguin Books, Harmondsworth, 1967.

XVII

LE POINT NUL COMME CENTRE DE LA CONSCIENCE

N'était le point, le point-repos,
Il n'y aurait nullement danse, alors qu'il n'y a rien que danse *.

T. S. Eliot

Tout ce qui existe, sans exception, chaque chose et toute chose, l'ensemble de la réalité,
Est sorti du seul point-instant qui est la source (agissante) **.

Guenther

L'œuvre des œuvres humaines est l'établissement, par chacun de nous en soi, d'un centre absolument original, où l'Univers se réfléchit d'une manière unique, inimitable ***.

Teilhard de Chardin

Qu'est-ce que le Centre ?

La conscience est une création et la créativité possède des caractéristiques récurrentes : elle est précédée d'une tension et le produit – ce qui est créé – procède d'une irruption. La

* T. S. Eliot, « Quatre Quatuors », *Poésie*, trad. de Pierre Leyris, Le Seuil, Paris, 1969, p. 161.

** Guenther, *The Matrix of Mystery*, Boulder, Shambala, 1984, p. 53.

*** Pierre Teilhard de Chardin, *Le Phénomène humain*, Le Seuil, Paris, 1955, p. 290.

tension vient de l'impératif : « Que l'un soit ! » L'irruption émane de ce même impératif, car l'unité émerge toujours pleinement épanouie, elle ne peut émerger en fragments. La création originale est la création du point nul qui surgit de la tension entre connaître et être. La naissance du point nul crée dans l'Unité une ambiguïté instaurant une nouvelle et constante tension, maintenue par le besoin de réabsorber le point nul. Afin de ne pas perdre de vue ce dynamisme inhérent à l'unité, ou cette tension, nous avons utilisé l'expression « unité dynamique ». C'est la même tension qui permet au connaître de se focaliser en « présence-à », ce à quoi nous nous référons habituellement par les mots intention, intérêt ou attention, selon les circonstances.

Nous avons dit en outre que la « présence-à » pouvait se retourner sur elle-même ; apparaissent alors « moi » et « toi », accompagnés d'une autre tension inhérente à cette relation. Il y a deux points importants à réitérer. Le premier est que la « présence-à... » (présence-à la présence-à...) n'est plus liée à l'être. Le second est que cela instaure une condition hautement instable pouvant exploser dans l'amour et l'extase ou dans la violence et l'horreur. L'amour et l'extase sont associés de très près à la créativité alors que la violence, avons-nous dit, est parfois une forme de créativité manquée. Nous avons dit également que l'émergence de « moi » et « toi » était une façon d'alléger le fardeau inhérent à ce retour sur soi-même. Ajoutons qu'il y a deux autres façons possibles d'alléger ce fardeau : la première, nous la partageons avec les animaux tandis que la seconde est propre aux humains. La première de ces possibilités est la création d'un point de référence stable, la seconde, la stabilisation de « moi » par la métaphore, donc la création de la conscience. Cette dernière possibilité repose cependant sur la création d'un point stable dont elle dépend.

Le point nul comme centre de la conscience

Le point de référence stable est une harmonique du point nul. La création du point nul est une création *cosmique* et ce qui donne son élan à l'évolution de la matière et de la vie est le besoin de réabsorber le point nul. La création d'un point de référence stable, d'un autre côté, est une création de la vie, car elle surgit de moi-centre/moi-périphérie [1]. Nous appellerons création *humaine* la création qui engage la métaphore. Ces trois formes de créativité sont isomorphiques, leur forme commune provenant de l'ambiguïté fondamentale (dont une des faces affirme qu'il n'y a pas d'ambiguïté, cette face elle-même n'étant pas non ambiguë). Nous pouvons maintenant ajouter une étape supplémentaire au schéma de l'évolution :

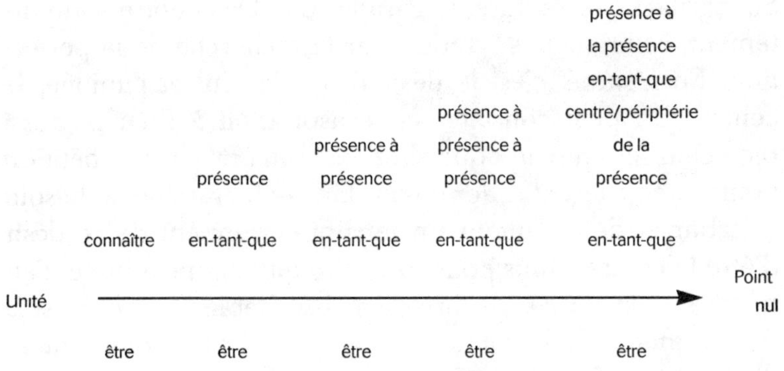

Nous vous avons déjà présenté le symbole que les Anciens utilisaient pour la conscience ⊙ en disant que ce symbole pouvait également servir pour « moi ». Le point à l'intérieur du cercle est simultanément la source et la destination de la même présence (*awareness*). Afin d'approfondir notre compréhension à la fois de l'évolution et de la conscience humaine, nous devons approfondir notre compréhension du rôle que le point, ou le *centre*, joue dans nos vies. Cela à son tour éclaircira ce que Teilhard entend lorsqu'il dit : « L'œuvre des œuvres humaines est l'établissement, par chacun de nous en soi, d'un centre absolument original, où l'Univers se réfléchit d'une manière unique, inimitable. »

Avant d'aller plus loin, nous devons souligner que cette soif de clarté et de compréhension, ce désir que nous avons de « tout mettre en ordre, définir et formuler correctement » est en soi un produit de l'évolution, ce qui, à son tour, rend une telle clarification difficile. L'évolution est le résultat du désir de réabsorber le point nul, ce qui, dans la vie, se traduit par une aspiration à atteindre le centre. Cette aspiration, comme nous l'avons dit, ne peut jamais être comblée. Cette quête du centre est à la base de toute quête de la vérité ultime et elle a donné naissance à toutes sortes de mythes : la Pierre philosophale, le Saint-Graal, la Terre promise, Moby Dick, Shangrila, la Terre pure, le Paradis, etc. Dans notre comportement, cette quête se traduit par la recherche de la perfection. En résumé, c'est le désir d'être le seul et l'unique, le centre. On peut constater cette aspiration à l'œuvre aussi bien chez les animaux que chez les humains ; la compétition pour obtenir le statut dominant dans la hiérarchie, le besoin d'établir et de maintenir un territoire viennent de ce désir d'être le centre. Nous pourrions dire que l'impossibilité d'atteindre le centre, c'est-à-dire de réabsorber le point nul, est la source même de la solitude et de la frustration qui hantent l'humanité et font de nous des êtres à jamais tourmentés et insatisfaits.

Il est impossible d'atteindre le centre ; cette impossibilité même m'empêche de le saisir et donc de le rendre accessible au lecteur. Cela sera sans doute une source de frustrations pour certains, qui auront tendance à croire que la faute n'en incombe pas au sujet traité mais à l'auteur.

Si donc vous me demandez ce que j'entends par le mot « centre », *je suis totalement incapable de vous répondre* et pourtant, avant que la question ne se pose, je sais très bien ce que c'est. Ce n'est que lorsque je dois parler du *centre dynamique*

que la difficulté surgit. Il est facile d'indiquer un centre *géométrique*

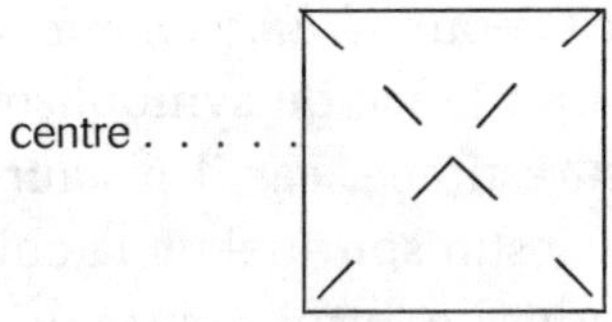

Il est également facile d'indiquer où se situe le centre de gravité d'un jeu de bascule :

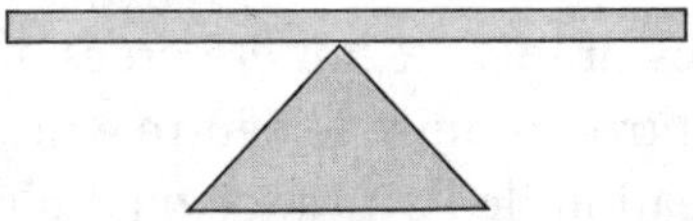

On peut de la même façon trouver le centre de gravité d'une pierre ou d'une roche. Mais quand il s'agit de parler du centre dynamique, je suis plongé dans l'embarras, justement parce que c'est *dynamique*, parce que ce n'est pas seulement au centre mais en même temps à la périphérie, non seulement le point de vue mais aussi le point nul. Et c'est aussi au-delà de tout cela parce que c'est Un. Notre difficulté de parler du centre est amplifiée par le fait que l'idée même de localisation n'a de sens qu'en fonction de l'espace-temps qui, à son tour, n'a de sens qu'en référence à un centre ou, pour employer un terme plus familier, à un observateur. Le centre ne peut être trouvé ni dans le domaine physique ni dans le domaine mental, il ne peut être ni perçu par les sens ni connu. Soulignons que nous ne parlons pas d'un symbole, d'un archétype ou d'un concept, même si la plupart des écrivains occidentaux l'identifient à l'une ou l'autre de ces catégories. Le centre pourtant est réel et son importance ne peut être niée.

Le centre comme centre du monde

Dans un article écrit pour *L'Encyclopédie des religions*, Mircea Eliade dit : « L'importance du symbolisme du centre peut difficilement être surestimée, car il instaure l'ordre de l'univers, rassemblant le destin spirituel de la collectivité humaine et celui de l'individu. Le terme centre du monde renvoie à ce lieu où se rassemblent tous les modes d'être essentiels [2] ». Mais ce n'est pas le *symbolisme* du centre qui a cette fonction, c'est le *centre lui-même.* Les symboles comme la croix, le totem ou l'arbre cosmique, les temples, les montagnes sacrées, les drapeaux ont été créés afin d'incarner ou d'exprimer le centre ; réduire le centre à un symbole, c'est le réduire à une création de l'esprit, ce qu'il n'est pas. Le centre est non-connaître/non-être ; il est là « où se rassemblent tous les modes d'être essentiels », la source de tout pouvoir, à la fois physique et psychologique.

L'article de l'encyclopédie poursuit en disant que le centre est toujours « un *espace sacré* qualitativement différent de l'espace profane ». L'espace sacré est ce qui est englobé par l'unité, au contraire de l'espace profane qui est délimité par les frontières et les limites de l'expérience. L'espace sacré, comme le centre, n'est ni connaître ni être. Pour les Anciens, cet espace coïncidait avec l'espace physique, tandis que pour la personne moderne, il coïncide avec l'espace comportemental [3]. Pour les anciens et les modernes cependant, l'espace sacré est connaître/être centré sur le point nul. L'espace est sacré parce qu'il émane du centre, et ce qui émane du centre – dans l'optique de tout ce que nous avons dit au sujet du point nul – est d'une *importance capitale*, possède une signification suprême [4].

Nous avons dit que le centre cosmique provient de l'ambiguïté dans l'Unité, une ambiguïté qui se répercute au niveau de la vie dans le heurt entre moi-centre/moi-périphérie. En réconciliant cette opposition, le champ contient d'immenses forces que les symboles utilisés pour exprimer le centre illustrent souvent. Par exemple, dans cet article de l'encyclopédie, on dit ceci : « Dans les branches du Yggdrasill (l'arbre cosmique des Scandinaves) qui s'étendent à travers la terre et les cieux, vivent des animaux surnaturels. Au pied de l'arbre vit Niohoggr, l'énorme serpent cosmique qui menace l'existence même de l'arbre en le rongeant continuellement. Au sommet de l'arbre un aigle est perché et il lutte quotidiennement avec le serpent destructeur. » Nous avons là deux excellentes métaphores : Niohoggr pour le point nul et l'aigle pour l'Unité.

Que le centre soit un champ de fortes tensions, on peut le voir dans ses diverses incarnations qui, écrit Eliade dans son article, dépeignent l'ambivalence. « Les images spatiales elles-mêmes suggèrent deux choses à la fois : la communication et la distanciation. La montagne cosmique et l'arbre unissent le ciel et la terre et les tiennent également séparés l'un de l'autre. Cette ambivalence du centre dépeint très bien une qualité première de l'expérience religieuse. D'un côté, le périple vers le centre peut être pénible et dangereux. Personne ne peut accéder au centre – à différents états d'être – sans une préparation minutieuse et une force spirituelle. Le voyage vers le centre peut exiger une complète transformation de son être spirituel. D'un autre côté, l'image du centre du monde est reproduite sous de multiples formes. Cela garantit que la communication avec la plénitude du réel soit partout possible. »

Poursuivant la lecture de ce même article, nous lisons que le centre est essentiellement relié à la création et « tout comme le moment premier de la création sous-tend tous les actes créateurs, de même le lieu d'origine devient le point vers lequel s'oriente tout autre espace rempli de vie. » Le moment premier de la création, ainsi que nous l'avons proposé, est la création du point nul et il sert de paradigme à tout autre forme de créativité.

Le centre n'est pas seulement relié à la création, mais aussi à la guérison. « Les rituels de guérison sont souvent accomplis au centre, où la vie peut être régénérée dans sa fraîcheur et sa puissance tout comme elle a été engendrée pour la première fois au moment de la création. » En anglais, guérir (*healing*) signifiait à l'origine « restaurer l'unité ».

Le centre et la psychologie occidentale

De façon générale, les psychologues occidentaux, sauf Jung, ne se sont guère penchés sur l'importance du centre dans l'écologie de la psyché. Même Jung ne voyait pas le centre comme étant indépendant du connaître, mais il l'incluait dans la catégorie des archétypes, de même que la « totalité », le « soi » et « l'ambiguïté ».

L'importance du centre est ignorée en partie à cause du désir de faire de la psychologie une science dont les termes seraient définis de façon claire et distincte, sans ambiguïté. Il y a aussi une autre explication à ce manque d'enthousiasme devant la question du centre. Ailleurs, dans un autre livre (*Zen and Creative Management*), je faisais la remarque que lorsqu'une culture atteint la maturité, ses dilemmes remontent à la surface, et le point de vue hégélien-marxiste selon lequel tous les systèmes portent en eux le germe de leur propre destruction est une variation sur ce thème.

Comme je le signalais dans cet ouvrage, les dilemmes apparaissent à cause de l'ambiguïté fondamentale. Cela s'accorde avec ce dont nous avons discuté jusqu'à maintenant. L'évolution de la conscience humaine traverse des cycles, partant d'un centre, puis passant une période de tension et d'ambiguïté maximales avec les dilemmes qui l'accompagnent, pour ensuite arriver à un nouveau centre. Nous vivons incontestablement une période d'ambiguïté maximale où le centre a perdu son emprise ; il ne faut donc pas s'étonner qu'il ait plus ou moins disparu de l'horizon des gens de notre époque. Cela ajoute une difficulté de plus à la tentative de clarifier ce que signifie le centre.

Jung, comme nous l'avons dit, est le seul psychologue occidental à avoir accordé de l'importance au centre sans lui accorder, toutefois, une réalité et un pouvoir propre. Pour Jung, le centre est l'ego. Faisant écho à Mircea Eliade, il dit par exemple que l'ego est un facteur complexe « auquel tous les contenus conscients sont reliés. Il forme, pour ainsi dire, le centre du champ de la conscience [5] ». Plus loin, il dit que l'ego n'est pas un facteur simple ou élémentaire mais complexe qui, en tant que tel, ne peut être décrit de façon exhaustive. « L'expérience montre qu'il repose sur deux bases apparemment différentes : le *somatique* [que nous avons appelé *être*] et le *psychique* [connaître] [6] ». Et il ajoute : « L'ego est acquis au cours de la vie de l'individu. Il semble tout d'abord venir de la collision entre le facteur somatique et l'environnement et, dès qu'il s'est établi comme sujet, il continue son développement à partir de collisions suivantes avec le monde extérieur et intérieur [7] ».

Contrairement à l'Occident, l'Orient a toujours reconnu l'importance du centre. Au Japon, le centre est appelé *ki* et il est à la fois spirituel et matériel ; il est également une « énergie » et un point. Les Japonais le voient comme un facteur vital dans l'activité du corps/esprit. L'expression « corps/esprit » est utilisée parce que la séparation nette entre le corps et l'esprit qui s'est produite en Occident au cours des derniers quatre ou cinq cents ans ne s'est pas produite dans certaines parties de l'Orient.

Une autre raison pour laquelle les psychologues occidentaux ont à peine porté attention au centre est qu'ils ont pris la dichotomie sujet-objet comme une donnée de base. « Je suis ici, le monde est là-bas » (sans parler du réalisme naïf qui en découle) a servi de fondement métaphysique à la pensée de Freud et de ceux qui l'ont suivi. Le fait que « Je-Tu » et « Je-Cela » émergent d'un terrain commun, ou d'un « champ » soumis à une extrême tension, ne fait que commencer à avoir une signification pour l'Occident, en grande partie à cause de l'influence de la spiritualité orientale [8] d'un côté et de la physique des particules de l'autre. Pour Freud, l'ego était le résultat d'une force instinctuelle, la libido, située « à l'intérieur » de l'individu, affrontant la réalité du monde situé « à l'extérieur ». Autrement dit, Freud et Jung reconnaissaient tous deux que le *conflit* ou la *collision* était à la base du développement de l'ego. Freud croyait que ces forces instinctuelles étaient essentiellement enracinées dans la biologie et il attendait le jour où tous les aperçus de la psychanalyse seraient enfin explicables dans une optique biologique du psychisme humain.

Pour Jung, le centre était un facteur subjectif. « L'ego, dit-il, est le sujet de tous les actes de conscience personnels [9]. » Un autre point de vue est présenté par Nisargadatta Maharaj, un Indien contemporain décédé récemment, qui avait atteint un haut niveau de développement. À une question à propos du centre de la conscience, il répond : « Ce à quoi on ne peut donner ni nom ni forme parce que c'est sans qualité et au-delà de la conscience [10] ». Ce qui est au-delà de la conscience est au-delà du subjectif. Et il poursuit : « Vous pouvez l'envisager comme un point de conscience qui serait au-delà de la conscience. Comme un trou dans une feuille de papier qui est à la fois dans le papier mais pas en papier, l'état suprême est au centre-même de la conscience et cependant au-delà de la conscience. C'est comme une ouverture dans le mental par laquelle celui-ci est inondé de lumière. Cependant, cette ouverture n'est pas la lumière. Ce n'est qu'une ouverture [11]. » À une autre occasion, il dit : « Vous êtes le centre de perception, la source sans dimension de toutes les dimensions. Connaissez-vous comme le tout [...]. Il nous faut nous connaître d'abord comme étant uniquement des témoins, des centres d'observation sans dimension ni durée, et ensuite réaliser cet océan de pure Conscience (*awareness*) qui est à la fois mental et matière et au-delà des deux [12]. » « La lumière par laquelle vous voyez le monde, qui est Dieu, est la toute petite étincelle. »

L'Unité est à la fois mental et matière, connaître et être, et au-delà des deux. Mais en tant que point de vue, c'est une petite étincelle, la petite étincelle qui est Dieu, l'Unité.

Le centre est à la fois l'Un et le point nul et il n'est ni sujet ni objet, ni conscience ni inconscience, ni une création de l'esprit ni le résultat de forces physiques. Le centre est réel et à travers lui nous communiquons la réalité aux choses, aux situations et aux idées ; non seulement la réalité physique, mais également la réalité morale et éthique. Comme le dit Nisargadatta : « Il y a un centre qui communique réalité à tout ce qu'il perçoit [13]. »

L'importance du centre pour Teilhard de Chardin

Nous avons dit que le centre émergeait d'un champ sous extrême tension et nous pouvons l'illustrer en nous référant à la propre biographie de Teilhard. Teilhard de Chardin était obsédé par le centre. Pour lui, l'ensemble de l'évolution s'orientait vers le point Oméga, le centre cosmique, qui était le Christ. Dans une courte biographie consacrée à Teilhard, N. M. Wilders [14] met en lumière la tension d'où a surgi cette compréhension, en disant de Teilhard qu'il était hanté par l'unité tout en ayant vécu pendant longtemps dans un état de « schizophrénie intellectuelle et spirituelle ». Il ajoute que l'expérience de Teilhard était entièrement dominée par ce qu'il appelle le « sens cosmique et le sens chrétien ». Il était intérieurement déchiré par la présence simultanée dans son cœur et son esprit de la conscience cosmique et de la conscience du Christ. Ce déchirement intérieur venait bien sûr de l'ambiguïté. « À la suite d'une tension soutenue et d'efforts inlassables de sa part, la conscience cosmique et la conscience chrétienne, qui avaient surgi dans son esprit en totale indépendance l'une de l'autre, finirent par révéler leur convergence et leur unité fondamentale. Dans cette optique, le Christ assumait une fonction cosmique et l'évolution du cosmos était envisagée comme un mouvement orienté vers un point central cosmique qu'il appela le point Oméga [15]. »

Le Phénomène humain est le résultat d'un combat créateur par lequel Teilhard a transcendé sa « schizophrénie » intellectuelle et spirituelle. Tout au long du livre, on peut ressentir la profonde exaltation de l'auteur qui parfois frôle le désespoir. Cette exaltation peut donner à certains passages une apparence plus ou moins incohérente, à moins que le lecteur ne soit disposé à le lire avec une profonde sympathie. Ce ne fut pas le cas de Peter Medawar [16] qui a littéralement éreinté le livre, disant de l'auteur « qu'il ne cesse de nous lancer à la tête que les choses ou les phénomènes sont, par ordre alphabétique, démesurés, fabuleux, grandioses, hyper, illimités, immenses, stupéfiants, vertigineux… » et il continue ainsi pendant quelques lignes la liste des épithètes hyperboliques de Teilhard. Medawar soutient que ce livre est destiné à des intellects de deuxième ou troisième ordre « qui ont reçu un enseignement dépassant largement leur capacité de soutenir une démarche analytique ».

D'un point de vue strictement analytique, c'est-à-dire objectif, on doit admettre la faiblesse du livre, mais cela ne signifie en aucune façon qu'il s'agisse uniquement de « philosophie de fiction » comme le qualifie Medawar. Il est peu vraisemblable qu'un jésuite de l'envergure de Teilhard de

Chardin ait reçu un enseignement dépassant ses capacités intellectuelles ; mais la pensée analytique, par laquelle une situation complexe est réduite à des éléments simples, n'était d'aucune utilité pour ce qu'il tentait de faire. Insister, comme Medawar, sur le fait que Teilhard aurait dû s'exprimer de façon purement analytique relève du dogme scientifique, un dogme qui a réussi à paralyser complètement toute tentative réelle de comprendre la vie et la conscience. Nous devons cependant admettre que Teilhard s'exposait à la critique en croyant indûment que c'était en tant que *scientifique* qu'il avait écrit *Le Phénomène humain.*

Quelqu'un d'aussi obsédé par l'unité que Teilhard de Chardin ne pouvait se satisfaire d'une pensée qui consistait à réduire un ensemble à ses éléments constituants. Une façon radicalement différente de penser est ici sollicitée, une façon de penser qui, dans une certaine mesure, était proposée dans le passé par les dogmes religieux. Mais Teilhard avait trop d'intégrité pour que le simple dogme lui fût d'une quelconque utilité. Cela le plaça dans une position malheureuse où il eut à subir le rejet des dogmatiques des deux camps – religieux et scientifiques. Proscrit par l'Église, décrié aussi bien par les bureaucrates ecclésiastiques que par les scientifiques, son ouvrage ne fut publié qu'après sa mort.

Dans les questions purement scientiques, quand son système de valeurs n'était pas menacé, il pouvait sans aucun doute maintenir une vision impartiale et objective. Mais, comme le souligne son biographe, son système de valeurs *était menacé.* Il avait reçu une éducation chrétienne et le Christ lui apparaissait comme le centre cosmique. En revanche, sa formation scientifique lui permettait de voir qu'un autre centre était possible, un centre qui, à cause de l'appétit insatiable de la science, était voué à s'éloigner toujours dans le futur. Il est dans la nature de la recherche analytique de toujours trouver de nouveaux éléments en lesquels le monde se divise, de sorte que la terre promise ne peut jamais être atteinte. Les quarks d'aujourd'hui ne sont que les précurseurs de quelque chose d'autre que l'analyse révélera demain. Néanmoins, la pensée scientifique est toujours convergente, une convergence qui ressemble beaucoup à ce qu'on peut expérimenter, un soir d'hiver, en conduisant sa voiture en pleine bourrasque de neige : on a l'impression constante de toucher enfin le centre, mais le centre s'éloigne toujours. Combien fascinante est la théorie du big-bang avec le centre, l'origine de tout, éloigné seulement de quelques nanosecondes ! Alors qu'il était possible à Teilhard d'être un avec le Christ au centre cosmique, il se trouvait chassé par la science dans les ténèbres extérieures de la périphérie. Un seul centre est possible ; lequel était le centre et lequel la périphérie ? C'était d'être à la fois au centre et à la périphérie qui était si intolérable à Teilhard de Chardin.

L'univers de la valeur s'opposant à celui des faits, Teilhard devait forcément trouver une issue à l'insoutenable tension générée par ce conflit. Le point oméga fut un tour de force, réconciliant pour lui les deux centres : le centre stable qui donnait une valeur, une importance et une dimension sacrée à sa vie, et le centre dynamique appuyé sur des faits, sur les témoignages de la science et des grands esprits de notre civilisation, centre dynamique qui, tout en donnant une direction et une promesse, ne procurait aucun sens à la vie, aucune valeur ni aucune possibilité de sacré.

« À peine né, l'enfant doit respirer : sinon il meurt. Pareillement le centre psychique réfléchi, une fois ramassé sur lui-même, ne saurait subsister que par un double mouvement, qui ne fait qu'un : se centrer plus outre sur soi, par pénétration dans un espace nouveau ; et en même temps centrer le reste du Monde autour de lui, par établissement d'une perspective sans cesse plus cohérente et mieux organisée dans les réalités qui l'environnent », dit Teilhard dans *Le*

Phénomène humain. Et il poursuit : « Non pas le foyer immuablement fixé, mais le tourbillon qui s'approfondit en aspirant le fluide au sein duquel il est né. Le "Je" qui ne tient qu'en devenant toujours plus lui-même, dans la mesure où il fait tout le reste soi [17]. »

Voilà le genre de propos susceptible de provoquer l'indignation chez Medawar ; il y verrait sûrement la preuve inexcusable d'une pensée boiteuse. Bien sûr, ce paragraphe semble n'avoir ni queue ni tête si on tente de le comprendre dans la perspective de la logique traditionnelle de non-contradiction. Pour le comprendre, et nous croyons que l'effort en vaut la peine, nous devons tenter de le saisir dans la perspective de la logique de l'ambiguïté ; cela éclairera ce qu'il entend par le « double mouvement » venant du centre psychique réfléchi ramassé sur lui-même : le mouvement qui consiste à se centrer sur soi et celui qui consiste à centrer le monde.

Reprenons notre exemple de la personne dans le métro qu'un étranger touche (palpe). Nous avons là deux « présences-à » à l'œuvre : la « présence-à » de « moi » et celle de l'étranger (nous avons délibérément simplifié la formulation verbale pour le moment). « Moi » correspond à ce que Teilhard appelle le « centre psychique » et l'étranger correspond au centre du « reste du monde ». Teilhard parle d'un *double mouvement qui ne fait qu'un.* Dans notre exemple de l'incident du métro, nous en sommes venu à la conclusion qu'il n'y avait pas deux « présences-à » (ma présence à l'étranger et la présence de l'étranger à moi), mais une seule présence-à. Il y a donc un double mouvement par lequel « moi » est simultanément *la source et l'objet, le centre et la périphérie* de cette présence-à. Le centre dynamique unique, le point de vue originel est divisé contre lui-même.

Cette division ne se produit pas seulement dans des circonstances comme l'incident du métro. « Moi », le centre psychique décrit par Teilhard, Teilhard lui-même, en réalité tous les êtres sensibles, sont divisés de la même façon ; tous sont simultanément la source et l'objet, le centre et la périphérie. Autant que « moi », Teilhard de Chardin était déchiré intérieurement par la présence simultanée dans son cœur et son esprit de ces deux centres, ou plutôt par le double mouvement qui le faisait être simultanément au centre et à la périphérie. Cette tension ne fut résolue qu'au prix d'énormes efforts. Pour Teilhard, la résolution fut le point oméga, un véritable exploit. Chacun de nous accomplissons la même prouesse créatrice quand nous disons « je » pour la première fois.

Le centre comme Je-Cela.

Le point oméga a surgi d'une tension irréconciliable dans l'esprit de Teilhard de Chardin. Le « je » ou l'ego surgit, selon nous, d'une même tension. « L'œuvre des œuvres humaines est l'établissement, par chacun de nous en soi, d'un centre absolument original, où l'Univers se réfléchit d'une manière unique, inimitable », a dit Teilhard. « Je » est ce centre absolument original. Allan Bloom écrit : « [Les cultures non occidentales] croient que leur façon d'être est la meilleure et que toutes les autres sont inférieures [...]. L'étude de ces cultures nous amène à conclure que le fait non seulement de préférer sa façon mais de la croire meilleure et supérieure aux autres est primordial et même naturel [18]. » Il en va de même pour le « je ». « Je » est la réflexion de l'Unité originelle ; nécessairement, chaque personne se croit donc unique, l'Un absolu et original. Cependant, pour que le « je » accomplisse son œuvre et apporte la paix intérieure au lieu des tensions et des efforts incessants, le point nul doit être absorbé. Ce qui fait du « je » non seulement l'Un inclusif, mais aussi l'Un *exclusif.*

La certitude de notre propre supériorité est tapie en chacun de nous [19].

Malheureusement, l'histoire ne se termine pas là. « Je » revendique le centre du monde, mais le monde a également la même revendication ; le centre du monde, nous l'appellons « cela ». Je-Cela est à l'origine de l'ambivalence qui entoure le centre, ambivalence sur laquelle Eliade revient souvent dans ses écrits. Bien que « cela » soit le centre, nous ne pouvons jamais « le » définir exactement, « le » connaître. Nous disons « il » pleut, je veux « cela », « cela » me rend triste, ainsi de suite. Le centre dont « je » suis à la périphérie est essentiellement inconnu et *ne peut être qu'inconnu*, car, pour des raisons déjà données, « je » est ce « cela » dont « je » suis le centre ainsi que ce « cela » dont « je » suis à la périphérie... ainsi de suite. C'est précisément le vortex dont le centre doit me soustraire. Nous affirmons donc le centre : le drapeau, l'Église, le leader, la cause, etc. « Je » est alors sacrifié à ce centre afin de mettre un terme à l'éternel cercle vicieux généré par Je-Cela. Toutefois, pour que ce sacrifice soit une solution viable, le centre, que ce soit le drapeau, l'Église, la cause, etc., doit être mien, c'est-à-dire *unique et supérieur*. De là naissent le fanatisme, l'intolérance nationaliste, idéologique et religieuse avec leur cortège de luttes, de guerres et de rivalités pour le prestige, les possessions et le pouvoir.

Dans notre quête pour la paix et le repos, en instaurant un centre nous n'avons donc réussi qu'à préparer la scène pour le jeu de l'éternel drame humain. « Je », le centre psychique, et « cela », le centre inconnu, dansent une ronde perpétuelle autour du point nul, chacun le revendiquant comme sien propre. Teilhard dit, et c'est là que le point oméga devient plus une danse perpétuelle qu'un centre stable : « Non pas le foyer immuablement fixé, mais le tourbillon qui s'approfondit en aspirant le fluide au sein duquel il est né. » Aspirer le fluide au sein duquel il est né peut aussi s'exprimer, de façon peut-être moins poétique mais plus accessible, comme *aspirer le pouvoir du point nul en tant que source.*

La naissance de la conscience centrée sur le point nul a lieu en chaque individu. Le conflit chez Teilhard offre l'exemple d'un processus continuel. « [Cela] correspond à un retournement sur lui-même, non seulement du système nerveux, mais de l'être tout entier [...] Ce pas, pour s'exécuter, a dû se faire d'un seul coup [20] », écrit-il à propos de la naissance de la conscience. Et il réitère un peu plus loin cette idée de soudaineté : « L'accès à la Pensée représente un seuil, lequel doit être franchi d'un pas [21]. » L'émergence du point oméga fait écho à celle du point nul qui, rappelons-le, émerge d'un champ soumis à une tension insupportable et irréconciliable.

À un endroit de son livre, Teilhard établit une analogie entre cette émergence soudaine et le phénomène de l'eau atteignant le point d'ébullition : « Finalement, s'était construit, du côté des Primates, un instrument si remarquablement souple et riche que le pas immédiatement suivant ne pouvait se faire sans que le psychisme animal tout entier ne se trouvât comme refondu, et consolidé sur lui-même. Or le mouvement ne s'est pas arrêté car rien, dans la structure de l'organisme, ne l'empêchait d'avancer. À l'Anthropoïde porté "mentalement" à cent degrés, quelques calories encore ont donc été ajoutées. Chez l'Anthropoïde, presque parvenu au sommet du cône, un dernier effort s'est exercé suivant l'axe. Et il n'en a pas fallu davantage pour que tout l'équilibre intérieur se trouvât renversé. Ce qui n'était encore que surface centrée est devenu centre. Pour un accroissement "tangentiel" infime, le "radial" s'est retourné, et a pour ainsi dire sauté à l'infini en avant. En apparence, presque rien de changé dans les organes. Mais en profondeur, une grande révolution : la conscience jaillissant, bouillonnante [22]. »

Le point d'ébullition a dû être atteint quand l'Anthropoïde arriva à un point d'angoisse intense, angoisse similaire à celle que Teilhard a lui-même vécue, mais certainement poussée à un degré extrême. C'est du fond de cette extrême souffrance que le grand saut dans la conscience s'est effectué. Chez Teilhard, le grand saut a donné naissance au point oméga ; chez l'Anthropoïde, il a donné naissance à ce que nous appelons la « Parole ». La « présence-à » s'est repliée sur elle-même ou, comme le dit Teilhard, la conscience a acquis le pouvoir de se replier sur soi et de prendre possession d'elle-même comme d'un objet. Quelles en sont les conséquences ? « L'être réfléchi, en vertu même de son reploiment sur soi-même, devient tout à coup susceptible de se développer dans une sphère nouvelle. En réalité, c'est un autre monde qui naît. Abstraction, logique, choix et inventions raisonnés, mathématiques, art, perception calculée de l'espace et de la durée, anxiétés et rêves de l'amour… Toutes ces activités de la vie intérieure ne sont rien d'autre que l'effervescence du centre nouvellement formé explosant sur lui-même [23]. »

À un moment donné, c'était l'angoisse profonde et, l'instant d'après, une nouvelle manifestation du centre était née. Cette création ou cette découverte du centre est le paradigme de toute la créativité humaine. La nouvelle manifestation apparaît, entière et complète, en tant que l'Un. Cette apparition doit être *soudaine*, hors du temps, car il ne peut y avoir d'apparition graduelle de l'Un. Quel était donc ce nouveau centre pour le premier anthropoïde ?

Laissons Helen Keller – cette femme née sourde, muette et aveugle, qui a vécu perdue dans un monde infiniment nébuleux avant l'épisode décisif de sa vie qu'elle raconte ici – parler pour cet anthropoïde qui a fait le grand saut et expérimenté la naissance miraculeuse de la Parole : « Quelqu'un tirait de l'eau et mon institutrice plaça ma main sous le jet.

Pendant que l'eau fraîche coulait sur ma main, elle épela le mot *eau* sur mon autre main, lentement d'abord et ensuite rapidement. Je demeurai immobile, toute mon attention fixée sur le mouvement de ses doigts. Soudain, apparut une sorte de conscience floue, comme la conscience d'un oubli... et sans savoir comment, le mystère du langage me fut révélé. Je sus alors que *e-a-u* signifiait ce quelque chose merveilleux et frais qui coulait sur ma main. Ce mot vivant éveilla mon âme, lui donna lumière et espoir, la libéra [24]. »

Ce Mot vivant éveilla mon âme, lui donna lumière et espoir, la libéra.

1. On peut se demander si ce n'est pas cette même dynamique qui a initié la mitose.
2. Mircea ELIADE et Lawrence SULLIVAN, « Center of the World », *The Encyclopedia of Religions*, Macmillan Publishing Co., New York, p. 166.
3. Pour en savoir davantage sur la notion d'espace comportemental, voir Kurt LEWIN, *Field Theory in Social Science*, Harper Torchbooks, New York, 1951.
4. Ce qui est d'une importance capitale est ce que Paul Tillich appelle « Saint » et c'est dans ce sens que nous utilisons l'expression.
5. C. G. JUNG, *Aion*, Routledge and Kegan Paul, Londres, 1959, p. 3.
6. *Ibid.*, p. 3.
7. *Ibid.*, p. 5.
8. On peut dire que la théorie du champ chez Kurt Lewin anticipe l'idée d'un champ sous tension.
9. JUNG, *op. cit.*, p. 6.
10. NISARGADATTA MAHARAJ, *Je suis*, Les Deux Océans, Paris, 1982, p. 49.
11. *Ibid.*, p. 49.
12. *Ibid.*, p. 220.
13. *Ibid.*, p. 362.
14. N. M. WILDERS, *An Introduction to Teilhard de Chardin*, Collins, Londres, 1968, p. 21.
15. *Ibid.*, p. 23.
16. Peter MEDAWAR, *Pluto's Republic*, Oxford University Press, 1984, p. 242-251.
17. TEILHARD DE CHARDIN, *op. cit.*, p. 190.
18. Allan BLOOM, *The Closing of the American Mind*, Simon and Shuster, New York, 1987, p. 36.
19. Pour approfondir le sujet, voir Albert LOW, *Le Rêve du papillon*, *Le Zen au service du management* et *The Iron Cow of Zen*.

20. TEILHARD DE CHARDIN, *op. cit.*, p. 188.
21. *Ibid.*, p. 189.
22. *Ibid.*, p. 185.
23. *Ibid.*, p. 181.
24. Helen KELLER, *The Story of my Life*, Doubleday, Garden City, 1936, p. 23-24.

XVIII

LA PAROLE

> Le mot *logos* signifie à la fois la forme extérieure exprimant la pensée intérieure, et la pensée intérieure elle-même [...]. En tant que forme extérieure, il n'est jamais employé dans un sens purement grammatical, comme seulement le nom d'une chose, mais il signifie le mot en tant que chose à laquelle il se réfère, un mot qui incarne une conception ou une idée *.
>
> M. R. Vincent

Mais qu'en est-il du premier mot vivant ? Ce mot prononcé par le premier humain dans un passé très lointain n'a-t-il pas illuminé le monde entier, ne l'a-t-il pas libéré [1] ? Nous, pour qui les mots sont devenus autant d'aliments vides, nous qui méprisons les poètes, oublions les prophètes, polluons et spolions le langage, qu'est-ce que ce premier mot signifie pour nous ? Embourbés comme nous le sommes dans une mare de mots – journaux, revues, magazines, livres, téléromans, réclames publicitaires, verbiage des politiciens et des prêtres, des vendeurs et des charlatans, bavardage incessant de millions d'esprits distraits –, comment pourrons-nous jamais éveiller notre esprit pour goûter à l'émerveillement, à la lumière de ce premier mot ? Pourrons-nous jamais imaginer

* M. R. Vincent, *Word Studies in the New Testament*, Macdonald Publishing Co, Mc Lean, Virginie, 1888.

l'angoisse et le tourment, la terreur et la violence qui ont dû le précéder ? Nous qui maintenant aspirons au silence, qui ne pouvons connaître l'apaisement né d'avoir échappé pour toujours à l'étreinte de cette terreur muette de ne pas exister tout à fait, d'avoir échappé au désert du silence, terre peuplée d'ombres à demi aperçues et de peurs sourdes, zone crépusculaire des tensions suffocantes et de l'inexprimable.

« Au commencement était le Verbe » : le Verbe, la Parole, le premier geste créateur de l'humain. Qu'est-ce que la Parole ? On a appris aux chimpanzés à communiquer, à employer des mots, et ils peuvent même en créer. Le langage, toutefois, signifie bien plus que communiquer, utiliser des mots et en produire d'autres. Le langage, en tant que Parole à ses débuts, diffère fondamentalement de la communication.

On ne peut nier que les chimpanzés, les chiens, les chats, les vaches et même les arbres communiquent et que cette communication puisse atteindre de hauts niveaux de complexité [2]. En puisant dans ma propre expérience, il m'est facile de trouver un exemple de communication animale parmi tant d'autres : j'avais l'habitude de prendre la voiture pour rentrer chez moi à midi. Un jour, la voiture est tombée en panne en chemin et j'ai dû faire le reste du trajet à pied. Arrivé près de chez moi, je vis mon chien venir à ma rencontre en aboyant furieusement. Tout à coup, s'apercevant que c'était moi, il freina net, extrêmement confus et embarrassé. Et puis, il trouva la solution. Il s'en retourna à la maison en courant et revint ensuite vers moi, cette fois bondissant et aboyant avec un plaisir évident.

Il est assez évident, sauf pour les gens empêtrés dans le puritanisme doctrinal [3], que les animaux jouissent d'une riche gamme d'émotions qu'ils peuvent communiquer. Mais, comme le dit Chomsky, « la communication est une des fonctions du langage et certainement pas la seule [4] ». Heidegger est encore plus explicite : « Le langage dans son essence n'est pas uniquement un moyen de donner de l'information… Le langage donne la possibilité de se tenir dans l'ouverture de l'existant. *Seulement là où il y a langage, il y a monde*[5]. » (Les italiques sont de moi.) La création du mot n'est pas seulement le début du langage, c'est aussi la naissance du monde. Nous « créons » le monde avec la Parole.

« Au commencement était le Verbe, et le Verbe était auprès[6] de Dieu et le Verbe était Dieu. » Comme cela exprime bien l'ambiguïté inhérente à la Parole ! Le Verbe était Dieu ! Saint Anselme parle de « la parole par laquelle Tu t'es dit Toi-même », ce qui est une autre façon de dire que le Verbe est Dieu. C'est ainsi que nous devons entendre cette toute première Parole. Dieu est intelligence, plénitude, être, amour, et tout cela est concentré, fixé dans et par la parole. Dans cette première parole, rien n'était communiqué, rien n'était véhiculé de la voix à l'oreille, de l'esprit à l'esprit, seulement une condensation, une cristallisation ou, pour employer l'expression de Teilhard, « le centre nouvellement formé explosant sur lui-même », et par là, l'Un fut concentré et libéré. Quel pouvoir chez celui qui a prononcé la première parole ! Quel génie l'a rendu possible ! Rien de tel ne l'a précédé ; ce fut la première création humaine. Tout comme la création du cosmos s'est accomplie grâce au point nul, et la création de la vie grâce au centre, de même la création de la conscience a pu s'accomplir grâce à la Parole.

Qui fut le premier créateur qui a fait descendre du ciel le pouvoir de la parole ? Le poète, répond Heidegger. « Le poète nomme les dieux et nomme toutes choses en ce qu'elles sont. » Nommer, ce n'est pas appliquer des étiquettes sur des choses qui existent déjà, c'est *amener à l'existence.* « Ce nommer, dit Heidegger, ce n'est pas seulement un nom donné à quelque chose qui est déjà connu ; au moment où le poète prononce la parole essentielle, l'existant est nommé en ce qu'il est. Alors il devient connu comme existant. » Il poursuit : « La poésie est l'instauration de l'être au moyen de la parole [7]. » Et encore : « La langue, en tant qu'en elle l'être devient parole, fut poésie [8]. »

Nous avons déjà parlé de la *Weltanschauung*, vision du monde ou « idée » qui amène un monde à l'existence. Nous disions que l'idée du monde n'est pas statique, inerte et passive, comme l'est par exemple une fenêtre par rapport à tout ce qui la traverse, mais qu'elle est intensément active, intentionnelle et dynamique. Plutôt que d'être simplement une fenêtre passive, l'idée du monde est comme un champ de forces sous tension ; un champ en équilibre dynamique, fluide à l'intérieur de certaines limites, mais fluide d'une fluidité élastique ; un dynamisme susceptible d'éveiller une intense énergie, de l'exaltation et du stress. Cette dynamique vient de la *Weltanschauung* qui n'est pas seulement « idée du monde » mais aussi « vision du monde ». Ce que nous avançons ici, c'est que le mot *fixe*, pour ainsi dire, l'idée du monde, semblable en cela aux produits chimiques qui *fixent* une épreuve photographique. En fixant la vision du monde, la Parole crée une scène sur laquelle le drame de l'existence et de l'expérience peut se jouer.

La création ne se fait pas *ex nihilo*, car la découverte est également de la partie. La Parole est essentiellement créatrice, mais elle révèle aussi ce qui est déjà là. Dieu *a dit* : « Que la lumière soit ! » Voilà l'impératif primordial, l'acte créateur, l'acte annonciateur de la créativité chez les humains. À cause de la Parole, la lumière brille dans les ténèbres. D'aucuns diront que le langage n'est qu'un outil développé par les humains dans leur lutte pour la survie, un outil utile aux chasseurs et que, dans un tel contexte, le premier mot pourrait très bien avoir été « tue-le ! » Mais comme comme le dit Heidegger, le langage n'est pas un outil à la disposition de l'homme, « il est l'événement suprême de l'existence humaine [9] ».

« Je peux me passer de Dieu dans ma vie et dans ma peinture, disait Van Gogh, mais je ne peux pas, malade comme je le suis, me passer de ce qui est plus grand que moi, qui est ma vie – le pouvoir de créer. » Or il apparaît maintenant que le pouvoir de créer est Dieu. Ce pouvoir de créer a créé les peintures de Van Gogh, il crée la poésie chez le poète et, chez le premier humain, il a créé la Parole et par conséquent le monde. Ce même pouvoir a créé Van Gogh, le poète et le premier humain.

Om

Quelle était la parole première, le mot vivant ? Était-ce la syllabe *Om* ? Cette parole irradie depuis le fond des âges, entourée de mystère et de tradition, se transmettant de maître à élève dans d'antiques rituels. Si tel est le cas, *Om* serait le centre. C'est ce qu'affirmait Lama Govinda : « *Om* se tient comme le soleil au centre du mandala, la place de Vairocana, le "Bouddha solaire", le "Rayonnant" [10]. » Mandala signifie à la fois centre et périphérie. *Om* serait la parole vivante, se tenant au centre comme le soleil. Lama Govinda disait aussi : « *Om* est le point d'ultime unification et spiritualisation », mots semblables à ceux qu'emploie Mircea Eliade pour décrire le centre, comme étant « là où tous les modes d'être essentiels se rassemblent ». Ce point, ajoutait Lama Govinda, qui est l'Un « contient les propriétés latentes de toutes les phases antérieures, exactement comme la semence ou le germe (*bija*). En ce sens, *Om* est la quintessence, la syllabe-germe (*bija-mantra*) de l'univers, le mot magique par excellence. »

Tout comme le centre qui n'est pas un symbole, nous ne devons pas voir la Parole originelle comme *représentant* quelque chose, comme le mot table par exemple *représente* un objet. « *Om* est le mot symbolique pour l'infini, le parfait, l'éternel. En soi, ce son est déjà parfait et *représente* [11] la totalité des choses. Toute notre contemplation religieuse commence et finit avec *Om.* Elle vise à emplir l'esprit du pressentiment de la perfection éternelle et à le libérer du monde de l'égoïsme étroit [12] », dit Rabindranath Tagore. C'est peut-être ainsi que nous comprenons *Om* au XXe siècle, mais à l'origine *Om était* l'infini, le parfait, l'éternel et non simplement son représentant. Ce n'est que dans sa forme dégénérée, après avoir été mis en cage dans le zoo des mots, que *Om* est devenu un symbole dénaturé, « représentant » la totalité des choses. Comme le dit Lama Govinda : « Le *sabda* ou le son du mantra n'est pas un son physique (bien qu'il puisse être accompagné d'un tel son), il est spirituel. Il ne peut être entendu par l'oreille, seulement par le cœur, et il ne peut être prononcé par la bouche, seulement par l'esprit [13]. » Nous, pour qui Dieu est mort, qui avons « déconstruit » le mot, l'avons castré de sa signification, nous pour qui « le centre ne tient plus » – comme disait Yeats –, comment pourrons-nous jamais voir la Parole « se tenir au centre comme le soleil » ?

Si nous cherchons l'équivalent moderne de *Om*, « Dieu » est peut-être ce que nous pouvons trouver de plus approchant, à la condition de se rappeler que le mot « Dieu » vient du sanscrit *huta*, participe passé d'un verbe signifiant « supplier », « implorer ». Le mot Allah est en ce sens très intéressant : il vient d'une racine « qui comporte le sens d'être triste, accablé de tristesse, soupirer vers, fuir craintivement vers.... », émotions qui traduisent l'aspiration, l'ardente nostalgie. Henri Corbin que nous venons de citer à l'instant, dit : « Pour la théosophie ismaélienne, la divinité suprême ne peut être connue, ni même être nommée comme “Dieu” ; *Al-Lâh* est un Nom qui en fait est donné à l'Originé primordial, à l'Archange Très-Proche et sacro-saint [...]. Ce Nom en exprime alors la tristesse, la nostalgie aspirant éternellement à connaître le Principe qui lui donne éternellement origine :

nostalgie du Dieu révélé, c'est-à-dire révélé pour l'homme, aspirant à se retrouver soi-même par-delà son être révélé [14]. » Cela est ramassé dans cette phrase : « J'étais un Trésor caché et j'ai aimé à être connu. Alors j'ai créé les créatures afin d'être connu par elles » ou « afin de devenir en elles l'objet de ma connaissance [15] ».

Cette nostalgie aspirant à redécouvrir l'unité, à retrouver la totalité au-delà du point nul et des contradictions qu'il engage, s'exprime elle-même continuellement dans la quête du centre, du trésor caché. C'est cette nostalgie, croyons-nous, qui sous-tend toute l'évolution. C'est pourquoi Gurdjieff appelait Dieu « Notre Créateur Tout-Souffrant ». La nostalgie est le *sentiment* qui se manifeste en contrepartie de l'unité dynamique. C'est ce dont parlait Van Gogh quand il se disait « prisonnier dans je ne sais quelle cage horrible, horrible, très horrible... Un tel ne sait pas toujours lui-même ce qu'il pourrait faire, mais il sent par instinct : pourtant je suis bon à quelque chose, je me sens une raison d'être ! À quoi donc pourrais-je être utile, à quoi pourrais-je servir ! Il y a quelque chose au-dedans de moi, qu'est-ce que c'est donc ? » Il y a quelque chose au-dedans de moi, une parole inexprimée cherchant une voix, un trésor aspirant à être connu.

Peut-on imaginer l'intensité du conflit, la profondeur de la nostalgie, de la tristesse, de la colère, peut-on imaginer la terreur blanche qui devait exister avant que cette voix ne soit trouvée et la première parole prononcée ! On peut avoir le pressentiment de ce monde dépourvu de centre dans le témoignage qui suit, venant d'un homme ayant connu des accès de folie : « La psychose [nous pourrions dire *l'ambiguïté*] nous plonge dans la peur ; on perd tout sens de soi-même comme une personne parmi d'autres personnes. On se sent disparaître, notre caractère distinctif s'évanouit. Dans l'univers, aucune voix n'est comme la nôtre, et pourtant toutes résonnent comme notre voix. On se voit comme une vaste multitude, et tous ces millions de gens deviennent soi. Cette voix, cette multitude qui est moi possède une sorte de qualité détachée, dépourvue de substance et de corps. Cette multitude me submerge, elle m'engloutit. La voix, avec son irréalité persistante, efface tout sens d'un "je" et le son creux, résonnant comme des battements de tambour dans une immense caverne, m'encercle et paralyse mes pensées. »

La voix, celle pouvant prononcer la parole salvatrice, est perdue. C'est la perte de tout sens de soi-même comme personne parmi d'autres personnes. C'est la perte de l'unicité : on se sent disparaître. C'est la noyade, l'engloutissement dans la voix qui est une multitude sans substance et sans corps, une voix sans la parole salvatrice.

Cette voix, à la fois absente et combien trop présente, cet effacement de « tout sens d'un "je" », de tout sens d'un centre, ce « son creux résonnant comme des battements de tambour dans une immense caverne », ce son creux qui paralyse toutes pensées, c'est le démon de T. S. Eliot amplifié des milliers et des milliers de fois. Rappelons-nous ce que disait ce dernier : « Il [le poète] est oppressé par un fardeau qu'il doit mettre au monde s'il veut s'en délivrer. Ou, pour employer une autre image, il est hanté par un démon, un démon devant qui il se sent impuissant, parce que dans sa manifestation première il n'a pas de visage, pas de nom, rien. Et les mots, le poème qu'il crée, sont une sorte d'exorcisme de ce démon. »

Voici un autre témoignage, celui de Renée, une jeune fille atteinte de schizophrénie et qui s'en est sortie. Elle décrit ici cette invasion des démons et la façon dont elle tentait de les exorciser : « Quand par exemple je regardais une chaise ou une cruche, je ne pensais pas à leur utilité ou à leur fonction – mais je les voyais comme ayant perdu leur nom, leur fonction et leur signification. Elles devenaient des "choses" et commençaient à prendre vie, à exister… Sur la scène irréelle, dans l'immobilité embrouillée de ma perception, la “chose” apparaissait soudainement. La cruche ornée de fleurs bleues me faisait face, elle me menaçait de sa présence, de son existence. Pour dominer ma peur, je détournais les yeux. Mon regard croisait alors une chaise, puis une table ; elles étaient vivantes elles aussi, affirmant leur présence. J'essayais d'échapper à leur emprise en disant leurs noms : je disais chaise, cruche, table, je disais c'est une chaise [16]… »

Mais aussi éloquents qu'ils soient, ces témoignages ne peuvent traduire, même approximativement, ce qu'a dû être le rêve profond ou le cauchemar du premier moment de création.

Ce que nous suggérons ici, c'est que l'apparition de la Parole sur la scène du monde n'était pas un accident, bien que rien dans le domaine de l'être ne puisse être trouvé pour la présager, voire l'anticiper. Pour comprendre son émergence, nous avons tenté de suivre l'évolution de la conscience (*awareness*) ; vaste entreprise qui dépasse les compétences de l'auteur. Nous pouvons quand même proposer une étape supplémentaire à notre schéma de l'évolution :

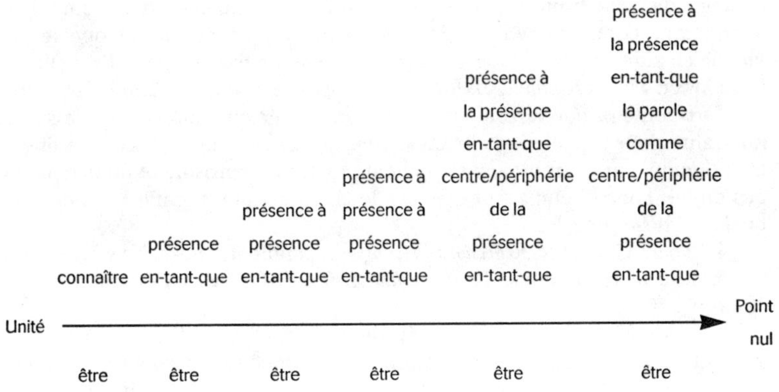

Créer la conscience

De tout ce que nous avons dit, il ressort que la création de la Parole fut un acte religieux. En fait, ce fut le premier acte religieux ; depuis, la religion s'est en partie consacrée au maintien du centre ainsi qu'à la sauvegarde de la Parole. En ce sens, nous pourrions dire que la religion s'est chargée principalement de la protection et du développement de la conscience. Qu'elle cède maintenant le pas à la psychologie ne fait qu'ajouter du poids à cette affirmation.

Nous explorerons cette piste dans un chapitre ultérieur. Mais avant, nous devons préciser ce que nous entendons exactement par la parole et comment elle constitue le fondement de la conscience.

1. « Pythagore pensait que celui qui donna leurs noms aux choses devait être considéré non seulement comme le plus intelligent, mais aussi le plus ancien des sages. » *Selections from the Prophetic Scriptures*, XXXII, vol. XXIV, Ante-Nicene Library, p. 127.

2. On sait par exemple que lorsqu'il est attaqué par certains insectes, le sapin Douglas exsude un produit chimique et que tous les autres sapins Douglas de la forêt font de même en réponse à un avertisseur chimique sécrété par l'arbre attaqué.

3. « Malgré son manque de subtilité, le béhaviorisme, conçu comme méthodologie plutôt que comme système psychologique, a fait savoir à la psychologie de façon brutale que "le chien gémit" et "le chien est triste" sont deux expressions complètement différentes au niveau empirique, et que le ciel vienne en aide à la psychologie si elle devait encore oublier cette distinction. » (MEDAWAR, *Pluto's Republic*, Oxford University Press, 1984, p. 256.) Outre qu'il soit fort douteux que la brutalité puisse enseigner quoique ce soit de subtil, nous aimerions rappeler aux béhavioristes que des valeurs telles que la liberté et la dignité, par exemple, ne s'appuient pas sur l'empirisme et ne dépendent pas de lui. Pour la plupart des gens, « le chien gémit » signifie « je dois faire quelque chose pour lui ».

4. Noam CHOMSKY, *Reflections on Language*, Pantheon Books, New York, 1975.

5. Martin HEIDEGGER, *Existence and Being*, A Gateway Edition, Chicago, 1949, p. 276.

6. Selon M. R. Vincent, « la préposition "auprès" (*with*) dénote un "mouvement vers", non simplement comme étant proche ou à côté, mais en tant qu'union vivante et communion ; cela sous-entend la notion active de rapport intime ». Autrement dit, « auprès » est l'équivalent de la barre oblique (/) que nous avons utilisée pour désigner l'ambiguïté.

7. Martin HEIDEGGER, *op. cit.*, p. 281.

8. Martin HEIDEGGER, *Introduction à la métaphysique*, Gallimard, Paris, 1967, p. 176.

9. Martin HEIDEGGER, *Existence and Being*, p. 280.

10. Lama GOVINDA, *Creative Meditation and Multi-Dimensional Consciousness*, Quest Books, Whitfield, 1976, p. 73.

11. Les italiques sont de l'auteur.

12. Lama GOVINDA, *op. cit.*, p. 46.

13. *Ibid.*, p. 27.

14. Henri CORBIN, *L'Imagination créatrice dans le soufisme d'Ibn 'Arabi*, Aubier, Paris, 1993, p. 93.

15. *Ibid.*, p. 93.

16. Rabson RUBIN, *The Autobiography of a Schizophrenic Girl*, New American Library, New York, 1951, p. 40.

XIX

LE MOT COMME MÉTAPHORE

> La propension à créer des métaphores est la pulsion humaine fondamentale et la réflexion ne peut un seul instant la négliger, car ce serait de ce fait négliger l'homme lui-même *.
>
> Nietzsche

Antonio de Nicolas raconte que le taureau de la corrida espagnole, le *toro de lidia*, a deux faiblesses. La première vient du fait qu'il ne possède qu'un seul endroit sécuritaire dans l'arène, la *querencia* ; il est donc un animal « exposé ». La deuxième découle de la première : le torero peut l'éloigner de cet endroit en excitant sa colère par un simple mouvement de cape rougeoyante devant lui. « Lorsqu'il est éloigné de son seul centre, le taureau est perdu, sa furie contrôlée, son pouvoir réduit et sa mort imminente. La première chose que fait le taureau lorsqu'il charge dans l'arène, c'est de révéler cet endroit au torero en y revenant périodiquement [1]. »

La création d'un centre, comme nous l'avons déjà dit, est la création fondamentale de la vie, et c'est le centre qui rend la vie possible. Le taureau, comme tous les êtres animés, est

* Daniel BREAZEALE, *Philosophy and Truth : Selections from Nietzsche's Notebooks of the Early 1870's*, Humanities Press, Atlantic Highlands, N.J., 1979, p. 88-89.

le centre de l'être. Mais sa *querencia* aussi est le centre. Quand le taureau s'y trouve, les deux deviennent un seul centre et le pouvoir du taureau augmente en conséquence. La déchirure « intérieure », moi-centre/moi-périphérie, est refermée. Mais lorsqu'il s'éloigne de sa *querencia*, le taureau est écartelé ; le centre étant simultanément ici et là, il se sent perdu et impuissant. Cette déchirure est énormément amplifiée lorsque le torero occupe cette place.

La Parole (le mot) possède la vertu suprême d'être la *querencia* dont on ne peut être séparé ; dorénavant, nous pouvons la porter avec nous, créer notre propre monde en créant le mot. Le centre peut être senti intuitivement, même s'il ne peut être ni connu ni vu, et, autour de ce qui est pressenti, l'expérience se rassemble comme de la limaille de fer autour d'un aimant. Combien charismatique et puissant a dû être celui ou celle qui prononça la première Parole ! Avec quelle grâce toute divine cet être devait-il se déplacer ! Pendant longtemps, les souverains furent perçus comme des demi-dieux ou même, tels les empereurs du Japon et de la Chine [2], comme les descendants directs de Dieu. Le droit divin des rois venait du fait qu'ils étaient en partie homme et en partie Dieu. Une foule de mythes et de légendes parlent de ces temps lointains où les dieux marchaient sur terre et prononçaient la parole libératrice. À la source et à l'origine était Dieu : la Parole était Dieu.

Le pouvoir de la Parole

D'où la Parole tient-elle son pouvoir – le pouvoir de faire briller la lumière dans le monde, de le libérer ? Avant que la Parole ne soit prononcée, tout est perdu dans la pénombre. La présence (*awareness*) et même une certaine conscience sont là, mais une conscience sans clarté, sans stabilité ; une conscience qui, comme le dit Heidegger, manque de permanence, de simplicité et de proportion. Dans cette pénombre, la présence est attachée à ce qui est perçu. Le présent est tout. La mémoire existe, mais il n'y a pas de passé ; l'anticipation existe, mais pas le futur. Avec la parole, avec le langage, on peut se rappeler le passé, le revivre, le recréer même ; on peut planifier, ramener le futur dans le présent, l'y intégrer.

Nous avons tendance à oublier que pour que les mots soient des mots, ils doivent être parlés [3], ne serait-ce que silencieusement comme dans le monologue intérieur. Qu'il en soit ainsi signifie que les mots sont *quelque chose en train de se produire.* Ce « quelque chose en train de se produire » vient fondamentalement de l'Un dans sa tentative de réabsorber le point nul. Parler fournit un véhicule au centre et lui permet de s'articuler. Les mots, hélas, perdent leur pouvoir de contenir et il faut sans cesse en trouver de nouveaux. Nous aimons les histoires et les drames parce qu'ils canalisent et donnent encore plus de substance à ce « quelque chose en train de se produire ». C'est aussi la raison pour laquelle les gens bavardent indéfiniment. C'est aussi pourquoi, dans notre désir constant de fixer le centre dans des mots, de le rendre absolument permanent, stable et dépourvu d'ambiguïté, de l'articuler complètement, nous inventons des mythes, des théologies, des philosophies, des sciences, des idéologies, des psychologies et des littératures.

La structure et la fonction des mots

Le mot est l'incarnation de l'idée. L'idée révèle les relations entre les phénomènes, le mot exprime ces relations ; la structure d'un mot est donc la même que celle de l'idée qu'il incarne.

Originellement, le mot logos signifiait « à la fois la forme extérieure exprimant la pensée intérieure, et la pensée intérieure elle-même [4] ». Cela signifie que le mot n'est pas simplement un nom pour l'idée, « mais l'idée exprimée elle-même [5] ». La structure du mot, comme celle de l'idée, est celle d'un champ dynamique avec un noyau et un halo. Le noyau du mot fournit un véhicule au point nul comme centre ; le point nul donne au mot permanence et simplicité, le halo lui donne vie et étendue. Le sens du mot donné par le noyau est celui du dictionnaire ; celui donné par le halo vient de la métaphore et de la comparaison. Parce que cette signification est en constante mouvance, le mot est imprégné d'ambiguïté et de tension.

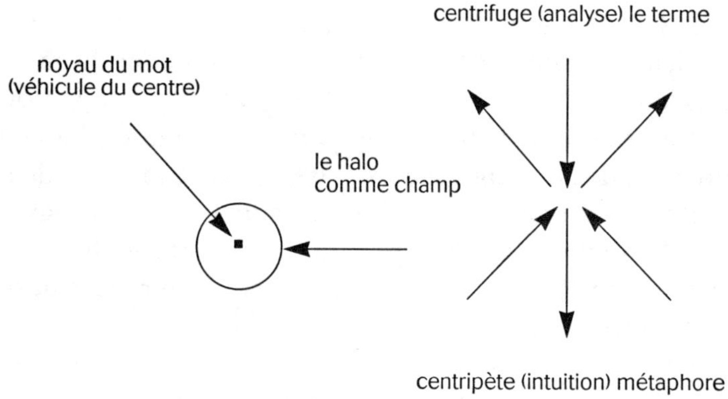

Figure 1

Qu'il en soit ainsi, que la signification du mot donné par le dictionnaire réside en son noyau et que la signification métaphorique soit dans le halo, qui est ambigu, peut être illustré en considérant la signification du mot « sens » lui-même. Le sens dérive de deux tendances contradictoires, l'une allant vers le centre que nous avons appelé le noyau et qui pourrait s'appeler le sens *intrinsèque*, et l'autre allant vers la périphérie, le halo, qui est le sens *extrinsèque*. Le sens intrinsèque tire son origine de la racine étymologique du mot. Les mots étant quelque chose en train de se produire, comme nous l'avons mentionné, il est significatif de constater que les racines des mots sanscrits sont des verbes.

Prenons le mot « arbre » par exemple. La plupart des gens vont avoir l'idée de quelque chose possédant tronc, branches et feuilles et poussant dans la forêt. Cela constitue la signification centrale du mot. Mais si nous lisons ceci : « Tous les noms ne sont pas dans l'arbre parce que la famille, comme toutes les familles, cache un ou deux squelettes dans le placard », nous savons qu'il est question ici d'arbre généalogique et non d'un arbre dans la forêt. Si nous parlons de la quantité de cadeaux présents sous l'arbre, il est évident qu'il s'agit d'un arbre de Noël. Ces métaphores sont des métaphores mortes. Mais à cela s'ajoute un autre palier, un palier essentiellement créateur qui garde le mot en vie, et c'est celui de la métaphore originale. Ainsi donc, pour avoir du sens, le mot « arbre » regarde « à l'intérieur », en son centre, et « à l'extérieur », dans son contexte ; la tension entre les deux le garde en vie.

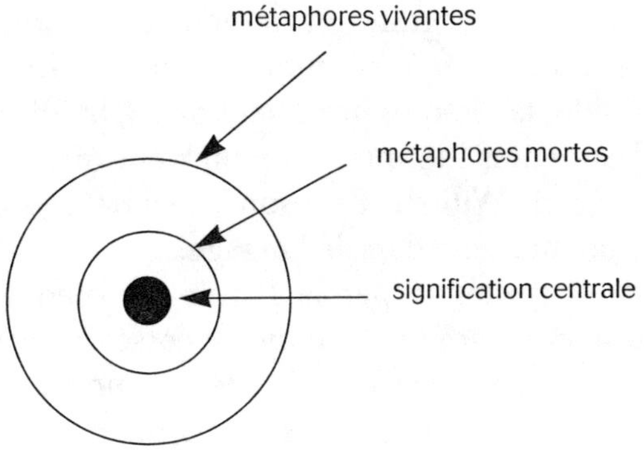

Figure 2

Le mot *contient* donc l'ambiguïté fondamentale. Les métaphores captent la tension de forces opposées. Pour apprécier la poésie, le lecteur doit s'engager activement dans le processus créateur et en s'engageant ainsi, quelque chose de neuf, inexprimable en mots, est transmis du poète au lecteur. En d'autres termes, dans une lecture poétique, le poète et le lecteur évoquent à la fois l'unité : le poète dans l'expression créatrice, le lecteur dans l'appréciation créatrice. Le cri inarticulé dont nous parlions plus haut est un appel à l'endiguement des forces brutes de l'ambiguïté, chacune luttant pour la suprématie. Cette lutte est concentrée par l'idée et trouve son expression dans la parole poétique.

Les mots contiennent

La Parole est créée afin de contenir et d'exprimer l'ambiguïté. Le mot « contenir » est utilisé délibérément : d'un côté il y a « con », qui signifie *avec* ou *ensemble* et de l'autre « tenir ». Contenir veut donc dire tenir ensemble. Contenir l'ambiguïté, c'est tenir ensemble les éléments conflictuels de celle-ci. Le mot vivant étant une action, contenir se révèle être un processus toujours en cours. En outre, dire qu'un mot contient l'ambiguïté signifie également que l'ambiguïté est une qualité inhérente à ce mot lui-même. En voici des exemples évidents : le mot jurer veut dire à la fois prêter serment et blasphémer ; le mot contenir veut dire à la fois inclure et réprimer. William Empson [6] montre très bien l'ampleur de ce phénomène dans le langage.

L'ambiguïté contenue par la Parole est bien sûr l'ambiguïté fondamentale dont nous n'avons cessé de parler tout au long de cet ouvrage. C'est l'ambiguïté originelle, celle qui est à la source, non pas dans le passé mais maintenant ; l'ambiguïté inhérente à l'Un/connaître/être. Elle est sans fin et ne peut jamais être résolue ; il en va de même pour la créativité, d'où surgit la Parole, qui est inépuisable. Elle réapparaît constamment sous de nouvelles formes, à condition bien sûr que l'on retourne à la source, en amont des démons de T. S. Eliot et du cri inarticulé de Herr Benn. Pour saisir cette constante résurrection créatrice de la Parole et comment le mot contient l'ambiguïté, nous devons comprendre ce qu'est la métaphore.

La métaphore

Qu'est-ce que la métaphore ? Cette question est l'objet d'importantes discussions parmi les spécialistes. En septembre 1977, un groupe d'éminents philosophes, psychologues, linguistes et éducateurs participèrent à une conférence multidisciplinaire sur la métaphore et la pensée qui se tint à l'université de l'Illinois et attira près d'un millier de personnes [7]. En 1978, un symposium sur le même sujet eut lieu à l'université de Chicago [8]. Max Black, professeur de philosophie à l'université Cornell, déclara dans son texte, *More about Metaphor* : « La quantité extraordinaire de communications et de livres produits depuis quarante ans sur ce sujet pourrait donner à penser qu'il est inépuisable [9]. »

Dans une bibliographie sur le sujet, on a dénombré trois cents pages d'entrées et jusqu'à quatre mille titres. Peut-être ce sujet est-il inépuisable du fait que l'on part d'hypothèses erronées et que l'on ne pose pas les bonnes questions à propos de la métaphore ? On dirige le chariot vers le nord alors que la lumière se trouve au sud ?

Leonard Bernstein, dans une série de conférences sur la nature de la musique données à Harvard, disait de la métaphore qu'elle était un énoncé affirmant : « Ceci est égal à cela, alors que ceci et cela appartiennent à deux classes complètement différentes et incompatibles [10]. » Max Black dit quant à lui : « Le “mystère” de la métaphore est que, pris littéralement, un énoncé métaphorique semble affirmer de façon perverse que quelque chose est ce que l'on sait pertinemment qu'elle n'est pas [11]. » Autrement dit, pour Bernstein et Max Black, « *ceci est cela*, mais en même temps, *ceci n'est pas cela.* » Bohm et Peat [12] en arrivent à la même conclusion. Se référant à la métaphore de Shakespeare, « le monde entier est un théâtre », ils font le raisonnement suivant : si le monde = A et le théâtre = B, alors ceci est cela, A = B. Mais, ajoutent-ils, le monde n'est manifestement pas un théâtre, donc A n'est pas B. « Ceci est cela » et « ceci n'est pas cela » sont deux expressions incompatibles, pourtant elles sont contenues toutes deux en tant qu'unité par la métaphore ; la concordance est frappante avec la définition de la créativité donnée par Koestler que nous avons citée plus tôt dans ce livre. Ainsi la métaphore fait-elle appel à la créativité du lecteur autant qu'à celle du poète afin de contenir l'ambiguïté. C'est essentiellement dans cet *appel mutuel à la création* que l'art véritable « communique ».

On commence déjà à soupçonner sérieusement que la métaphore est beaucoup plus qu'un simple motif décoratif. Citons cet écrivain, entre autres : « Depuis quelque temps déjà, dit-il, la vérité que la métaphore n'est pas seulement une façon de décrire les choses, mais une façon de les expérimenter, a commencé à émerger [13]. » Norman Mailer affirme avec une pareille audace : « Si l'univers est une serrure, sa clé est la métaphore plutôt que la mesure [14]. » Un autre auteur : « La critique actuelle prend souvent la métaphore très au sérieux, comme une petite ouverture sur la nature de la réalité transcendantale, un moyen premier par lequel l'imagination peut voir dans la vie des choses. [... Certaines] métaphores [...] mettent délibérément l'accent sur la structure, comme moyen de voir dans la vie, non des choses, mais de la conscience créatrice de l'homme, constructeur de son propre monde [15]. »

L'ironie

L'ironie est également naturelle chez l'être humain, mais les théoriciens peuvent difficilement rendre compte de son pouvoir, de même qu'ils peuvent difficilement rendre compte du pouvoir de la métaphore. Pour apprécier l'ironie, il faut éviter de s'y laisser prendre. L'ironie affirme que telle chose est ainsi, alors que ce n'est évidemment pas le cas, ou vice-versa. Un exemple d'ironie : dans les vestiaires de centres sportifs, il est fréquent de voir deux hommes qui se connaissent se saluer en s'injuriant, non pas, comme il peut sembler, pour exprimer leur agressivité, mais au contraire pour exprimer leur amitié. Un énoncé ironique veut certes dire ce qui est dit, mais ce qui est dit n'est pas ce qui est signifié ; ce qui est signifié est le contraire de ce qui est dit. L'ironie contient donc elle aussi des forces opposées, mais d'une manière très différente de la métaphore. Qui plus est, certains critiques modernes ont suggéré que *tout* contexte littéraire est ironique parce qu'il fournit une qualification à chacun des mots, exigeant du lecteur qu'il déduise des significations qui ne sont pas présentes dans les mots eux-mêmes. Ainsi chaque mot intègre en lui-même un conflit de forces exigeant un regard créateur de la part du lecteur afin de résoudre ce conflit.

Les métaphores non verbales

Dans sa série de conférences sur la nature de la musique, Bernstein a axé ses propos autour de deux thèmes principaux : la musique comme langage de l'ambiguïté, la métaphore comme l'un des principaux ingrédients de ce langage. Par métaphores musicales, il n'entendait pas la musique à programme ; parlant de sémantique musicale, il illustrait ses propos à l'aide de la *Symphonie pastorale* de Beethoven, mais rejetait d'emblée la simulation du chant des oiseaux et des coups de tonnerre comme autant de métaphores superficielles ayant peu d'importance par rapport aux métaphores intrinsèquement musicales. Ce n'est donc pas uniquement dans le langage *parlé* que « la métaphore est le principe omniprésent du langage ». Malgré tout, l'existence des métaphores non verbales semble avoir échappé à l'attention des participants des séminaires de Chicago et de l'Illinois, car parmi toutes les communications publiées suite à ces séminaires une seule s'éloignait d'une compréhension purement littéraire de la métaphore. Pourtant si – comme le disait Bernstein – la métaphore est intrinsèque à la sémantique musicale et non pas acquise par association avec la littérature, on ne peut se limiter à l'investigation du discours parlé pour comprendre le phénomène.

Dans le domaine de la physique, ce bastion de la « méthode scientifique », un auteur a écrit : « Il est généralement admis que les scientifiques utilisent souvent des analogies et des comparaisons créatrices pour élargir les théories et même pour en créer de nouvelles. Les particules élémentaires modernes sont des extensions de l'*atomos* grec, et William Harvey voyait dans le soleil central de Copernic un modèle pour le cœur comme centre de la circulation sanguine. Mais je vais au-delà de ces seuls rapports de formes en suggérant que les scientifiques (et bien sûr tous ceux qui possèdent la conscience créatrice) créent, au même titre que le poète et le chaman, que leurs théories sont des métaphores inséparables en définitive de la réalité physique, et que la conscience fait à ce point partie intégrante du cosmos que l'idée créatrice et l'objet sont une seule et même chose [16]. » Le rôle joué par la métaphore dans les découvertes scientifiques constitue le thème du livre de Bohm et Peat que nous venons de citer. À un endroit du livre, ils mentionnent la théorie du mouvement de Hamilton-Jacobi et parlent du *saut métaphorique* (« une particule *est* une onde ») qui a pu alors se faire. Cela, à son tour, a pu mener au développement de la théorie quantique au XIXe siècle, « presque sans l'aide d'aucune autre indication expérimentale [17] ».

On se souvient peut-être de ce film, *Rain Man*, dans lequel Dustin Hoffman jouait le rôle d'un autiste. C'était un excellent film, en grande partie grâce au jeu de Hoffman qui y faisait une interprétation remarquable. La plupart de ceux qui ont vu le film l'ont beaucoup aimé ; pourtant, si on leur demandait de passer une journée avec un autiste, ou de regarder un documentaire montrant de vrais autistes, ils refuseraient probablement. Pourquoi prend-on plaisir à regarder Dustin Hoffman interpréter de façon réaliste une personne autistique alors qu'on n'apprécie pas particulièrement la compagnie d'un autiste véritable ? *C'est parce que Dustin Hoffman joue.* Notre plaisir vient du fait qu'on le voit comme un autiste tout en sachant très bien qu'*il ne l'est pas.*

À propos de Hoffman, on raconte cette anecdote qui a un certain rapport avec ce que nous disons. Dans le film *Marathon Man*, il jouait le rôle d'un clochard. Dans certaines scènes du film, on voyait le clochard voyager en autobus pendant plusieurs jours, sans se laver ni dormir. Dustin Hoffman, de façon à jouer le rôle de son mieux, se priva de sommeil pendant une période de temps équivalente, sans se laver ni se raser. Lorsque Sir Lawrence Oliver eut vent de cet incident, il se serait écrié quelque peu choqué : « Grand Dieu, cet homme n'a donc jamais entendu parler d'interprétation ? » Les spectateurs auraient sans doute trouvé ces scènes beaucoup moins plaisantes, voire carrément répugnantes, s'ils avaient su que l'acteur n'était pas en train de jouer.

Dustin Hoffman jouant un autiste et un enfant jouant avec une poupée le rôle du parent ou celui du chasseur avec un fusil partagent quelque chose en commun. L'enfant sait que son bâton *n'est pas* un fusil, que sa poupée *n'est pas* un bébé. Et pourtant, au même moment, aux yeux de l'enfant le bâton *est* un fusil, la poupée *est* un bébé. L'essence même du jeu, chez l'enfant, est de « faire semblant » ; le plaisir ne vient ni de la poupée ni du fusil, mais de ce « faire semblant ».

C'est le même « faire semblant » qui sous-tend les rituels, les cérémonies, les paraboles de la magie et de la religion [18]. Les paraboles ou les histoires métaphoriques sont fréquemment utilisées dans l'enseignement de la tradition chrétienne, de même que le soufisme est riche en contes fort ironiques, métaphores de la condition humaine. Les kôans du bouddhisme zen, sorte d'ironie spirituelle [19], sont utilisés comme supports à la méditation. Ce même « faire semblant », comme nous le verrons dans un chapitre ultérieur, sous-tend également les rituels du sacrifice animal ou humain, et cette compréhension nous donne une clé pour comprendre le rituel de la messe, central dans la religion catholique.

Qu'allons-nous faire de tout cela ? Comment le comprendre ? Pourquoi cette insistance sur le « ceci est cela », sachant très bien que « ceci n'est pas cela » ? S'il est vrai, comme le dit cet auteur déjà cité, que « tolérer la contradiction, c'est se montrer indifférent à la vérité », qu'une personne qui « soit directement soit implicitement affirme et nie en même temps une seule et même proposition montre par là qu'elle ne se soucie guère de savoir si elle affirme ce qui est faux et non vrai ou si elle nie ce qui est vrai et non faux [20] », il faut en conclure que toute l'humanité est composée de menteurs cherchant à se duper eux-mêmes. À moins que le principe logique A = A, utilisé par le logicien comme rampe de lancement contre l'ambiguïté, ne soit lui-même une métaphore pleine d'ironie ! A est un *terme*, un mot dépouillé de son halo, l'ultime abstraction et la métaphore parfaite pour le point nul. L'ironie c'est que le point nul, en tant que négation ultime, ne peut se comparer à quoi que ce soit, pas même à lui-même.

Un exemple de métaphore et d'ironie

Pour avoir prise sur la métaphore et l'ironie, examinons le poème suivant qui les contient toutes deux. Écrit par Wilfred Owen, il s'intitule « Requiem pour une jeunesse perdue [21] ».

Quel glas pour ceux qui meurent comme du bétail ?
Seule la monstrueuse colère des canons
Seul le crépitement saccadé des fusils
Peuvent leur débiter d'hâtives oraisons.
On ne se moque pas d'eux maintenant ; ni prières ni cloches,
Aucune voix ne les pleure sauf celle des chœurs –
Les voix démentes, aiguës des gémissements d'obus ;
Et les clairons appelant pour eux des terres tristes.

Quels cierges tenir pour leur souhaiter « bon voyage » ?
Ce n'est pas dans leurs mains, mais dans leurs yeux
Que brilleront les saintes lueurs des adieux.
La pâleur des jeunes filles sera leur linceul ;
Leurs fleurs, la tendresse d'esprits patients,
Et chaque crépuscule, le store qu'on déroule lentement [22].

L'absence de deuil est au centre du poème, « ni prières ni cloches, aucune voix ne les pleure », et c'est en cela que se trouve l'ironie. D'une part, ces soldats (massacrés dans la guerre des tranchées en 1914-1918) meurent comme du bétail ; pourquoi devrions-nous les pleurer ? On ne pleure pas la mort du bétail. D'autre part, il n'y a pas de deuil parce qu'on ne doit pas « se moquer d'eux maintenant », eux dont le linceul est la « pâleur des jeunes filles » et dont les couronnes de fleurs sont « la tendresse d'esprits patients ». Ils sont tellement au-dessus et au-delà de notre deuil que les pleurer dans de telles circonstances reviendrait à s'en moquer. Ils sont trop indignes pour être pleurés et en même temps leur dignité est au-delà de nos larmes.

Mais il y a une ironie à l'intérieur de cette ironie puisque, après tout, il y a bien un deuil, il y a des funérailles, un glas, des prières ainsi qu'un chœur – deux chœurs même. Il y a des cierges et des couronnes de fleurs et un service à la mémoire des soldats, puisqu'à chaque crépuscule on déroule le store.

Mais, ironie des ironies, quel est ce glas qui sonne ? « La monstrueuse colère des canons ». Et les prières ? « Le crépitement saccadé des fusils ». Et les chœurs ? « Les voix démentes, aiguës des gémissements d'obus » ainsi que « les clairons appelant pour eux des terres tristes. » Et même ici, dans cet appel des clairons, l'ironie n'est pas absente. Les clairons appelant « pour eux » des terres tristes, cela veut-il dire que les clairons appellent de leur part ou qu'ils les rappellent chez eux ? S'ils appellent en leur nom, qui entendra ? S'ils les rappellent chez eux, pour une raison encore plus tragique, qui entendra ?

Y a-t-il ou n'y a-t-il pas ? Ironie au sein de l'ironie, ambiguïté au sein de l'ambiguïté. L'ambiguïté nous est imposée, nous ne pouvons y échapper. Voilà des hommes, mais ils meurent comme du bétail. Quelle sorte de deuil peut-il y avoir ? Colère, désespoir, horreur, désolation, pitié, beauté, tendresse, tout est inclus ici, mais non de façon manifeste. Seulement, « ni prières ni cloches, aucune voix ne les pleure ». Et cette qualité déchirante, obsédante de l'ironie dans ces « clairons appelant pour eux des terres tristes ».

Mais les canons sont *en colère* ! Les canons peuvent-ils être en colère ? Après tout, c'est du métal mort, de la mécanique inerte et sans vie. Pourtant les canons hurlent de colère, ils explosent de colère, ils tressautent de colère, leurs gueules crachent le feu de la colère. Et à qui s'adresse cette colère ? À ceux qui meurent comme du bétail ou à ceux qui les envoient à la mort ? Et enfin, de qui est-ce la colère ? Celle du poète, des hommes qui meurent ou est-ce simplement de la colère, une colère désincarnée et d'autant plus terrifiante qu'elle n'est pour personne ni de personne ? Vient-elle du même endroit d'où vient « l'absence de prières et de cloches, de toute voix de deuil » ? Tout est comprimé à l'intérieur de cette « monstreuse colère des canons ». *Monstrueuse*, quelle onomatopée [23] !

Le sentiment qui se dégage de tout ce poème est celui d'une intense indignation, une indignation à peine contenue. Elle est contenue toutefois, et c'est en cela que réside la grande puissance de ce poème.

Mais qu'arrive-t-il lorsque les mots manquent, que la rage n'a pas de mots, lorsqu'on est muet, confondu, vaincu par la rage, complètement hors de nous-mêmes ? Rappelons ici le passage cité plus haut :

« Elle le bouscule, il la bouscule, mais elle seule parle. *Il ne dit pas un mot.* Puis soudain, elle a dû toucher la corde sensible parce qu'il lui envoie un de ces coups de poing [...]. » La violence apparaît quand les mots manquent.

L'injure comme violence verbale

Il y a un état intermédiaire entre les mots et la violence qui n'est ni mot ni violence ou peut-être, encore mieux, qui est à la fois mot et violence, je veux parler d'injurier, de maudire l'autre. Nous allons nous y arrêter un instant, de façon à mieux comprendre le pouvoir des mots.

« T'es une sale petite ordure ! » « Espèce d'enculé ! » (Variante québécoise : « T'es une hostie de trou de cul ! ») Ces mots sont de la dynamite. Prononcés ou jetés à la face d'une autre personne, ils peuvent provoquer le meurtre, déclencher suffisamment de colère pour tuer une armée. Pourquoi ? Eh bien la colère est à ce point contagieuse que n'importe quoi prononcé sous l'effet de la colère mettra le feu aux poudres. Cependant, toutes les langues possèdent un répertoire de mots utilisés pour assouvir la violence non physique. Ce sont toujours des mots tabou, des mots défendus, et pour cette raison le blasphème est souvent une forme d'insulte. Le juron anglais *bloody* signifiait autrefois *by our Lady* (par Notre Dame) et était un blasphème. Ayant perdu son pouvoir blasphématoire, il a également perdu son pouvoir comme insulte.

Les mots sont tabou parce qu'ils viennent des sources du pouvoir, et celui qui utilise un mot tabou usurpe son pouvoir, sauf s'il s'en sert dans son contexte limité et spécifique. Les jurons et les injures sont des mots tabou utilisés hors contexte ; ils ont du pouvoir mais *pas de sens.* Le pouvoir vient de l'ambiguïté qui, n'étant plus contenue, libère le pouvoir et la souffrance inhérents au conflit sous-jacent. Les injures n'ont aucune valeur métaphorique ou littérale et au lieu d'être comme le cylindre qui contient la montée et le retrait du piston, elles sont comme une balle qui sort du fusil. Celui à qui est destinée l'injure ne peut ni l'accepter ni la rejeter. C'est un peu comme ce vieux dilemme des cours d'assises : « Battez-vous encore votre femme ? Répondez par oui ou non ! » L'injure n'a pas de contexte, elle rend muet et rouvre la plaie de l'ambiguïté irréconciliée. La souffrance est sans mots.

Le mot contient la violence

Le grand penseur allemand Karl von Clausewitz, un militaire, disait de la guerre qu'elle était « de la diplomatie poursuivie par d'autres moyens ». C'est un propos cynique : la diplomatie serait, selon lui, une guerre dissimulée. Mais la diplomatie est et n'est pas à la fois une guerre dissimulée. L'art de la diplomatie consiste à être capable de dire quelque chose de positif et de négatif simultanément. Le langage diplomatique suit le fil du rasoir ; lorsqu'il perd de son efficacité, il ne reste plus qu'à négocier ou à faire la guerre.

La guerre, comme en témoigne celle de 1914-1918, est un appétit vorace qui augmente à la mesure de ce dont il se nourrit. Elle est, selon nous, une façon de chercher l'Un par des moyens inappropriés. Comme les deux chats de force égale, aucun ne peut céder ; chacun prétend être l'Un, chacun prétend être le centre. La fonction des mots est à la fois de contenir la violence et de fournir un centre. Lorsque leur pouvoir échoue, il s'établit un cercle vicieux d'où tôt ou tard surgit la violence. René Girard remarque « qu'il est plus difficile d'apaiser le désir de violence que de le déclencher [24] ». Du fait qu'ils évoquent l'Unité, il y a dans les mots une inertie qui rend la violence difficile à déclencher, mais une fois déclenchée, elle est comme une digue qui s'écroule : plus le courant bondit, plus la digue s'effondre sous la poussée de l'eau. « Plus les hommes s'efforcent de la maîtriser [la violence], plus ils lui fournissent des aliments ; elle transforme en moyens d'action les obstacles qu'on croit lui opposer ; elle ressemble à une flamme qui dévore tout ce qu'on peut jeter sur elle dans l'intention de l'étouffer [25]. »

Nous avons à présent un langage bien établi qui a donné lieu à une structure légale de gouvernement, à des tribunaux auxquels nous pouvons avoir recours pour obtenir justice, une armée et une force policière pour nous protéger, une longue tradition faisant appel à la diplomatie plutôt qu'à la guerre dans nos relations avec nos voisins et avec d'autres nations ; c'est pourquoi nous voyons l'irruption de la violence comme une chose scandaleuse et incompréhensible. Le citoyen moyen considère sa propre violence comme un échec personnel. Mais il n'en a pas toujours été ainsi ; même aujourd'hui, à la fin du XXe siècle, cette situation ne prévaut que dans une petite partie du monde et encore est-elle toujours précaire, menacée de l'intérieur comme de l'extérieur.

Il y a tout lieu d'imaginer que l'homme primitif était à court de mots, muet de rage et d'anxiété. Girard dit que pour l'homme primitif, la violence se transfigurait en une espèce de fluide qui imprégnait les objets et dont la diffusion paraissait obéir à des lois purement physiques, un peu comme l'électricité. La contamination était une chose terrible et seuls ceux qui étaient déjà contaminés s'y exposaient volontairement – c'est-à-dire les prêtres et les guerriers. Dans la société primitive, la violence devenait le moyen de combattre la violence. Dans la civilisation des Aztèques par exemple, il y avait la « guerre des fleurs » et le massacre rituel, en fait les deux faces d'un même long rituel, la guerre des fleurs étant le moyen de capturer les guerriers destinés au sacrifice rituel, un rituel dont le but était d'apaiser la violence.

Cela nous apparaît horrible et beaucoup condamnent d'emblée ces rituels sans plus y réfléchir, allant jusqu'à condamner ceux qui tentent d'examiner le phénomène de façon détachée et s'efforcent de voir ces rituels comme un processus créateur, même s'il s'agit d'un processus raté. Mais des sociétés ont existé où les gens non seulement pensaient différemment, mais dont toute la structure consciente différait de la nôtre. Il se pourrait fort bien que la civilisation des Aztèques n'ait pas réussi à évoluer au-delà de certains moyens primitifs pour instaurer et préserver un centre. Nous pouvons nous permettre d'oublier notre centre parce qu'il est bien établi, soutenu par la loi, renforcé par la tradition, maintenu en place par l'opinion publique. Il est bien là. Nous l'appelons le gouvernement central et il dirige nos vies. Mais qu'arrive-t-il si la liberté de l'oublier n'existe pas ? Qu'arrive-t-il lorsque l'entière préoccupation de la société est de maintenir et de préserver le centre ?

De temps en temps apparaissent des triumvirats, mais ils ne durent jamais longtemps ; le rôle du leader finit pas échoir à un individu. Il ou elle est le Centre, bien que le Centre ne soit pas lui ou elle. Dans les sociétés démocratiques, le leader est élu et peut être renvoyé, mais le rôle central demeure. Le président est toujours le président, sauf que Jean Dupont ou Marie Durand ne le sont pas toujours. Invariablement, lorsqu'une personne a occupé le poste suffisamment longtemps, l'acrimonie des gouvernés devient telle que la personne doit être remplacée : elle a perdu son autorité, dit-on, mais les anciens diraient qu'elle a perdu le *mana* ou la *baraka*, le charisme. Elle a perdu le pouvoir du centre et c'est pourquoi elle doit être remplacée. Quand il n'y avait pas de processus électoral, la façon de disposer de quelqu'un était de le tuer, ou plutôt de le sacrifier. Il était sacrifié parce qu'il était le centre et que le centre ne pouvait mourir. « Le roi est mort, vive le roi ! » témoigne de ce fait. S'il arrivait que le dieu-homme fût tué plutôt que sacrifié, alors la tribu était perdue.

Un exemple de ce qui se produit lorsque le centre est perdu nous est donné par le destin des Incas, défaits par Pizzaro. Dans un article publié dans le *Harpers Magazine*[26], Mario Vargas Llosa note combien il est étrange qu'une culture aussi puissante et sophistiquée que celles des anciens Mexicains et Péruviens se soit écroulée devant une petite bande de maraudeurs. Il écrit : « Cette question est vieille de plusieurs siècles, mais elle n'est pas académique. » Plus loin, il répond ainsi à cette question : « Au moment précis où l'empereur Inca est capturé, avant que ne commence la bataille, ses armées abandonnent le combat comme si elles étaient paralysées par une force magique. Le massacre est indescriptible, mais uniquement d'un seul côté. Les Espagnols vident leurs arquebuses, enfoncent leurs lances et leurs épées, chargent leurs chevaux sur une masse de gens désorientés qui, venant d'assister à la capture de leur Dieu et maître, semblent incapables de se défendre ou même de fuir. »

Avec la mort du dieu-homme, le centre n'est plus. La Parole perd son pouvoir de contenir le conflit. Plus tard, lorsque la Parole n'était plus incarné dans le dieu-homme, elle s'est incarnée dans l'idole ou le totem et c'est ainsi qu'au lieu d'avoir à sacrifier le roi, il devint possible de sacrifier le totem ou ses substituts, les métaphores du totem. Les premiers totems étaient des effigies du dieu-homme ; c'étaient donc encore des humains que l'on sacrifiait. En Grèce, on avait coutume de garder des esclaves, des *pharmakons*, dans le but de les sacrifier au moment opportun, ce mot signifiant à la fois poison et antidote, à la fois maladie et traitement.

Dans la civilisation aztèque, les humains en tant que substituts des dieux étaient sacrifiés de la façon la plus violente afin de rétablir le pouvoir du centre. Nous allons donc maintenant regarder de plus près ce rituel du sacrifice afin de mieux saisir le pouvoir du centre et son importance, et ce qui se produit lorsque la Parole fait défaut.

1. Antonio de NICOLAS, *Meditations Through the Rg Veda Four Dimensional Man*, Hays Ltd., New York, 1976, p. 2.

2. « Toute perturbation du soleil met l'empereur en cause. Toute perturbation autour du soleil incrimine la cour et les ministres. Une perturbation de la lune incrimine la reine et le harem. Si le beau temps dure trop longtemps, cela signifie que l'empereur est inactif ; s'il y a trop de journées nuageuses, c'est que l'empereur manque de compréhension. Trop de pluie, l'empereur est injuste ; pas assez, il est négligent. Un froid excessif montre qu'il ne se soucie pas d'autrui tandis que des vents forts prouvent sa paresse. » John MICHELL, *City of Revelation*, Garnstone Press, Londres, 1972, p. 16-17.

3. Certains disent que le mot est chanté ou même dansé, mais pour nos besoins et pour le moment, « parlé » suffira.

4. M. R. VINCENT, *Word Studies in the New Testament*, Macdonald Publishing Co, Mc Lean, Virginie, 1988, p. 383.

5. *Ibid.*

6. William EMPSON, *Seven Types of Ambiguity*, Pelican Books, Harmondsworth, 1977.

7. Andrew ORTONY, *Metaphor and Thought*, Cambridge University Press, 1982.

8. Sheldon SACKS, *On Metaphor*, University of Chicago, 1978.

9. ORTONY, *op. cit.*, p. 19.

10. Leonard BERNSTEIN, *Six Talks at Harvard*, Harvard University Press, Cambridge, 1976, p. 123.

11. « More about Metaphor », Max BLACK, p. 19-43, in ORTONY, *op. cit.*

12. David BOHM et David PEAT, *Science, Order and Creativity*, Bantam New Age Books, New York, 1987, p. 32.

13. Brian WICKER, *The Story Shaped World*, University of Notre-Dame Press, 1975, p. 11.

14. *Ibid.*, p. 2.

15. ORTONY, *op. cit.*, p. 20.

16. Roger JONES, *Physics as Metaphor*, New American Library, Minnesota, 1982, p. 5.

17. BOHM et PEAT, *op. cit.*, p. 40.

18. N'oublions pas que le mot *religion*, comme *yoga*, signifie « lier ensemble, joindre » ; et que le mot anglais *pretense* a beaucoup d'affinités avec le mot français *prétendre* qui signifie entre autres « déclarer, soutenir ». La métaphore et l'ironie lient « ceci est cela » à « ceci n'est pas cela ». On peut dire aussi : elles soutiennent que ceci est cela et, en même temps, qu'il ne l'est pas.

19. Albert LOW, *Se connaître, c'est s'oublier*, Les Éditions du Relié, Gordes, 1998, p. 54.

20. Anthony FLEW, *Thinking about Thinking*, Fontana, Glasgow, 1977, p. 15.

21. Wilfred OWEN, *The Collected Pœms of Wilfred Owen*, Chatto and Windus, Londres, 1963.

22. En Angleterre, c'était la coutume de baisser les stores quand il y avait un décès dans la maison.

23. L'onomatopée est sa propre métaphore, sa propre façon d'être « présente en tant qu'être ».

24. René GIRARD, *La Violence et le Sacré*, Grasset, Paris, 1972, p. 11.

25. *Ibid.*, p. 51.

26. Mario VARGAS LLOSA, « Questions of Conquest. What Colombus Wrought and What He Did Not », *Harpers Magazine*, New York, p. 45-53.

XX

VIOLENCE ET CRÉATIVITÉ

> Point d'espoir hormis d'élire
> L'un ou l'autre des bûchers
> Afin d'être du feu par le feu racheté *.
>
> T. S. Eliot

La violence est le résultat d'une souffrance intolérable ou, plus fréquemment peut-être, de l'appréhension d'une telle souffrance ; elle est une tentative pour écarter la menace ou mettre un terme à la souffrance elle-même. Nous disions au chapitre 14 que l'autogénération vient du besoin de résoudre le conflit, mais parfois une telle solution créatrice se révèle impossible, incomplète ou elle échoue ; la destruction prend alors la place de la construction. Lorsqu'une solution créatrice échoue, le conflit crée de la souffrance et cette souffrance sous-tend ce qu'on appelle les « émotions négatives ». Si la souffrance est forte et menace de se révéler sans fond, l'anxiété, la peur, la terreur et la panique montent, ou bien encore la colère, la rage et enfin la violence explosent. Cela se produit lorsque le conflit ne peut trouver d'issue, que les deux côtés sont de force égale et qu'aucun ne peut ni ne veut céder ; la souffrance devient intolérable. C'est alors

* T. S. Eliot, « Quatre Quatuors », *Poésie*, trad. par Pierre Leyris, Le Seuil, Paris, 1969, p. 217.

qu'apparaît la menace de l'anéantissement, qui est toujours fondamentalement une menace d'*auto*-anéantissement.

La double contrainte et l'ambiguïté

Cette notion d'un conflit sans issue ressemble quelque peu, avec des différences notables cependant, à la notion de double contrainte de Bateson [1]. La théorie de Bateson étant comparativement mieux connue et donc plus immédiatement accessible que ce que nous disons ici, nous l'utiliserons comme un pont. Bateson dit qu'une « composante expérientielle » particulière (dont on peut faire l'expérience) est commune à la shizophrénie, à l'humour, à la poésie, à l'art, etc. Cette composante est la double contrainte dont la principale caractéristique est la suivante : peu importe ce qu'une personne fait, elle ne peut gagner. Les effets de cette double contrainte peuvent être suffisamment sérieux pour mener à la psychose. Cette femme dont nous parlions au chapitre 13, confrontée à l'auto-anéantissement ou à l'obligation de se séparer en deux, vivait une situation de double contrainte ; comme nous le disions alors, une telle situation pourrait conduire à la folie.

Selon Bateson, les ingrédients nécessaires à une situation de double contrainte sont les suivants : il faut d'abord deux ou plusieurs personnes, l'une d'entre elles étant désignée comme la « victime ». Ensuite, l'expérience doit être répétée car, dit-il, la double contrainte n'est pas un traumatisme mais une situation habituellement attendue. Le troisième ingrédient est une injonction négative première, telle que : « Si tu fais cela, je te punirai ». Plus simplement, l'injonction est : « Ceci est cela (ce que tu dois faire) ».

Le quatrième ingrédient est une injonction secondaire en conflit avec la première à un niveau plus abstrait : « Ne vois pas cela comme une punition », « Ne pense pas à ce que tu ne dois pas faire », « Ne te soumets pas à mes interdictions », « Ne doute pas de mon amour pour toi, la première interdiction en est une preuve », ou encore « Je te punis pour ton bien ». Ceci n'est pas cela. La punition *n'est pas* la punition, bien que tout le monde sache que ceci est cela, que la punition est la punition !

De plus, dit Bateson, une injonction négative couvrant toutes les autres défend à la victime de quitter le terrain. Finalement, l'ensemble complet des ingrédients n'est plus nécessaire une fois que la victime a appris à percevoir son univers en fonction de la double contrainte et, alors, n'importe quel élément de la séquence des interdictions peut suffire à provoquer la panique ou la rage.

Rappelons que Bateson se sert d'un kôan zen pour résumer la notion de double contrainte : Un maître tient un bâton et dit : « Si vous dites que c'est un bâton, je vous punirai ; si vous dites que ce n'est pas un bâton, je vous punirai ! » Dans un chapitre ultérieur, nous verrons pourquoi le maître zen dit cela. Pour l'instant, soulignons que les maîtres utilisent des kôans pour aider l'élève à atteindre l'éveil, non pour le punir. Le kôan place l'élève dans une situation de double contrainte dont la seule issue est l'éveil. On peut néanmoins considérer le kôan comme un paradigme de la double contrainte. Ce qui signifie qu'on doit tenir compte autant de la double contrainte elle-même que du contexte dans lequel elle s'insère.

Utilisant une formule qui nous est déjà familière, nous pouvons exprimer le défi du maître zen ainsi : « Ceci est cela ; ceci n'est pas cela ! Qu'est-ce que c'est ? Parlez ou vous serez puni ! » Ceci est cela, ceci n'est pas cela, voilà ce qui sous-tend la métaphore et l'ironie qui, à leur tour, naissent de l'ambiguïté fondamentale qui affirme : *Ceci est Un (ce n'est pas deux) /Ceci n'est pas Un (c'est deux).* Mais cela n'est pas encore la fin de l'histoire, comme nous le savons, car à l'intérieur de

« ceci est deux » se niche une autre ambiguïté : *ceci est connaître* (ce n'est pas être), *ceci est être* (ce n'est pas connaître). En outre, l'Un contient lui aussi une ambiguïté latente : « Ceci n'est pas ambigu (c'est un), ceci est ambigu (car l'un n'est pas non ambigu) ». Voilà tout ce qui est sous-entendu dans le défi du maître zen. La double contrainte de Bateson étant, comme il l'appelle, une composante expérientielle, elle se situe en aval de l'ambiguïté fondamentale, tout en provenant d'elle néanmoins. La double contrainte de Bateson ne peut être résolue que d'une manière destructrice, destructrice pour soi ou pour les autres, tandis que la double contrainte originelle, telle qu'illustrée par le défi du maître zen, peut être résolue de manière créatrice. *Ceci est Un (ce n'est pas deux) /Ceci n'est pas Un (c'est deux)* est une autre façon de formuler la définition de la créativité de Koestler.

Il n'est pas nécessaire, par conséquent, que deux personnes soient impliquées dans une séquence de double contrainte ; ce qui est essentiel, c'est la présence de deux « situations » complémentaires et conflictuelles, ainsi que l'urgent besoin de résoudre le conflit de peur des terribles conséquences qui pourraient en résulter. Dans l'ambiguïté fondamentale, ces terribles conséquences sont l'engouffrement et la souffrance. Et puisque notre existence même naît de cette ambiguïté fondamentale, nous ne pouvons jamais « quitter les lieux », même par la mort. La menace d'auto-anéantissement est toujours présente, pour chacun d'entre nous. Nous sommes tous rongés par une double contrainte à laquelle nous avons fait allusion dans un autre chapitre en ces termes : « Une vie tout neuve sans visage dans l'obscurité/ Criant d'une voix inarticulée : Que serai-je ? » La double contrainte de Bateson, dont on peut supposer la présence dans tous les traumatismes psychologiques, agit uniquement comme déclencheur.

La menace d'auto-anéantissement

Martin Heidegger avait une perception très vive de cette menace qu'il appelait « effroi » et qu'il distinguait de l'anxiété et de la peur. L'anxiété, disait-il, « n'est qu'une humeur très répandue qui nous envahit facilement et s'apparente à la nervosité [2] ». Quant à la peur, elle est toujours à propos de quelque chose ; nous avons toujours peur de ceci ou de cela. L'effroi, par contre, n'est pas à propos de ceci ou de cela. « Dans l'effroi, il n'y a rien à quoi se raccrocher [...]. L'effroi ne révèle rien. Il nous tient en suspens parce que nous... [en même temps que tout le reste] nous échappons de nous-mêmes [...]. Pour cette raison, ce n'est pas "vous" ni "moi" qui éprouvons ce sentiment effrayant, mais "on" [3]. »

L'effroi, poursuit-il, « nous frappe de stupeur [...] toute affirmation échoue en sa présence. Le fait que, aux prises avec l'inquiétude sinistre de l'effroi, nous cherchions souvent à briser le vide du silence par des mots prononcés au hasard, ne démontre que la présence du Néant [4]. » Ces mots prononcés au hasard, comme le dit Heidegger, le sont, croyons-nous, parce que le langage est la réponse humaine à la Négation. C'est face à la négation première, à la double contrainte originelle et à la menace du châtiment de l'engouffrement que la conscience a été appelée à l'existence ; et c'est sur le radeau précaire du langage que la nature humaine flotte sur l'océan de la naissance et de la mort. Le langage contient « ceci est cela ; ceci n'est pas cela » et il incarne le centre. En effectuant cela, il nous oriente : nous sommes quelqu'un quelque part, quelqu'un qui de surcroît est présent à lui-même et présent à sa présence-en-tant-que monde. Non seulement nous sommes orientés, mais le monde aussi est retrouvé ; lui aussi devient quelque chose qui est quelque part. Mais lorsque l'ambiguïté n'est plus contenue, le centre cède et l'effroi surgit, car la possibilité de l'unité se dévorant elle-même se manifeste.

Tomber en enfer, ce n'est pas tomber dans un lieu ou dans un état d'esprit, c'est tomber dans la crevasse insondable du connaître/être, c'est la perte totale du centre. L'anxiété n'est donc pas une simple humeur semblable à la nervosité, mais une prémonition, comme le sait si bien toute personne qui se réveille en sueur au milieu de la nuit. Mais Heidegger a raison de dire que la peur et l'anxiété se rapportent toujours à quelque chose de défini. Nous sommes anxieux par exemple à l'idée de ce qui arrivera si nous perdons notre emploi, ou à l'éventualité de perdre la personne aimée ou de souffrir d'un cancer ou d'être incapable de payer le loyer, ainsi de suite. Dans l'anxiété, il y a toujours un élément de « ce qui arrivera si… ». « Qu'est-ce qui arrivera si » est un effort désespéré pour verbaliser la perte du centre, poussé par une prémonition non verbale de ce qui arrivera effectivement si le centre vient à céder, la prémonition d'une fissure béante. Nous ne sommes pas vraiment inquiets de ce « quelque chose » spécifiquement ; c'est notre dernier recours désespéré afin de maintenir une prise sur le centre et de contenir la fissure béante. C'est pourquoi nous revenons sans cesse à nos inquiétudes même si nous savons qu' « il ne sert à rien de s'inquiéter ». Il n'est pas inhabituel de voir une personne s'accrocher à sa névrose ou à sa douleur, car le fait de chercher à s'en libérer ou espérer en être guérie *donne un sens* à sa vie qui, sans cela, sans ce centre, commencerait à dévaler la pente de l'effroi et de l'horreur.

Comme Bateson le faisait remarquer, la colère et la rage sont également des moyens de prévenir l'enfer de l'horreur. Alors que la peur et l'anxiété sont des réactions passives de fuite, la rage et la colère sont des réactions actives. Dans la colère, nous nous agrippons. La colère et la peur créent toutes deux une tension dans le corps. Comme si un géant saisissait sa main droite avec sa main gauche et poussait d'une main vers le bas tandis que de l'autre il tirait vers le haut, exerçant une force croissante en tentant d'en arriver à ce que chacune cède à l'autre. Le corps peut devenir rigide de peur et de panique et il peut aussi se bloquer dans la colère. Il devient tendu ; et de même que la plupart des gens ont une émotion négative résiduelle, anxiété ou colère, de même le corps a une tension résiduelle, une tension qui ne disparaît pas par les méthodes habituelles de relaxation. Cette tension est le pendant physique, ou l' « être » de l'émotion, et il est facile d'observer que cette tension peut se traduire en émotion et vice-versa. Chez les gens qui méditent, quand la pratique commence à s'approfondir, il n'est pas inhabituel de voir apparaître de l'agitation, parfois de l'anxiété ou même beaucoup de colère. Quand la méditation s'approfondit, la tension se relâche et se transforme en émotions négatives. Dans toute tension physique et émotionnelle, il y a deux « présences-à » à l'œuvre, une sorte d'attraction-répulsion, où il y a simultanément prise et lâcher-prise.

Les émotions positives aussi bien que négatives dépendent du schisme premier, mais dans l'émotion positive, le pouvoir du centre est renforcé et non menacé. L'enthousiasme, la fierté, l'excitation, les sentiments de succès et de réussite, l'impression d'arriver, tout cela vient de la promesse que, d'une façon ou d'une autre, le pouvoir du centre sera accru. Ce sont les sentiments auxquels nous faisons allusion généralement quand nous parlons du bonheur.

Pour dresser un tableau complet, il faudrait mentionner une troisième catégorie d'émotions qui, à strictement parler, ne sont ni positives ni négatives : le contentement et l'ennui. Elles naissent quand le centre n'est ni menacé ni renforcé. Mais pour l'instant, ce sont les émotions négatives qui nous intéressent avant tout, particulièrement celles menant à la violence.

Le contrôle de la violence

Pour qu'une société puisse s'épanouir, la violence doit être contrôlée d'une manière ou d'une autre. Toutes les émotions sont contagieuses et les émotions violentes, laissées à elles-mêmes, peuvent infecter toute une société, comme on a pu le voir en Irlande par exemple et, tout récemment, en Yougoslavie. Le mécanisme de la contagion émotive dans un groupe est le même mécanisme qui gouverne la naissance d'une émotion chez un individu, comme on l'a vu au chapitre 12 : le feedback et la perte du centre se produisent là également. Quand vous êtes anxieux, je suis présent en tant que vous ; par conséquent, je suis présent à « votre » anxiété comme étant la mienne. La panique qui se répand dans une foule, le fou rire dans un groupe, la suspicion qui s'empare d'une communauté sont tous des exemples extrêmes de la manière dont les émotions se répandent. René Girard écrit que « le mécanisme de la violence réciproque peut se décrire comme un cercle vicieux ; une fois que la communauté y a pénétré elle est incapable d'en sortir [5]. » La fonction du sacrifice, ajoute-t-il, est de restaurer l'harmonie de la communauté et il cite un texte chinois qui reconnaît cette fonction au sacrifice : « Grâce à lui les populations demeurent sereines et ne s'agitent pas. Il renforce l'unité de la nation [6]. » Cela peut sembler vouloir combattre le feu par le feu, mais nous croyons que tel n'est pas le cas.

De nos jours, l'unité et l'harmonie sont maintenues par un système judiciaire qui, selon Girard, est une institutionnalisation de la vengeance. « Au lieu de travailler à empêcher la vengeance, à la modérer, à l'éluder ou à la détourner sur un but secondaire, comme tous les procédés proprement religieux, le système judiciaire rationalise la vengeance, il réussit à la découper et à la limiter comme il l'entend ; il la manipule sans péril ; il en fait une technique extrêmement efficace de guérison et, secondairement, de prévention de la violence. [...] Le système judiciaire et le sacrifice ont donc en fin de compte la même fonction [7]. »

S'il est vrai que le sacrifice atténue la violence, conséquence de la double contrainte de l'ambiguïté inhérente à notre nature, alors on devrait s'attendre à ce qu'il soit basé sur la même ambiguïté fondamentale. Nous allons montrer qu'il en est effectivement ainsi et que, tout comme la Parole, le sacrifice donne forme et contient l'ambiguïté fondamentale ; c'est ainsi que tous deux désamorcent la violence potentielle. Devant l'impossible « ceci est cela, ceci n'est pas cela – vous devez avoir les deux, vous ne pouvez pas n'en avoir qu'un », sacrifice et Parole disent qu'effectivement : ceci est cela, ceci *n'est pas* cela ; ils sont deux, mais ils sont aussi un. Vous avez les deux parce que vous avez Un. Voyons plus précisément comment cela s'accomplit.

L'ambiguïté du sacrifice

Girard commence ainsi son livre : « Dans de nombreux rituels, le sacrifice se présente de deux façons opposées, tantôt comme “une chose très sainte” dont on ne saurait s'abstenir sans négligence grave, tantôt au contraire comme une espèce de crime qu'on ne saurait commettre sans s'exposer à des risques tout aussi graves. » Citant Hubert et Mauss, il ajoute : « Il est criminel de tuer la victime parce qu'elle est sacrée... mais la victime ne serait pas sacrée si on ne la tuait pas [8]. » Cependant, Girard rejette ce qu'il appelle l'ambivalence, un « nom sonore » donné à ce raisonnement circulaire qui ne constitue pas une véritable explication. Si convaincant et même impressionnant que soit ce terme, dit-il, on en a fait un étonnant abus et il est temps de reconnaître qu'il ne jette aucune lumière sur la question du sacrifice. Ici, Girard se place du point de vue de la logique traditionnelle où A = A et ne peut être égal à non-A. Si l'on adhère à cette logique de non-contradiction, on ne pourra jamais comprendre pleinement le sacrifice. Dans cette optique, l'ambivalence ne serait, au mieux, acceptable qu'en tant que cas particulier ; dans tous les autres cas, elle ne serait qu'un aveu d'échec de la pensée. Or la logique de l'ambiguïté nous permet de comprendre le sacrifice car, dans cette logique, l'ambivalence est la règle et non l'exception.

« La substitution sacrificielle implique une certaine méconnaissance, dit Girard. Tant qu'il demeure vivant, le sacrifice ne peut pas rendre manifeste le déplacement sur lequel il est fondé. Il ne doit oublier complètement ni l'objet originel ni le glissement qui fait passer de cet objet à la victime réellement immolée, sans quoi il n'y aurait plus substitution du tout et le sacrifice perdrait son efficacité [9]. » C'est là le mécanisme de la métaphore. Quand, par exemple, Wilfred Owen parle de « la monstrueuse colère des canons », nous ne devons pas croire qu'il veut dire par là que *les canons sont en colère*, mais en même temps prendre conscience que les canons sont en colère. On pourrait utiliser les mots de Girard et dire que « croire les canons en colère » implique « une certaine méconnaissance » nécessaire pour que la métaphore fonctionne. Au théâtre, cette « certaine méconnaissance » s'appelle la suspension de l'incrédulité. Suspendre l'incrédulité n'est possible que si nous pouvons dire « ceci est cela » tout en sachant pertinemment que « ceci n'est pas cela ». En outre, il est également vrai de dire, avec Girard, que la vitalité d'une pièce ou d'une métaphore, comme le rituel du sacrifice, dépend de sa capacité de cacher « le déplacement sur lequel le rituel est fondé ». Autrement dit, la vitalité dépend de notre capacité de dire « ceci est cela », « les canons sont en colère », tout en gardant à l'esprit l'admonition de Girard qu'il ne faut « oublier complètement ni l'objet originel ni le glissement qui fait passer de cet objet à la victime réellement immolée ». C'est-à-dire qu'il ne faut pas oublier que « les canons ne sont pas en colère ».

Girard cite un passage de la pièce *Ion*, d'Euripide, et cette citation convient si bien à notre propos que nous allons la reprendre ici. Il introduit ainsi sa citation : « La nature double et une du sang, c'est-à-dire de la violence, est illustrée de façon saisissante dans une tragédie d'Euripide, *Ion*. La reine Créüse médite de faire périr le héros à l'aide d'un talisman extraordinaire : deux gouttes d'un seul et unique sang, celui de la Gorgone. *L'une est un poison mortel, l'autre un remède.* Le vieil esclave de la reine demande alors :

> LE VIEILLARD – Et comment s'accomplit en elles le double don de la déesse ?
> CRÉÜSE – Sous le coup mortel, de la veine creuse jaillit une goutte…
> LE VIEILLARD – À quoi sert-elle ? Quelle en est la vertu ?
> CRÉÜSE – Elle écarte les maladies et nourrit la vigueur.
> LE VIEILLARD – Et comment agit la seconde ?
> CRÉÜSE – Elle tue. C'est le venin des serpents de la Gorgone.
> LE VIEILLARD – Les portes-tu réunies, séparées ?
> CRÉÜSE – Séparées. Mélange-t-on le salutaire et le nocif ?

« Rien de plus différent que ces deux gouttes de sang et pourtant rien n'est plus semblable [10]. » Ceci est cela, ceci n'est pas cela. Nous pourrions dire que le sang est une métaphore du sang, ce qui veut dire que la violence (sacrée) est une métaphore de la violence (criminelle). De là vient la catharsis.

La symétrie de la violence

Afin de mieux comprendre, suivons Girard dans ses commentaires sur le sacrifice, en particulier quand il parle de la symétrie du dialogue tragique, le dialogue de la violence réciproque qui peut être verbale ou physique. Il se réfère à la pièce *Les Phéniciennes*, d'Euripide, comme exemple de similarité structurelle entre deux manifestations de violence. Dans ce drame, deux frères, Étéocle et Polynice, se livrent un duel. Girard écrit : « Il n'est rien, dans ce récit, qui ne s'applique aux deux frères en même temps ; tous les gestes, tous les coups, toutes les feintes, toutes les parades se reproduisent, identiques de part et d'autre, jusqu'à la fin du combat : “Si l'œil de l'un dépassait l'angle de l'écu, l'autre levait sa lance pour prévenir les coups” [11]. » Cette symétrie se poursuit tout le long du combat jusque dans la mort elle-même : « La poussière aux dents, et chacun meurtrier de l'autre, ils gisent côte à côte, et le pouvoir entre eux n'est pas départagé [12] », dit Euripide. Même leur mort ne résout rien et leurs armées vont s'affronter à leur tour. Le débat tragique, dit Girard, est un débat sans solution.

Ce débat sans solution est précisément l'instigateur de l'horreur et de l'effroi que nous avons vus plus haut dans la double contrainte. Les deux côtés étant de force égale, les deux injonctions ont force égale et par conséquent le désastre ultime menace d'éclater. « La tragédie, dit Girard, est l'équilibre d'une balance qui n'est pas celle de la justice mais celle de la violence [13]. » La violence, selon Girard, efface les différences entre les antagonistes. « Plus la rivalité tragique se prolonge plus elle favorise la mimesis violente, plus elle multiplie les effets de miroir entre les adversaires [14]. »

Pourquoi donc Euripide, au moyen du dialogue tragique, présente-t-il aux spectateurs la dynamique de la violence ultime, l'engouffrement du soi par le soi ? On pourrait poser la même question à propos de la violence et de l'horreur présentées à la télévision et au cinéma. Dans les deux cas, une même réponse pourrait être donnée. C'est en vue de la purgation, de la purification, de la catharsis. Notons cependant que, particulièrement dans le cas de la télévision, la ligne séparant les faits et la fiction est si brouillée que nous ne pouvons pas suspendre notre incroyance ; dans ce cas, loin d'agir comme une catharsis, cela pourrait agir comme un stimulant à la violence. « Le mot *katharsis* signifie d'abord le bénéfice mystérieux que la cité retire de la mise à mort du *katharma* humain. On traduit généralement par purification religieuse. L'opération est conçue sur le mode d'un drainage, d'une évacuation [15]. » Le spectateur voit la violence ultime, mais il voit également une pièce de théâtre. La stylisation même de la pièce, la versification, la scène, les comédiens, tout nous rappelle constamment que « ceci n'est pas cela ». La pièce est donc une métaphore du sacrifice. Les mystères de la passion sont une métaphore de la Passion et la messe en est l'ultime raffinement, un raffinement qui, soi-dit en passant, est détruit en même temps que la vitalité de la messe quand on se demande : « L'hostie est-elle *réellement* le corps du Christ ? » Autrement dit : « Ceci est-il vraiment cela ? »

« Les hommes ne peuvent pas faire face à la nudité insensée de leur propre violence sans risquer de s'abandonner à cette violence [16] », dit Girard. Dans l'acte sacrificiel, les hommes faisaient face à la nudité de leur propre violence (ceci est cela) mais en même temps ils n'y faisaient pas face (ceci n'est pas cela). En permettant cela, l'acte sacrificiel *contenait* la violence. Nous devons souligner que cet acte de contenir est le même que celui opéré par la Parole qui contient le conflit, parce que dans les deux cas c'est l'ambiguïté primordiale – la source du pouvoir créateur de l'univers – qui est contenue. Par cet acte, ceux qui participaient au rituel du sacrifice évoquaient la présence numineuse et le pouvoir de l'Un qui contient, le considérant à juste titre comme étant la présence de Dieu, non pas Dieu comme symbole, idée ou croyance, mais Dieu comme l'Unique puissance vivante du monde.

La mort du roi

Dans les temps anciens, la force majeure dans le contrôle de la violence résidait sans doute dans le charisme du leader à qui, faute d'un meilleur terme, nous avons donné le nom de dieu-homme. Le dieu-homme devait incarner, tout en le contenant, la puissance de l'Un. Les faits suggèrent pourtant qu'à l'origine c'était le leader qui était sacrifié ; ce n'est que plus tard qu'esclaves et prisonniers furent utilisés comme substituts sacrificiels. Même alors, les victimes était souvent habillées et même entraînées à imiter le mieux possible le Dieu ou le dieu-homme. Dans la religion aztèque, « une fête nommée Toxcatl était dédiée au dieu féroce Tezcatlipoca. Des préparatifs élaborés permettaient de trouver le parfait imitateur de la déité pour cette fête. Le guerrier captif devait avoir un corps impeccable, des talents musicaux et des capacités d'orateur. Pendant l'année précédant le sacrifice, il menait une existence privilégiée dans la capitale. On nous a dit que juste avant la fin de la fête, il arrivait à un petit temple appelé Tlacochalo… et de son propre gré, il montait vers le lieu de sa mort. La dernière marche atteinte, il fracassait sa flûte et son sifflet et était alors rapidement sacrifié [17]. »

Comment comprendre ce comportement violent entre tous ? Et, par-dessus tout, comment comprendre cette violente destruction du leader ?

Mettons de côté tout jugement négatif. Juger cette violence comme étant mauvaise ne fera que la mettre hors de portée de notre compréhension ; dire qu'elle est le résultat d'actes délirants de la part de fous furieux ne fera que paralyser toute enquête. Il y a une logique derrière toute activité, fût-elle psychotique. La même logique sous-tend la créativité et la violence, l'amour et la haine, la spiritualité et la guerre. De même que l'agonie du guerrier captif se substituant à celle des participants au rite sacrificiel était un acte rédempteur, l'agonie de l'Un au jardin de Gethsémani est un acte rédempteur et rétablit les chrétiens dans l'unité. Le Christ, c'est Dieu se sacrifiant lui-même sur la croix de la contradiction ; ce faisant, il rachète les péchés de l'humanité, péchés dont la racine est la perte de l'unité fondamentale lors de cet acte de désobéissance et de séparation qui a eu lieu au jardin primordial de l'Un appelé l'Éden. L'Un sacrifie l'Un pour atteindre l'Un.

Restaurer le pouvoir du Centre

Reprenons maintenant la question : « Pourquoi le leader était-il sacrifié ? » et tentons d'y répondre. Non seulement le sacrifice aztèque réconciliait l'implacable « ceci est cela, ceci n'est pas cela », mais il avait également la tâche importante de redonner au centre son pouvoir. Ces deux fonctions du sacrifice ne sont pas séparées mais complémentaires. Les Aztèques étaient fascinés, pour ne pas dire obsédés, par le « centre ». Le cœur de la victime sacrificielle était lui-même un centre. Le cinquième soleil, celui auquel on offrait le cœur battant du guerrier, le soleil dont nous disions qu'il était l'incarnation de l'Unité pour les Aztèques, était aussi le centre, le soleil central de leur calendrier. Dans une stèle magnifique, le cinquième soleil est gravé au centre d'un immense cercle. Quatre autres soleils, représentant les quatre points cardinaux, occupent la zone intérieure du même cercle, mais au centre de ces soleils se trouve le cinquième, le tout prenant la forme d'un mandala. Le centre du pouvoir, le cœur humain, était offert en tant que métaphore du cœur du Dieu, la victime sacrificielle étant une métaphore du Dieu. Le conflit inhérent au centre – « ceci est cela, ceci n'est pas cela » – se trouvait neutralisé et la stabilité rétablie.

L'instauration et le maintien du centre exigeait un immense labeur et l'investissement d'énormes richesses. David Carrasco écrit que le sacrifice humain se déroulait « à l'intérieur d'un système cérémoniel plus large et plus complexe où se dépensait une énorme quantité d'énergie, de temps et de richesses dans une variété de fêtes rituelles dédiées à un panthéon de dieux nombreux et affamés [18]. » Il y avait une période préparatoire qu'il décrit ainsi : « On commmençait avec des jeûnes et des veilles nocturnes où l'on offrait des fleurs, de la nourriture, du caoutchouc, du papier, des mâts décorés de banderolles, ainsi que de l'encens. Venaient ensuite les libations [...] ; les participants, au son de la musique sacrée, traversaient l'enceinte cérémonielle avant de parvenir au temple du sacrifice proprement dit [19]. »

Ceux qui devaient être sacrifiés s'appelaient *in ixiptla in teteo* (les imitateurs de la déité). « Les victimes humaines étaient baignées rituellement et costumées avec soin ; on leur enseignait des danses spéciales et pendant la période préparatoire on les faisait soit maigrir soit grossir. Elles étaient habillées de façon recherchée afin de personnifier les déités spécifiques auxquelles elles étaient sacrifiées [...]. Habituellement la cérémonie atteignait son point culminant lorsque guerriers et captifs, splendidement parés, chantaient et dansaient en procession vers le temple où les captifs étaient escortés (parfois contre leur gré) jusqu'à la pierre sacrificielle au sommet de l'escalier [20]. »

Cette obsession du centre, en plus de se manifester par d'immenses dépenses de richesses et de temps au cours de cérémonies élaborées avec soin et lors de sacrifices destinés à maintenir le pouvoir du centre, se révèle aussi dans le plan des cités et des temples. Les Aztèques croyaient que leur monde était une terre entourée d'eau. Au centre de ce monde – qu'ils appelaient le *tlalxico*, ce que nous pourrions traduire par nombril – se dressait la capitale, *Tenochtitlan*. Au centre de la cité se tenait le temple et, au centre du temple, l'autel sacrificiel et le cinquième soleil. C'est à travers ce centre que passaient le cosmos horizontal et le cosmos vertical.

Que ces sacrifices, rituels et cérémonies aient visé à redonner au centre son pouvoir, cela est attesté par Carrasco : « Les Aztèques cherchaient une sensation vitale du pouvoir dans leur Grand Temple. Ils réagissaient au déséquilibre grandissant de leur monde par une activité rituelle agressive à leur centre sacré. Dans les périodes de crise profonde, ils tentaient de se revitaliser en gravissant les marches de leur temple avec des guerriers captifs et, après les danses et les chants rituels, en les tuant sur l'autel. L'histoire et la mythologie aztèques nous montrent que la pratique de l'ascension du temple et de la montagne, afin de revitaliser le monde par le meurtre rituel, était une tradition immémoriale [21]. » Ainsi, le centre était une source de pouvoir et les rites sacrificiels un moyen de stimuler ce pouvoir qui, une fois perdu, provoquait une crise profonde et beaucoup de souffrance.

Le dieu-homme comme centre

Mais qu'arrive-t-il lorsque nous perdons le pouvoir d'atteindre le centre ? Ou, pour poser la question à la manière aztèque : qu'arrive-t-il lorsque le centre perd son pouvoir ?

Le dieu-homme prononça la première parole, la parole qui était avec Dieu, la parole qui était Dieu. Autrement dit, originellement, la Parole n'était pas séparée de l'Un qui parlait. Comme la monade, la Parole est l'Un et elle est aussi le centre ou, mieux encore : la Parole est l'Un et *l'Un en tant que centre.* Cet Un qui a dit ou chanté la parole originelle était le centre de tout et, en tant que tel, il a dû incarner un pouvoir, un rayonnement, un charisme immenses. Ceux qui le rencontraient devaient naturellement être enthousiasmés et ressentir une joie et un espoir intenses. Une telle rencontre leur permettait de relâcher leur propre fardeau de conflits non résolus, d'anxiété et de colère. De tout temps, on a attribué aux leaders le pouvoir de guérir, le plus frappant exemple étant les guérisons miraculeuses du Christ. Au Moyen Âge, en posant leurs mains sur la tête de leurs sujets, les rois étaient censés les guérir de toutes sortes de maux. Même aujourd'hui des leaders ont eu la réputation de jouir de cette faculté. Certaines personnes disent avoir connu des expériences « spirituelles » et des guérisons spontanées en présence d'Hitler. Pendant la chute de la dynastie des Romanov un moine russe, Raspoutine, a dominé la classe dirigeante du pays, principalement à cause du pouvoir qu'on lui attribuait de soulager les souffrances du jeune Romanov. Les « télévangélistes » aussi ont la prétention de guérir et, en raison de cette prétention, ils reçoivent d'immenses sommes d'argent des fidèles qui voient en eux le pouvoir de Dieu. Les chefs de certaines sectes actuelles sont capables d'inspirer une profonde loyauté et de soulever énormément d'énergie et d'enthousiasme [22] chez leurs disciples. Mais ce pouvoir, dissipé à travers le voile de la culture et la croûte durcie de mots inertes, n'est qu'une ombre pâlie de la gloire de naguère. Le pouvoir du charisme diminue à mesure que grandit le filet rationnel de la logique et de la technologie. Le dieu-homme originel était un soleil, ses descendants ne sont que des chandelles.

Mais, comme la poussière d'écailles sur les ailes du papillon, le charisme a tendance à s'user. Ramana Maharshi, le grand sage de l'Inde, disait qu'il ne fallait pas demeurer plus de trois mois avec son gourou, car ensuite on commençait à remarquer ses verrues ! En amour, on s'éprend et on se déprend aussi facilement. Le charisme s'épanouit en tant que pouvoir, mais il se nourrit de désir et d'aspiration – le désir et l'aspiration des disciples qui fait briller le potentiel des chefs. Combien d'idoles, dans l'obscurité, ont-elles découvert que leurs pieds étaient d'argile une fois éteinte la lumière de l'adoration. Un autre grand maître, Nisargadatta, disait que les maîtres sont faits par leurs élèves ; les politiciens et les idoles du rock, tout autant que les prophètes et les messies, n'en sont que trop conscients. La confusion entre la spiritualité et le charisme, l'un étant pris pour l'autre, est la même erreur que la confusion entre l'Un et l'incarnation de l'Un : bien qu'ils ne soient pas séparés, ils ne sont pas identiques.

Les dieux-hommes sont tout d'abord des hommes et, même alors, seulement les porte-parole de Dieu. Il est difficile de comprendre comment des gens ont pu se laisser leurrer par des gredins de l'espèce de Raspoutine, à moins de réaliser que le pouvoir du centre et le fait de lui donner voix ne sont pas séparés, mais pas davantage identiques. Le pouvoir du centre n'est pas illicite et il ne peut pâlir, alors que le pouvoir de celui qui incarne ce centre, à cause de l'âge, de l'infirmité ou de la maladie, peut s'éteindre. Ce pouvoir peut aussi sombrer dans un océan de forces conflictuelles trop puissantes pour qu'il puisse les réconcilier. Les humains primitifs étaient exposés à des forces obscures qu'on ne connaît pas. Le monde en était encore à son crépuscule et l'aube approchante le rendait encore plus mystérieux, sombre et magique. Le rayonnement même du dieu-homme ne devait pas toujours être assez lumineux pour dissiper les ténèbres. Tempêtes, fléaux, éclipses, éruptions et fièvres psychiques étranges ont dû faire monter les brumes du doute, du désespoir, de la peur et de l'effroi.

C'est alors que le dieu-homme faible ou défaillant devait être tué afin que, ressuscité, il pût retrouver son pouvoir en tant que centre. « Le Roi est mort ! Vive le Roi ! »

« Tous les dieux, tous les héros, toutes les créatures mythiques incarnent le jeu de la violence dans son ensemble, telle que l'unanimité fondatrice le détermine [23] », écrit Girard Pour les humains primitifs, seuls des actes d'unanimité, les actes d'un seul esprit, étaient possibles. Lorsque les désastres s'abattaient sur eux, les dieux étaient en colère ; lorsque le soleil brillait et que la paix régnait, les dieux étaient contents. Le dieu-homme pouvait soulever l'espoir et l'enthousiasme et diffuser l'énergie. Il pouvait également faire descendre le courroux des cieux. Le dieu-homme était « ce jeu ambigu et contradictoire de la violence dans son ensemble, telle que l'unanimité fondatrice le détermine. »

Dionysos, écrit Girard, est à la fois le plus terrible et le plus doux de tous les dieux. De même il y a le Zeus qui foudroie et le Zeus doux comme du miel. Le Christ appelle à l'amour ; or il n'apporte pas la paix mais le glaive. « Venez à moi, vous qui ployez sous le fardeau », disait-il, mais aussi : « Quiconque est près de moi est près du feu. »

La même contradiction se retrouve dans la personne du roi sacré ; lui aussi est un monstre. « Il est tout à la fois dieu, homme et bête sauvage. » Il est l'incarnation de la double contrainte. « J'ai utilisé l'expression la violence et le sacré, écrit Girard, nous pourrions dire également la violence ou le sacré. Le jeu du sacré et celui de la violence ne font qu'un [24]. » Je vous frappe parce que je vous aime. La double contrainte classique est à la base d'une « compréhension » du centre. Le centre sépare et il lie. Il en est ainsi parce qu'une ambiguïté sous-tend le centre : l'ambiguïté centre/périphérie. L'ambiguïté se retrouve jusque dans le mot « sacré » qui vient du latin *sacer* signifiant à la fois saint et maudit ; quant au mot *heiros* (dérivé du védique *isirah*, force vitale), il cache également le mot « ire » avec toutes ses significations maléfiques. La mort est le plus violent de tous les actes, surtout quand les moyens utilisés sont violents. D'où la crucifixion chez les chrétiens et l'arrachement du cœur chez les Aztèques. « Sacrifier, c'est rendre sacré, mais le sacrifice chez l'homme primitif consistait à tuer, et de la façon la plus douloureuse, pour que la victime sache sa propre mort au moment où son cœur était arraché et montré à tous. » C'était la seule façon de rendre possible la regénération, la résurrection.

« C'est le destin du prisonnier de jouer et d'incarner plusieurs rôles contradictoires. Il est l'ennemi qu'on adopte ; il occupe la place de l'homme en l'honneur de qui il sera tué ; il est à la fois parent par alliance et hors-caste ; il est honoré et méprisé, bouc-émissaire et héros ; on s'efforce de l'effrayer mais s'il montre qu'il a peur, on le juge indigne de la mort qui l'attend. En assumant tous ces rôles éminemment sociaux, il devient un homme au plein sens du terme, illustrant les contradictions que la société suscite : situation impossible qui ne peut aboutir qu'à la mort. L'impossibilité est encore renforcée quand le rituel lui confère la puissance et les attributs du héros mythique ; il devient le représentant de l'autre monde installé au centre de celui-ci, un Janus trop sacré pour qu'on puisse vivre avec lui [25] », écrit l'anthropologue Francis Huxley. Selon lui, la double contrainte – cette « situation impossible » – vient des contradictions créées par la société. Selon nous, sa genèse est beaucoup plus primordiale. Ajoutons de plus que l'impossibilité même de la situation rend sacrée la violence qui en résulte. La souffrance *in extremis* de la victime est l'expression de cette impossibilité.

Selon Girard, les humains primitifs s'efforçaient de reproduire ce qui s'est passé la première fois, de renouveler une fois de plus l'unanimité qui s'est faite et refaite autour de la victime émissaire. L'idée que nous proposons ici, c'est que cet événement originel, « ce qui s'est passé la première fois », est la naissance de la conscience contenant l'ambiguïté fondamentale par la Parole. La renaissance ou la régénération, impliquant une reconstitution de l'événement originel, est nécessaire, car les forces du conflit augmentent et le centre ne peut plus tenir. L'anxiété, l'effroi, la panique, la rage et la violence deviennent alors une menace. La violence doit être vécue pour que soit réconciliée l'ambiguïté de « ceci est cela / ceci n'est pas cela ».

Cette réconciliation amène le rétablissement du centre et ainsi la paix règne à nouveau. La naissance de la conscience est donc l'acte religieux primordial et le maintien de la conscience la première responsabilité du religieux.

1. Gregory BATESON, *Vers une écologie de l'esprit*, Le Seuil, Paris, 1977.
2. Martin HEIDEGGER, *Existence and Being*, A Gateway Edition, Chicago, 1949, p. 305.
3. *Ibid.*, p. 336.
4. *Ibid.*, p. 336.
5. René GIRARD, *La Violence et le Sacré*, Grasset, Paris, 1972, p. 124.
6. *Ibid.*, p. 19.
7. *Ibid.*, p. 39.
8. *Ibid.*, p. 9.
9. *Ibid.*, p. 15.
10. *Ibid.*, p. 61.
11. *Ibid.*, p. 71.
12. *Ibid.*, p. 72.
13. *Ibid.*, p. 73.
14. *Ibid.*, p. 75.
15. *Ibid.*, p. 429.
16. *Ibid.*, p. 126.
17. Joanna BRODA, David CARRASCO, Eduardo MATOS MOCTEZUMA, *Myth, Cosmic Terror and the Templo Mayor. From the Great Temple of Tenochtitlan*, University of California Press, Berkeley, 1987.
18. *Ibid.*, p. 152.
19. *Ibid.*, p. 151.
20. *Ibid.*, p. 152.
21. *Ibid.*, p. 125.
22. L'étymologie du mot enthousiasme : du grec *enthousiasmos*, transport divin, de *theos*, dieu.
23. L'étymologie du mot unanimité est *unus* : un et *animus* : esprit.
24. René GIRARD, *op. cit.*, p. 385.
25. *Ibid.*, p. 411.

Quatrième partie

XXI

LE TEMPLE

L'homme, le temple et le cosmos étaient... identiques *.

John Michell

Nous avons beaucoup parlé de la tourmente qui a dû précéder la création du premier mot, tourmente provenant du centre qui est à la fois l'observateur et l'observé. Afin de donner un aperçu du genre de souffrance provoqué par cette tourmente, nous avons cité le témoignage d'un homme racontant son expérience de la folie, expérience accompagnée par la perte du « je », le je étant l'articulation qui comble le fossé au centre. Cet homme disait que lors d'une crise psychotique, il perdait tout sens de lui-même comme personne parmi d'autres personnes. « On se sent disparaître, disait-il, notre caractère distinctif s'évanouit. Tout sens d'un "je" s'efface. » Face au néant, à la perte du « je », disait Martin Heidegger, nous sommes plongés dans le sinistre de l'effroi, et nous cherchons souvent à briser le vide du silence par des mots prononcés au hasard.

Les premiers humains dépourvus de langage articulé ont dû connaître souvent ce genre d'attaques dévastatrices ; le niveau de stress exigé pour tenter de contenir l'ambiguïté

---

* John MICHELL, *City of Revelation*, Garnstone Press, Londres, 1972, p. 19.

devait être si élevé, que l'une de leurs préoccupations les plus importantes devait être d'accroître la puissance de leurs moyens pour contenir l'ambiguïté. Cette préoccupation constante se poursuivit même après la création du mot car, comme toutes choses créées, le mot est soumis au déclin ; de nouveaux mots doivent donc être constamment créés. Un rabbin juif résume très bien cet effort exigé : « L'univers est toujours dans un état inachevé, comme à ses débuts [...], il requiert un labeur incessant et un continuel renouvellement à l'aide de forces créatrices. Si ces forces s'arrêtaient une seule seconde, le monde retournerait au chaos primitif [1]. » Pour maintenir et consolider le monde, et contenir ainsi les forces en présence, il fallait trouver des moyens additionnels, moyens qui se sont développés pour constituer ce que nous appelons la culture et la civilisation.

Le rôle de la religion

Comme nous l'avons signalé à la fin du chapitre précédent, ces moyens ont d'abord été le fait de ce que nous appelons la religion ; au début, d'ailleurs, le religieux et le profane n'étaient pas séparés. Nous avons tendance à considérer le religieux comme une activité homogène avec des méthodes et des buts clairs et nettement définis. Nous croyons que le religieux ne délimite que le domaine de la relation entre Dieu et l'être humain et l'ensemble des croyances qui se rapportent à cette relation. Bien peu de gens sont enclins à voir, comme le suggérait Eric Hoffer, que le nazisme, le fascisme et le communisme étaient des phénomènes religieux. De même, pour la plupart des gens, les rituels des Amérindiens et des Africains ne seraient que des pratiques barbares appartenant à des cultures inférieures. Notre enquête a toutefois démontré que les êtres humains sont soumis à des forces qui n'appartiennent ni au domaine du connaître ni à celui de l'être, qui ne sont ni matière ni esprit, des forces qui viennent pour ainsi dire d'une zone *intermédiaire* entre les deux. L'énergie dynamique et le pouvoir du centre sont des forces de cette nature, de même que la tension dans la relation « toi-moi ». Ces forces ne proviennent ni du connaître ni de l'être, mais elles ont leur source dans la zone intermédiaire ; cela signifie qu'elles ont leur origine en amont de la conscience et de l'expérience. Une préoccupation majeure fut donc de trouver des moyens de rendre ces forces accessibles à la connaissance pour pouvoir ainsi les contenir, les contrôler, les apaiser ou leur obéir. Ces moyens sont essentiellement des moyens « religieux ».

L'une des tâches du religieux, d'importance considérable, a été l'articulation du centre, son maintien et, là où c'était nécessaire, sa restauration. Une autre de ses tâches a été de trouver des moyens par lesquels le pouvoir du centre, et donc l'énergie de l'ambiguïté fondamentale d'où le centre émerge, puisse être canalisée afin que cette énergie soit utilisée par la tribu. Ces moyens incluaient des voies religieuses et « magiques » où les tabous, les cérémonies et les rituels consacrés au centre jouaient un grand rôle et occupaient une bonne partie de la vie de nos ancêtres. La religion devait aussi, et c'était là une autre de ses préoccupations majeures, trouver des moyens pour délester la relation « Je-Tu » de tous ses revêtements, physiques et mentaux, ainsi que du stress qui en résulte, afin qu'elle soit connue dans toute sa limpidité.

À ces deux dimensions, que nous pourrions appeler le pratique et le dévotionnel, s'en ajoutait parfois une troisième que, faute d'un meilleur terme, nous pourrions appeler le *spirituel*, dimension par laquelle l'ambiguïté au lieu d'être contenue était, pour ainsi dire, transcendée. Nous examinerons brièvement ces trois voies en prenant comme exemples : le temple pour la voie religieuse et magique ; le soufisme pour la voie dévotionnelle ; le bouddhisme zen pour le transcendantal. Au cours de notre examen nous verrons que chacune de ces trois voies provient, d'une façon qui lui est propre, de l'ambiguïté fondamentale. Précisons tout de suite que, sauf cas exceptionnel, aucune de ces voies ne se présente dans toute sa pureté et que plus la religion est « primitive », plus il y a de chances d'y trouver les trois voies inextricablement liées. Précisons en outre que notre examen est loin de se vouloir exhaustif ; nous ne ferons que suggérer les grandes lignes. Après notre étude des voies religieuses, nous explorerons la musique, ce phénomène étrange qui a accompagné les humains dans toutes leurs entreprises et pour lequel, jusqu'à présent, nous n'avons pas trouvé d'explication satisfaisante. Ce dernier chapitre nous donnera l'occasion de revoir l'essentiel de ce qui a été dit dans cet ouvrage.

Mais pour l'instant, concentrons-nous sur le rôle du temple en y voyant le moyen par excellence pour articuler et canaliser le centre et pour contenir les forces générées par l'ambiguïté fondamentale.

Le temple comme gardien de la force vitale

Il est fort probable, avons-nous dit, que le premier mot ait été émis non pas en parlant mais en chantant. Il est aussi fort probable que le chant ait été accompagné par la danse. On a souvent associé la danse, ainsi que l'énonciation du mot créateur, à l'acte créateur primordial. Dans son livre sur la danse sacrée, Maria-Gabrielle Wosen écrit : « Shiva Nataja, Seigneur de la Danse, émit des pulsations de sons naissants à travers la matière, la séduisant ainsi et l'amenant à la vie hors de sa léthargie [2]. » « Avec la création de l'univers, la danse, qui signifie l'union des éléments, vint aussi au monde [3]. » Plus loin, elle ajoute : « Le continuel face-à-face avec le centre divin était célébré par l'encerclement rituel de sites, d'objets ou de personnes sacrés ainsi que par des danses en rond autour d'un centre sacré. Circonscrire le centre était se mettre en relation constante avec la source de l'être [4]. » Autrement dit, danser était une façon de créer un espace sacré ; avec le temps, l'intensification du caractère sacré de cet espace devait amener l'établissement de sanctuaires et de temples sur son emplacement.

Dans notre ère post-moderne, une personne accordant à la religion un intérêt tout au plus intellectuel, et qui ne s'en sert qu'accessoirement au rite de la naissance, du mariage et de la mort, ne verra dans l'importance capitale que prenait le temple dans les sociétés anciennes qu'une preuve de plus de leur esprit exagérément superstitieux. Cette croyance que le temple était le centre du monde, et qu'il contenait les forces cosmiques conflictuelles d'où provenaient les puissances vitales nécessaires pour soutenir la vie, apparaît aujourd'hui comme une bizarrerie de l'esprit humain que seuls des êtres peu éclairés, vivant à l'époque préscientifique, pouvaient engendrer ; ces croyances, croit-on maintenant pouvoir démontrer à la lumière des connaissances scientifiques, n'étaient que vaines superstitions. Sir James Frazer, par exemple, était d'avis qu'à la base de la magie se trouvait une association erronée des idées : « [...] la magie, disait-il, est une falsification systématique de la loi naturelle en même temps qu'une règle de conduite fallacieuse ; c'est une science mensongère autant qu'un art stérile [5]. » Et plus loin : « C'est donc un truisme, presqu'une tautologie, de dire : toute magie est nécessairement fausse et stérile ; si elle devait jamais devenir vraie et féconde, ce ne serait plus la magie mais la science [6]. » Suivant cette logique, on pourrait aussi bien dire que si la poésie devait jamais devenir vraie et féconde, ce ne serait plus de la poésie mais de la prose ! La magie est un vaste sujet qu'on ne peut traiter avec légèreté même s'il y a eu autant de faux magiciens qu'il y a de faux scientifiques. Il est évident, toutefois, qu'un des aspects de la magie concerne l'expression des métaphores par leur actualisation. L'« association erronée d'idées » dont parle Frazer est identique à celle que commet Wilfred Owen quand il dit que les canons sont en colère. Par le rituel magique, le magicien mettait en jeu la force de l'unité qui se tient en amont de « ceci est cela / ceci n'est pas cela ». C'est la même force de l'unité qu'invoque le poète.

On retrouve dans notre société quelques échos de cette croyance voulant que le temple soit la source du pouvoir vital. L'image du temple ou *imago templi* était sous-jacente à la structure du temple, et la fascination qu'elle exerçait s'est perpétuée jusqu'à l'ère moderne dans les rituels des francs-maçons. L'*imago templi* émerge de ce qu'un maître soufi appelle « le lieu de rencontre des deux mers », le nom donné au monde intermédiaire où, comme le dit Henri Corbin, « tout ce qui apparaissait inanimé dans le monde des perceptions sensorielles prend vie [7] ». C'est de cette zone intermédiaire qu'émerge l'élan que nous connaissons sous le nom de religion : « Chaque manifestation de l'Imago constitue une unité en soi, sans nécessiter un transfert de pouvoir. Elle est elle-même son propre temps [8] », dit Corbin. Autrement dit, chaque temple est un tout, une monade, et l'histoire du temple n'appartient pas à l'histoire séculière, chronologique. Corbin dit encore : « Ces unités de temps discontinu sont les temps de l'*Imago Templi* : elles font irruption dans notre temps et confèrent une dimension d'éternité aux scissions qu'elles produisent [9]. » Cela est vrai de toute créativité, et chaque monade ou « organisme » est une éruption, chacune est hors du temps. Autrement dit : chacune est son propre temps. Cette éruption qui confère une dimension d'éternité donne aussi cette soudaineté, cette qualité explosive à laquelle nous faisions allusion au chapitre 15 dans notre exposé sur la créativité.

On pourrait dire que toutes les constructions sacrées représentent l'univers sous une forme symbolique. Maria-Gabrielle Wosen observait que pour s'assurer de l'efficacité du rite il était essentiel de clôturer les enceintes sacrées de façon à protéger et concentrer l'influence venue de l'objet, de l'animal ou de la personne sacrée à l'intérieur de l'espace clos. Des chemins sacrés menaient à cet objet, chemins empruntés par les pèlerins cherchant à renouer contact avec le pouvoir. La circumambulation autour de montagnes sacrées, d'arbres, de temples et de sanctuaires est l'une des activités religieuses les plus anciennes ; elle a été universellement pratiquée depuis l'époque mégalithique comme moyen par lequel le centre était affirmé. Wosen ajoute également que le saint des saints du sanctuaire se trouvait souvent totalement ou partiellement au-dessous du niveau de la terre ; il était la partie centrale de l'édifice sacré et, par conséquent, le fidèle ne pouvait le voir ou y accéder directement. Le fidèle marchait ou dansait autour du sanctuaire et c'est de cette manière qu'il établissait une connexion avec le centre. Si le sanctuaire était bâti sur un terrain surélevé ou s'il était lui-même une montagne sacrée, le pèlerin en faisait l'ascension [10].

De ce « lieu de rencontre des deux mers » du connaître-être, avons-nous dit, surgit le point nul, origine et cause de toute créativité [11]. L'articulation de ce point est une préoccupation majeure de la vie, y compris des êtres humains. Comme le dit un auteur : « Le Centre est d'abord et avant tout le point du commencement absolu où les énergies latentes du sacré font leur percée, où les êtres surnaturels des mythes, les dieux ou le Dieu de la religion ont d'abord créé l'homme et le monde. Finalement, toute création prend place à ce point qui représente la source ultime de la réalité. Dans le langage symbolique du mythe et de la religion, on y fait souvent allusion comme étant le “nombril de la terre”, “l'œuf divin”, la semence cachée et/ou la racine des racines [12]. » Ce centre prend forme dans l'arbre cosmique, la montagne sacrée, le mégalithe et finalement l'idole. Le mât totémique, le mât enrubanné autour duquel on danse, les stupas du bouddhisme, la croix à la croisée des chemins à travers toute l'Europe et les autels dans les églises, tout cela articule le centre sacré.

Le pouvoir du temple vient donc en partie de son articulation du centre désigné parfois comme l'*Omphalos* ou le nombril du monde. Il y avait, au centre du temple de Jérusalem, une énorme pierre que les légendes juives considéraient comme un *Omphalos.* Appelée en hébreu *Ebhen Shetiyyah*, la Pierre de Fondation, elle était la première création de Dieu et fut placée par Lui au sein de ce qui était encore le fluide infini des eaux primordiales. Selon la légende, « comme le corps d'un embryon qui se développe dans le ventre maternel à partir de son nombril, Dieu bâtit la terre autour de cette pierre, le Nombril de la terre. Et, de même que le corps de l'embryon reçoit sa nourriture du nombril, la terre entière reçoit de ce nombril les eaux qui la nourrissent [13]. » Cette nourriture est le pouvoir engendré par le pouvoir du centre.

John Michell, qui fit une recherche poussée sur le symbolisme du temple, affirme également que le temple est au centre, mais il ajoute : « À l'intérieur se trouve la chambre du Roi et le Roi, sur son trône, est au cœur de tout. Non seulement il symbolisait le soleil, mais il était vraiment le soleil de l'ordre social comme le proton est celui de l'atome. Il émanait de lui un rayonnement solaire qui assurait la prospérité et la fertilité du royaume. » Le temple était donc son instrument. Cependant, cet instrument « n'agissait pas seulement comme transmetteur de son pouvoir, mais aussi comme accumulateur des forces cosmiques qui le remplissaient [14]. » Autrement dit, le temple était à la fois le centre et la périphérie : comme centre, le pouvoir émanait de lui, comme périphérie, il recevait et accumulait le pouvoir.

Un fait vient témoigner fortement en faveur de ce point de vue – selon lequel le temple était simultanément accumulateur et transmetteur de pouvoir, centre et périphérie –, c'est la proéminence qu'ont pris les *yeux* dans la statuaire des temples pendant ce que Julian Jaynes appelle l'ère *bicamérale.* Bicaméral signifie « deux chambres législatives » ; Jaynes utilise ce terme pour désigner les deux moitiés du cerveau ; selon nous, il pourrait tout aussi bien désigner les deux centres irréconciliables, mais complémentaires : moi-centre et moi-périphérie.

Nous avons abondamment disserté, dans d'autres ouvrages, sur l'importance de comprendre le « regard » pour comprendre l'ambiguïté fondamentale. Regarder dans les yeux d'autrui, c'est à la fois voir et être vu. Cela peut réveiller le schisme ou la blessure radicale qui a le pouvoir de générer un amour intense ou de précipiter dans un vortex infernal. Jaynes remarque [15] que les yeux ont acquis un aspect proéminent dans la plupart des statues des temples durant toute la période bicamérale, et il établit ce qu'il appelle « l'indice des yeux » d'une idole en prenant comme base le diamètre de l'œil humain, qui représente environ 10 % de la hauteur de la tête. Il dit qu'un groupe célèbre de statues possède un indice de 18 % : « Leurs énormes yeux globulaires nous fixent hypnotiquement depuis leur cinq mille ans de préhistoire avec une autorité provocante. » Voir ces yeux, même à partir d'une reproduction imprimée, suffit pour éveiller en nous une sorte de crainte révérentielle profonde et primitive.

Les yeux du dieu du temple, qui était déjà au centre du « lieu de rencontre des deux mers », généraient sans doute un immense pouvoir, qui ensuite devait être canalisé par le centre. Plus la canalisation était puissante, plus grandes étaient les forces contenues et plus le temple devenait numineux et dispensateur de vie.

L'astronomie et le Centre du Monde

Les peuples préhistoriques observaient attentivement le ciel et les archéologues croient que les grands ensembles mégalithiques – tel que Stonehenge –, construits à travers l'Europe du Nord il y a environ 3 500 ans, servaient de boussoles, de calendriers et de calculateurs géants, tout en étant également des enceintes sacrées destinées aux rituels religieux. Certains, comme par exemple les grandes pyramides, étaient aussi des reliquaires, car ils servaient de sépulture aux pharaons. Un astronome, Richard Proctor, estime que la hauteur du soleil aux équinoxes ainsi que certaines étoiles importantes et constellations pouvaient être situées et alignées de façon précise par les ouvertures graduées pratiquées dans le corps même de la pyramide. Selon lui, la surface tronquée de la pyramide avant son achèvement pourrait avoir servi de plate-forme d'observation astronomique et astrologique dominant le plateau de Giseh et offrant une vue circulaire qui embrassait tout l'horizon.

Les astronomes modernes peuvent naturellement être portés à voir dans les anciens bâtisseurs des esprits apparentés aux leurs et, comme beaucoup de ces monuments étaient construits avec une très grande précision, penser que les peuples anciens avaient des aspirations et des objectifs identiques aux leurs. Toutefois, la conscience a évolué, et il semble très improbable qu'un peuple encore aux prises avec les aspects élémentaires de la stabilisation de la conscience – processus très lent qui a probablement duré des siècles – ait pu en même temps se permettre le luxe de contempler les cieux de façon détachée et objective. On a estimé que le coût de la construction de Stonehenge serait équivalent, toutes proportions gardées, à ce que les États-Unis ont dépensé pour se rendre sur la lune. Dans cette optique, il serait plus sensé de renverser la proposition et de dire que, loin de servir à surveiller les cieux d'une façon scientifique et détachée, ces sites visaient au contraire à obtenir des cieux confirmation et soutien pour les humains et, avant tout, pour la conscience humaine. Le but était d' « asseoir » le centre, de mettre ainsi en action le vaste pouvoir des cieux pour contenir l'ambiguïté et le faire participer à la stabilisation de la conscience.

Un autre fait vient étayer ce point de vue : en France, les cathédrales, placées sous le vocable de Notre-Dame, tracent sur le terrain, et presque exactement, la constellation de la Vierge telle qu'elle se présente dans le ciel [16], et l'on utilisait en plus la position du soleil pour déterminer les proportions de la cathédrale. Louis Charpentier affirme que la première étape de la construction d'une cathédrale était l'érection d'une colonne au centre sacré [17], autour duquel la cathédrale était bâtie. L'auteur ajoute : « La hauteur de la colonne de "base" avait une importance capitale en ce sens que, par le jeu des ombres solaires, elle indiquait des dimensions dont les rapports étaient la projection de ceux existant entre les corps célestes [18]. » Le pilier, dit-il, donnait à la cathédrale sa position, non seulement sur terre, mais aussi en relation avec les planètes et les étoiles fixes. Si le temple était effectivement le centre cosmique, et les faits parlent abondamment en faveur de cette hypothèse, et si, comme nous l'avons déjà signalé, l'objectif de toute cérémonie religieuse est que l'Un réabsorbe le centre, le plan du temple devait être conçu selon cet objectif premier. Le fait que le firmament entier vienne confirmer la centralité du temple devait intensifier le pouvoir de ce dernier de façon incommensurable.

Le pouvoir du temple était aussi intensifié par les reliques des saints et des bienheureux, eux-mêmes dépositaires de ce même pouvoir du centre. Cela expliquerait pourquoi, dans ses débuts, le temple servait de tombe au dieu-homme et pourquoi les stupas bouddhistes, de même que les églises et cathédrales chrétiennes, possédaient des reliques.

La quadrature du cercle : l'union des opposés

Le temple était le centre parce qu'il était aussi le lieu d'union des forces cosmiques et terrestres, autrement dit le lieu où était contenue la tension entre connaître et être. Cette union ajoutait au pouvoir du temple même si tous deux, le pouvoir qui vient du fait de contenir la tension et le pouvoir du centre, ne sont que deux aspects d'un même pouvoir. La quadrature du cercle, problème fondamental dans la construction des temples anciens, symbolise cette union de deux éléments incommensurables et représente donc une image du microcosme et du macrocosme. Esprit et matière appartiennent à des ordres différents et ne peuvent être décrits dans les mêmes termes, de la même façon qu'on ne peut exprimer des mesures linéaires dans des termes qui relèvent de la pesanteur. À l'intérieur du microcosme, le carré symbolise le corps, et à l'intérieur du macrocosme il symbolise la matière solide. Dans le microcosme, le cercle symbolise l'âme et dans le macrocosme, l'esprit. « Dans le récit que fait Plutarque de la fondation de Rome, le contour de la ville est décrit comme un cercle dessiné à partir d'un centre fixe et aussi comme un carré avec quatre coins. Ce plan de la quadrature du cercle est préservé dans l'architecture de Stonehenge, dans la description que fait saint Jean de la cité céleste et dans d'autres exemples qui nous restent du temple cosmique dont le plus impressionnant est la Grande Pyramide d'Égypte [19]. »

Le temple

Le temple est ce que John Michell appelle un *equilibrato* dont la fonction était d'exprimer harmonieusement tous les aspects différents et contradictoires de la nature [20]. Dans nos propres termes, cela signifie qu'il exprimait toute l'ambiguïté fondamentale, non seulement l'ambiguïté du connaître/être, mais aussi celle de moi-centre/moi-périphérie. Dans la mesure où cette dernière ambiguïté est aussi fondamentale, on devrait s'attendre à ce qu'elle ait été largement représentée dans la construction des sites sacrés. Nous avons dit que le temple transmettait et recevait à la fois les forces cosmiques, et nous avons évoqué la dimension des yeux dans la statuaire des temples pour étayer notre théorie. Il n'est donc pas surprenant de retrouver cette ambiguïté exprimée non seulement dans les yeux des dieux, mais aussi dans le plan même du site. Deux schémas très importants sont apparus, sur lesquels se fondaient de tels plans : le premier est le *Vesica Pisces* (le vaisseau du poisson) et le deuxième, le *Nombre d'Or*, soit sous la forme du *Rectangle d'Or* soit sous celle de son compagnon, le *Triangle d'Or*, que l'on retrouve souvent sous la forme du pentagone.

Vesica Pisces

Vesica Pisces signifie « vaisseau du poisson » ; en jetant un coup d'œil sur la figure suivante, vous verrez pourquoi on parle d'un poisson. Le *Vesica* est créé par deux cercles qui se rencontrent de façon telle que *le centre de l'un est à la périphérie de l'autre* et vice-versa. C'est exactement la même situation qui se présente lorsque deux regards se croisent. Deux centres émergent, chacun étant simultanément à sa propre périphérie et au centre et à la périphérie de l'autre. Dans une situation où un seul centre est possible, une tension formidable est générée entre les deux centres. C'est dans ce champ de forces qu'un espace sacré est créé.

Certains observateurs de la scène sociale ont constaté que le sport était devenu une religion à notre époque et il est très intéressant de noter qu'on retrouve le même *Vesica Pisces* à l'œuvre dans l'espace où se joue une partie de football ou de hockey. L'appendice 4 contient une démonstration de ce que nous entendons par la génération d'un champ de forces en utilisant le terrain de football comme illustration.

Bien qu'associé aux architectes qui ont bâti les cathédrales médiévales et à la création d'une partie des accessoires associés au rituel chrétien, le *Vesica Pisces* n'est pas uniquement un symbole chrétien. Selon une autorité dans le domaine, il fait son apparition au début d'une ère nouvelle, quand la tension est à son maximum. En grec, on l'appelle *le saint des saints*, et il a été respecté depuis les temps les plus anciens comme un symbole du mariage sacré [21].

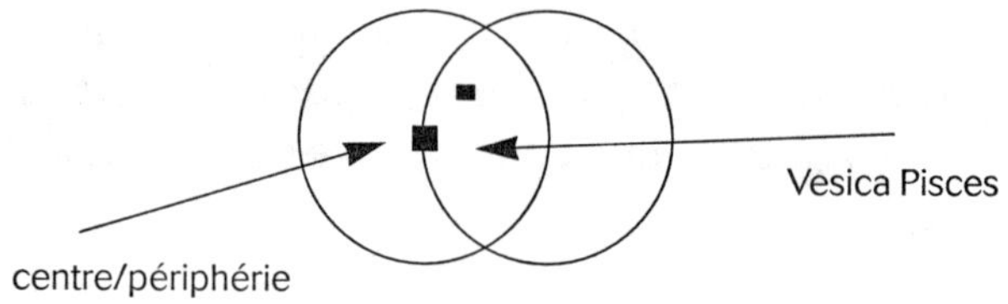

Un autre écrivain dit : « Cette mystérieuse figure du Vesica Pisces exerçait une influence sans limites sur les moindres détails de l'architecture sacrée et constituait le grand secret de notre ancienne confrérie. Les plans des édifices religieux étaient déterminés par son emploi ; les proportions de longueur et de hauteur en dépendaient complètement [22]. » On dit du Vesica qu'il était la « matrice à partir de laquelle étaient engendrés tous les nombres et proportions du Temple [23] ». C'était un attribut de la Vierge et l'aspect féminin du Sauveur symbolisé par la blessure. Pour les anciens bâtisseurs, c'était un « archétype de la beauté idéale », mais pour d'autres, « un objet funeste qu'on nommait le Mauvais Œil, le moyen magique le plus couramment utilisé pour briser les effets nocifs de son envoûtement étant le Phallus [24]. »

Cette ambivalence face au *Vesica Pisces* est identique à celle produite par le moi-centre/moi-périphérie, d'où naissent à la fois la joie et l'anxiété, la créativité et la violence. Le mauvais œil crée une anxiété intense et de l'horreur pouvant aller jusqu'à l'effondrement dans la panique et la terreur. Le regard fixe donne une forme concrète à moi-centre/moi-périphérie, ramenant à la surface le schisme ou la blessure au cœur de l'être. Ce même regard peut toutefois être l'expression d'un amour profond. C'est pourquoi le *Vesica Pisces* et moi-centre/moi-périphérie peuvent être vus d'une part comme une blessure et, d'autre part, à cause de leurs qualités créatrices et génératrices, comme une matrice.

Le Rectangle d'Or

Le Rectangle d'Or est très connu ; le rapport entre le plus petit de ses côtés et le plus grand est de 1/1,618. En découpant un carré à l'intérieur de ce rectangle, on forme un autre rectangle isomorphe au premier, ayant donc les mêmes proportions, c'est-à-dire 1/1,618. Ce rectangle peut à son tour être réduit en découpant un carré à l'intérieur, formant ainsi un autre rectangle dont les proportions sont isomorphes au premier, et ainsi de suite.

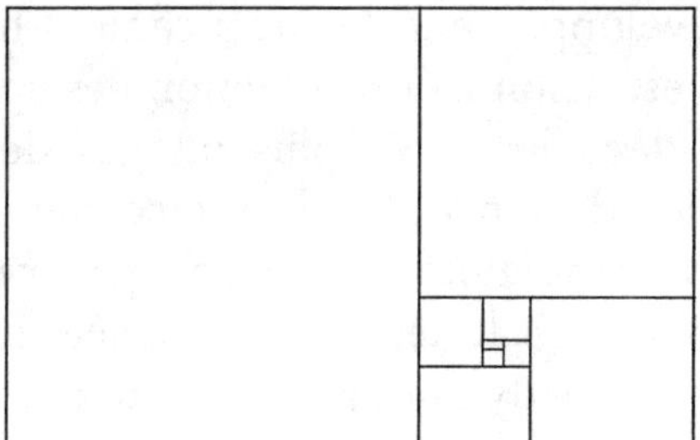

Le Rectangle d'Or était utilisé comme plan directeur dans l'architecture de la Grèce et celle de l'Inde, dans les statues bouddhistes, les jardins zen, les sanctuaires japonais et même dans les *tatami*, les nattes des salles de méditation zen ; tous ont des proportions qui correspondent à celles du Rectangle d'Or. Mais la nature aussi se conforme au Rectangle d'Or : les fleurs, les grenouilles, les papillons, les arbres et tant de choses encore dans la nature se développent à l'intérieur des limites établies par le Rectangle d'Or. Cela est possible parce que le Rectangle d'Or est capable de contenir l'insoutenable contradiction de moi-centre/moi-périphérie.

Gyorgy Doczi s'est livré dans un livre à une étude approfondie du Nombre d'Or et de son influence dans la vie et dans l'art. Il remarque d'abord que les carpelles du cœur de la marguerite « se développent à partir du point de rencontre de deux ensembles de spirales qui vont dans des directions opposées, l'une dans le sens des aiguilles d'une montre, l'autre dans le sens contraire [25]. » Ces spirales se déploient à partir du centre de la marguerite, ce qui signifie qu'*au centre même se trouvent deux centres* : l'un évoluant dans le sens des aiguilles d'une montre, l'autre dans le sens contraire ; et pourtant ces deux centres sont un. La formule pour décrire la croissance de ces spirales se conforme à celle du Nombre d'Or où, écrit Doczi, « le rapport entre la plus petite partie et la plus grande est le même que le rapport entre la plus grande partie et le tout [26]. » Le processus qui préside au développement de l'agencement harmonieux de la marguerite est, selon Doczi, « l'union des opposés complémentaires » ; dans les mots plus imagés de Corbin, cela devient « le lieu de rencontre des deux mers » et, dans nos termes à nous, l'ambiguïté. Le centre à partir duquel la marguerite se déploie est la tête de croissance de l'organisme ; c'est donc un centre dynamique et vivant et non pas abstrait et hypothétique.

Doczi a inventé un nouveau mot, *dinergie*, parce que, dit-il, bien qu'il existe plusieurs termes associés aux différents aspects du processus de formation de « patterns » à partir de l'union des opposés, aucun n'exprime le pouvoir générateur de cette union. *Polarité* se réfère à des opposés, mais n'indique pas que quelque chose de neuf est en train de naître. *Dualité* et *dichotomie* indiquent la division, mais pas la jonction. Quant au mot *synergie*, il indique la liaison et la coopération, mais ne renvoie pas spécifiquement à des opposés. L'étymologie qu'il donne du mot dinergie est *dia* – à travers, d'un côté à l'autre, opposé – et énergie : la dinergie, dit-il, est donc l'énergie créatrice de la croissance organique, qui donne son pouvoir à la tête de croissance. C'est ce que nous avons appelé l'énergie dynamique. Le Rectangle d'Or est l'espace sacré à l'intérieur duquel la dinergie est générée.

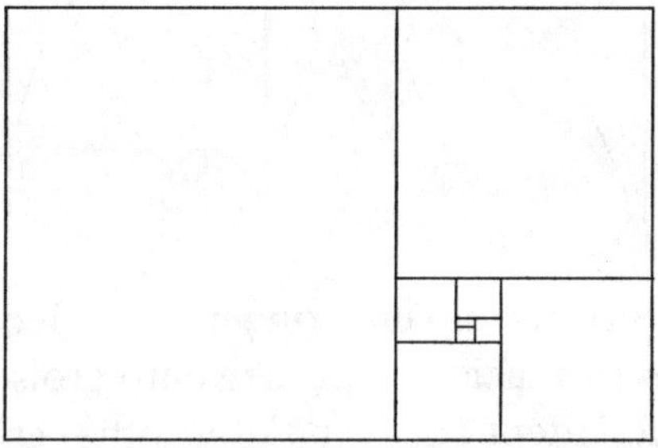

D'après Doczi, la dinergie est l'un des processus les plus fondamentaux de la nature pour créer des « patterns ». Le Rectangle d'Or peut-être perçu comme la représentation visuelle de la dinergie (ou de l'unité dynamique), dont la structure est l'ambiguïté fondamentale. L'une des façons de créer un Rectangle d'Or est d'y insérer des carrés dont la grandeur diminue conformément au Nombre d'Or.

Le rapport entre un carré et son voisin plus petit sera de 1/1,618, mais chacun à son tour sera représentant de l'unité.

Ce diagramme est souvent appelé « les carrés tournoyants ». L'insertion de carrés additionnels génère une spirale qui commence et se termine dans l'infinité ou, mieux encore, dans l'unité. La même tension qui existe entre les deux unités, l'inclusive et l'exclusive, se retrouve partout dans la spirale. Chaque carré inclut le carré suivant et exclut le précédent. La spirale peut donc être conçue comme une force cherchant une résolution, un point d'arrêt qui, quelle que soit l'intensité de la recherche, ne peut jamais être trouvé. Elle illustre l'unité cherchant une unité ultime ou l'unité cherchant à réabsorber le point nul. Cette force n'est pas uniquement une force centripète dirigée vers un centre, c'est aussi et en même temps une force centrifuge cherchant la totalité ou la plénitude.

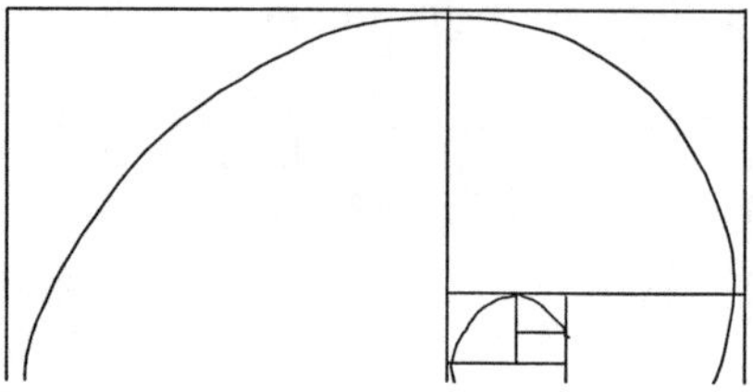

Les spirales se retrouvent souvent associées à l'ancienne architecture. « Des lacis de spirales entrecroisées remontant au néolithique, identiques au labyrinthe crétois, aux tatouages des Maoris et au Tapu'at des Amérindiens, sont gravés dans la pierre des tumulus funéraires à New Grange en Irlande. On a interprété ces doubles spirales comme étant des symboles de mort et de renaissance, parce qu'en suivant la ligne qui s'enroule vers l'intérieur, on en aperçoit une autre qui se dirige en direction opposée. » On voit souvent de ces spirales prendre la forme de labyrinthes. L'un des plus célèbres est le labyrinthe de Chartres, avec une spirale complexe menant vers le centre et s'en éloignant simultanément. Selon Charpentier, un labyrinthe serait un motif de danse écrit sur le sol ; cette hypothèse viendrait appuyer l'idée selon laquelle, au début, le plan du site des temples n'était pas tracé en arpentant mais en dansant. Un autre auteur dit que les danses spirales étaient souvent des danses de guérison et de régénération « permettant d'échapper au monde matériel et d'entrer dans l'au-delà, à travers le "trou" symbolisé par le centre. » Tout en remettant en question cette imagerie un peu rudimentaire du « trou symbolisé par le centre », on peut tout de même acquiescer à cette idée du centre comme comme point de régénération.

Le Triangle d'Or résulte aussi de cette mesure sacrée qu'est le Nombre d'Or. Le pentagone, qui dérive du Triangle d'Or, a toujours été vu comme le symbole de l'homme. « Le Nombre d'Or est la forme la plus caractéristique que nous puissions obtenir de l'architecture de la plante et de la silhouette humaine [27]. » Il est même possible qu'un temple s'étendant sur des centaines de milles carrés puisse avoir été « bâti » sur la base du Triangle d'Or et du pentagone qui en résulte. Henry Lincoln nous parle de Rennes-le-Château qu'il met en relation avec ce qu'il appelle « la huitième merveille du monde », un temple qui n'est pas une contruction mais un espace dont les frontières sont délimitées par cinq montagnes, chacune séparée de l'autre par une distance de dix milles. Ces montagnes sont situées précisément aux cinq angles d'un gigantesque pentagone. On dit qu'au centre du pentagone se trouve un trésor. Beaucoup se sont interrogés sur la nature de ce trésor et l'ont activement cherché. Mais le trésor est sans aucun doute le centre lui-même !

Sur l'importance du Nombre d'Or et du pentagone comme l'une de ses manifestations, Lincoln cite le professeur Cornford : « Depuis de très lointaines époques, le pentagone, le pentagramme et les concrétisations du Nombre d'Or ont joui d'un immense prestige et suscité la vénération chez les géomètres, les architectes et les maçons [28]. » Cela est encore vrai de nos jours où l'intérêt à leur égard demeure très vif. Dans notre optique toutefois, leur principal intérêt réside en ce qu'ils servent de fondement à la génération d'un espace sacré, contenant de ce fait l'ambiguïté fondamentale, ce qui est capital pour la génération et le maintien de la conscience humaine.

1. David MACLAGEN, *Creation Myths*, Thames and Hudson, Londres, 1977, p. 14.

2. Maria-Gabrielle WOSEN, *Sacred Dance*, Thames and Hudson, Londres, 1974, p. 7.

3. *Ibid.*, p. 9.

4. *Ibid.*, p. 21.

5. James G. FRAZER, *Le Rameau d'or*, vol. 1, trad. de Pierre Sayn, « Bouquins », Robert Laffont, Paris, 1981, p. 42.

6. *Ibid.*, p. 142.

7. Henri CORBIN, *L'Imagination créatrice dans le soufisme d'Ibn 'Arabi*, Aubier, Paris, 1993, p. 266.

8. *Ibid.*

9. *Ibid.*

10. WOSEN, *op. cit.*, p. 24.

11. Le texte cabalistique dit : « Quand le Caché des cachés a voulu se révéler lui-même, il a d'abord fait un point unique : l'Infini était complètement inconnu et ne diffusait aucune lumière avant que ce point lumineux ne perce dans la vision. Au-delà de ce point, tout est inconnaissable et c'est pourquoi on l'appelle *reshith*, le commencement, la première des paroles créatrices par laquelle l'univers a été créé. » Roger COOK, *The Tree of Life.*

12. Roger COOK, *The Tree of Life*, Thames and Hudson, London, 1974, p. 9.

13. MICHELL, *op. cit.*, p. 27.

14. *Ibid*, p. 20.

15. Julian JAYNES, *The Origin of Consciousness in the Breakdown of the Bicameral Mind*, Houghton Mifflin Company, Boston, 1976.

16. La disposition des trois grandes pyramides de Giseh reflète la disposition des étoiles de la ceinture d'Orion. On peut trouver de nombreuses autres correspondances entre l'architecture des pyramides et la disposition des corps célestes. Voir Robert BAUVAL et Adrian GILBERT, *The Orion Mystery : Unlocking the Secrets of the Pyramids.* Voir également Eleanor MANNIKA, *Angkor Wat : Time Space and Kingship*, pour de semblables correspondances entre les corps célestes et différentes parties d'Angkor Vat.

17. Louis CHARPENTIER, *Les Mystères de la cathédrale de Chartres*, Robert Laffont, Paris, 1966, p. 113.

18. *Ibid.*, p. 90.
19. MICHELL, *op. cit.*, p. 57.
20. *Ibid.*, p. 59.
21. *Ibid.*, p. 72.
22. *Ibid.*
23. William STIRLING, *The Canon*, Garnstone Press, Londres, 1974, p. 12.
24. *Ibid.*
25. Gyorgy DOCZI, *The Powers of Limits*, Boulder, Shambala, 1981.
26. *Ibid.*
27. *Ibid.*, p. 105.
28. Henry LINCOLN, *The Holy Place*, Corgi Books, Londres, 1992.

XXII

LE SOUFISME ET L'AMBIGUÏTÉ DE TOI ET MOI

> Si donc tu me perçois, tu te perçois toi-même.
> Mais tu ne saurais me percevoir à travers toi.
> C'est par mon regard que tu me vois et que tu te vois,
> Ce n'est pas par ton regard que tu ne peux m'apercevoir *.
>
> Poème Soufi

Le chapitre précédent traitait de la voie magique et pratique qui permet de contenir l'ambiguïté ; nous aborderons maintenant la voie de la dévotion, celle de la nostalgie et de l'aspiration ardente. Nous avons choisi le soufisme comme étant le plus représentatif de cette voie, en particulier celui qu'expose l'œuvre d'Ibn 'Arabî à laquelle nous ferons de brèves références. Comme nous le verrons, la préservation du centre joue un rôle important dans le soufisme, mais ce qui constitue vraiment le cœur de cette tradition, c'est l'ardent désir d'accéder à une pure relation « Je-Tu ».

La « présence-à » est en amont de la conscience et c'est pourquoi nous ne pouvons pas saisir l'Autre en tant que forme dans la conscience. Nous avons mentionné plus tôt que « tu » es, pour ainsi dire, un trou dans l'existence par lequel je puis toucher au ciel ou tomber en enfer. L'une des

* Henri Corbin, *L'Imagination créatrice dans le soufisme d'Ibn 'Arabi*, Aubier, Paris, 1993, p. 137.

fonctions de la conscience est de fournir des moyens d'éviter une rencontre directe avec « toi ». Je me sers des mots, des noms, des phrases et des comportements stéréotypés comme tampons protecteurs, comme voiles pour « te » masquer. Mais parfois les tampons sont inefficaces, les voiles se déchirent et je me retrouve hors de moi-même dans l'extase ou dans l'horreur. « Toi » et « moi » se reflètent l'un l'autre comme le miroir et l'image, parfait *unus-ambo* ; mais qui est le miroir et qui est l'image ? On ne peut le déterminer. L'amour humain, l'amour que j'ai pour une femme, me délivre en me procurant des moments d'extase, où je me tiens hors de moi-même, où toi et moi sommes deux mais aussi un. Mais cet amour est l'écho d'un autre, l'amour divin, l'amour de Dieu, l'amour de Je pour Tu.

Je et Tu, Je comme Tu, Je suis Toi, Tu es moi ; sommes-nous deux, sommes-nous un ? Je « te » rencontre constamment au cours de la journée ; à certains moments, tu apparais comme une épouse, à d'autres comme une fille, parfois tu viens vers moi comme ami, parfois comme ennemi. Tu es toujours là ; même lorsque je suis seul, je continue à te parler dans cet incessant « mono-dialogue » mental. Tu es toujours là, tapi dans l'ombre ; tu es mon patron, le serveur du restaurant, l'étranger dans une file d'attente, tu es toi et je suis moi. Il en est ainsi parce que *Tu* est voilé, caché derrière les formes dont je *T*'ai revêtu. Quand je te rencontre sous ces formes, je ressens une tension, une gêne. Si je soutiens ton regard trop longtemps, je me sens embarrassé ; je masque mon embarras en bavardant ou en faisant le pitre, ou bien je « communique » avec toi, je deviens efficace, précis, structuré, une machine parlant à une machine. Je transforme notre communion en une sorte de transaction où il s'agit de prendre et de recevoir. Mais qui êtes-vous, qui es-Tu ? Qui suis-Je ? Je-Tu, cet *unus-ambo*, la source des délices mystiques, se dresse aussi à la source des tourments sans fin de l'enfer.

Nous avons créé la conscience à partir de la Parole afin d'éviter l'enfer et, ce faisant, nous nous sommes refusés le ciel. Quelques personnes cependant, grâce au pouvoir créateur de l'unité, peuvent se sortir des entraves de la conscience, échapper à son atmosphère verbale et même décrire, de façon hésitante, ce qu'elles y trouvent. Au cours des siècles derniers, ces personnes étaient les artistes, les penseurs, les scientifiques qui, par leur labeur, ont élargi et enrichi la conscience. Mais avant eux, il y eut les *nabis*, les prophètes de l'Ancien Testament.

La conscience peut se comparer à un arbre et la science occulte l'a parfois dépeint comme un arbre renversé, les racines en haut et les branches en bas. Les racines de la conscience sont dans l'ambiguïté, le tronc est l'unité dynamique, les branches sont les dilemmes qui se sont posés, ont été résolus ou ignorés. Avec le temps, le feuillage devient toujours plus dense, plus différencié, obstruant la lumière.

À l'époque des dieux, l'arbre n'était encore qu'un jeune arbre et les *nabis*, qui selon Julian Jaynes [1] ont été incorrectement nommés les *prophètes* de l'Ancien Testament, étaient les « artistes ». D'après lui, le mot *nabi* vient d'une racine verbale qui n'a rien à voir avec la prédiction de l'avenir, mais avec le fait « d'ondoyer et devenir lumineux » ; « métaphoriquement, c'était un flux ou un jaillissement de paroles et de visions ». Le *nabi* était un homme de transition entre l'époque des dieux et celle de Jéhovah, en partie bicaméral et en partie subjectif. Bicaméral, comme nous l'avons déjà souligné, signifie deux chambres législatives, et nous pourrions voir ce mot comme une métaphore pour désigner les deux centres, le schisme moi-centre/moi-périphérie. À l'ère bicamérale, la conscience comme nous la connaissons aujourd'hui, centrée autour d'un « je » stable, n'était pas encore apparue, et le centre se trouvait encore dans l'idole, maintenu par le temple.

Avec l'émergence du moi et l'intégration graduelle autour d'un nouveau centre intériorisé, les nabis ont presque tous disparu. De temps à autre dans l'histoire un *nabi* est apparu, peut-être comme un retour à la source, non pas nécessairement à la source comme *passé*, mais à la source comme *origine*. Ramakrishna fut un grand nabi des temps modernes ; plus loin en arrière, à l'époque médiévale, il y eut Ibn 'Arabî.

Ibn 'Arabî qui, selon Corbin, allait faire revivre la sagesse de l'ancienne Perse, est connu par ses disciples modernes comme *Muhyî al-Dîn*, le vivificateur de la religion, et sa tombe est encore un lieu de pèlerinage pour d'innombrables pèlerins. Né en 1165, il tomba gravement malade vers l'âge de huit ans. C'est au cours de cette maladie qu'il pénétra dans ce que Corbin appelle le monde « des images réelles et subsistantes », *alam al-mithal* en arabe, le monde *intermédiaire* de l'Imagination active. Le soufisme est la voie de l'adoration, comme nous l'avons déjà dit, et le lien entre l'amour mystique et l'amour érotique est clairement mis en lumière dans l'œuvre d'Ibn 'Arabî, particulièrement dans un poème mystique qu'il dédia à une très belle jeune fille : « Quel que soit le nom que je mentionne dans cet ouvrage, c'est à elle que je fais allusion. Quelque demeure dont je chante l'élégie, c'est à sa demeure que je pense [2]. »

Le terme « imagination » utilisé par Corbin dans le titre de son ouvrage ne doit pas être confondu avec la « fantaisie » ; il s'agit de « l'intermédiaire magique entre la pensée [connaître] et l'être, [...] l'incarnation de la pensée [ce que nous avons appelé connaître] dans l'image et la position de l'image dans l'être [3]. » À notre époque où règne en maître le concept clair et distinct, où nous avons de surcroît perdu de vue l'unité dynamique, l'imagination est une notion toute négative que l'on oppose à la réalité. Imaginer, c'est créer un monde illusoire, trompeur. La dégradation de l'imagination en fantaisie est accomplie, opposant la fragilité et la gratuité des créations de l'art à la consistance des réalisations sociales ou économiques. Corbin ajoute : « Tous les indémontrables, les invisibles, les inaudibles seront classés comme des créations de l'Imagination, c'est-à-dire comme des produits de cette faculté qui secrète en propre l'imaginaire, l'irréel [4]. »

Il existe cependant un univers intermédiaire de forces invisibles et inaudibles que nous avons appelé l'univers de l'unité dynamique, et il ne doit pas être ignoré. Dans son étude sur la musique à laquelle nous reviendrons plus loin, Zuckerkandl écrit que « la musique ne procède ni de l'élément physique ni de l'élément psychique, mais d'un troisième élément purement dynamique [5]. » Les mathématiques aussi, dans la mesure où elles dépendent du nombre, ont leur origine dans cet univers intermédiaire. Marie-Louise von Franz, une élève de Jung qui s'est penchée sur l'origine du nombre, écrit : « Dans le *unus mundus* [...] il n'y a pas incommensurabilité entre la prétendue matière et la prétendue psyché [...] le nombre est la clé de leur mystère car il est *découvert autant qu'inventé.* Il est quantité autant que signification [6]. »

En parlant auparavant de cet univers intermédiaire, nous hésitions à le nommer univers « créateur » de peur que les lecteurs ne l'interprètent comme étant uniquement un univers psychologique. De façon similaire, nous devons faire preuve de prudence dans notre interprétation de l'imagination et ne pas la confiner uniquement au domaine du connaître. Ce serait une erreur, car cet univers est à la fois celui des idées et celui de l'être, ce qui, sauf chez quelques parapsychologues marginaux, est de nos jours tout à fait ignoré. En revanche, la cosmologie du soufisme « dispose de la dimension qui peut en rendre compte [des faits paranormaux] et manque à notre propre schéma du monde. Elle garantit la réalité “objective” de ce monde suprasensible où se manifestent les effets d'une énergie spirituelle dont le foyer est le cœur et dont l'Imagination active est l'organe [7]. »

La préservation du centre joue un rôle important dans le soufisme. L'Imagination active est étroitement associée au *cœur*, le centre dynamique, et comme nous l'avons signalé au début de ce chapitre, le centre tient une place importante dans le soufisme. Dans un autre de ses ouvrages sur le soufisme, Henri Corbin écrit : « L'orientation est un phénomène primordial de notre présence au monde. Une présence humaine a la propriété de spatialiser le monde qui l'entoure, et ce phénomène postule une certaine relation de l'homme avec le monde, *son* monde, cette relation étant déterminée par le mode même de sa présence. L'organisation, le plan de ce réseau dépend depuis des temps immémoriaux d'un point unique : le point d'orientation, le Nord céleste, l'étoile polaire [8]. »

Ce centre fournit à la fois la dimension intérieure et la dimension verticale. Aller vers le centre, c'est aller vers le haut ; aller vers le haut, c'est aller vers le centre. La pyramide ainsi que la montagne sacrée symbolisent cette correspondance, car en faisant l'ascension de l'une ou de l'autre, on monte tout en allant vers le centre. Le Ciel où Dieu vit est en haut parce qu'il est au centre, non parce qu'il se situe dans le firmament au-delà des nuages. Dans le soufisme, le concept du Nord est de première importance car « c'est conformément à la façon dont l'homme expérimente intérieurement la dimension “verticale” de sa propre présence que les dimensions horizontales acquièrent leur signification [9]. » Cette dimension « verticale » est celle de la *valeur* ; les valeurs, pourrait-on dire, « viennent du » centre. L'Orient recherché par les mystiques, nous dit Corbin, ne se trouve pas sur les cartes ; il est en direction « du nord, au-delà du nord ». Ce n'est qu'en montant que l'on peut trouver ce nord cosmique. Suivre la voie directe signifie ne pas dévier de son parcours vers l'est ou vers l'ouest. La découverte du monde intérieur qui resplendit de sa propre lumière, qui est le monde de la lumière, signifie gravir le sommet, c'est-à-dire être attiré vers le *centre.* Ce monde intérieur est une intériorité de lumière par opposition à la spatialité du monde extérieur qui, en contraste, apparaît comme ténèbres [10].

La connexion entre l'Imagination active et le centre est bien illustrée par la propre vie spirituelle d'Ibn 'Arabî qui, écrit Corbin, s'est intensifiée lors d'un séjour à la Mecque, le centre cosmique des soufis. « Les circumambulations, réelles ou mentales, autour de la Ka'ba intériorisée comme "centre cosmique" alimentent un effort spéculatif auquel donnent une confirmation expérimentale les visions intérieures, les perceptions théophaniques [11]. » Les événements décisifs d'une vie spirituelle, dit Corbin, ne peuvent advenir qu'au centre du monde, « au pôle du microcosme intérieur ». L'événement réel et décisif de la vie d'Ibn 'Arabî s'est produit à la Mecque, et « il ne pouvait se produire que par méditation "autour de la Ka'ba" parce qu'elle est le "centre du monde" [12]. C'est là que le visionnaire rencontra L'Esprit-Saint personnel. Une telle rencontre des personnes théophaniques postule toujours un retour au "centre du monde", parce qu'il faut être au "centre du monde" pour communiquer avec le *alam al-mithal.* L'Esprit-Saint qui s'était annoncé à lui comme son compagnon et son guide céleste s'appelait *Khidr.* Le *Khidr* est ce "Tu »" qui sous-tend toutes les rencontres avec toi, ce "Tu" que je ne rencontre jamais car Tu et Je surgissent simultanément d'une source commune.

C'est face à un semblable témoignage, celui de la rencontre d'Ibn 'Arabî et de son compagnon et guide céleste, que la distinction entre l'imagination active et la fantaisie devient importante. On se demande à juste titre quel genre de personne est cet Esprit-Saint, le *Khidr* qui, selon le Coran, était aussi le guide spirituel de Moïse. Est-il seulement une fantaisie, la perception d'une image-archétype, ou une personne "réelle" ? Comme le dit Corbin, chacune de ces réponses pose un problème. Si, du point de vue de la psychologie jungienne, nous parlons du *Khidr* comme d'un archétype, un produit de l'inconscient collectif qui, en définitive se situe dans le domaine du connaître, il n'est pas loin de devenir une invention de l'imagination, sinon de l'intellect, et il perd de sa réalité. Et si nous le pensons comme une personne "réelle", nous le plaçons dans le domaine de l'être et il devient très difficile de différencier la relation du disciple avec le *Khidr* de celle qu'il peut avoir avec tout autre maître spirituel. Nous devons nous rappeler que la même question peut être posée au sujet de "toi", non pas "toi" en tant que personnalité, homme ou femme, patron ou ami, mais le "toi" qui soutient tous ceux-là. Es-tu un produit de mon imagination ou existes-tu en dehors de moi, "là-bas", comme un corps ou une sorte d'âme habitant un corps, ou doit-on te voir autrement ? »

Le cynique proclame invariablement que « l'homme crée Dieu à son image ». Dire que Dieu est la création de l'Imagination active semble confirmer le point de vue cynique. Pour sa part, Ibn 'Arabî dirait que l'humain crée Dieu à son image parce que Dieu le crée à Son image. « Le Dieu que l'humain "crée", loin d'être le produit irréel de sa fantaisie, est lui aussi une théophanie, car l'Imagination active de l'être humain n'est que l'organe de l'Imagination théophanique absolue. » Corbin affirme que « la prière est une théophanie par excellence ; à ce titre, elle est "créatrice" ; mais le Dieu qu'elle prie parce qu'elle le "crée", c'est précisément le Dieu qui se révèle à elle dans cette Création, et cette Création, dans l'instant, est une d'entre les théophanies dont le Sujet réel est la divinité se révélant à elle-même [13]. » Voilà pourquoi l'imagination de l'être humain n'est pas que simple fantaisie. L'Imagination théophanique que l'être humain utilise dans la prière est la même puissance qui a créé l'être humain en premier lieu.

En d'autres termes, l'Imagination humaine est l'Imagination de Dieu qui, dans et par l'être humain, continue de révéler ce qu'elle s'est montré à elle-même en l'imaginant primordialement. Les forces qui créent une œuvre d'art sont les mêmes que celles qui créent l'artiste. « Quand l'Imagination active est vraie de toute la réalité divine qu'elle révèle, elle est libératrice si nous reconnaissons en elle la fonction que lui reconnaît Ibn 'Arabî et qu'elle seule assume : une *coincidentia oppositorum.* Ce terme fait allusion à la réponse donnée par un maître soufi célèbre : "Par quoi connais-tu Dieu ? lui demandait-on. – Par cela qu'il est *coincidentia oppositorum*" [14]. » Si on pouvait voir l'ambiguïté connaître/être comme étant l'*oppositorum*, nous pourrions alors voir dans l'ambiguïté fondamentale (Un/connaître/être) une *coincidentia oppositorium*, ambiguïté dont nous avons dit tout au long de cet ouvrage qu'elle est le cœur même de la créativité à la fois divine et humaine.

La bisociation de Koestler est une sorte de *coincidentia oppositorium.* Selon Koestler, la créativité surgit quand une situation ou une idée est perçue « sur deux plans de référence dont chacun a sa logique interne, mais qui sont habituellement incompatibles ». À l'échelle humaine, la *coincidentia oppositorium* fondamentale est *moi-centre/moi-périphérie* ; c'est la source de l'élan créateur. L'emploi de ces termes nous permettra peut-être de mieux comprendre la vision d'Ibn 'Arabî. Le *Khidr* correspondrait à ce que nous avons appelé, prosaïquement, le « point de vue », le *moi* dans moi-centre/moi-périphérie. Il est l'unité qui sous-tend le conflit, une unité essentiellement personnelle. Permettez-moi de citer Corbin assez longuement à l'appui de mes propos : « Le terme de *Soi* ne réfère ni au *Soi* impersonnel, au sentiment de l'acte pur d'exister auquel peut conduire un effort conforme au yoga, ni même au *Soi* tel qu'il est entendu dans le lexique des psychologues. Le mot ne sera employé ici qu'au sens où l'ont entendu Ibn 'Arabî et tant d'autres théosophes soufis, en répétant la sentence fameuse : Celui qui se connaît soi-même connaît *son* Seigneur. En se connaissant soi-même, connaître *son* Dieu : en connaissant *son* Seigneur, se connaître soi-même. Ce Seigneur, ce n'est ni le Soi impersonnel, ni davantage le Dieu des définitions dogmatiques subsistant *en soi*, sans relation avec *moi*, sans être éprouvé *par moi*. Il est celui qui se connaît *soi*-même par *moi*-même, c'est-à-dire dans la connaissance même que j'ai de lui, parce qu'elle est la connaissance qu'il a de moi ; c'est seul avec lui seul, dans cette unité syzygique, qu'il est possible de dire *toi* [15]. »

L'Un en tant que monade

« Celui qui se connaît soi-même connaît son Seigneur » ; c'est ce qui sous-tend la doctrine de la monade et du microcosme-macrocosme. La signification de cette idée élevée du microcosme-macrocosme m'est apparue un jour d'une manière toute simple, tandis que je regardais l'étiquette sur une bouteille de sauce commerciale. Sur cette étiquette était illustrée une bouteille de cette même sauce commerciale. Tout ce qui est vrai du macrocosme, l'étiquette sur la bouteille, est vrai du microcosme, l'illustration de la bouteille sur l'étiquette ; ce qui est en haut est comme ce qui est en bas. C'est un thème récurrent de ce livre : ce qui est vrai du cosmos est vrai de moi et vice-versa. Cette notion (ce qui est en haut est comme ce qui est en bas) a de plus en plus de crédit dans les milieux scientifiques avec l'avènement des fractals et de l'holographie.

« Celui qui se connaît soi-même connaît son Seigneur » est une autre façon de dire : « Ce qui est en haut est comme ce qui est en bas », et cela implique également que l'être humain est créateur parce que Dieu est créateur. L'évolution du monde est jouée à nouveau dans l'évolution de la conscience. Corbin exprime cela ainsi : « Chaque être est une forme épiphanique de l'être divin qui s'y manifeste comme revêtu de l'un ou de plusieurs de ses Noms [16]. » La doctrine des Noms est quelque peu complexe et se laisse difficilement réduire à une simple formule. Un nom est une émanation du Divin, mais chaque émanation est une totalité. L'univers est un tout, un. Citons encore une fois Corbin : « L'univers est la totalité des Noms dont Il se nomme quand nous Le nommons par eux. Chaque Nom divin manifesté est le seigneur de l'être qui le manifeste. Chaque être est la forme épiphanique de son Seigneur propre, c'est-à-dire ne manifeste l'Essence divine que chaque fois particularisée et individualisée dans ce Nom. Aucun être déterminé et individualisé ne peut être la forme épiphanique du divin en sa totalité [17]. » De l'ensemble des Noms ou des Seigneurs, dit Ibn 'Arabî, « chaque être n'a comme Dieu que son Seigneur en particulier, il est impossible qu'il ait le Tout [18]. » Et Corbin ajoute : « Ainsi se dessine un schéma fixant une sorte de *kathénothéisme* vérifié dans le contexte d'une expérience mystique ; il ne s'agit pas d'une fragmentation de l'Être divin, mais de sa présence totale *chaque* fois en tant qu'individualisée dans *chaque* théophanie de ses Noms, et c'est revêtu *chaque fois* de l'un de ces Noms qu'il apparaît comme Seigneur [19]. » Chaque être n'est pas le tout, mais le tout est en chacun. C'est comme plusieurs flaques d'eau reflétant la lune. Chacune des flaques n'est pas le tout, mais le tout est reflété dans chacune. Chacune est une monade et par conséquent le tout, mais le tout est plus que chacune de ces monades. Nous reviendrons là-dessus à la fin de notre livre.

Intense aspiration et unité dynamique

D'après l'enseignement d'Ibn 'Arabî, l'être humain est créateur parce que Dieu est créateur et « le Divin est créateur parce qu'il aspire à se connaître dans les êtres en étant connu par eux. » Le mot *Al-Lah* vient de la racine *wlh*, laquelle comporte le sens d'être triste, accablé de tristesse, soupirer vers, fuir craintivement vers. Cette étymologie est confirmée par une autre qui donne le sens de « désirer, soupirer, éprouver de la compassion [20] ». Al-Lah est un nom « qui exprime la tristesse, la nostalgie, aspirant éternellement à connaître le Principe qui lui donne éternellement origine. » Cela est vrai aussi de ce que nous avons prosaïquement appelé l'Unité. L'Unité ne peut être connue et, à strictement parler, ne devrait pas être nommée, car nommer c'est contenir et l'Unité ne peut être contenue, elle est ce qui contient. Nous avons déjà mentionné également que l'unité est soupir, aspiration à l'unité. C'est à cela que nous faisions allusion dans le chapitre sur la créativité en parlant du cri inarticulé et aussi de l'expression tragique de Van Gogh : « Il y a quelque chose au-dedans de moi, qu'est-ce que c'est donc ? »

On croit souvent qu'Allah est le nom arabe pour Dieu, or dans la gnose ismaélienne, la divinité suprême ne peut être connue, ni même nommée comme « Dieu ». Corbin dit qu'Allah est la nostalgie du Dieu révélé, c'est-à-dire révélé pour l'homme, aspirant à se retrouver soi-même par delà son être révélé. Cette aspiration d'Allah à se retrouver au-delà de son être révélé peut être comparée à l'aspiration de l'Unité cherchant à réabsorber le point nul. Cette aspiration se manifeste comme unité dynamique et se traduit comme « présence-à » (*awareness of*), « intentionalité », le besoin d'avoir un but et un sens dans la vie, la quête de la perfection et la nostalgie de l'être aimé. Corbin ajoute : « Cependant cette aspiration du Dieu révélé aspirant à connaître le Dieu qu'il révèle est, dans sa première et suprême créature, identique à la tristesse du *Theos agnostos* (Dieu inconnu) aspirant à être connu par elle et en elle. »

Le Dieu révélé est une création de l'homme ; cette création vient de l'aspiration de l'homme « à connaître le Dieu qu'il révèle dans cette création ». Or cette aspiration est la même que « la tristesse du *Theos agnostos* (Dieu inconnu) aspirant à être connu par l'homme. » Le cercle est complet. Le désir de Dieu d'être connu est le désir humain de connaître Dieu. L'humain est un miroir dans lequel Dieu se voit lui-même et, en cela, Dieu est à la fois observateur et participant. Corbin résume cela en disant que « le *cœur* du gnostique est "l'œil" par lequel Dieu se révèle à lui-même » et « le cœur du gnostique est comme un miroir dans lequel se réfléchit la forme microcosmique de l'Être divin [21]. » L'Unité dynamique se retourne sur elle-même dans la forme la plus pure de Je-Tu. Corbin dit encore, parlant des images créées par l'art : « Qu'en contemplant une image, une icône, d'autres reconnaissent à leur tour et perçoivent comme vision divine la vision de l'artiste qui créa cette image, cela dépend de la créativité spirituelle, de la *himma*, investie par ce dernier dans son œuvre. Nous avons là un terme de comparaison exigeante, pour mesurer la décadence de nos rêves et de nos arts [22]. » Mais le fait de créer une image ou une icône est déjà le signe d'un déclin de la créativité propre à Ibn 'Arabî et aux nabis, déclin dû à la dispersion de l'unité dynamique ou, pour employer le terme d'Ibn 'Arabî, à la dispersion de la *himma* causée par la prolifération du feuillage de l'arbre de la conscience.

Nous avons inventé l'expression « unité dynamique » pour désigner le pouvoir engendré par l'ambiguïté fondamentale, mais la pleine signification de cette expression ne peut être donnée que par le livre dans son entier. De façon similaire, Corbin nous prévient que la *himma* « est une notion très complexe qu'il est peut-être impossible de traduire par un terme unique. On a donné bien des équivalents : méditation, projet, intention, désir, pouvoir de la volonté [23]. » Il ajoute que l'aspect de la *himma* qui englobe les autres est celui de la « puissance créatrice du cœur ». En rappelant que le cœur signifie le *centre*, nous dirions que l'aspect de la *himma* qui englobe les autres est celui de la « puissance créatrice du centre ». Élaborant sa réflexion sur le terme *himma*, Corbin dit que nous pouvons peut-être mieux nous en représenter le contenu si nous lui donnons comme équivalent le mot grec *enthymesis* « qui signifie l'acte de méditer, concevoir, imaginer, projeter, désirer ardemment, c'est-à-dire avoir présent dans le *thymos*, lequel est force vitale, âme, cœur, intention, pensée, désir [24]. »

Himma est à la fois la puissance et le destin de la créativité ; or, à cause de la dispersion de la conscience, nous avons dit que cette puissance décline. Chez les nabis et chez Ibn 'Arabî, la force de l'intention était telle qu'elle pouvait projeter et réaliser un être extérieur à celui qui la concevait et cela, nous dit Corbin, « correspond tout à fait au caractère propre de cette puissance mystérieuse qu'Ibn 'Arabî désigne comme *himma* [25] ». Autrement dit, poursuit Corbin, de l'un des aspects de la *himma* relève tout un ensemble de phénomènes qui, en bon nombre, sont de ceux auxquels s'intéresse aujourd'hui la parapsychologie, tels que phénomène de voyance, télépathie, visions dans la synchronicité, etc.

L'être humain émerge de l'Imagination créatrice et cette Imagination est également la source de la créativité humaine. De même que la créativité, en créant l'oiseau, crée le nid à travers lui. Cependant, comme le dit Corbin, « telle que l'exerce le commun des hommes, elle [l'Imagination active] est au service de la faculté représentative ; elle produit des images qui font simplement partie de l'Imagination conjointe inséparable du sujet. Mais, ici encore, représentation pure ne veut pas dire *eo ipso* "illusion" ; ces images "existent" bel et bien, l'illusion est de se tromper sur leur mode d'être [26]. » L'artiste se situe à mi-chemin du *nabi* et du commun des mortels. Chacun de nous est fondamentalement un nabi dont la plus profonde création est celle de « Je-Tu ». Ce n'est que lorsque nous nous libérons de l'emprise des mots que nous pouvons réaliser que cette créativité vient de Toi cherchant à te connaître toi-même.

1. Julian JAYNES, *La Naissance de la conscience dans l'effondrement de l'esprit*, trad. par Guy de Montjou, éd. PUF, Paris, 1994.
2. Henri CORBIN, *op. cit.*, p. 111.
3. *Ibid.*, p. 139.
4. *Ibid.*, p. 141.
5. Victor ZUCKERKANDL, *Sound and Symbol : Music and the External World*, Bollingen Press, Princeton, 1956.
6. Marie-Louise VON FRANZ, *Number and Time*, Northwestern University Press, Everston, 1974.
7. CORBIN, *op. cit.*, p. 44.
8. Henri CORBIN, *The Man of Light in Iranian Sufism*, Shambala, 1978, p. 1.
9. *Ibid.*, p. 1.
10. *Ibid.*, p. 2.
11. Henri CORBIN, *L'Imagination créatrice*, p. 47.
12. *Ibid.*, p. 47.
13. *Ibid.*, p. 142.
14. *Ibid.*, p. 146
15. *Ibid.*, p. 98.
16. *Ibid.*, p. 99.
17. *Ibid.*, p. 99.
18. *Ibid.*, p. 99.
19. *Ibid.*, p. 99.
20. *Ibid.*, p. 93.
21. *Ibid.*, p. 171.
22. *Ibid.*, p. 173.
23. *Ibid.*, p. 170.
24. *Ibid.*, p. 171.
25. *Ibid.*, p. 172.
26. *Ibid.*, p. 172.

XXIII

LA RÉPONSE ZEN

Ayant saisis l'enseignement secret tel un arc
[...]
Pénètre, ô beau jeune homme, cet Impérissable qui est la cible.
Om est l'arc ; la flèche est le soi ;
Brahman est la cible.
Avec attention Cela doit être pénétré ;
Tu dois devenir un avec Cela telle la flèche dans la cible.

Upanishad

Il nous reste à examiner la troisième voie religieuse, celle de la transcendance. On pourrait objecter que la dévotion aussi est une voie de transcendance, et un maître zen serait sans aucun doute d'accord avec cela, tout en ajoutant cependant que même cette transcendance doit être transcendée. Voyons maintenant ce que cela signifie.

Dans son livre *Le Zen dans l'art chevaleresque du tir à l'arc*, Herrigel explique que son maître divisait le processus d'apprentissage du tir à l'arc en trois phases : bander l'arc, lâcher le coup et atteindre la cible. Chez l'archer accompli, ces trois phases n'en forment qu'une seule, mais l'apprenti doit passer progressivement de l'une à l'autre. Ces trois phases se retrouvent aussi dans la pratique du zen Rinzaï où bander l'arc équivaut à « éveiller la sensation du doute », lâcher le coup au « kensho » – la « pénétration » initiale appelée aussi le satori – et où atteindre la cible correspond à l'éveil complet – la bouddhéité. Utilisant la terminologie propre à ce livre, nous dirons que bander l'arc correspond à la phase où nous entrons pleinement dans l'ambiguïté, le lâcher du coup étant le relâchement de cette tension de l'ambiguïté. Reste alors « l'atteinte de la cible ». Voici ce qu'un maître zen en dit :

> La lune, la même vieille lune
> Les fleurs, telles qu'elles étaient
> Maintenant pourtant, je suis devenu
> La choséité des choses [1].

Nous allons maintenant « bander l'arc », c'est-à-dire, entrer profondément dans les dédales de l'ambiguïté. Ensuite, nous tenterons de donner un aperçu de ce que le kensho signifie, pour finalement aborder la question : « Que veut dire atteindre la cible ? »

Le kôan et l'ambiguïté fondamentale

Il y a deux écoles principales dans le bouddhisme zen : l'école Rinzaï et l'école Sôtô. Elles diffèrent l'une de l'autre non pas tant sur le fond que par l'accent mis sur l'un ou l'autre des aspects de l'ambiguïté, par la manière dont elles cherchent à atteindre le plein éveil ou la bouddhéité. L'école Sôtô pénètre l'ambiguïté par la porte qui affirme qu'il n'y a pas d'ambiguïté. Elle privilégie le fait que nous sommes déjà entiers et complets, que nous sommes déjà l'Un ; c'est ce qui nous permet de nous asseoir au milieu de l'ambiguïté avec une foi totale en notre plénitude intrinsèque, c'est-à-dire, en l'aspect non ambigu de l'ambiguïté. En d'autres termes, bien que l'entrée dans l'ambiguïté se fasse par la non-ambiguïté, la pratique ultérieure consiste à s'établir fermement dans l'ambiguïté complète. Cette pratique est appelée *shikantaza* et peut se traduire par « simplement s'asseoir ».

De son côté, l'école Rinzaï pénètre l'ambiguïté par la porte de l'ambiguïté elle-même, par la sensation du « doute » ou de la « double contrainte », et cette sensation, sorte de tension ou de désir de trouver une issue, est accrue par l'utilisation des kôans. Ainsi par exemple, le cas célèbre de ce maître qui, montrant un bâton, déclare : « Si vous dites que c'est un bâton, je vous punirai ; si vous dites que ce n'est pas un bâton, je vous punirai ! Qu'est-ce que c'est ? » Le Rinzaï insiste en outre sur l'importance du kensho, importance qui est minimisée dans le Sôtô parce que le kensho peut aisément être confondu avec l'atteinte de la cible alors qu'il n'en est qu'une étape nécessaire. L'école Rinzaï considère toutefois qu'il vaut la peine de prendre le risque car, tout comme le lâcher correct du coup est essentiel dans le tir à l'arc, le kensho est essentiel dans le cours de la pratique zen. En outre, bien que les kôans soient employés dans le but d'accroître la sensation du doute, nous devons souligner qu'ils sont en même temps des réponses à la question : « Que signifie atteindre la cible ? » Cette unité dans le zen des moyens et de la fin, de la question et de la réponse, est mise en évidence dans ce dialogue où un moine demande à un maître : « Où est mon trésor ? » et où le maître répond : « Votre question est votre trésor ».

Il existe en tout environ 1 700 kôans, et même si plusieurs d'entre eux disent à peu près la même chose en des termes différents, la plupart expriment quelque chose de très spécifique. Ainsi un moine demande au maître Joshu : « Qu'est-ce que le Bouddha ? » et Joshu répond : « Le chêne dans le jardin ». Un autre moine demande au maître Tozan : « Qu'est-ce que le Bouddha ? » et Tozan de répondre : « Trois livres de lin ». Bien qu'elles soient des réponses très différentes à la même question, toutes deux atteignent la cible et toutes deux *exprimerit ce que signifie atteindre la cible.* Cette multiplicité dans l'Unité est un point délicat et la métaphore du diamant peut être utilisée pour l'élucider. Bien que chacune des facettes du diamant soit différente des autres, elle n'en demeure pas moins un aspect d'un tout indivisible. Nous y reviendrons à la fin du dernier chapitre.

Bander l'arc

Les kôans zen ont été très mal compris, non seulement en Occident, mais également en Chine, leur pays d'origine. Pour « comprendre » les kôans, il faut pouvoir « atteindre la cible » ; autrement dit, les kôans proviennent de l'esprit éveillé d'un maître, et, pour réussir à pénétrer ce que cela veut dire, il faut travailler à partir de son propre esprit éveillé. Qu'est-ce donc que cet esprit éveillé, qu'est-ce que Bouddha et comment le réalise-t-on ? Nous avons employé le mot Un, et le Bouddha pourrait se traduire par Unité ou Esprit Un. Une question a été posée à Nansen, l'un des plus célèbres maîtres zen, et en examinant sa réponse nous serons en mesure d'initier le processus de bander l'arc. La question était la suivante : « Qu'est-ce que la Voie ? », ce qui signifie à la fois : quelle est la fin ? – c'est-à-dire l'Esprit Un, l'état éveillé – et quel est le moyen ? – c'est-à-dire la voie, pour réaliser l'état éveillé. « Quelle voie prendre pour réaliser la Voie ? » Dans cette question, il y a une ambiguïté dans la première utilisation du mot « voie ». Il signifie à la fois chemin et moyen. On peut fort bien demander par exemple : « Quel est le chemin pour se rendre à tel endroit ? » et ensuite « Quelle est la meilleure façon de s'y rendre ? En auto ou en autobus ? » Bref, de quelle façon avancer sur le chemin qui mène à la Voie ? « Qu'est-ce que la Voie ? » Nansen répondit : « L'esprit ordinaire, c'est la Voie. » Tentons maintenant de voir ce qu'implique cette réponse.

Nous avons dit que la conscience, l'expérience ou ce que Nansen appelle « l'esprit ordinaire », provient de la réponse humaine à l'ambiguïté, plus précisément, de l'ambiguïté sous forme humaine. À un certain moment dans l'évolution de la vie, le stress de l'ambiguïté devint si intense que le langage apparut et stabilisa, ou fixa, l'ambiguïté. Cette fixation fournit une scène sur laquelle le drame de l'humanité a pu se jouer, drame fondé sur un flirt constant avec l'ambiguïté. Parfois, ce flirt aboutit à une histoire d'amour créatrice, d'autres fois il conduit à la guerre et à la violence. Autrement dit, la scène dépend d'un centre stable qui, à travers le médium Je-cela, est constamment promis, bien que la promesse ne soit jamais tenue. Cela signifie qu'une profonde insécurité sous-tend la conscience, et c'est sous forme d'*angst*, ou angoisse, que nous en faisons l'expérience.

Bien que stabilisée jusqu'à un certain point, l'ambiguïté n'est pas résolue. On peut la comparer à une bulle à la surface d'un courant qui, même si la pression et la tension de surface est stabilisée, est néanmoins emportée par le courant. Comme le dit le *Lankâvatâra* : « Il y a une constante transmigration… [les choses] ne demeurent pas un seul instant pareilles à elles-mêmes, elles s'écoulent comme un courant [2]. » La conscience est une bulle emportée par le courant de l'unité dynamique, unité qui, par son dynamisme même, génère de nouvelles sortes d'instabilité. Une nouvelle créativité est alors sollicitée de façon à ce que la stabilité soit une fois de plus rétablie. Nous voyons ce processus à l'œuvre dans le développement de la science ; chaque nouvelle découverte génère une nouvelle série de problèmes qui réclament d'autres découvertes pour être résolus. Ceux qui croient que la physique possédera bientôt toutes les réponses dans une magnifique « théorie de tout » sont semblables aux anciens physiciens à la recherche du mouvement perpétuel. Le seul mouvement perpétuel possible est l'ambiguïté elle-même.

Nansen dit : *l'esprit ordinaire* est la cible et la façon d'atteindre la cible. C'est dans son absence même de stabilité que l'esprit ordinaire nous pose tant de problèmes. L'esprit ordinaire est l'esprit de l'ambiguïté, du dilemme, du conflit et de la souffrance. Où est la personne qui ne porte en elle, en son cœur même, ni conflit ni division ? Quelques-uns en viennent à la conclusion que Nansen ne veut pas dire ce qu'il dit. Selon eux, ce que Nansen entend vraiment par esprit ordinaire est un esprit purifié de ses contradictions et de ses jugements. Mais si tel était le cas, il faudrait alors demander : « Quelle est la voie pour purifier l'esprit de ses contradictions ? », bref : « Quelle est la voie ? » Cela nous plonge inévitablement dans un cercle vicieux. D'autres, en revanche, croient que Nansen se trompe et que la voie doit mener au Paradis, loin de la saleté et de la poussière de l'esprit ordinaire. Certains critiques chrétiens du bouddhisme, pour qui le zen est une sorte de panthéisme primitif, doivent probablement voir dans la réponse de Nansen une démonstration de leur point de vue.

Afin de clarifier encore un peu mieux ce point, référons-nous à un autre kôan zen dans lequel un moine demande à un maître : « Une personne éveillée est-elle assujettie ou non à la loi du karma ? » Le maître répondit : « Elle ne l'est pas ». Cette réponse lui valut de vivre cinq cent vies sous la forme d'un renard. Ce que le moine demandait en fait, c'est s'il était possible d'échapper à la loi de la jungle, de se sortir des griffes de l'ambiguïté, de se défaire de l'étreinte de l'esprit ordinaire, et le maître répondit : « Oui, c'est possible », raison pour laquelle il fut puni.

À première vue, la réponse de Nansen relève d'un stoïcisme pessimiste et le sort de ce maître qui dut vivre cinq cent vies dans la peau d'un renard semble confirmer ce pessimisme. Le bouddhisme a d'ailleurs pendant longtemps eu la réputation d'être une « religion pessimiste ». On disait du nirvâna qu'il était une extinction pure et simple et le désir du nirvâna était considéré comme un désir d'anéantissement généré par une société désabusée et pessimiste, ce pessimisme apparemment contenu dans la réponse de Nansen. En revanche, l'optimisme vient de la croyance, semblable à celle du maître transformé en renard, que l'on peut échapper à l'ambiguïté ; l'optimisme exhorte à nous en tenir à l'aspect qui affirme qu'il n'y a pas d'ambiguïté, en cherchant l'Un. Le pessimisme, de son côté, affirme que nous ne pouvons ignorer l'ambiguïté, que nous ne pouvons pas y échapper ; il s'en tient donc à l'aspect qui affirme l'ambiguïté. Chacun des deux, optimisme et pessimisme, est une façon de vivre complète, de même qu'est complète l'image du visage de la jeune femme ou de la vieille femme, bien que chacune ne représente que la moitié de l'histoire. Nansen n'est ni optimiste ni pessimiste.

Le kôan du maître transformé en renard ne se termine pas là. Ce dernier se rendit auprès d'un autre maître, Hyakujo, et lui posa la même question : « Une personne éveillée est-elle assujettie ou non à la loi du karma ? » Hyakujo répondit : « Elle n'ignore pas la loi du karma. » Sur ce, le maître-renard fut libéré de son karma de renard. Le karma vient du fait que nous ne pouvons jamais vivre, à chaque moment particulier, que la moitié de l'ambiguïté, et une grande partie du fardeau de la vie vient des possibilités non réalisées, non réalisées parce que nous avons réalisé « l'autre aspect » plutôt que celui-ci [3]. Il ne faut pas croire cependant que Hyakujo a donné la « bonne » réponse tandis que le maître-renard donnait la « mauvaise ». Ne croyons pas non plus que sa réponse annulait la première comme un plus annule un moins. La réponse de Hyakujo plongea le maître-renard dans la plus complète ambiguïté et là était sa délivrance ! C'est précisément ce que fait Nansen avec sa réponse. L'esprit ordinaire est la Voie. Mais n'oublions pas que l'ambiguïté complète inclut l'aspect qui affirme qu'il n'y a pas d'ambiguïté ! Dans le kôan de Nansen, la non-ambiguïté est soulignée quand, plus loin dans le kôan, il dit : « La Voie est comme l'espace vaste. Où y a-t-il place pour ceci ou cela, bien ou mal ? »

Un de mes amis, William Byers, qui est professeur de mathématiques à l'université Concordia, fut très intrigué par ces propos sur l'ambiguïté et un jour, suite à une conversation que nous avions eue au déjeuner, il m'écrivit une lettre à ce sujet. Cette lettre, sans que ce soit intentionnel, s'avère en même temps un commentaire fort intéressant sur le kôan du renard ; avec la permission de l'auteur, nous en citons ici des extraits, pour aider à montrer de quelle façon la réponse de Hyakujo plongea le maître-renard dans la plus complète ambiguïté, le délivrant ainsi de son karma.

Il commence sa lettre en disant que si, parmi la foule de choix possibles, nous cherchons un exemple pour illustrer ce que signifie l'ambiguïté fondamentale, nous n'avons qu'à examiner l'énoncé lui-même : « *Fondamentalement, il y a une ambiguïté dont l'un des aspects affirme qu'il y a ambiguïté tandis que l'autre affirme qu'il n'y en a pas, mais cet aspect lui-même n'est pas non ambigu.* » Le contenu de cet énoncé est-il clair ou ambigu ? se demande-t-il. D'un côté, l'énoncé est clair, il possède une signification précise au niveau du vocabulaire, la logique est évidente. C'est l'aspect non ambigu, celui qui propose une sorte d'hypothèse théorique pouvant être testée par l'expérience. Cependant, si sa signification objective est non ambiguë, l'énoncé se contredit lui-même en disant qu'un seul de ses aspects affirme qu'il n'y a pas d'ambiguïté. La clarté de l'énoncé n'est pas dépourvue d'ambiguïté.

Il poursuit en disant qu'il faut considérer à nouveau l'énoncé de l'ambiguïté fondamentale et se demander : « Qu'est-ce qu'il signifie ? » Lorsqu'il se rapporte à lui-même, l'énoncé dit que sa propre signification est ambiguë, c'est-à-dire que toute tentative pour le comprendre complètement est *a priori* vouée à l'échec. Il semble avoir un mécanisme interne d'autodestruction. Au niveau de la signification donc, l'énoncé est obscur, difficile à saisir conceptuellement ; en un mot, il est ambigu au sens commun du terme. À ce niveau, l'aspect qui déclare qu'il n'y a pas d'ambiguïté est nié.

Soit, mais tout ce qui vient d'être dit sur la nature complexe de l'énoncé est en accord avec l'énoncé lui-même. Nous revoilà donc à nouveau avec la pensée que l'énoncé est en général vrai et clair, que l'aspect affirmant qu'il n'y a pas d'ambiguïté est le bon. (Comme nous en avons fait la remarque ailleurs dans cet ouvrage, dans le discours courant et particulièrement dans le discours scientifique, seuls les énoncés clairs peuvent être vrais, les énoncés ambigus sont faux par définition.) Nous nous retrouvons donc à notre point de départ, dans une spirale sans fin d'ambiguïté et de clarté. Par conséquent (à un niveau plus profond cette fois) l'énoncé est ambigu puisque nous ne pouvons déterminer s'il est vrai ou faux, clair ou obscur. D'un côté il est clair, mais d'un autre côté cette clarté est ambiguë. L'énoncé est donc une représentation fidèle de la situation qu'il décrit. Il comporte lui-même cette ambiguïté à l'intérieur de l'ambiguïté.

Comme nous le soutenons dans ce livre, cette interpénétration de l'ambiguïté et de la clarté est, dans l'ensemble, une réflexion fidèle de la façon dont les choses se passent, poursuit le professeur Byers dans sa lettre. C'est le dilemme que la pensée rationnelle affronte quand elle recherche la certitude. C'est le dilemme dans lequel nous plongent Nansen et Hyakujo et c'est également le dilemme auquel se sera heurté tout lecteur consciencieux en lisant ce livre, s'il l'a fait avec l'idée qu'il contenait une réponse claire aux complexités de la vie. Ce lecteur devrait se pencher de nouveau sur l'ambiguïté fondamentale ; elle met en perspective leur propre quête d'unité qui est ce qui motive le besoin de clarté. Elle indique la nécessité d'englober ces questions dans un contexte plus large. Un contexte dans lequel la clarté sera l'une des dimensions, mais *pas l'arbitre ultime de la vérité.*

Non seulement ce livre, écrit-il, mais tout livre ou toute théorie, en vérité la conscience et l'esprit ordinaire lui-même, doivent être envisagés de ce point de vue. C'est une conséquence inévitable de la tentative de contenir l'ambiguïté par le mot, c'est-à-dire par la conscience. Les livres, et surtout les théories, sont écrits à partir du point de vue non ambigu qui, selon le principe formulé plus haut, est incomplet et partiel. Quelle que soit la clarté d'une théorie scientifique, même la meilleure, elle comporte toujours, si nous sommes en mesure de la voir, sa propre ambiguïté. C'est la signification du Théorème d'Incomplétude de Gödel en mathématiques, du Principe d'Incertitude de Heisenberg en physique, ou même des théories modernes décrivant le comportement chaotique des systèmes complexes. Ainsi pourrions-nous dire que le déterminisme implique la complexité qui inévitablement contient l'ambiguïté [4].

Le kensho : lâcher le coup

Le kôan 32 du *Recueil de la falaise verte*, un célèbre recueil de kôans, se lit comme suit : « Un moine demanda à Rinzaï : "Quelle est l'essence du bouddhisme ?" Rinzaï se leva de son siège, l'empoigna, le gifla et le repoussa. Le moine en demeura sidéré. Un autre moine lui dit alors : "Pourquoi ne t'inclines-tu pas ?" Il s'inclina et s'éveilla soudainement. »

Dans le kôan « Hyakujo et le renard », on peut lire : « Dès que le vieil homme entendit ces paroles [une personne éveillée n'ignore pas la loi du karma] il s'éveilla. » Quel est donc cet éveil, ce kensho, quel est le lien entre ces deux incidents, et quelle est la valeur de l'éveil dans l'écologie de l'esprit ?

L'un des sûtras les plus prisés dans le zen, auquel nous avons déjà fait allusion, est le *Lankâvatâra sûtra*. Ce sûtra met l'accent sur l'importance du kensho et explique d'une façon assez détaillée la structure de l'esprit humain dans le dessein de montrer pourquoi le kensho est nécessaire et comment il est possible de l'atteindre. En sanscrit, le terme technique pour kensho est *parâvritti* et D. T. Suzuki, le traducteur du sûtra, a utilisé un mot plutôt regrettable pour le traduire, le mot « catastrophe ». Nous citerons tout d'abord un extrait du sûtra et ensuite nous tenterons d'en faciliter la lecture en utilisant nos propres termes. Notons pour le moment que *manas* peut se traduire par mental, *vijnâna* se réfère aux sens et *âlaya* au vrai soi.

« C'est parce qu'il est dans la nature de l'*âlaya* de se purifier lui-même que se produit là une grande catastrophe connue comme un "retournement". Avec ce retournement dans l'*âlaya*, *manas*, qui lui est intimement relié, expérimente aussi une transformation dans son attitude fondamentale à l'égard des *vijnânas*. Ces derniers ne sont plus considérés comme les reporters d'un monde extérieur caractérisé par l'individualité et la multiplicité. Cette position est maintenant abandonnée, *manas* n'adhère plus au monde extérieur en tant que tel, c'est-à-dire en tant que réalité, car il n'est plus qu'un reflet de l'*âlaya*. L'*âlaya* se regardait lui-même dans le miroir de *manas*. Depuis le commencement, il n'y a jamais eu rien d'autre que lui-même [5]. »

Âlaya est ce que nous avons appelé Un/connaître/être. Il se purifie lui-même car il est Un. Un est toujours Un. Cependant, comme nous l'avons vu également, il est deux : l'unité et le point nul, ainsi que moi-centre/moi-périphérie. Moi-centre/moi-périphérie correspond à *manas* qui, comme Janus, a deux visages. Un retournement ou *parâvritti* se produit dans l'*âlaya* qui affecte également *manas*. Avant ce retournement, les *vijnânas* ou les sens étaient vus comme des reporters fournissant des informations sur un monde extérieur. Ce monde extérieur possède les caractéristiques d'individualité et de multiplicité. Autrement dit, le monde extérieur contient une foule de choses individuelles, séparées. Avec le retournement, cette perspective est abandonnée, le monde n'est plus considéré comme réel en soi, mais vu désormais comme un reflet de l'*âlaya*. Depuis le tout début, il n'y avait rien d'autre que l'*âlaya*, Un/connaître/être.

Outre la perception du monde extérieur comme indépendant et séparé, il y a eu la naissance d'un « je ». La conception et la naissance de « je » est la fonction de *manovijnâna* (l'intellect). *Manovijnâna* cherche à cristalliser la volonté-d'être individuelle de *manas*, de la même façon que « je » veux transformer « moi » en *quelque chose*. C'est l'opposition de ces deux créations, « moi » et le « monde », qui crée l'illusion d'un intérieur et d'un extérieur, du subjectif et de l'objectif et, à la limite, d'un fantôme dans la machine.

Le problème humain, toutefois, ne vient pas de l'ambiguïté comme telle, mais de l'ambiguïté contenue par les mots. Le mot est une bénédiction et une malédiction ; lorsque l'ambiguïté est contenue, le « monde » vient à l'existence. Mais ce monde est un monde « contenu » et donc fini ; il n'a pas la liberté et la spontanéité de la pure présence. Ce manque imprègne toute l'existence consciente. Les mots figent l'ambiguïté en « non-ambiguïté », « extérieur » et « intérieur », « je » et « cela ». L'ambiguïté figée, c'est ce que nous appelons la conscience, l'expérience et l'existence. C'est la « scène » de la vie. « *Citta* [en tant que conscience] danse comme un danseur ; *manas* ressemble à un clown ; *manovijnâna*, avec l'aide des cinq *vijnânas*, crée un monde objectif qui est comme une scène de théâtre [6]. »

Le sûtra affirme que le *nirvâna* du Bouddha « n'a rien à voir avec la Substance, avec l'Action ou avec l'Apparence. Avec la cessation des *vijnânas* causés par la discrimination, là est ma cessation [7]. » Autrement dit, le monde ne s'évanouit pas, l'action n'arrête pas et l'apparence des choses ne change pas, *ce qui s'arrête, c'est la discrimination, la recherche de l'articulation définitive du point nul.* C'est cela le retournement, le kensho. *Manovijnâna*, souvent traduit par intellect, est cette activité de l'esprit qui se consacre de façon obsessive à « saisir le point ». L'on s'éveille à cette erreur. « Lorsque les grandes inondations cessent, il n'y a plus de vagues, de même lors de la cessation de *manovijnâna*, tous les *vijnânas* cessent. » C'est entrer complètement dans l'ambiguïté. Dans le zen, on dit que la recherche de l'articulation définitive du point nul est la recherche du dernier mot. Dans son poème d'éveil, un maître zen écrit :

> Magnifique ! Magnifique !
> Personne ne connaît le dernier mot.
> Le lit de l'océan est en flammes,
> Du vide surgissent des agneaux de bois [8].

Le monde extérieur est « reconnu comme extérieur » à cause de l'activité conjointe de *manas* et *manovijnâna* ; en d'autres termes, le monde extérieur est stabilisé autour de « cela », de la même manière que le monde intérieur est stabilisé autour de « je ». Plus loin, le sûtra dit que ce doit être le travail de *manas* et *manovijnâna*, effectué correctement cette fois, « de nous permettre de voir le monde comme ayant évolué *à partir de notre propre être* [...] Il doit se produire un changement de cap, *manas* et *manovijnâna* doivent prendre une direction différente de celle suivie jusque-là [9]. » Dire que le monde évolue *à partir de notre propre être*, c'est dire qu'il est connaître/être. Ce n'est ni connaître *quelque chose* ni quelque chose de *connu*. Le changement de direction n'est plus dans le sens du courant, en aval, vers le point nul, mais en amont, en remontant le courant vers sa source, l'Un/connaître/être, la subjectivité primordiale.

Dans son livre *L'Intuition créatrice dans l'art et la poésie*, Jacques Maritain écrit : « Tout ce que l'artiste perçoit et pressent dans les choses, il ne le perçoit et pressent pas comme différent de lui-même, conformément à la loi de la connaissance spéculative, mais, au contraire, comme inséparable de lui-même et de ses émotions, en vérité, comme identifié à lui-même. » Le soufisme dit : « Dieu crée parce qu'Il désire se connaître Lui-même dans les êtres qui le connaissent. » Maritain également : « L'artiste crée parce qu'il désire se connaître lui-même dans son œuvre. La subjectivité du poète, par conséquent, est essentielle à la poésie, subjectivité qui est, dans son sens ontologique le plus profond [...] un univers en lui-même [...] qui, au centre de tous les sujets qu'il connaît comme objets, ne saisit que lui-même comme sujet [10]. »

Le *Lankâvatâra sûtra* affirme que « tout le système d'idéation » dépend de *manovijnâna* comme cause et support et, à son tour, *manovijnâna* est dépendant de tout le système d'idéation. En créant le mot, *manovijnâna* amène le système d'idéation à l'existence ; il dépend en même temps de tout le système d'idéation et du langage de façon à créer encore plus de langage, car il faut toujours plus de langage pour consolider la structure qui menace de s'écrouler sous la pression de l'ambiguïté inhérente. Cela donne naissance à une situation avec laquelle nous sommes déjà familiers, où l'idée – « tout le système d'idéation » – fait naître la *situation* en même temps que la situation modifie l'*idée*. Dans le bouddhisme, cette perpétuelle création et recréation s'appelle la « roue du samsâra », une expression souvent employée pour désigner le manège de l'existence, ce à quoi nous avons fait référence en parlant de mouvement perpétuel.

Tout le système se dirige vers l'articulation du point nul. C'est en cela, avons-nous dit, que consiste la fonction de *manovijnâna*. Nous avons l'impression que quelque chose peut être atteint, accompli, qu'il est possible de connaître le dernier mot du zen. Nous croyons pouvoir arriver enfin au « succès », à la « perfection », à la « paix », au « bonheur ». Mais, exactement comme un enfant qui dévale une pente en courant et qui doit courir de plus en plus vite pour ne pas tomber, nous devons faire de plus en plus d'efforts pour atteindre ce but qui nous échappe toujours. Cette volonté d'atteindre vient en définitive de l'ambiguïté, de l'activité de *manas* (présence à la présence), car comme dit le *Lankâvatâra* : « Vouloir et penser sont inextricablement liés dans la texture de *manas.* » Toutefois, comme nous le savons, cette ambiguïté est une harmonique d'une ambiguïté plus fondamentale, le schisme en notre cœur même, qui donne naissance à la blessure de la séparation, une séparation qu'on exprime grammaticalement comme sujet et objet, ou « je-cela ». Le besoin de surmonter cette séparation occupe la première place dans notre esprit ; tous les autres niveaux de conscience dont nous avons parlés, tels que la présence pure, connaître et être, la présence-en-tant-que présence et la présence-en-tant-qu'être, tous ces niveaux sont présents à l'arrière-plan de l'esprit, mais ignorés.

Revenons maintenant à ce moine bousculé par Rinzaï et demandons-nous dans quel état d'esprit il se trouvait avant qu'un autre moine lui suggère de s'incliner. Shibayama-roshi, un maître zen contemporain, décrit la fonction du kôan en ces termes : « Imaginez un aveugle négociant son chemin uniquement à l'aide de sa canne et de son intuition. Le rôle du kôan sera de lui enlever sa canne sans pitié et de le jeter par terre après l'avoir fait tourner sur lui-même. L'aveugle perdra son unique appui et ne saura plus ni où aller ni comment avancer. Il sera plongé dans l'abîme du désespoir. C'est ainsi que le kôan fonctionne. Il réduit à l'impuissance notre intellect, il nous enlève nos connaissances. Bref, le kôan n'a pas pour but de nous mener facilement au satori, mais au contraire de nous faire perdre notre orientation et de nous plonger dans le désespoir [11]. »

Rinzaï provoque physiquement ce que le kôan provoque spirituellement ; tous deux poussent l'élève dans un désespoir sans possibilité de rédemption par les mots, et ce afin de le forcer à épuiser toutes les ressources de son être. Les mots sont à la fois une grande libération et un grand esclavage. C'est ce qu'exprime ce maître zen lorsqu'il dit : « Le voleur, mon fils. » Lors de ses rencontres avec le maître, l'élève se fera dire et redire sans cesse : « Allez au-delà des mots, n'utilisez pas les mots, laissez tomber votre croyance en "quelque chose". » C'est en étant constamment poussé et pressé de cette façon que l'élève épuise toutes les ressources de son être, toutes les ressources de son intellect que sont les dérobades verbales et les détours conceptuels, et qu'il cesse de pourchasser le dernier mot du zen.

Le moine-renard est lui aussi poussé et pressé. « Y a-t-il une issue ? – Oui. » Et il est puni. « Y a-t-il une issue ? – Non. » Et il est libéré de la punition. En étant libéré de la punition, on peut croire qu'une issue est possible, alors on est puni. La double contrainte spirituelle gît au cœur même de la conscience.

L'ironie spirituelle

Le zen appartient à la branche mahâyâniste du bouddhisme dont l'une des plus importantes traditions est celle de la *Prajnâ Pâramitâ* – *pâramitâ* signifiant passer sur l'autre rive, aller au-delà de l'ambiguïté, et *prajnâ* : « éveiller l'esprit en ne l'appuyant sur rien », c'est-à-dire libérer l'esprit de son obsession du dernier mot. *Prajnâ Pâramitâ* signifie donc atteindre l'autre rive au-delà de l'ambiguïté en éveillant l'esprit sans l'appuyer sur quoi que ce soit.

Pour nous aider à comprendre l'éveil de l'esprit ou ce que le zen appelle un « saut », allons voir du côté de l'ironie qui exige également un saut qui n'est pas étranger à celui de *prajnâ*. Le rapprochement est tel d'ailleurs que l'on pourrait, en prenant une certaine liberté, voir les kôans comme des cas d'ironie spirituelle. Ce n'est pas sans raison qu'Edward Conze, un spécialiste réputé du bouddhisme, disait du zen que c'était la « tradition de la *Prajnâ Pâramitâ* agrémentée de plaisanteries ». Et Mumon, le compilateur du célèbre recueil de kôans intitulé le *Mumonkan*, recourt constamment à l'ironie dans ses commentaires de chacun des kôans.

Il y a un exemple très célèbre d'ironie dans la pièce de Shakespeare, *Jules César*, plus précisément dans le discours qu'adresse Marc Antoine à la foule juste après l'assassinat de César par les conspirateurs. Lorsque Marc Antoine commence son discours : « Amis, Romains, compatriotes, prêtez-moi l'oreille… », la foule est largement du côté des conspirateurs, estimant qu'ils ont libéré Rome d'un tyran. Au début de son discours, Marc Antoine parle de Brutus, l'un des conspirateurs, le qualifiant « d'homme honorable ». La foule, naturellement, croit qu'il s'agit d'un compliment à Brutus. Cependant, à mesure que le discours avance, l'expression « homme honorable » ne revient pas moins de six fois et à chaque fois la tension augmente jusqu'à ce que, à la fin du discours, Marc Antoine déclare : « Je crains de faire tort aux hommes honorables dont les poignards ont frappé César ; je le crains. »

Avec un tel discours, personne, sauf les plus bornés, ne manquera de comprendre ce que dit vraiment Marc Antoine : « Je crains de faire tort à ces hommes infâmes et sans honneur ». Cependant Marc Antoine ne les fustige pas de la sorte, non parce qu'il a peur de la foule – car à ce moment-là, la foule s'est rangée de son côté – mais parce qu'une critique directe ne possède pas la puissance de l'ironie.

La force de l'ironie réside dans le saut qu'il faut faire pour apprécier l'ironie. C'est un saut vers un nouveau point de vue qui modifie brusquement le contexte. Il est comparable au changement soudain de point de vue qui se produit lorsqu'on perçoit l'autre aspect de l'image ambiguë de la jeune/vieille femme. Cependant, alors que dans ce cas il s'agirait plutôt d'un saut de côté, sur le plan horizontal, dans l'ironie, le saut s'effectue à un niveau supérieur. Dans son livre, *The Rhetoric of Irony*, Wayne Booth écrit : « Le processus de saisie de l'ironie est comme un saut ou une montée à un niveau supérieur [12]. » Dans l'exemple que nous venons de donner, c'est comme si le saut s'effectuait de « Brutus est un homme honorable » à « Brutus est un homme tout à fait infâme ». Je dis « c'est comme si » le saut s'effectuait à un niveau supérieur, car c'est là, dans ce « c'est comme si », que réside la force de l'ironie.

Laissez-moi vous expliquer. L'ironie de Marc Antoine consiste à nous faire croire tout d'abord que Brutus et les conspirateurs sont des hommes honorables. Il dit : « Si j'étais disposé à exciter vos cœurs et vos esprits à la révolte et à la fureur, je ferais tort à Brutus et tort à Cassius, qui, vous le savez tous, sont des hommes honorables. »

Cependant, à la fin de son discours, lorsque Marc Antoine lance : « Je crains de faire tort aux hommes honorables dont les poignards ont frappé César », la foule hurle : « C'étaient des traîtres ! ».

« C'étaient des traîtres » est le point de vue supérieur. Grâce à la puissante rhétorique de Marc Antoine, la foule sait maintenant que les conspirateurs ont commis une infamie et tout le monde désire faire le saut à ce point de vue supérieur : « Ils ne sont pas honorables du tout ! » Cependant, la force de l'ironie tient justement au fait que *quelqu'un ne fait pas le saut* mais en reste à l'ancien point de vue, même si le saut exige d'être fait. En effet, plus l'appel à faire le saut est puissant, plus grande doit être la retenue, et plus forte est la puissance de l'ironie. S'abstenir de faire le saut marque la différence entre l'ironie et le sarcasme ; dans ce dernier, on doit faire le saut, et ce qui irrite dans le sarcasme tient précisément au fait qu'on se voit forcé de faire le saut de la manière proposée.

Munis de cette interpétation de l'ironie – un saut qui n'est pas un saut – revenons à ce kôan où Joshu demande : « Qu'est-ce que la Voie ? » et où Nansen donne cette réponse : « L'esprit ordinaire, c'est la Voie ». Il y a une puissante ironie dans cette réponse, car c'est précisément de cet esprit ordinaire, avec son cortège d'anxiétés, d'afflictions et de tracas, que Joshu tente de se libérer. Dans la pièce de Shakespeare par exemple, s'il se trouvait dans la foule un homme qui n'aurait pas saisi l'ironie du discours de Marc Antoine, il aurait bien du mal à comprendre pourquoi la foule se montre tout à coup si féroce envers Brutus et les autres conspirateurs. Autrement dit, il entendrait ces mots : « Brutus est un homme honorable » au sens littéral, il se ferait prendre par eux. De même, si quelqu'un se laissait prendre par l'ironie de Nansen, il s'interrogerait sur la raison pour laquelle les bouddhistes zen passent tant d'heures en méditation, sur ce qui justifie un effort aussi long et aussi pénible. Joshu fut d'ailleurs assez lent à apprécier l'ironie et même alors Nansen dut ajouter : « C'est comme l'espace vaste ». Cet espace vaste est le point de vue supérieur. Cependant, pour apprécier le kôan, quelqu'un doit éviter de sauter au point de vue supérieur et demeurer fermement dans « l'esprit ordinaire, c'est la voie ». Plus tard, lorsque Joshu deviendra à son tour un grand maître, quelqu'un lui demandera : « Quel est l'enseignement ultime ? » et il répondra : « Quand j'ai faim je mange, quand je suis fatigué je dors. » La seule façon d'apprécier vraiment la justesse de ce kôan et d'en ressentir la force est d'éviter de faire le saut et de demeurer avec la réponse telle qu'elle est, exactement comme dans l'ironie où, pour en ressentir la force, l'on doit éviter de sauter à un autre niveau. Il y a un saut immense sans aucun mouvement et en fait sans aucun changement. Pénétrer un kôan, c'est cela ; c'est cela la nature de l'éveil.

De même, il y a de l'ironie dans le kôan au sujet du maître-renard. « Une personne éveillée est-elle libérée du karma ? » Tout d'abord, le maître dit « Oui ! », et cette réponse est une invitation à faire le saut – le saut dans l'unité, dans la non-ambiguïté. Il n'y a aucune ironie ici. Cependant, parce que le karma résulte en partie des aspects non réalisés de l'ambiguïté, et parce qu'en choisissant un aspect le maître en ignora l'autre – négligeant de ce fait de le réaliser – il dut, en tant que renard, vivre cet aspect non réalisé de l'ambiguïté, celui qui affirme l'ambiguïté. L'ironie du kôan apparaît lorsque Hyakujo dit qu'une personne éveillée n'ignore pas la loi du karma. Par là, il jetait complètement le maître-renard dans l'ambiguïté. Il invitait à un saut sans saut. Comment faire pour « ne pas ignorer le karma » autrement qu'en le vivant complètement ?

Afin d'apprécier pleinement ce que signifie ce saut sans saut, retournons un instant à l'ironie de Marc Antoine. Si quelqu'un devait faire le saut à partir de « Je crains de faire tort à ces hommes honorables », il le ferait, comme nous le disions, vers un point de vue plus élevé. Ce point de vue est déjà contenu dans l'ironie, car l'essence de l'ironie réside dans la récognition que l'affirmation (Brutus est un homme honorable) contient la négation (Brutus n'est pas un homme honorable), négation qui seule peut donner un sens à l'affirmation. En d'autres termes, dans l'ironie, le point de vue « oui » exige et inclut le point de vue « non ». Pour en revenir à une expression qui nous est maintenant familière : « ceci est cela/ceci n'est pas cela ». Cependant, la différence entre l'ironie et l'ironie spirituelle, c'est que dans cette dernière, c'est-à-dire dans le kôan, le saut ne conduit pas vers un autre point de vue ou une perspective opposée, mais vers *aucun point de vue du tout.* En fait, plusieurs kôans excluent explicitement le saut vers un point vue nouveau et opposé ; par exemple : « Si vous dites que c'est un bâton, je vous punirai ; si vous dites que ce n'est pas un bâton, je vous punirai. Qu'est-ce que c'est ? » Vous êtes damné si vous le faites, vous êtes damné si vous ne le faites pas. Le maître Hakuin comparait cette situation à celle d'un rat pris dans un tube de bambou qui ne peut ni avancer ni reculer ni rester là. C'est cela la double contrainte fondamentale.

Que veut dire « un saut vers aucun point de vue ? » *Prajnâ*, répétons-le, c'est éveiller l'esprit en ne l'appuyant sur rien. Imaginons qu'un dénommé Georges soit absorbé dans la lecture d'un livre et qu'un ami l'interpelle : « Georges ! » L'esprit de Georges est complètement éveillé mais il est éveillé à : « Que me veux-tu, pourquoi m'appelles-tu ? » L'esprit est en éveil, mais il s'appuie sur quelque chose. Éliminer cet « appui », c'est *prajnâ.* Il y a un saut, mais vers aucun nouveau point d'appui : un éclair de pur savoir sans contenu, un savoir qui est son propre être, indépendant de la réflexion, de la connaissance conceptuelle, c'est-à-dire de la connaissance de *quelque chose.* Ce connaître qui est son propre être se révèle dans l'éveil à l'Unité entièrement en amont de la recherche pour réabsorber le point nul. C'est un retournement dans *manas*, pour employer le vocabulaire du *Lankâvatâra sûtra*, un retournement dans le « moi » du moi-centre/moi-périphérie, à l'intérieur même de la subjectivité, un retournement qui dépasse la personne et ne constitue donc pas un fait psychologique.

C'est ici que les kôans faussent compagnie à l'ironie et à la créativité. Le saut de l'ironie est véritablement un saut de récognition, un saut qui va d'une forme à une autre forme, d'un concept à un autre concept. « Brutus est un homme honorable » est dit dans un contexte qui ne peut signifier que ceci : « Brutus est un homme indigne ». Tout conduit de façon criante à ce saut : « Brutus est un traître » ; et ensuite, se produit la récognition : « Ah ! Marc Antoine était ironique ». Cette récognition, moment de créativité provenant de l'unité dynamique, permet au « oui » et au « non » de maintenir leur opposition tout en devenant complémentaires. « Ceci » est « cela » bien qu'en même temps « ceci » ne soit pas « cela ». Ce qui est impliqué ici, c'est que l'ironie exige des mots et des concepts : « oui » et « non », « Brutus est honorable » et « Brutus est indigne ». Ainsi donc l'ironie, provenant de l'ambiguïté fondamentale, est une « sorte d'exorcisme » – comme le dit T. S. Eliot – qui donne stabilité à la conscience.

Par ailleurs, l'instant de vérité dans le kensho ne relève pas de la relation entre les concepts ni ne concerne la stabilité de la conscience. Le oui/non de l'ironie spirituelle n'est pas un oui/non au niveau de la forme, mais un oui au niveau de la forme et un non au-delà de la forme. En d'autres termes, le oui/non de l'ironie spirituelle est (connaître/être) /unité ; ce n'est pas un exorcisme, c'est un accomplissement.

Examinons maintenant un autre kôan. Un moine demanda à Joshu : « Tout retourne à l'Un, où l'Un retourne-t-il ? » Joshu répondit : « Quand j'étais à Seishu, je me suis fait une chemise de chanvre. C'était une chemise rouge. » « Tout retourne à l'Un », c'est la même chose que de dire « Éveillez l'esprit sans l'appuyer sur quoi que ce soit ». Ce que le moine demande, c'est : « Après cet éveil de l'esprit, qu'arrive-t-il ? » Il interprétait le « tout retourne à l'Un » de façon littérale, c'est-à-dire non ironique. Il l'envisageait comme un saut dans un vide, une absence.

Pour saisir l'ironie spirituelle de ce kôan et mieux apprécier cet « Un », nous devons pénétrer au cœur du raisonnement logique. Ce raisonnement repose sur la croyance ferme que chaque chose est égale à elle-même. Cette croyance est tenue comme une évidence en soi, à tel point que durant des milliers d'années on l'a considérée comme la loi la plus fondamentale de la raison. Elle est énoncée avec simplicité et élégance dans le principe d'identité : A est A. Il existe des mouvements de révolte contre cette loi chez certains des penseurs les plus avancés de la physique théorique, mais on doit pourtant reconnaître qu'en dépit de sa tyrannie elle a permis les développements stupéfiants de la science et de la philosophie occidentale. Quoi qu'il en soit, « A est A » est fondamentalement une affirmation ironique ; sinon, ce serait une tautologie stérile et désespérante.

Dans son étude du principe d'identité, publiée dans *Essays in Metaphysics*, Martin Heidegger écrit : « Au cours de notre discussion, ce principe (A = A), dans le sens d'une affirmation, a constitué un progrès dans le sens d'un saut en avant. Ce saut part de l'être comme fondement de l'existence et se dirige vers l'abîme. Cet abîme n'est pas un néant vide néanmoins, ni une obscure confusion [13]. »

Dans le sûtra de la *Prajnâ Pâramitâ* il est dit : « Forme n'est que vide ». C'est le saut de Heidegger. C'est comme dire : « Éveillez l'esprit en ne l'appuyant sur rien ». Et aussi : « Tout retourne à l'Un ». Mais on ne peut pas rester là ; ce serait vouloir faire *quelque chose* de cet Un. C'est précisément sur cet écueil que la plupart des religions échouent. L'Un n'est pas un néant vide ni une obscure confusion ; ou, à un niveau plus sophistiqué, ce n'est pas non plus le vide de la tradition apophatique du christianisme ni même le vide du samâdhi tel qu'enseigné par la tradition védique. Pour éviter ces erreurs, nous devons poursuivre. Mais pour aller où ? Si tout retourne à l'Un, à quoi l'Un retourne-t-il ?

Joshu dit : « Cette chemise est rouge ». C'est cela, le saut qui n'est pas un saut. Le sûtra de la *Prajnâ Pâramitâ* dit : « Forme n'est que vide, vide n'est que forme ».

Dans le bouddhisme, il est affirmé que A n'est pas A, c'est pourquoi on l'appelle A. La chemise de Joshu est ce qu'elle est. Joshu cependant ne la voit pas comme une personne non éveillée la verrait – « quelque chose » là-bas, au dehors, comme une chemise. Pour voir la chemise comme la voit Joshu, nous devons aller au-delà de l'ambiguïté. Pour la voir de cette façon, nous devons sauter à l'Un qui réconcilie toute dualité (A n'est pas A). Mais nous ne pouvons rester là car... il n'y a nulle part où rester. Tout retourne à l'Un, l'Un y compris. Où l'Un retourne-t-il, demande le moine ? Cette chemise rouge est une, la plume noire est une, cette fleur est une... (c'est pourquoi on l'appele A), mais ne nous laissons pas prendre par cela.

La lune, la même vieille lune
Les fleurs, telles qu'elles étaient
Maintenant pourtant, je suis devenu
La choséité des choses !

Un chant hindou dit : « Le Seigneur est dans mon œil, c'est pourquoi je le vois partout ».

L'esprit ordinaire est la voie.

1. Cité *in* Albert Low, *Je ne suis pas un être humain*, trad. par Monique Dumont, éditions de Mortagne, Boucherville, 1996, p. 139.

2. D. T. Suzuki, *Studies in the Lankavatara Sutra*, Prajna Press, Boulder, 1981, p. 167.

3. Pour plus de détails, voir Albert Low, *Le Rêve du papillon*, Libre Expression, Montréal, 1992.

4. Tiré d'une correspondance avec William Byers, professeur de mathématiques à l'université Concordia, Montréal.

5. D. T. Suzuki, *op. cit.*, p. xxv.

6. *Ibid.*, p. 193.

7. *Ibid.*, p. 193.

8. Lucien Stryk et Ikemoto Takashi, *Zen : Poems, Prayers, Sermons, Anecdotes*, Doubleday Anchor, New York, 1963, p. 7.

9. D. T. Suzuki, *op. cit.*, p. 200.

10. Jacques Maritain, *L'Intuition créatrice dans l'art et la poésie*, Desclée de Brouwer, Paris, 1966.

11. Zenkei SHIBAYAMA, *Commentaries on the Mumonkan*, Harper and Row, New York, 1974.

12. Wayne BOOTH, *A Rhetoric of Irony*, The University of Chicago Press, 1974.

13. Martin HEIDEGGER, *Essays in Metaphysics*, Philosophical Library, New York, 1960, p. 30.

XXIV

LA MUSIQUE : UNE FENÊTRE SUR LA CONSCIENCE

> Nous connaissons la musique en l'écoutant et, par la même occasion, nous nous connaissons nous-mêmes comme auditeurs de la musique *.
>
> Victor Zuckerkandl

La parole et l'évolution de la conscience

Notre enquête sur l'évolution, la créativité et la spiritualité a abouti à la conclusion que toutes trois culminent avec la création de la Parole. Précédée par la tension, la détresse et le conflit, la Parole émerge soudainement. Cette création, le plus récent bond dans l'évolution, est la cérémonie religieuse originelle sur laquelle se modèlent toutes les autres cérémonies ; elle est aussi le paradigme de toute créativité humaine. L'émergence de la Parole est également celle de la conscience, continuelle, qui erre dans des impasses, hésite et trébuche, mais va toujours de l'avant. Le coût de ces détours, de ces hésitations et de ces défaillances est la souffrance et la violence ; le bénéfice de cette poussée en avant est une sécurité et une flexibilité toujours plus grandes.

* Victor ZUCKERKANDL, *Man the Musician*, Bollingen Series, Princeton University Press, 1976.

La Parole ou, si l'on préfère, le langage – ce pont fragile qui traverse l'abîme de l'ambiguïté habité par les monstres de l'effroi et de la violence – rend possible la *réflexion stable*. C'est ce qu'on appelle communément la conscience de soi, mais l'expression « réflexion stable » est plus descriptive et évite de mettre l'accent sur la notion illusoire d'un soi. Les animaux autant que les humains ont la capacité de réfléchir, mais chez eux la réflexion n'est pas stable car, bien que capables de communication hautement sophistiquée, ils ne possèdent pas le langage. La réflexion stable est une présence à la présence qui persiste, le danger de s'effondrer sur elle-même dans un vortex d'angoisse, de douleur, de panique et d'antagonisme étant écarté pour un temps par le langage.

Élan vital ?

Le dynamisme de l'évolution vient de l'Unité/(connaître/être), c'est-à-dire de l'ambiguïté que cela représente et d'où le point nul émerge. En d'autres termes, le dynamisme est une poussée vers la réabsorption du point nul et la redécouverte de l'unité ; par conséquent, elle ne va que dans une seule direction et fait apparaître la *flèche du temps*. Cette poussée rend l'évolution nécessaire et tout ce qui évolue en est une manifestation. Selon l'interprétation « orthodoxe », l'évolution est entièrement dénuée de finalité, elle se produit par accident et ne requiert donc aucune impulsion sous-jacente. Ce point de vue a fait l'objet de nombreuses critiques, entre autres chez Henri Bergson, qui a conçu l'idée d'un *élan vital* procurant son dynamisme à l'évolution. Ce que nous disons ici supprime cependant la nécessité de faire appel à quelque force spéciale ou élan vital pour justifier le dynamisme de l'évolution. L'évolution est la réalisation de l'impératif « Que l'Un soit ! » face à l'ambiguïté fondamentale.

L'orthodoxie affirme que l'évolution s'explique par la lutte pour la survie, qui ne permet qu'aux plus aptes de survivre, mais personne ne s'entend sur ce en quoi consiste cette aptitude, si ce n'est celle de survivre. Maintenant nous pouvons concevoir que l'aptitude à survivre est une fonction de la capacité de contenir l'ambiguïté qui sous-tend un ensemble donné de circonstances. Plus ce qui contient est stable et flexible, plus grande est la gamme de circonstances pouvant être rencontrées. C'est l'ambiguïté, et non la jungle, qui est l'arène où l'aptitude se mesure. La création de la Parole est un saut quantique dans la stabilité et la flexibilité, et elle a donc accru de façon incommensurable l'aptitude à la survie de l'être humain.

Dire la Parole

La Parole originelle aurait été *dite* et non parlée, le mot parlé étant une version sécularisée de la Parole dite. Dans cette optique, la Parole a sûrement été d'abord *poétique*, et non sèchement prosaïque, la prose ne pouvant venir à l'existence qu'une fois les mots écrits, devenant ainsi conventionnels et définis. Avec la venue de la prose, les mots *se réfèrent* à une situation en la *représentant* et, ce faisant, ils ne font plus partie intégrante de celle-ci.

Prenons l'exemple d'une conversation pour mieux voir les implications de ce que nous entendons par « dire ». Il y a toute une différence entre participer à une conversation et écrire un rapport à son sujet. La conversation contient l'ambiguïté à la fois dans sa structure et dans son contenu [1]. La plupart des conversations suivent une trajectoire en zig-zag, se faufilant entre la contradiction et l'ambiguïté. On peut souvent voir une personne arrêter sa phrase à mi-chemin pour en commencer une autre, puis s'arrêter à nouveau et recommencer, le poids et la densité de ce qu'elle veut dire étant tels qu'une seule phrase ne peut les contenir. Ce poids et cette densité viennent des contradictions et des ambiguïtés. La conversation par conséquent appartient plus à la catégorie de ce que nous avons appelé le « dire ». On dit à quelqu'un d'autre ce qui est arrivé. Alors que la conversation contient l'ambiguïté, le rapport écrit, au mieux, y renvoie, mais le plus fréquemment il l'ignore en choisissant certains aspects et rejetant le reste. La plus grande difficulté que j'ai rencontrée dans l'écriture de ce livre tient justement au fait que j'ai dû parler de l'ambiguïté en y faisant référence, en l'indiquant ; le résultat est que le lecteur peut la tenir à distance. Devenant ainsi objective, l'ambiguïté perd de son mordant – cette qualité vivante, dynamique, que je voudrais tant porter à l'attention du lecteur, est perdue.

La capacité d'abstraire certains aspects tout en ignorant le reste est grandement facilitée par la logique qui affirme, en effet, que l'ambiguïté est inacceptable et que toutes les formulations doivent être claires et distinctes. Le mot poétique qui se situe à l'extrême opposé de la logique contient pleinement l'ambiguïté, et c'est pourquoi la Parole originelle a dû être poétique. Le mot poésie vient du grec *poiesis* qui veut dire littéralement « création ». La beauté des mots vient de ce qu'ils sont autogènes, autrement dit, « autopoétiques ». D'une manière qui rappelle l'évolution elle-même, les langues évoluent et prolifèrent, créant de nouvelles espèces au cours du processus.

Le mot « dire » est utilisé dans le même sens que dans l'expression « dire ou raconter » une histoire. Les jeunes enfants aiment qu'on leur raconte une histoire et ils insistent pour qu'elle soit toujours racontée de la même manière. Dire ou raconter n'est pas communiquer, c'est quelque chose de tout à fait différent. C'est une façon de maintenir la présence stable en contenant fermement l'ambiguïté. Au début, les bardes « disaient » les mythes de la tribu en les chantant ou les psalmodiant comme le font par exemple les Aborigènes australiens, souvent accompagnés par des instruments à corde. Le conteur ou le barde était hautement respecté, car le fait de raconter l'histoire de la tribu apportait la stabilité. Le conteur maintenait en place la conscience, parce que sans l'histoire, les pouvoirs obscurs pouvaient éclater, provoquant le désastre et la destruction. Plus tard, ces mythes furent joués dans les mystères, puis au théâtre et enfin dans les films, les pièces et les romans d'aujourd'hui. Ainsi, on peut dire que les comédies de situation actuelles sont les héritières des mystères.

La Parole et le chant

Dans le récit originel, à cause de l'intensité des forces maintenues ensemble et contenues, la Parole, en plus d'être « poétique », a dû être chantée et dansée ; ce n'est que plus tard, lorsque la Parole se fusionna à la communication, qu'une élocution plus laborieuse se développa où les mots devinrent des choses. Victor Zuckerkandl, une autorité dans le domaine de la musique, écrit : « Plusieurs chercheurs pensent que la parole était originellement une sorte de chant et que ce n'est qu'au cours de l'évolution que deux branches se sont séparées en langage des mots et langage des sons [2]. » De son côté, Bernstein dit : « J'ai souvent pensé que s'il est vrai, littéralement, qu' « Au commencement était la Parole », alors elle a dû être chantée, et Dieu a dû chanter *Y'hi Or* (Que la lumière soit) plutôt que de le parler [3]. »

Nous ne devons pas négliger le fait que chanter, psalmodier et danser ont toujours joué un rôle important dans les cérémonies religieuses et cela, comme nous l'avons souligné, parce qu'une des fonctions importantes de la religion a été de maintenir en place la Parole créatrice. Comme la Parole originelle a dû être chantée et dansée, nous devrions nous attendre à ce qu'une analyse de la musique nous fournisse un autre regard sur l'ambiguïté fondamentale et sur ce que signifie la « réflexion stable ». Nous en sommes venus à voir la musique comme une forme de divertissement, et, de même que la Parole a dégénéré en bavardage, la musique a dégénéré en *musak*. Pourtant, lorsqu'elle est à son apogée, la musique peut être perçue comme une fenêtre s'ouvrant sur la nature même de la conscience, et c'est dans cette perspective que nous examinerons son rôle.

Le lien entre la musique, les mots et la religion est magnifiquement illustré par les rituels des Indiens Navajos. Dans la vie des Navajos, le chant est présent partout : dans les cérémonies, les danses, les herbes médicinales, les textes poétiques, l'arrière-plan mythique, la peinture corporelle, les offrandes de prière et les grandes peintures sur le sable. La religion, en outre, comme la musique, imprègne tout. « Le monde des Navajos est inclusif : le sacré n'est pas compartimenté dans un temps particulier ou un espace, il est partout. L'art est apprécié pour lui-même, mais également pour ses fonctions essentielles dans l'exorcisme des pouvoirs maléfiques et dans l'invocation du pouvoir bénéfique permettant de rétablir l'harmonie dans les relations des humains avec le cosmos. » En d'autres termes, l'art est apprécié pour sa fonction essentielle, celle de contenir l'ambiguïté.

Une cérémonie qui offre un intérêt particulier pour nous est celle du pollen. On prend une pincée de pollen dont on dépose une petite quantité sur la langue, une autre sur la tête, le reste étant éparpillé devant soi, ou dans la direction du soleil, pour bénir le lieu où la cérémonie se tient. Le pollen sur la langue est une bénédiction du souffle de vie et du souffle devenu articulé par la parole. « Dans l'univers Navajo, la force la plus puissante est le vent, auquel la parole et le chant donnent forme. Pour les Navajos, le mot n'est pas le symbole de l'objet, mais tout le contraire. Tout objet n'est qu'une manifestation transitoire et imparfaite du mot. » En lisant le texte suivant, on peut comprendre quelque chose de la force du chant pour les Navajos : « Les directions du monde, les déités qui y séjournent, les pouvoirs du vent, son articulation dans la parole, et encore plus fortement dans les phrases sacrées du chant rituel, sont tous impliqués [dans le chant]. Quand le chanteur élève la voix, *l'identification de l'humanité avec toutes les forces a lieu*[4]. » Cela fait écho à ce que nous disions au sujet de l'émission ou du chant de la Parole originelle : à ce moment, tout était Un avec tout.

La musique et l'unité dynamique

La musique, la Parole, la religion n'étaient pas, à leur naissance, des phénomènes isolés, séparés. L'évolution cependant procède en mettant l'accent sur l'un ou l'autre aspect de l'ambiguïté et cela, à son tour, entraîne une différenciation régulière. Le mot stabilise l'ambiguïté en fixant l'expérience, rendant ainsi possibles les choses, les entités, les qualités. La musique favorise par ailleurs l'aspect dynamique et permet que l'unité dynamique soit audible. Il est évident que les Navajos, dans la mesure où la force la plus puissante de l'univers est pour eux le vent, voient l'unité comme dynamique, et ce d'une façon très semblable à la nôtre. Quand nous parlons d'Unité, nous faisons nous aussi allusion à la source dynamique de toute énergie et de tout mouvement. En outre, l'ambiguïté et l'unité dynamique ne sont pas quelque chose d'abstrait et de lointain. L'effet de l'ambiguïté est toujours présent en nous sous forme de tension, de colère, d'anxiété, de dépression, de joie et d'enthousiasme. On voit cet effet aussi dans les structures duelles de l'organisme : les biceps et les triceps, le mouvement systolique et diastolique du cœur, les deux hémisphères du cerveau, le système nerveux sympathique et parasympathique, la thyroïde et la parathyroïde, etc.

L'ambiguïté est également contenue par toutes les structures que nous voyons autour de nous ; dans certaines, elle est maintenue rigidement – cela s'appelle la matière – dans d'autres, on trouve tout un éventail de flexibilité – cela s'appelle la vie. De tout ce qui contient l'ambiguïté, ce que nous appelons la conscience possède la plus grande flexibilité et la Parole est sa structure originelle. Toutes ces structures proviennent de l'intention, une *poussée* en avant ou un *élan* vers le point nul. C'est le même élan qui a créé la musique ; rien jusqu'ici n'a pu dépasser en flexibilité cette dimension de la Parole que nous appelons la musique, particulièrement la musique telle qu'elle s'est développée en Occident. La musique est un contenant de l'ambiguïté parfait et flexible ; en elle, nous trouvons une expression concrète de ce que nous disions au sujet de l'unité dynamique, de l'ambiguïté, de la quête du centre et ainsi de suite. La musique permet à l'unité dynamique *d'être entendue.* De même que certains mots sont comme des colorants rendant accessibles des aperçus trop fins pour être connus directement par la pensée consciente, ainsi nous verrons que la musique est également, à sa manière, un « colorant » qui rend audible l'unité dynamique.

La signification de la musique

Zuckerkandl, que nous avons déjà cité, dit que lorsque nous pensons à la musique, « nous pensons instinctivement à un langage ». Ce qu'ils ont en commun en grand partie, dit-il, est que tous deux *signifient* quelque chose. Cependant, tandis que la musique et sa signification sont une, la signification d'un mot est *externe* à lui. Le mot est *ici*, un ensemble de sons ou de signes ; cet objet *là-bas* est ce que le mot signifie. C'est ainsi qu'en nous référant à ce que le mot signifie, nous pouvons traduire d'une langue à une autre, mais il n'est pas possible de traduire la musique d'une culture par celle d'une autre. Alors que les mots signifient ce vers quoi ils pointent, dans la musique, *le fait de « pointer vers » est la signification.* Ce qui veut dire, dans l'optique de Zuckerkandl, que les mots sont statiques tandis que la musique, parce que sa signification est dans le fait de « pointer vers », est essentiellement dynamique.

C'est là une façon de comprendre le lien entre les mots et leur signification. Un bon exemple de ces mots auxquels Zuckerkandl fait allusion sont ceux que l'on peut trouver sur les feuillets d'instructions qui indiquent comment assembler les morceaux d'un appareil. Korzybski proclame avec grande joie que le mot n'est pas la chose, que la carte n'est pas le territoire. Ce qui est implicite dans cette assertion est exactement ce que dit Zuckerkandl : les mots pointent vers les choses. « Tout langage peut être considéré comme des noms soit pour des entités indicibles sur le plan objectif, que ce soit des choses ou des sentiments, soit comme des noms pour des relations [5] », dit Korzybski. Bien que cela puisse être vrai dans la communication verbale sophistiquée, ça ne l'est ni dans l'usage originel des mots ni dans les mots poétiques. Zuckerkandl s'approche davantage de ce que nous entendons par « Parole » quand il parle des symboles religieux. Ce ne sont pas, dit-il, seulement des signes indiquant l'être divin ou pointant vers lui, mais plus exactement : « La déité est directement présente dans le symbole, elle est une avec lui. Dans ce cas, le symbole est ce vers quoi il pointe, il est Dieu [6] ». Cela est vrai de la Parole ainsi que des mots utilisés de manière poétique, créatrice. Dans ce cas, à la fois la musique et la Parole pointent, mais la musique ne fait que pointer tandis que la Parole pointe vers elle-même. Par conséquent, lorsque quelqu'un chante des mots poétiques, les mots reçoivent un pouvoir énorme. Le fait même de chanter est une expression complète de l'ambiguïté et du dynamisme (pointer) qui en procède.

La musique : connaître ou être ?

Une question fondamentale est apparue régulièrement tout au long de cet ouvrage : « Quelle relation connaître et être ont-ils entre eux ? L'un est-il fonction de l'autre ou sont-ils indépendants l'un de l'autre ? » La même question surgit lorsqu'on pense à la musique. S'agit-il uniquement d'un phénomène physique ou est-ce plutôt un phénomène purement mental, pure subjectivité ? Y aurait-il une troisième possibilité qui inclurait le connaître et l'être sans être ni l'un ni l'autre ? Zuckerkandl dit : « Nous ne devons pas oublier que notre langage, qui se conforme à notre mode de pensée, fournit un vocabulaire pour les phénomènes physiques et psychiques, mais *n'en fournit aucun pour les phénomènes n'appartenant à aucune de ces catégories*, ce qui constitue une source fréquente de difficultés insurmontables dans toutes les recherches qui n'entrent pas facilement dans le cadre traditionnel de la pensée [7]. » Cette difficulté de parler de ce qui n'appartient exclusivement ni au physique ni au mental, ni à l'être ni au connaître, nous a poursuivi tout au long de cet ouvrage, nous forçant à parler de manière détournée et obscure de choses qui en elles-mêmes sont très claires et directes.

Zuckerkandl affirme que la musique ne vient pas de la composante physique ou mentale, mais d'une *troisième composante, purement dynamique.* Nous aimerions poursuivre cette idée intrigante tant elle est proche de l'essence même de nos propos au sujet de l'unité dynamique sous-tendant la créativité et l'évolution. Est-il possible que cette troisième composante *purement dynamique* dont parle Zuckerkandl soit de quelque façon reliée à l'unité dynamique ?

À cause de l'unité dynamique, le monde, la vie, la conscience vont toujours *quelque part*, et ce quelque part est toujours vers le centre. *Aller vers* le centre est la finalité et le but de l'existence. Or, ce même « aller vers » le centre sous-tend également la musique. « En écoutant de la musique, dit Zuckerkandl, nous sommes entre les notes *, d'une note à l'autre [8]. » Ce qu'il appelle « extérieur psychique », et ce que nous avons appelé Un/connaître/être, « s'avérerait donc quelque chose de purement dynamique, non pas sentiment mais force – une force pour qui le physique serait en quelque sorte transparent [9] ». Citons encore Zuckerkandl pour bien préciser ce point : « Entendre une note comme qualité dynamique, comme direction, comme pointant vers, signifie entendre en même temps au-delà d'elle-même, dans la direction de sa volonté, cela signifie aller vers la note suivante. En écoutant de la musique donc, nous ne sommes pas d'abord *dans* une note, ensuite dans une autre et ainsi de suite. Nous sommes plutôt toujours *entre* les notes, *en chemin* d'une note à l'autre ; écouter de la musique, ce n'est pas rester sur une note, c'est passer au travers et aller au-delà. »

Ce que nous voulons avancer ici, l'idée essentielle, est que la musique nous permet *d'entendre l'unité dynamique.* Afin de voir comment cela se rattache aux thèmes majeurs du livre, nous allons récapituler nos propos sur la façon dont l'unité dynamique émerge.

Récapitulation

À l'origine est l'Unité, l'Unité en tant qu'intelligence, l'Unité qui est la réalité même : Un/connaître/être. À ce niveau originel, connaître et être ne sont pas deux – connaître ou être – mais ils ne sont pas un ; connaître est connaître, être

* À moins d'indication contraire, le mot note est utilisé ici, ainsi que dans tout le chapitre, pour désigner un son à l'intérieur du système tonal. De même, lorsque Zuckerkandl parle de musique, il s'agit essentiellement de la musique tonale. (*NdT*)

est être. Puis le connaître se sépare *en tant qu'*être, ce que nous avons appelé la « présence en tant qu'être ». À ce stade, un début de dualisme apparaît. Le miroir se réfléchit lui-même. En sanscrit, cela s'appelle *samâdhi*. J'ai écrit à propos de cette séparation progressive du connaître/être en termes concrets dans mon livre *Le Rêve du papillon*.

« Connaître en tant qu'être » prépare la voie à la prochaine étape : « connaître ou être ». Avec l'émergence de « connaître en tant qu'être » et de « connaître *ou* être », une autre ambiguïté se manifeste. L'une des difficultés, que notre explication prochaine de la musique nous aidera à surmonter, est que connaître et être sont des mots abstraits, *bien que ce à quoi ils se réfèrent est à l'opposé même de l'abstraction*. Par *être*, nous entendons « la réalité », et par *connaître* : « ce qui rend tout possible en tant qu'expérience ». Regardez la pièce autour de vous, cela est connaître/être ; ce que vous ressentez dans le moment, intérêt, ennui, anxiété, frustration, cela est également connaître/être. Les ambiguïtés qui émergent proviennent de la nature même du connaître/être. Connaître/être est en soi l'ambiguïté et la source de toutes les autres ambiguïtés. Les ambiguïtés ne sont pas le résultat de quelque influence extérieure.

Un exemple, à l'échelle humaine, d'une ambiguïté qui émerge du connaître/être est l'incapacité même de déterminer la relation entre connaître et être, ce qui a constitué un thème majeur de ce livre, et le besoin toujours présent de chercher néanmoins à le faire. Une multitude de mythes et de philosophies se sont penchés sur cette question de la relation entre connaître et être, proliférant à travers les âges partout dans le monde. L'incapacité des philosophes de résoudre cette question n'est pas due uniquement aux limites de l'esprit humain, mais aussi au fait que l'esprit humain lui-même vient de l'ambiguïté et des solutions que la vie adopte pour tenter de la résoudre.

L'Unité est un impératif : « Que l'Un soit ! » Face à l'ambiguïté « connaître ou être » et à l'impossibilité de la résoudre dans un sens ou dans l'autre, une oscillation entre connaître et être commence à se produire. L'oscillation prend de la vitesse car l'unité est l'unité, elle est absolue et ne peut être niée. L'on ne peut avoir des degrés relatifs d'unité du connaître ou de l'être. Je suis très conscient de l'objection que l'on pourrait soulever ici, en disant que l'opposition entre connaître et être n'est pas cosmique mais humaine, qu'elle vient de la façon dont l'esprit humain fonctionne. Soit, mais demandons-nous alors : pourquoi l'esprit humain fonctionne-t-il de cette façon ? Une telle objection vient de la croyance selon laquelle l'esprit humain serait une manifestation arbitraire, apparue accidentellement dans la nature. Ce que nous disons au contraire, c'est qu'on ne peut faire aucune distinction entre le cosmique et l'humain, sauf une distinction d'échelle. Cela est implicite dans l'ancienne idée du microcosme ou de la monade. La conscience, loin d'être un accident, est essentielle et inévitable ; elle a jailli de la nature même de l'existence.

L'Unité est absolue et pourtant les oscillations ne peuvent atteindre une vitesse infinie, elles ne peuvent dépasser une certaine limite ; un autre hiatus se produit donc. La limitation vient de l'intervalle nul, un intervalle qui n'est ni connaître ni être. Nous avons déjà illustré cet intervalle en vous demandant d'examiner la transition d'observateur à participant, ou de regarder la jeune femme puis la vieille femme dans notre illustration. Dans la transition de l'une à l'autre apparaît un intervalle nul qui n'est ni l'une ni l'autre. Pour illustrer ce point, nous avons également fait référence à la lithographie d'Escher, *Exposition d'estampes*, en disant que le cercle blanc au milieu du tableau cache l'intervalle nul qui n'est ni l'observateur ni le participant.

Lorsque la durée du connaître ou de l'être est aussi courte que l'intervalle nul, elle fige. Si les oscillations devaient dépasser cette limite, à la fois le connaître et l'être s'avaleraient l'un l'autre dans un vortex d'anéantissement, le connaître avalant l'être et l'être avalant le connaître, ce qui est impossible car les deux sont de validité égale. Cette immobilisation fait surgir ce que j'ai appelé le *point nul*, qu'on ne peut ni connaître ni dire qu'il est, bien qu'il ne soit ni imaginaire ni rien. Le point nul est une unité, mais à un pôle opposé à l'Unité, car l'Unité est totalement inclusive et le point nul totalement exclusif. Nous avons noté plus haut le pouvoir énorme, illimité de l'Unité, un pouvoir que nous avons tenté de communiquer en disant qu'il était absolu. Le point nul a tout le pouvoir de l'Unité, mais de façon inversée. Comme si une implosion infinie et une explosion infinie se produisaient constamment et simultanément. La vieille question de la physique sur ce qui advient lorsqu'une force irrésistible rencontre un objet inébranlable peut peut-être servir à véhiculer ce que nous tentons de décrire.

Avec l'émergence du point nul, et l'opposition implacable de l'inclusif et de l'exclusif qui est alors générée, surgit une sorte d'énergie ou de créativité totalement nouvelle. Toutefois, le mot créativité suggérant du « connaître » et l'énergie suggérant quelque chose de physique, j'ai opté pour l'expression « unité dynamique » qui est à la fois le connaître en tant que créativité et l'être en tant qu'énergie. On peut considérer l'unité dynamique comme un champ centré sur un point qui est à la fois la source et la destination et peut être représenté par ce symbole ⊙.

Connaître et être n'ont pas de dynamisme propre. Ce n'est qu'en présence de l'impératif catégorique « Que l'Un soit ! » que naît le dynamisme, un dynamisme irrésistible face au barrage implacable dressé par l'espace nul. Par ailleurs, bien que connaître et être soient sans pouvoir, en leur absence le dynamisme de l'Unité serait sans forme. Toutes les formes, depuis le photon jusqu'à l'être humain, depuis le premier mot jusqu'aux civilisations du monde, sont des médias pour exprimer l'Un.

Stephen Hawking dit que si jamais nous atteignons une compréhension véritable de la vie et du monde, elle devrait « être compréhensible dans ses grandes lignes par tout le monde et non par une poignée de scientifiques. Alors, nous tous, philosophes, savants et même gens de la rue, serons capables de prendre part à la discussion sur la question de savoir pourquoi l'univers et nous existons. Si nous trouvons la réponse à cette question, ce sera le triomphe ultime de la raison humaine – à ce moment, nous connaîtrons l'esprit de Dieu [10] ». Ce que nous disons, c'est qu'en écoutant de la musique, et pas seulement de la musique classique, ce n'est pas l'esprit de Dieu que nous connaissons, mais c'est sa voix que nous entendons. Cette idée est d'autant plus attirante que nous savons que le mot hébreu pour la voix de Dieu est *dabhar*, qui signifie « être derrière et pousser vers l'avant » ; *dabhar* « est dynamique, à la fois objectivement et linguistiquement [11] ».

Nous pouvons donc dire avec Zuckerkandl que lorsque nous entendons de la musique, nous entendons la force, l'unité dynamique, *dabhar*, ce qui est derrière et pousse vers l'avant. En tant que telle, cette force ne prend son origine ni dans l'objectif ni dans le subjectif, ni dans l'esprit ni dans le monde physique. C'est pourquoi Zuckerkandl dit que le dynamisme de la musique « œuvre à travers le physique sans le toucher ». Si la musique est la voix de l'unité dynamique, l'étude de cette voix nous en apprendra davantage sur l'unité dynamique elle-même.

La musique comme une force

Pour acquérir un statut dans le monde, dit Zuckerkandl, une chose doit fonder sa revendication sur le fait d'être tangible et visible. « Si je vois quelque chose que je ne peux toucher, si je touche quelque chose que je ne peux voir, si j'entends quelque chose sans en découvrir la source tangible-visible, je sais que je suis victime d'une illusion [12]. » Nous avons inventé des instruments de toutes sortes afin d'étendre la gamme du tangible-visible ; mais même alors, tout ce que ces instruments nous révèlent est toujours en définitive du tangible et du visible. Les perceptions des sens, qui ne sont pas de simples illusions, sont des perceptions de phénomènes dans le monde objectif. Il existe toutefois une catégorie de phénomènes qui ne peuvent être soumis au test du tangible-visible et ne sont pas nécessairement illusoires. Ce sont les phénomènes subjectifs, tels que rêves, pensées, émotions, souffrances, etc. Nous aboutissons ainsi à deux mondes réels bien distincts : l'extérieur et l'intérieur, l'objectif et le subjectif.

Un son réel est bien différent d'un son imaginaire ; une note jouée au violon est, de toute évidence, un phénomène qui appartient au monde extérieur. Elle provient de la vibration de l'air, vibration produite par la corde du violon frottée par l'archet. Le soin pris pour fabriquer, accorder et entretenir un violon témoigne du fait que les sons produits sont des phénomènes du monde extérieur. Si quelque chose change dans la note entendue, c'est que quelque chose a dû changer dans le processus physique, soit dans l'instrument soit dans la façon d'en jouer.

Cela n'est vrai cependant que pour la note elle-même, ou un ensemble de notes jouées au hasard, mais pas pour le son comme *événement musical*. Dans ce dernier, une qualité dynamique émerge dans les sons. Ce qui importe, dans cet événement musical, c'est que rien ne lui correspond dans l'événement physique [13]. « Nous disons que nous entendons, c'est-à-dire que nous percevons dans le monde extérieur, à travers le sens de l'ouïe, quelque chose dans les sons d'une mélodie à quoi rien dans le monde physique ne correspond [14] », dit Zuckerkandl.

Si tel est le cas, si rien dans le monde physique ne correspond au jeu des forces dans les sons d'une mélodie, est-ce parce que ces forces ne se trouvent pas dans les sons eux-mêmes mais dans l'esprit de l'auditeur ? Si la force n'est pas dans le monde objectif et n'est pourtant pas illusoire, serait-ce alors un phénomène subjectif ? Ainsi le croit un auteur qui dit : « L'unité, qui fait la différence entre une simple suite de stimuli sonores détachés et une mélodie, ne vient pas des sons eux-mêmes, elle est attribuée par un acte de l'auditeur [15]. » L'une des façons par laquelle les psychologues ont tenté d'expliquer le phénomène de la mélodie a été de dire que nous sommes conditionnés à attendre certaines séquences en musique et qu'en travaillant avec ces attentes, avec ce qu'on appelle communément « l'association des idées », un compositeur est capable de produire des tensions et des effets musicaux. Cependant, cette théorie, ne tient pas, car d'après Zuckerkandl « une analyse des compositions musicales révèle qu'en général, la probabilité que la note *y* soit suivie de la note *x* est aussi grande que l'inverse » – ce qui enlève toute crédibilité à cette théorie.

Zuckerkandl expose des raisons additionnelles de rejeter les théories associationniste et béhavioriste du sens tonal et dit en conclusion : « Toute théorie qui tente de renvoyer la possibilité de l'expérience artistique au conditionnement, à la répétition, à l'habitude, à l'apprentissage, aux séquences devenues mécaniques, ne peut qu'omettre l'élément de la créativité. Comme toute œuvre d'art est essentiellement création – plus exactement, découverte créatrice –, aucune théorie associationniste ou béhavioriste ne pourra jamais fournir une interpétation adéquate du phénomène artistique [16]. »

La question demeure donc. Nous entendons de la force en musique, mais que voulons-nous dire par le mot « force » ?

La gravité est une force au même titre que l'électromagnétisme. Est-ce ce genre de force dont nous parlons ? La gravité et l'électromagnétisme sont des forces qui tiennent ensemble le monde et contrôlent le système nerveux des humains. Toutefois, même si nous ne percevons pas directement la force elle-même parce qu'elle n'est pas physique, elle n'en demeure pas moins dépendante du monde physique. Et, paradoxalement, le seul moyen pour nous de la connaître, c'est par son influence sur les objets matériels. Mais ce n'est pas ce genre de force à laquelle nous faisons allusion quand nous disons que nous entendons de la force en musique ; nous ne parlons pas non plus d'une force « immatérielle ». « Nous pouvons maintenant écarter comme de la fantaisie ou de la métaphore poétique le fait de parler de forces immatérielles ou supra-matérielles, c'est-à-dire de forces dont l'action ne se manifeste pas dans une trace matérielle continue [17]. » Quelle serait, demande Zuckerkandl, une force qui n'agirait pas sur un corps ou sur un autre ?

Il nous semble être en présence d'un mystère : nous entendons de la force, mais ce que nous entendons ne vient ni du monde extérieur objectif ni du monde intérieur subjectif, ni même de cette sorte de force avec laquelle nous a familiarisés la physique et qui dépend des objets. Rappelons-nous que le mot « force » doit être compris littéralement et non métaphoriquement. La phrase, affirme Zuckerkandl, veut dire exactement ce qu'elle dit. « Nous avons rencontré des forces dont l'action non seulement ne coïncide pas avec ses conséquences matérielles, mais avec laquelle *aucun phénomène matériel ne peut être relié.* Les sons musicaux sont créés par une force, un dynamisme, qui ne laisse aucune trace dans le monde matériel. De plus, cette force n'est pas un phénomène mental, elle n'est pas purement subjective [18]. » Or, c'est précisément le genre de force que nous appelons « l'unité dynamique ». Ce n'est ni physique ni mental, ni être ni connaître.

La présence à la musique par opposition à la présence-en-tant-que bruit

Si l'on assiste à une parade où des soldats marchent accompagnés d'une fanfare, on est présent aux bruits : la cadence martelée des pas, l'acclamation de la foule, l'aboiement des chiens et ainsi de suite. Mais nous entendons aussi beaucoup plus que du bruit. Nous pouvons dire qu'en entendant du bruit, *à travers la sensation*, nous atteignons un objet – les pieds qui marchent, les chiens qui aboient, etc. Nous pouvons, quand il s'agit d'un bruit, nous demander ce qui le produit, de même que pour la couleur ou l'odeur nous pouvons nous demander : Qu'est-ce qui possède cette couleur, cette odeur ? Mais nous ne pouvons pas demander cela du son dans une structure musicale parce que, comme le souligne Zuckerkandl, ce n'est pas la sensation d'une chose. La conclusion qu'il en tire c'est que, du fait que la musique existe, *le tangible et le visible ne peuvent être la totalité du monde donné.* « L'intangible et l'invisible font aussi partie du monde, c'est quelque chose que l'on rencontre, quelque chose à quoi l'on répond [19]. » Or, c'est exactement la même conclusion à laquelle nous sommes arrivé au chapitre 12 en parlant de « moi et toi ».

De façon à faire ressortir le lien entre les propos de Zuckerkandl et ce que nous avons dit au sujet de « moi et toi », soyons plus précis et, au lieu de dire que l'on est « présent au bruit », disons que l'on est « présent *à* la présence *en tant que* bruit », à la présence *en tant que* martèlement des pieds, *en tant qu'*aboiement du chien, *en tant qu'*acclamation. De la même façon, quand on se questionne sur la couleur ou l'odeur, on se questionne sur la présence *en tant que* couleur, *en tant qu'*odeur, etc. En d'autres termes, nous n'atteignons pas un objet à travers la sensation, mais nous atteignons, par la présence-à, la présence-en-tant-qu'objet. Mais il n'en va pas de même avec les sons dans une structure musicale. Bien que nous soyons présents en tant que sons et présents en tant que bruits, *nous ne sommes pas présents en tant que musique.* Nous sommes présents à la musique, directement présents aux sons musicaux. *La force dont parle Zuckerkandl et que nous appelons l'unité dynamique est ce qui fait surgir la « présence-à... » Cette « présence-à... » est pure présence* (signification pure sans objet). Il est vrai qu'en écoutant de la musique, nous entendons des sons successifs – que nous appelons mélodie – ou simultanés – que nous appelons harmonie.

Mais en eux-mêmes, ils ne sont pas de la musique. L'essence de la musique est ce que Zuckerkandl appelle une force. Écouter de la musique requiert une sorte de concentration – tentez seulement de froisser du papier au concert pendant le mouvement lent de la *Neuvième* de Beethoven ! J'ai même déjà vu un chef d'orchestre réprimander un auditoire parce que trop de gens toussaient. Nous n'avons pas besoin d'un esprit concentré pour pouvoir entendre le son de la musique : un esprit concentré, c'est la « présence-à ». La musique, qui est la voix de l'unité dynamique, est également la voix de la « présence-à », de la concentration, de l'attention. Ainsi donc, l'esprit concentré ne va pas vers la musique ; « aller vers » est déjà l'esprit concentré, ce qui signifie que c'est aussi, déjà, de la musique.

L'intention et la « présence-à... »

Jusqu'ici, nous avons dit que la « présence-à... » ne peut se trouver qu'en association avec la « présence-en-tant-que ». Nous parlons maintenant de *pure* « présence-à... ». Qu'entendons-nous par là ? En amont de la « présence-à... » œuvre une force plus fondamentale qu'on appelle intention. La « présence-à... » est l'aspect « connaître » de l'intention.

Nous ne devons cependant pas penser l'intention comme étant simplement un événement « mental ». Cela apparaît évident quand on réalise qu'il n'y a pas que le mental qui est affecté par la présence de la musique. Le corps aussi est affecté comme on peut le constater dans la danse, la marche ou le travail rythmé par la musique. Ces activités, nous les associons aussi à l'*intention*, terme qui alors n'inclut pas seulement la « présence-à », mais aussi le physique. Se tenir debout, marcher, parler, manger, etc., tout cela requiert l'intention qui, comme je le suggère, est l'*idée en action*. L'idée, toutefois, n'est pas quelque chose, que ce soit mental ou physique : c'est un champ. Quand on imprime une direction à ce champ, cela devient l'intention.

Les soufis utilisent le mot *himma*, pour « l'acte de méditer, concevoir, imaginer, projeter, désirer ardemment, c'est-à-dire être présent dans le *thymos*, lequel est force vitale, âme, cœur, intention, pensée, désir [20]. » Avec *himma*, l'unité dynamique est mise en œuvre directement, elle est focalisée en amont de la conscience. Ici, quelqu'un pourrait protester et demander où se trouve l'unité dynamique, focalisée, dans le fait de marcher ou de parler. Mais c'est une question de degré. Je me souviens avoir vu à la télévision la gagnante du marathon de marche rapide aux Olympiques. Elle a été filmée lors du circuit final ; elle était de toute évidence complètement épuisée, elle souffrait le martyre, mais elle ne s'est pas arrêtée. Elle a tout simplement continué. Qu'est-ce qui lui a permis de continuer ainsi ? Quand Milt Erikson relate qu'il a dû réapprendre à marcher après une attaque de polio dans sa jeunesse, il est indéniable que cette expérience a exigé un engagement intense, c'est-à-dire, de l'intention. Quand on regarde un bébé apprendre à marcher, on se rend compte du degré d'intention que cela suppose.

La musique donne une direction au champ. Lorsque nous dansons, marchons ou travaillons au son de la musique, nous expérimentons une certaine liberté. Cette liberté est pure intention, intention libérée par la musique. Ainsi, de même que nous pourrions dire que la musique, c'est entendre l'unité dynamique, nous pourrions dire que c'est entendre l'*intention.* Quand nous bougeons, dansons, marchons, ou même faisons quelque chose d'aussi simple que de tourner une page, il y a de l'intention et l'intention n'est ni physique ni mentale. La musique, en utilisant et transcendant l'ambiguïté, nous libère du poids de cette dernière et confère liberté et spontanéité à l'intention. Tout le monde marche, danse et même travaille avec plus de liberté et de spontanéité quand ces activités sont accompagnées par la musique. Nous pouvons alors comprendre pourquoi les Anciens voyaient dans la musique une inspiration des dieux. Composer, jouer, écouter de la musique et y répondre physiquement, c'est le jeu de la pure unité dynamique, c'est *dabhar*, la voix de Dieu. La question de l'énergie psychique, énergie mentale, libido, élan vital ou quel que soit le nom qu'on lui donne, est une question cruciale, hautement controversée ; nous soutenons que l'unité dynamique joue le rôle que plusieurs de ces énergies ont été appelées à remplir, même si en soi elle n'est pas une énergie spécifique.

Un exemple

Comment aborder cela d'une façon plus concrète ? S'il est vrai que la musique est la voix de Dieu, nous devrions pouvoir le démontrer avec n'importe quelle pièce de musique. Zuckerkandl utilise comme exemple une mélodie tirée de la *Neuvième Symphonie* de Beethoven. Nous utiliserons, quant à nous, une pièce beaucoup plus connue : *Ah ! vous dirais-je maman.* Si vous n'êtes pas familier avec la musique, je vous en prie, ne désespérez-pas. Ce que nous voulons démontrer est extrêmement simple, quoique essentiel à toute notre thèse [21].

do	*do*	*sol*	*sol*	*la*	*la*	*sol*	*fa*	*fa*	*mi*	*mi*	*ré*	*ré*	*do*
Ah !	vous	di	rais –	je	ma	man	ce	qui	cau	se	mon	tour	ment

Si la dernière mesure de cette mélodie devait se terminer par *ré* au lieu de *do*, vous sentiriez que quelque chose ne va pas, que c'est inachevé, qu'il manque quelque chose. Et vous le sentiriez que vous soyez ou non musicien, pourvu que vous ayez un minimum d'oreille musicale. Nous acceptons *ré-ré-do*, mais rejetons *ré-ré-ré.* Pourquoi ? La différence, de toute évidence, concerne la dernière note. Ré sonne faux, do sonne juste. En revanche, si nous devions jouer cette note seule, hors de tout contexte, en nous demandant si elle a une valeur comme note finale, la question n'aurait pas de sens, et pas de réponse non plus. En soi, le son produit par un violon, un oiseau ou le klaxon d'un camion n'est pas un son musical. Quand on écoute un son, on est simplement présent à la présence en tant que son. Toutefois, dans le contexte de cette mélodie, *Ah ! vous dirais-je maman*, la question a un sens. Dans ce contexte, il manque effectivement quelque chose à la note ré en final. Mais ce qui ne va pas ne peut être découvert par un examen de la note en soi, ni par un examen des associations et des expériences que nous en avons eues dans sa relation avec d'autres notes.

Zuckerkandl dit que ce qui définit ici le mieux la qualité du *ré*, c'est « un état d'équilibre perturbé, comme une tension, une tendance, presque une volonté. Le son est actif et semble pointer au-delà de lui-même, cherchant, pourrait-on dire, un relâchement à cette tension et un rétablissement de l'équilibre. De plus, il semble chercher dans une direction précise l'événement qui produira ce changement ; il semble même l'appeler [22]. »

La même question (a-t-elle une valeur comme note finale ?) peut se poser à propos du *do*, et ici encore elle n'aura aucun sens car le *do*, pris en lui-même, n'est qu'un son. Mais à la fin d'une pièce de musique, il possède une signification qu'il n'a pas lorsqu'il est joué seul. Dans le contexte de *Ah ! vous dirais-je maman*, le *do* final est à l'opposé du déséquilibre, de la tension et de l'insatisfaction ; il est dans un état de satisfaction, de relâchement de tension, on pourrait presque dire d'affirmation de soi [23].

Ce qui se produit entre le *ré* et le *do* est une sorte de jeu de forces comparable à celui qui a lieu entre l'aiguille d'un compas et un aimant. Le *ré*, « l'aiguille du compas », tend vers une direction, pointe et se porte vers un but. Le *do*, « l'aimant », impose la direction, tire et attire vers lui. Le premier veut se dépasser, l'autre veut être lui-même [24]. Dans une tonique, cette tension est à son maximum car, comme nous le verrons dans un moment, la tonique est à la fois au centre et à la périphérie, simultanément aimant et compas.

« C'est cette qualité dynamique qui permet aux sons dans un système tonal de devenir des évocateurs de sens », dit Zuckerkandl [25]. Pour mieux comprendre comment procède la qualité dynamique, nous allons utiliser la notation simple de Zuckerkandl, une notation qui ne devrait poser aucun problème, même pour ceux qui disent ne « rien » connaître de la musique.

Un compositeur peut choisir de composer sa pièce dans une certaine tonalité, par exemple dans le ton de *do* majeur, *ré*, fa, etc. Chaque ton ou tonalité a sept degrés (les sept degrés de la gamme dont le premier degré s'appelle la tonique parce qu'il donne son nom au ton dont il est la base. Dans le ton de *do*, la tonique est le *do*.) Pour désigner la séquence des notes dans la gamme, utilisons la notation suivante : $\hat{1}$ $\hat{2}$ $\hat{3}$ $\hat{4}$ $\hat{5}$ $\hat{6}$ $\hat{7}$. Cette notation nous permet de voir que chacune des notes possède une qualité dynamique différente selon le ton dans lequel elle se trouve. Par exemple, les notes entendues à la fin de *Ah ! vous dirais-je maman* ne sont pas seulement des sons de hauteur déterminée, *ré* et *do*, mais deux notes qui ont une place définie dans un système à sept degrés dont la tonique est le *do*. Dans cette tonalité, le *do* est en $\hat{1}$ et le *ré* en $\hat{2}$ tandis que dans le ton de *ré*, par exemple, la note *ré* est en $\hat{1}$ (tonique) et le *do* en $\hat{7}$. Se diriger vers, pointer au-delà d'elle-même, graviter autour du $\hat{1}$ est précisément le fait de la note $\hat{2}$; attirer, donner la direction, pointer vers elle-même est le fait de la note $\hat{1}$.

Cet équilibre perturbé, cette tension, cette « aspiration vers » n'est pas seulement le fait de la note $\hat{2}$. On peut dire la même chose de toutes les notes dans une tonalité donnée : elles cherchent à atteindre, elles tendent vers le centre tonal, le $\hat{1}$. Parce que chacune des notes occupe une place différente dans le système tonal, chacune pointe vers le centre tonal d'une façon qui lui est propre, unique. Ainsi, bien qu'une note soit toujours une, toujours unité dynamique, cette unité dynamique est toujours différente selon la tonalité dans laquelle elle se trouve. On pourrait dire que nous entendons moins une note individuelle que *la multiplicité de l'unité.* La multiplicité de l'unité *est ce que nous appelons la signification*, et c'est à cela que nous sommes sensibles dans la musique.

C'est cette qualité unique de chaque note, venant de sa relation à la tonique comme source et centre tonal, une relation que la note porte en elle-même, qui donne la signification. La relation d'une note avec son centre tonal nous permet d'entendre la toute première note d'une composition comme étant significative, dynamiquement active, même si pour un temps elle est jouée seule. Mais, plus important encore, c'est cette relation de la note avec son centre tonal qui évoque une réponse émotionnelle.

La musique et les émotions

La musique et les émotions sont indubitablement liées. Beaucoup de gens se sont interrogés sur la nature de cette relation, mais aucune explication adéquate n'a pu être donnée jusqu'à présent. Nous savons tous que la musique militaire stimule la fierté, que les chansons d'amour éveillent des sentiments amoureux et érotiques, que la musique funèbre nous rend tristes, que la musique de danse nous revigore, ainsi de suite. L'universalité du phénomène prouve qu'il n'est pas accidentel. Mais personne n'a vraiment été capable de comprendre ce lien entre le sens de la musique et l'éveil des émotions. Ce que nous proposons ici, c'est que le lien se trouve dans la structure profonde de l'ambiguïté qui est commune à la fois aux émotions et à la musique. Les sentiments et les émotions, comme nous nous sommes efforcé de le démontrer tout au long de cet ouvrage, émergent de cette ambiguïté, alors que la musique, comme nous le verrons dans un moment, contient l'ambiguïté. En d'autres termes, les émotions et les sentiments varient selon la façon et l'intensité avec laquelle l'ambiguïté est contenue. Ce qui donne du poids à ce lieu archicommun : « la musique [qui aide à contenir l'ambiguïté] adoucit les mœurs ».

Leonard Bernstein soutient qu'il y a, présent en chacun de nous, une compétence musicale universelle, similaire à la compétence linguistique universelle de Chomsky. Il s'est vu encouragé dans cette direction par une découverte : quatre mêmes notes étaient utilisées par divers compositeurs comme thèmes de base dans leurs compositions musicales. Il remarqua tout d'abord que les quatre premières notes des *Variations* de Copland, qui sont le germe de toute la composition, étaient les mêmes notes utilisées comme sujet ou leitmotiv dans la *Fugue en do dièse mineur* de Bach, dans la variation de l'*Octuor* de Stravinsky, dans la *Rhapsodie espagnole* de Ravel ainsi que dans une certaine musique hindoue dont il se souvenait [26]. « Depuis ce jour, dit-il, la notion d'une grammaire musicale innée n'a cessé de me hanter. »

L'un des exemples les plus frappants de cette grammaire innée se trouve chez les enfants qui, lorsqu'ils se taquinent, utilisent deux notes très particulières. Les mêmes notes sont utilisées pour s'appeler l'un l'autre, dans les jeux chantés et au jeu de poursuite (à chat perché). Il dit : « D'après les recherches, il apparaît que cette contellation précise de deux notes (et sa variante à trois notes) est la même partout dans le monde, partout où les enfants se taquinent, sur chaque continent et dans chaque culture. Bref, nous aurions ici un cas très net d'un universel musico-linguistique [27]. »

Tous ceux qui ont vu le film *Mort à Venise* se souviennent sûrement du thème musical, l'adagietto en *fa* de la *Cinquième Symphonie* de Mahler, une musique obsédante, lancinante, avec une sorte d'aspiration douloureuse, un je ne sais quoi d'irrésolu, de non atteint. Cette qualité d'intense aspiration vient, comme on peut maintenant s'en douter, de l'ambiguïté ; *la même ambiguïté qui est derrière le chantonnement moqueur des enfants.* Éclaircissons ce point. Dans les premières mesures de l'adagietto, comme le remarque Bernstein, il y a un accompagnement de la harpe qui est *syntactiquement* ambigu par rapport au temps, à la mesure, de même qu'au ton. L'adagietto est dans le ton de *fa*, mais ce ton n'est que suggéré par la harpe, parce que dans la triade tonique elle ne joue que le *la* et le *do*, laissant de côté le *centre* même de la triade, la note fondamentale, le *fa*. Cela suscite l'ambiguïté, car ces deux mêmes notes pourraient *également* appartenir à une autre triade, celle du *la* mineur, ce qui fait qu'on ne sait pas très bien dans quel ton l'on se trouve. L'importance de ce fait ressort quand nous nous rappelons ce qui vient d'être dit sur le rôle du centre tonal en tant qu'il donne sa signification au système tonal.

Bernstein continue plus loin avec la remarque suivante : « C'est exactement comme le chantonnement moqueur des enfants [...] Ces deux mêmes notes [...], la tonique fondamentale de ces deux harmoniques n'est pas chantée, mais elle est présente implicitement [28]. » Nous devons nous rappeler que le centre tonal joue le même rôle en musique que le centre dynamique dans la conscience, en fait, ils sont une seule et même chose, ou plutôt, l'un donne voix à l'autre. Si le centre est ambigu, il surgit soit un intense désir de son apparition, soit une souffrance causée par son absence.

On pourrait dire que la structure musicale de l'adagietto a *deux centres*, alors que dans la nature des choses *il ne peut y en avoir qu'un.* Ou, pour employer des termes qui nous sont plus familiers, *la musique a une structure dont* fa *est à la fois le centre et la périphérie (moi-centre/moi-périphérie).* Cela voudrait dire que cette pièce de musique nous amène à la source même de l'expérience. De plus, cette tension, générée par la violation des attentes d'un centre tonal stable, peut donner, selon le contexte, l'un des deux résultats : une intense aspiration aimante et un désir de réunion, comme dans Mahler, ou un désir de rejet irritant, blessant, comme dans la moquerie des enfants. Pour les soufis, Dieu était aspiration intense, cette aspiration qui est une impulsion fondamentale dans l'univers, l'aspiration à s'unir au centre, à réabsorber le centre. L'adagietto de Mahler donne à cette aspiration une forme musicale. Par ailleurs, les notes moqueuses des enfants donnent une forme musicale à l'absence de centre qui engendre la souffrance et l'angoisse menant à la violence et, dans le cas des Aztèques, au besoin perpétuel de sacrifices humains. Les deux mêmes notes pointent vers le même centre ambigu mais absent : le centre qui est aussi à la périphérie.

Ce que nous pouvons dire, par conséquent, est que la musique n'exprime pas les émotions. L'émotion est la réponse à l'ambiguïté, la multiplicité de l'Unité. L'idée de mouvement tonal peut être utilisée afin d'obtenir une meilleure compréhension de ce que cela signifie. Le mouvement tonal, selon Hegel, « fait écho au mouvement du soi le plus intime ». « Par son mouvement, la musique pénètre directement le siège le plus intime de tout mouvement de l'âme. » Ce mouvement de l'âme inclut ce que nous appelons sentiment et émotion. Zuckerkandl dit : « L'unité de la musique et du mouvement est primordiale, ce n'est pas quelque chose d'artificiel, ce n'est ni forcé ni appris [29]. » Qu'est-ce alors que le mouvement tonal ?

Le mouvement tonal

Ce que nous entendons par unité dynamique, répétons-le, c'est l'unité allant vers l'unité. Cela implique deux unités et effectivement, comme nous l'avons dit, l'unité dynamique provient de l'unité inclusive et exclusive. Nous avons, néanmoins, insisté sur l'Unité en tant qu'une. Essayons donc de voir plus clairement ce que nous entendons par « aller vers ». « Aller vers » sous-entend le mouvement et le mouvement implique quelque chose qui bouge, et quelque chose en outre qui perdure, qui demeure le même d'un moment à l'autre ; par conséquent, quelque chose qui ne bouge pas, un arrière-plan ou une sorte d'encadrement. « Le seul mouvement dans l'univers physique est un mouvement relatif à autre chose [30]. » Toutefois, comme nous l'avons souligné : dans un système tonal les sons ne bougent pas, ils sont du mouvement. Ils sont l'unité dynamique. De plus, entendre ces sons, c'est ne rien entendre d'autre que des sons ; à part eux, il n'y a rien d'autre. D'où vient alors le mouvement ?

L'une des façons les plus acceptables d'expliquer le phénomène étrange qu'est la musique comme mouvement, c'est de dire que les sons bougent dans l'espace tonal et que cet espace est défini par toute l'étendue des hauteurs disponibles.

Par conséquent, chaque son a une hauteur particulière qui lui donne sa place particulière dans l'espace tonal. Le mouvement serait donc la montée et la descente des sons dans l'espace tonal. Il serait en quelque sorte comparable à une enseigne lumineuse où une flèche de néon apparaît et disparaît, une illusion créée par le fait que des lumières s'allument et s'éteignent en séquence.

do
si
la
sol
fa
mi
ré
do

Bien qu'elle ait quelque mérite, cette explication ne rend pas entièrement compte de la qualité dynamique de la musique, de la sensation de mouvement, d'avance et de recul, d'être tenu en suspens, du sentiment de soulagement ou de l'incapacité de l'obtenir, ainsi que de tout ce qui accompagne le fait d'écouter de la musique.

La hauteur n'est pas la *cause du mouvement* dans la musique, mais une propriété du son musical. Zuckerkandl rejette la théorie de l'espace tonal pour expliquer le mouvement et prépare la voie à une autre interprétation en disant que l'atome de la musique *n'est pas le son mais l'intervalle entre deux sons* [31], ajoutant que c'est une différence de qualité dynamique qui génère l'intervalle comme phénomène musical [32]. Cette dernière affirmation est très importante et si nous arrivons à la comprendre, nous pourrons sans difficulté saisir que « l'atome de la musique n'est pas le son mais l'intervalle entre deux sons ».

Quand nous écoutons la gamme de *do*, le dernier *do* n'est pas seulement la dernière note de la série. Ce qui est plus significatif, c'est que cette *note est le but.* Acoustiquement, elle se situe un octave plus haut que la note de départ, mais dynamiquement, *cette note qui est le but est aussi la note de départ* car, comme nous le savons, *do* = *do* ou, pour employer la notation de Zuckerkandl, 1 = 8. Ce qui veut dire que nous arrivons là d'où nous étions partis !

do	*ré*	*mi*	*fa*	*sol*	*la*	*si*	*do*
$\hat{1}$	$\hat{2}$	$\hat{3}$	$\hat{4}$	$\hat{5}$	$\hat{6}$	$\hat{7}$	$\hat{8}$

« Le schéma doit être un départ de… une avancée vers… une arrivée au point de départ comme but [33]. » Cela signifie en effet qu'au début le mouvement va dans une direction et qu'à la fin il semble aller en direction opposée. Le point où la direction est inversée est le $\hat{5}$. Rappelons-nous que dans un système tonal tous les sons s'efforcent d'aller vers le 1 en tant que centre. Ce que nous disons maintenant, c'est que tout mouvement de $\hat{1}$ à $\hat{5}$ est mouvement contre les forces en opération ; en d'autres termes, le mouvement s'éloigne de $\hat{1}$ quand il se dirige vers le $\hat{5}$. Lorsqu'il atteint le $\hat{5}$, le mouvement est maintenant du côté des forces qui vont vers le $\hat{8}$. Cela veut dire que $\hat{5}$ pointe dans les deux sens et qu'il est donc complémentaire de $\hat{1}$. Nous avons dit que $\hat{1}$ est à la fois la source et le but, ce qui, dans notre terminologie, est moi-centre/moi-périphérie. Nous pourrions le visualiser ainsi : $\rightarrow \hat{1} \leftarrow$. $\hat{5}$ pourrait également être visualisé de cette façon, mais comme une image inversée : $\leftarrow \hat{5} \rightarrow$. La musique, dans sa structure fondamentale, coïncide avec la structure même de la vie, qui est celle de l'ambiguïté fondamentale.

Le diagramme suivant pourrait faciliter la compréhension de ce que nous venons de dire.

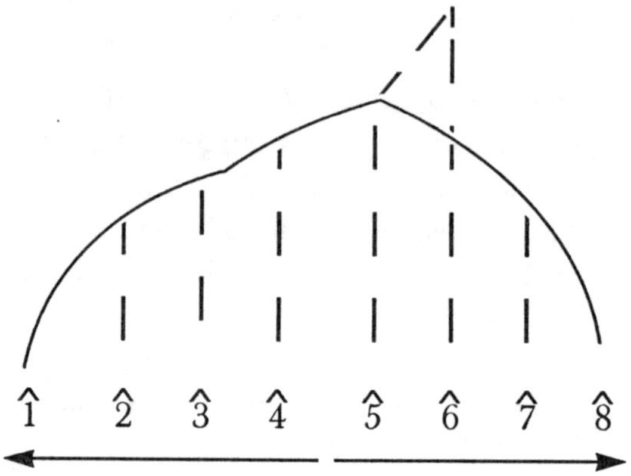

Cela représente l'organisation du champ dynamique tel qu'il se révèle dans la succession ascendante des huit degrés de la gamme.

Au début de la gamme, les notes $\hat{2}$ et $\hat{3}$ s'éloignent de $\hat{1}$, c'est-à-dire contre la force d'attraction du $\hat{1}$. Après un point donné de la gamme, bien que la hauteur des sons continue de monter, en d'autres termes *sans changer de direction tonale*, les sons se dirigent vers $\hat{1}$. Le centre tonal vers lequel nous allons dans le segment descendant de la courbe est exactement le même que nous avons quitté dans le segment ascendant. Ce qui revient à dire que nous allons vers la tonique en nous en éloignant [34]. Partir, c'est revenir ; le départ est le but. « En mon commencement est ma fin », dit T. S. Eliot dans *Quatre quatuors.*

Dans un ton donné, disons le ton de *do*, *do* (qu'on appelle la tonique) est le centre dynamique, la source et la destination de tous les sons. *Do* $\hat{1}$ et *do* $\hat{8}$ (l'octave) ne sont pas les mêmes ; il y a deux do, dont l'un est le départ, l'autre l'arrivée. Pour aller de *do* $\hat{1}$ à *do* $\hat{8}$, nous devons gravir sept degrés de hauteur différente. Et pourtant, *do* $\hat{1}$ et *do* $\hat{8}$ sont tous deux et simultanément *do* : *il n'y a pas de différence. Do* $\hat{1}$ *et do* $\hat{8}$ *sont tous deux le centre dynamique.*

Cependant, et c'est le cœur de la question, il ne peut y avoir qu'un seul centre dynamique dans un système tonal dynamique. Zuckerkandl définit un système dynamique comme celui où « le tout est présent et opérationnel dans chaque lieu individuel, où chaque lieu individuel connaît, pour ainsi dire, sa position à l'intérieur du tout, sa relation par rapport au centre [35]. » *Do* est donc à la fois centre et périphérie, ce qui, comme nous l'avons maintes fois répété, est impossible dans un système dynamique. D'un côté, cette impossibilité est dynamisme, aspiration, promesse de résolution, et de l'autre, discorde, souffrance insuppportable.

La vie elle-même est soutenue par un mouvement identique. Nous disons par exemple : « Enfin, j'arrive quelque part », ou « ma vie ne mène nulle part ». Nous avons l'impression d'être emportés par un courant, que la vie est un voyage, que nous sommes des voyageurs, que la vie a un but, une finalité ; cela fait partie de notre mythe fondamental. Si nous arrivons à comprendre ce que dit Zuckerkandl à propos du fait d'entendre le mouvement dynamique, nous nous rendrons compte que la musique, c'est entendre la vie qui va quelque part. Nous allons vers le point nul ; c'est la terre promise. La musique l'atteint d'une certaine façon. L'immense satisfaction que nous procure une pièce de musique composée par un des grands vient de ce que nous avons passés avec eux à travers différentes sortes d'épreuves musicales pour finalement aboutir au but. Nous disions que la musique atteint la terre promise « d'une certaine façon ». En réalité, elle ne l'atteint jamais. On peut le constater dans le fait que le compositeur continue d'écrire de nouvelles œuvres et que les mélomanes ne cessent de vouloir entendre de nouvelles compositions.

La musique et la monade

Cet essai ne se veut pas une étude sur la musique, mais plutôt une façon de rendre accessibles des vérités plus profondes. En pensant au système tonal, nous devons considérer en même temps la monade. Le système tonal est une monade. Robert Fludd, un philosophe du XVIe siècle, était réputé pour son usage de la notion pythagoricienne du monocorde qu'il utilisa comme symbole du cosmos, le macrocosme aussi bien que le microcosme. De même que dans un ton donné les sons dérivent d'un son générateur, de même tous les éléments de la monade dérivent de l'Un. Le macrocosme aussi bien que le microcosme émanent du son Unique.

L'unité dynamique change au fur et à mesure qu'elle progresse dans l'échelle des degrés de $\hat{1}$ à $\hat{7}$; toutefois, elle ne change jamais, parce qu'elle est Une, elle est toujours Une. Il est intéressant de noter que cela est vrai également du nombre. « Chaque nombre entier est détaché des autres, il possède pour ainsi dire sa propre individualité ; chacun forme une sorte d'exception [36] », disait Poincaré. Marie-Louise von Franz commente ainsi ces propos : « Cet aspect individuel du nombre semble contenir un facteur mystérieux qui lui permet d'organiser conjointement matière et psychisme [37]. » Ce facteur mystérieux est l'Unité. Chaque nombre est Un, chaque nombre est la monade. En revanche, chaque nombre fait également partie d'un continuum ininterrompu. Comme le dit Von Franz : « Chaque forme ou structure numérique individuelle représente qualitativement un tout indivisible. Ce continuum ne doit pas être conçu seulement comme un tout indivisible, mais comme un continuum dans lequel chaque nombre individuel représente le continuum dans son entier [38]. » Zuckerkandl dit quelque chose de très semblable à propos des notes dans le système tonal :

« Bien qu'une note soit toujours une, toujours unité dynamique, elle est toujours différente selon la tonalité dans laquelle elle se trouve. Ainsi pourrions-nous dire que ce ne sont pas des notes individuelles que nous entendons, mais la multiplicité de l'unité [39] ». Von Franz dit également : « Tous les nombres sont simplement des manifestations qualitativement différentes du nombre premier (la monade), l'*unus mundus* [40]. » Tous les nombres sont des manifestations qualitativement différentes de l'unité dynamique. Notons la coïncidence de nos propos avec ce que dit Ibn 'Arabî. L'univers est le tout et aucun être individualisé ne peut être ce tout. Et pourtant, comme le dit Corbin commentant la pensée d'Ibn 'Arabî : « Ainsi se dessine un schéma fixant une sorte de *kathénothéisme* vérifié dans le contexte d'une expérience mystique ; il ne s'agit pas d'une fragmentation de l'Être divin, mais de sa présence totale *chaque* fois qu'il est individualisé dans *chaque* théophanie de ses Noms, et c'est *chaque fois* revêtu de l'un de ces Noms qu'il apparaît comme Seigneur [41]. » Rappelons-nous la définition que Zuckerkandl donne du système dynamique : « Le tout est présent et opérationnel dans chaque lieu individuel, et chaque lieu individuel connaît, pour ainsi dire, sa position à l'intérieur du tout, sa relation par rapport au centre. »

Tout cela nous ramène à *La Monadologie* de Leibnitz : « Les relations au sein de chaque monade expriment toutes les autres, ce qui fait de chaque monade un perpétuel miroir vivant de l'univers. Et tout comme une même cité, vue sous différents angles, apparaît très différente, comme si elle était multipliée par la perspective, de même le nombre infini de monades fait apparaître autant d'univers différents, qui ne sont cependant que des perspectives différentes d'un seul univers vu à partir du point de vue différent de chaque monade [42]. » Le point de vue, rappelons-le, est ce que nous avons désigné comme « moi ».

Citons, en conclusion, ce passage de l'*Avatamsaka sûtra*, un classique du bouddhisme, qui reprend dans une métaphore remarquable ce qui vient d'être dit : « D'innombrables ornements formés de petites billes de cristal entrelacées en motifs variés dessinent un immense réseau complexe. Grâce à la réflexion de la lumière, toutes ces petites billes et chacune d'entre elles reflètent non seulement le cosmos entier, y compris les continents et les océans du monde humain, mais en même temps elles se réfètent les unes les autres et elles reflètent toutes les images réfléchies dans chacune d'elles sans omission. »

Nous voilà revenus à notre point de départ. Tout est Un. De la luminescence miroitante de cet Un jaillissent la matière, la vie et la conscience.

1. Consulter Albert LOW, *Le Rêve du papillon.*

2. Victor ZUCKERKANDL, *Sound and Symbol. Music and the External World*, Bolling Series, Princeton University Press, 1969.

3. Leonard BERSTEIN, *Six Talks at Harvard*, Harvard University Press, Cambridge, 1976.

4. David McCALLESTER, *Coyote's Song*, Parabola, vol. 5 n° 2, p. 49.

5. Alfred KORZYBSKI, *Science and Sanity*, The International Non-Aristotelian Library Publishing Company, Lancaster Penn., 1933, p. 20.

6. ZUCKERKANDL, *op. cit.*, p. 69.

7. *Ibid.*, p. 60.

8. *Ibid.*, p. 137.

9. *Ibid.*, p. 63.

10. Stephen HAWKING, *Une brève histoire du temps*, trad. franç. de Isabelle Naddeo-Souriau, Flammarion, Paris, 1989, p. 213.

11. Borman THORLIEF, *Hebrew Thought Compared with Greek*, The Norton Library, New York, p. 65.

12. ZUCKERKANDL, *op. cit.*, p. 55.

13. *Ibid.*, p. 22.

14. *Ibid.*, p. 42.

15. *Ibid.*, p. 44. Zuckerkandl cite William VAN DYKE BINGHAM, *Studies in Melody* (Monographic Supplement n° 50 of the *Psychological Review*), Baltimore, 1910.

16. *Ibid.*, p. 45 et 52.

17. *Ibid.*, p. 55.

18. *Ibid.*, p. 56.
19. *Ibid.*, p. 71.
20. Henri CORBIN, *L'Imagination créatrice dans le soufisme d'Ibn 'Arabi*, Aubier, Paris, 1993, p. 171.
21. *Grosso modo*, nous paraphrasons Zuckerkandl. Voir *Sound and Symbol*.
22. *Ibid.*, p. 19.
23. *Ibid.*, p. 20.
24. *Ibid.*, p. 20.
25. *Ibid.*, p. 21.
26. BERNSTEIN, *op. cit.*, p. 7.
27. *Ibid.*, p. 16.
28. *Ibid.*, p. 197.
29. ZUCKERKANDL, *Sound and Symbol*, p. 78-79.
30. Gary ZUKAV, *Dancing Wu Li Masters*, William Morrow and Co, New York, 1979, p. 180.
31. ZUCKERKANDL, *op. cit.*, p. 90.
32. *Ibid.*, p. 24.
33. *Ibid.*, p. 97.
34. *Ibid.*, p. 36.
35. *Ibid.*, p. 102.
36. Marie-Louise VON FRANZ, *Number and Time*, Northwestern University Press, Evanston, 1974, p. 60.
37. *Ibid.*, p. 61.
38. *Ibid.*, p. 59.
39. ZUCKERKANDL, *op. cit.*
40. VON FRANZ, *op. cit.*, p. 66.
41. CORBIN, *op. cit.*, p. 99.
42. LEIBNITZ, *Philosophical Writings*, p. 13.

Appendices

1

LA RÉALITÉ QUANTIQUE *

Voici huit positions différentes sur la nature de la réalité quantique, chacune d'elles étant défendue par d'éminents physiciens.

1. L'interprétation de Copenhague selon laquelle il n'y a pas de réalité en soi. « Ceci, loin d'être une position excentrique ou minoritaire [...] est la doctrine officielle de la physique actuelle. »

2. La réalité est créée par l'observation. Bien que les nombreux physiciens de l'école de Copenhague ne croient pas en une réalité en soi, ils soutiennent l'existence d'une réalité phénoménale. Ce que nous voyons, disent-ils, est indéniablement réel, mais en l'absence de toute observation, ces phénomènes ne sont pas réellement là : « Aucun phénomène élémentaire n'est un phénomène réel à moins d'être observé », dit l'un d'eux.

3. La réalité est un tout indivisible. Ce point de vue est soutenu par l'éminent physicien David Bohm : « Nous sommes conduits à la nouvelle notion d'une totalité indivisible qui nie la conception classique permettant d'analyser le monde en parties séparées existant indépendamment.

---

* Extrait du livre de Nick HERBERT, *Quantum Reality : Beyond the New Physics* (une incursion dans la métaphysique et la signification de la réalité), publié chez Doubleday Anchor, New York, 1987.

L'interconnexion quantique non séparable de tout l'univers est la réalité fondamentale ».

4. Les univers multiples. La réalité consiste en un nombre croissant d'univers parallèles.

5. Le monde obéit à un mode de raisonnement qui n'est pas humain. Certains logiciens affirment que la révolution quantique va si loin qu'il ne suffit plus de remplacer d'anciens concepts par des nouveaux. Afin d'aborder les faits quantiques, il nous faut abandonner notre mode même de raisonnement en faveur d'une nouvelle logique quantique. « Einstein a rejeté les concepts classiques du temps et Bohm les concepts classique de vérité... Notre prochaine étape est de penser correctement, d'apprendre à penser quantum-logiquement ».

6. Le néo-réalisme. Le monde est tel que nous le voyons et constitué d'objets ordinaires. Ces objets ordinaires sont pourvus d'atttributs qui leur sont propres, qu'ils soient ou non observés. Cependant, cette position plutôt commune et banale selon laquelle les objets ordinaires sont eux-mêmes faits d'objets est considérée comme la plus grande hérésie par la physique actuelle.

7. La conscience crée la réalité. Parmi les tenants d'une réalité créée par l'observation, quelques-uns soutiennent que seul un appareil doté de conscience (vous et moi) a le privilège de créer la réalité. Le seul observateur qui compte est l'observateur conscient. « Il est impossible de formuler les lois de la mécanique quantique d'une manière pleinement cohérente sans faire référence à la conscience... Il est un fait marquant que, quelle que soit l'orientation que prendra le développement des futurs concepts, l'étude même du monde extérieur nous conduira à la conclusion que le contenu de la conscience est l'ultime réalité. »

8. Selon Werner Heisenberg, le monde est double et consiste en potentialités et actualisations. Si les phénomènes

seuls sont réels et que le monde sous-jacent aux phénomènes ne l'est pas, si l'observation crée la réalité, à partir de quoi la crée-t-elle ? Les phénomènes sont-ils créés à partir de rien, ou à partir de quelque chose de plus substantiel ? L'univers quantique n'est pas un univers d'événements concrets comme le nôtre, mais un univers rempli de nombreuses tendances non réalisées vers l'action. Ces tendances sont continuellement en mouvement, croissant, se fusionnant et mourant selon les lois exactes du mouvement découvertes par Schrodinger et ses collègues. Mais en dépit de toute cette activité, rien jamais ne s'y produit vraiment.

2

SUR L'IDÉE D'UN UNIVERS EN OSCILLATION

Commentant un énoncé du philosophe Santaraksita, le bouddhologue Stcherbatsky écrit : « La chose momentanée représente sa propre annihilation [...]. Il y a, sans début ni fin, un constant changement infiniment gradué [...]. Il n'y a [...], à chaque moment qui vient, aucune trace de ce qui a existé l'instant précédent. Les moments sont forcément discontinus ; chaque instant, c'est-à-dire chaque chose momentanée, est annihilé aussitôt qu'il apparaît, car il ne survit pas au moment suivant. » Et plus loin, pousuivant son commentaire sur cette oscillation fondamentale : « Cette sorte d'annihilation transcendantale n'est pas produite par des causes concomitantes. L'existence même étant constante annihilation, elle continuera d'exister, donc d'être annihilée et de changer, sans qu'aucune cause ne soit jamais nécessaire à cette annihilation [1]. »

Un point de vue similaire se retrouve dans la cosmologie soufie. Voici ce qu'en dit Henri Corbin : « Nous croyons que l'existence, la nôtre par exemple, est continue dans le passé et l'avenir, et cependant à chaque instant le monde revêt une "création nouvelle", revêtement qui jette aussi bien un voile sur notre conscience, puisque nous ne nous apercevons pas de ce renouvellement incessant. À chaque souffle du "Soupir de Compatissance divine", l'être cesse, puis il est ; nous cessons d'être, puis nous venons à être. En réalité il n'y a pas d' “ensuite”, car il n’y a pas d’intervalle. L’instant de la disparition est l’instant même de l’existentiation… C’est que l’“effusion de l’être”, qui est le “Soupir de Compatissance”, se propage dans les êtres comme l’eau qui coule dans un fleuve, se renouvelant sans cesse. Une même heccéité éternelle est revêtue d’une détermination existentielle ; elle en est dépouillée, revêtue d’une autre, voire dans un autre lieu, tout en demeurant ce qu’elle est dans le monde du Mystère. Et tout cela advient dans l’instant, un temps indivisible *in concreto* (même s’il est divisible dans la pensée), cet atome de temporalité que l’on désigne comme le “présent” sans que les sens perçoivent aucun intervalle [2]. »

David Peat, physicien et auteur de plusieurs livres sur la physique théorique, écrit quant à lui : « Le monde est dans un état de constante transformation. Au sein de cette transformation, l’univers touche ce qui pourrait s’appeler un fond de créativité inconditionnée […] l’univers est engagé, à chaque moment, dans un cycle incessant de naissance et mort. » Et plus loin : « Confronté au mystère d’un univers dans un continuel processus de création et de mort, il est naturel de se demander ce qu’il advient lors de ce moment magique où l’univers cesse d’exister. Un tel instant existe totalement en-dehors du temps ; l’univers se dissout et vient en contact avec ce que, faute d’une meilleure description, nous appellerons sa source créatrice [3]. »

Dans son livre *Buddhist Logic*, Stcherbatsky ajoute : « L’Inde nous a légué deux théories très différentes du flux universel. Le mouvement représentant ce processus universel est soit continu soit discontinu, bien que très condensé. Ce dernier consiste en une infinité de moments discontinus qui se suivent presque sans intervalle. Dans le cas du mouvement continu, les phénomènes ne sont rien d’autres que des ondes ou des fluctuations se détachant sur l’arrière-plan d’une matière indifférenciée, éternelle et toute pénétrante avec laquelle ils sont identiques. L'Univers représente un mouvement *legato.* Dans l'autre cas, il n'y a pas de matière du tout ; des éclairs d'énergie se succèdent les uns les autres et produisent l'illusion de phénomènes stables. L'univers est un mouvement *staccato.* La première théorie est proposée par la philosophie Samkhya, la seconde par le bouddhisme. Nous avons ici un exemple, pas tout à fait étranger à l'historien de la philosophie, de deux systèmes philosophiques contraires découlant apparemment d'un même premier principe [4]. » Nous avons aussi une anticipation de l'ambiguïté ondes/particules présente dans la physique moderne.

1. Th. STCHERBATSKY, *Buddhist Logic*, vol. 1, Dover Publications, New York, 1962, p. 95.
2. Henri CORBIN, *L'Imagination créatrice dans le soufisme d'Ibn 'Arabi*, Aubier, Paris, 1993, p. 155.
3. David PEAT, *The Philosopher's Stone*, Bantam Books, New York, p. 134-138.
4. Th. STCHERBATSKY, *op. cit.*, p. 83.

3

L'AMBIGUÏTÉ DE LA « SUBJECTIVITÉ »

Le mot « subjectif » est ambigu et nous devrions faire une nette distinction entre deux emplois différents du mot. En premier lieu, il signifie le sujet en ce qu'il s'oppose à l'objet au sein de la polarité sujet/objet. En second lieu, il signifie « moi » dans l'expression moi-centre/moi-périphérie, elle-même étant l'expression concrète de « Un/connaître/être ». Dans ce dernier cas, ce que nous entendons habituellement par subjectivité et objectivité est transcendé et « l'esprit Un » demeure.

L'expression Un/connaître/être contient une autre ambiguïté dont nous pouvons faire usage afin d'éviter le dualisme sujet-objet et de faire ressortir l'ambiguïté de l'expérience de « moi », ce qui autrement est extrêmement difficile à faire. Cette ambiguïté de « moi », comme nous l'a montré notre étude sur moi-centre/moi-périphérie, n'est pas seulement une ambiguïté sémantique, mais provient de la nature même de la subjectivité, de la nature même de « moi ». De façon à ne pas trop obscurcir notre présentation, déjà suffisamment difficile, nous nous concentrerons sur l'ambiguïté inhérente à Un/connaître, laissant de côté la dimension « être ».

« Un/connaître » a quatre interprétations possibles : les deux premières viennent de l'ambiguïté du mot « connaître », les deux autres de l'ambiguïté du mot « Un ».

Dans l'expression « Un/connaître », connaître est à la fois un verbe et un nom. Employé comme verbe, il signifie l'un qui *connaît*, qui est dans le processus de connaître ; employé comme nom, *un* connaître (une connaissance), il signifie un connaître qui est Un, unité ou *Gestalt*. L'accent ici est mis sur l'Un. Le mot « un » est ambigu car il est employé à la fois comme sujet et comme objet. Il est sujet car c'est toujours quelqu'*un* qui connaît, même si ce quelqu'un est le chat, le chien ou la puce dans le poil du chat. Mais un est aussi un objet car, comme nous venons de le dire, tout ce que l'on connaît est Un ; tout est connu dans une saisie, une compréhension *, un connaître. Les psychologues gestaltistes ont déjà souligné le fait que nous ne connaissons pas une collection de choses séparées, sauf dans des circonstances exceptionnelles, et même alors nous les connaissons comme se détachant sur l'arrière-plan d'une *Gestaltl* ou d'une totalité de choses. Nous connaissons toujours un tout ou Un. Dans ce cas, l'Un qui est connu est objet.

Revenons pour un instant à « Un/connaître » où Un est employé comme sujet. Nous venons de dire qu'il y a toujours « quelqu'un qui connaît » ; cela facilitait notre exposé à ce moment-là. Néanmoins, il y a une dualité naissante dans l'expression « quelqu'un qui connaît », dualité qui n'existe pas dans « Un/connaître ».

Toutes les situations, du moins comme nous les connaissons en Occident, sont divisées en sujet et objet. « Je vois le chat », « le chien a mordu l'homme », « la vache broute de l'herbe », etc. « Je », « chien » et « vache » sont le sujet ; « chat », « homme » et « herbe », l'objet. Cependant, bien qu'une situation puisse, à l'aide du langage, être divisée en sujet et objet, elle n'en demeure pas moins Un connaître – une situation. L'expression « quelqu'un qui connaît » obscur-

* Compréhension : com = ensemble, préhension = tenir.

cit cette situation une. Elle contient toute une métaphysique que nous tentons de contourner, une métaphysique fondée sur l'hypothèse d'un sujet connaissant et d'un objet connu. Un connaître, bien qu'il signifie approximativement la même chose, n'entretient pas cette dualité. Son ambiguïté même nous permet de parler sans tomber dans le piège de la dualité. « Connaître », par conséquent, n'est pas l'attribut d'une « personne », d'une âme ou d'une entité d'aucune sorte, mais peut être concentré par un point de vue. Chaque être sensible est Un connaître, un point de *vue*, sans pour autant qu'il y ait une entité qui « a » ce point de vue. En outre, ce *point* de vue est un monde, sans qu'il existe aucune *chose* ou *objet* qui soit ce monde. Le point de vue comme foyer et le *point* de vue comme ce sur quoi l'attention se focalise est Un, Un connaître.

L'emploi du mot « point de vue », tout comme l'expression « Un connaître », fait ressortir cette ambiguïté, ambiguïté que nous avons tenté d'indiquer en utilisant les italiques. Le point de *vue* signifie un point ou centre de « vision » (un connaître). Le *point* de vue se réfère au point, ou centre, où le connaître se produit. En tant que centre ou point, le point de vue est un, entier, mais parce que ce centre est à la fois « sujet » et « objet », le processus et le résultat de ce processus, cela signifie que l'Un n'est pas dépourvu d'ambiguïté.

4

LA DYNAMIQUE DE L'ESPACE

On peut se demander comment un dynamisme tel que celui pouvant être utilisé pour guérir, provoquer l'extase religieuse, investir le chef de pouvoir ou amener le pouvoir des dieux sur terre peut être généré par un espace.

Dans la *Gazette de Montréal* du dimanche 7 mai 1989, on pouvait lire en manchettes : « Quand le sport devient fou ». Le texte disait : « Lorsqu'il s'agit du football, les Britanniques ne sont pas loin de déclencher une guerre totale ». L'article rapportait plusieurs histoires horribles, entre autres celle des partisans d'une équipe de football britannique ayant attaqué les partisans d'une équipe italienne rivale : résultat, 39 personnes piétinées à mort et 450 blessés. Par la suite, quatorze de ces partisans britanniques furent condamnés à trois ans de prison. Et ce n'était qu'un des nombreux incidents de ce genre.

Pour avoir une idée des forces en présence, essayons de regarder une partie de football avec une complète objectivité. Si un visiteur venant d'une autre planète regardait une partie de football, il verrait de temps à autre la moitié de la foule sauter en l'air, agiter les bras, lancer des casquettes, des programmes et toutes sortes d'objets, il verrait des sourires éclatants, des gens se donnant de grandes tapes dans le dos, secouant la tête et tapant du pied dans une sorte de danse extatique. Dans l'autre moitié de la foule il verrait au contraire des têtes baissées regardant le sol, des gens qui jurent, lancent leurs casquettes, leurs programmes et toutes sortes d'objets par terre, et qui regardent autour d'un œil furieux, guettant celui qui dirait un mot de trop. La cause de tout ce branle-bas, c'est qu'un but vient d'être marqué. Qu'est-ce que cela signifie si l'on utilise le vocabulaire avec lequel nous sommes maintenant familiers ?

Supposons qu'une finale de football importante doive avoir lieu et que, pour une raison quelconque, vous deviez visiter le stade la veille de ce grand jour. Ce que vous verriez, en regardant le terrain, serait une grande étendue verte, calme, marquée de la façon suivante, mais sans les deux cercles, bien entendu.

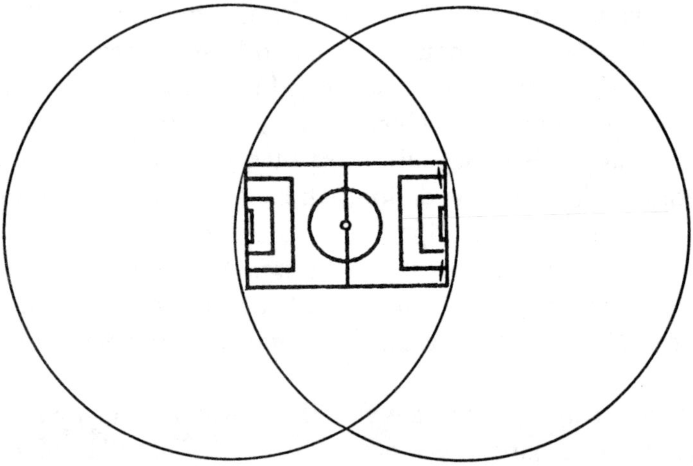

Si quelqu'un vous demandait où se trouve le centre du terrain, vous n'auriez aucune difficulté à le lui montrer. En outre, il n'y aurait aucune tension dans l'air, sauf peut-être la légère tension de l'expectative.

Le lendemain, c'est le jour J ; la foule arrive et une formidable tension commence à s'accumuler qui, parce qu'elle n'a pas de foyer, deviendrait insupportable si elle était laissée à elle-même. À ce moment-là d'ailleurs, on joue souvent de la musique pour soulager la tension. Quand les joueurs arrivent au trot sur le terrain, un rugissement de détente éclate ; après les formalités d'usage visant à déterminer à quelle extrémité du terrain jouera chaque équipe, une dynamique complètement nouvelle s'empare du terrain de jeu. Où se trouve le centre maintenant ? Au moment du coup d'envoi, le centre est sans doute le même qu'auparavant. Mais dès que le ballon quitte le centre géométrique, la situation change. Le centre géométrique perd sa place et *trois* nouveaux centres apparaissent, chacun étant LE centre. Si vous êtes partisan d'une équipe, ces trois centres auront une dynamique particulière. Il y a « notre » but et « leur » but. Notre but est le centre, leur but est à la périphérie du nôtre. La personne près de vous est peut être en faveur de l'autre équipe. Elle dira également « notre » but est le centre et « leur » but est à la périphérie. Ce qui n'a géographiquement aucun sens, car à la mi-temps les équipes changent de place sur le terrain.

Toutefois, l'attention de chacun est rivée sur le ballon, qui est le centre *dynamique.* La nature de ce dynamisme change constamment selon la position du ballon sur le terrain, tout comme la nature du dynamisme d'une note change selon sa position dans le système tonal. Si le ballon sort des limites du terrain, il perd complètement son dynamisme et devient simplement un objet quelconque. Le terrain de jeu est un champ de forces généré par les buts à chaque extrémité, chacun étant à la fois au centre et à la périphérie de l'autre. Ce champ de forces est à son sommet au point où se trouve le ballon ; c'est ce qui donne au ballon son dynamisme.

Voyons maintenant la configuration suivante. La finale de la Coupe du monde est en train de se jouer entre l'équipe des blancs et celle des noirs et il ne reste que cinq minutes de jeu. Le score est de 1 à 1.

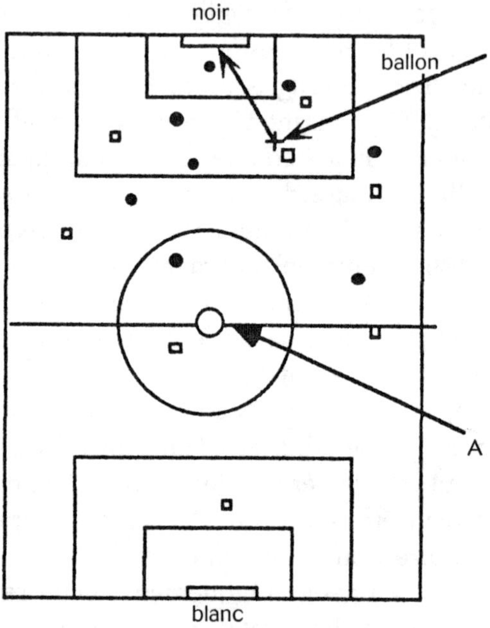

Le ballon est au point x avec les blancs à l'offensive. À cet instant, si vous preniez le pouls et la tension artérielle des partisans des deux équipes, vous constateriez chez la plupart d'entre eux une accélération du pouls et une tension élevée. Beaucoup lanceront des jurons ou des cris d'encouragement afin de donner voix à leur tension. D'autres retiendront leur souffle, totalement concentrés. Est-ce que toute cette tension se produit parce qu'une boule de cuir se trouve à un endroit particulier sur un terrain ? Bien sûr que non. Ce qui se déroule ici, c'est le drame fondamental de l'existence, le drame de l'être et du non-être *.

* À Chichen Itza, au Mexique, dans un temple maya, il y a une sorte de cour très semblable à un terrain de basket-ball et l'on y jouait un jeu très semblable à ce dernier. Les membres de l'équipe perdante étaient mis à mort.

Et quand les blancs marquent le but, tout le monde devient fou.

Que veut dire « les blancs marquent un but » ? À ce moment, le but des noirs est vaincu en tant que centre et devient complètement périphérique au but des blancs. De plus, le dynamisme quitte le ballon et se localise dans le but des blancs. C'est le même genre de situation que nous avons décrite plus tôt en parlant de deux chats qui se fixent jusqu'à ce que l'un d'eux cède et s'enfuie. Ce qui signifie que les partisans des noirs perdent également leur centralité et deviennent centrés sur les blancs dans une condition d'humiliation. Par conséquent, toute leur force est dirigée vers le bas, vers la terre (*humus*, d'où vient le mot humiliation, veut dire terre). Cette action s'éloigne du centre, elle se dirige vers la périphérie. Ils regardent en bas, jettent des choses par terre, trépignent des pieds et courbent l'échine. Les chats eux s'enfuient. Les partisans des blancs se redressent, sautent en l'air vers le ciel comme centre, toute leur force tend vers le pinacle, source de tout pouvoir, centre situé en haut.

REMERCIEMENTS

Je remercie particulièrement Monique Dumont pour sa patience à lire et relire les différentes versions du manuscrit et pour ses précieuses suggestions, et également ma femme Jean pour son travail de correction.

Merci encore aux personnes suivantes qui ont lu le manuscrit et ont contribué à son amélioration : William Byers, John Kececioglu, Anita Low, Tony Stern, Sarah Webb.

Table

Deuxième partie

Troisième partie

Quatrième partie

Créer la conscience

Appendices

LES ÉDITIONS DU RELIÉ

« Prétextes »

ALMAAS A. H., *Introduction à l'approche diamant.*

ANSA Luis, *Le Quatrième Royaume* (préface de Henri Gougaud).

AMAR Yvan, *Les Dix Commandements* (préface du père Stan Rougier).
Les Béatitudes (préface de frère Antoine).
Les Nourritures silencieuses.

BALSEKAR Ramesh S., *Nisargdatta Moharaj ou les Orients de l'être.*
L'Appel de l'être.

BARET Éric, *Le Yoga de la non-dualité.*

BOUCHART D'ORVAL Jean, *Héraclite - La lumière de l'obscur.*
Patañjali, la maturité de la joie.

CHANDRA Swami, *Le Rosaire des instructions spontanées.*
Le Chant du silence (préface de Arnaud Desjardins).

COHEN Andrew, *L'Éveil est un secret.*

DE VOS Philippe, *Sheikh Nâzim, la preuve de la générosité.*

FRÈRE ANTOINE, *Au cœur de la grotte. Contes et histoires d'un ermite.*

GOLD E. J., *La Trilogie du labyrinthe*, t. 1 (préface de Lee Lozowick).

GOLDSMITH Joël, *La Voie infinie.*

HARDING Douglas E., *Le Procès de l'homme qui disait qu'il était Dieu.*

JOURDAIN Stephen, *Cahiers d'éveil*, t. 1 et 2. Avec FARCET Gilles, *L'Irrévérence de l'éveil.*

KARPÂTRI Swami, DANIÉLOU Alain, *Le Mystère du culte du Linga.*

KLEIN Jean, *Transmettre la lumière.*

LONG Barry, *Seule meurt la peur.*

LOW Albert, *Se connaître, c'est s'oublier.*

LOZOWICK Lee, *L'Alchimie du Réel.*
L'Alchimie de l'amour et de la sexualité.

MARIGAL, *Voyage vers l'insaisissable - Une voix de femme.*

MERRELL WOLFF Franklin, *Expérience et Philosophie*, t. 1 (préface de Richard Moss).

Créer la conscience

Moss Richard, *Paroles des deux mondes* (préface de Marie de Hennezel).

NURBAKHSH Javad Dr, *Dans la taverne de la ruine - Manuel de soufisme traditionnel.*

OSHO, *L'Évangile de Thomas*, t. 1 (préface de Jean-Yves Leloup).
La Voie de l'amour - Commentaires sur Kabir.
L'Évangile de Thomas, t. 2.

POONJA H. W. L., *Le Réveil du lion.*

RAPHAEL, *Tat Tvam Asi - Le sentier de la non-dualité*, t. 1 ; *Le Feu de la réalisation*, t. 2.

SAINT-BONNET Georges, *La Joie vous appartient.*

SKALI Faouzi, *La Face à face des cœurs.*

SMITH Edwin C., *Le Chemin de la foi - Le mouvement ascendant*, t. 1.

SVOBODA Robert E., *Aghora - La voie de la main gauche*, t. 1.

Uddhava Gîtâ - Les dernières paroles de Khishna, traduction de Alain Porte.

« La conscience et le monde »

SALOMÉ Jacques, *Le Courage d'être soi - L'art de communiquer en conscience.*

FENNER Peter, *Le Courage de se libérer.*

Hors collection

BUISSET Ariane, *Le Maître de la laque - Contes.*

PICARD Gérard, *Les Secrets du scribe.*

GIULIANI Bruno, *L'amour de la Sagesse, Initiation à la philosophie.*

Achevé d'imprimer en mars 2000
sur presse Cameron
par ***Bussière Camedan Imprimeries***
à Saint-Amand-Montrond (Cher)

Dépôt légal : mars 2000.
N° d'imprimeur : 288-00485/1.
Imprimé en France